21 世纪全国高等院校物流专业创新型应用人才培养规划教材

供应链管理

主　编　高举红
副主编　邵宏宇

北京大学出版社
PEKING UNIVERSITY PRESS

内 容 简 介

本书在继承了供应链管理基本知识体系架构的基础上，结合不同行业不同核心企业的经营模式，将供应链管理的基本理论与方法融会其中，按照产业链的生成与价值链的增值过程，论述供应链和供应链管理的基础理论，阐述客户价值与客户服务，并依照供应链结点企业的不同特点和运营模式讨论供应链管理环境下的原则、规划与控制策略，突出系统化、集成化、信息化、网络化、资源共享与战略联盟的合作与协调，以及在供应链环境下的绩效、风险和决策管理机制等供应链管理的特性与理论体系。

本书可作为高等院校管理类专业的本科生和研究生的教学用书，也可作为非管理类学生了解产业中的先进管理思想的参考书，同时可供企业管理、经济管理和行政管理等中高层人员培训使用。

图书在版编目(CIP)数据

供应链管理/高举红主编. —北京：北京大学出版社，2012.3

(21 世纪全国高等院校物流专业创新型应用人才培养规划教材)

ISBN 978-7-301-20094-0

I. ①供… II. ①高… III. ①供应链管理—高等学校—教材 IV. ①F252

中国版本图书馆 CIP 数据核字(2012)第 009885 号

书　　名：供应链管理

著作责任者：高举红　主编

策 划 编 辑：李　虎　刘　丽

责 任 编 辑：刘　丽

标 准 书 号：ISBN 978-7-301-20094-0/U · 0067

出 版 发 行：北京大学出版社

地　　址：北京市海淀区成府路 205 号　100871

网　　址：http://www.pup.cn　新浪官方微博：@北京大学出版社

电 子 信 箱：pup_6@163.com

电　　话：邮购部 62752015　发行部 62750672　编辑部 62750667　出版部 62754962

印　刷　者：河北滦县鑫华书刊印刷厂

经　销　者：新华书店

787 毫米×1092 毫米　16 开本　20 印张　458 千字

2012 年 3 月第 1 版　2018 年 6 月第 3 次印刷

定　　价：38.00 元

丛书总序

物流业是商品经济和社会生产力发展到较高水平的产物，它是融合运输业、仓储业、货代业和信息业等的一种复合型服务产业，是国民经济的重要组成部分，涉及领域广，吸纳就业人数多，促进生产、拉动消费作用大，在促进产业结构调整、转变经济发展方式和增强国民经济竞争力等方面发挥着非常重要的作用。

随着我国经济的高速发展，物流专业在我国的发展很快，社会对物流专业人才需求逐年递增，尤其是对有一定理论基础、实践能力强的物流技术及管理人才的需求更加迫切。同时随着我国教学改革的不断深入以及毕业生就业市场的不断变化，以就业市场为导向，培养具备职业化特征的创新型应用人才已成为大多数高等院校物流专业的教学目标，从而对物流专业的课程体系以及教材建设都提出了新的要求。

为适应我国当前物流专业教育教学改革和教材建设的迫切需要，北京大学出版社联合全国多所高校教师共同合作编写出版了本套《21 世纪全国高等院校物流专业创新型应用人才培养规划教材》。其宗旨是：立足现代物流业发展和相关从业人员的现实需要，强调理论与实践的有机结合，从“创新”和“应用”两个层面切入进行编写，力求涵盖现代物流专业研究和应用的主要领域，希望以此推进物流专业的理论发展和学科体系建设，并有助于提高我国物流业从业人员的专业素养和理论功底。

本系列教材按照物流专业规范、培养方案以及课程教学大纲的要求，合理定位，由长期在教学第一线从事教学工作的教师编写而成。教材立足于物流学科发展的需要，深入分析了物流专业学生现状及存在的问题，尝试探索了物流专业学生综合素质培养的途径，着重体现了“新思维、新理念、新能力”三个方面的特色。

1. 新思维

(1) 编写体例新颖。借鉴优秀教材特别是国外精品教材的写作思路、写作方法，图文并茂、清新活泼。

(2) 教学内容更新。充分展示了最新的知识以及教学改革成果，并且将未来的发展趋势和前沿资料以阅读材料的方式介绍给学生。

(3) 知识体系实用有效。着眼于学生就业所需的专业知识和操作技能，着重讲解应用型人才培养所需的内容和关键点，与就业市场结合，与时俱进，让学生学而有用，学而能用。

2. 新理念

(1) 以学生为本。站在学生的角度思考问题，考虑学生学习的动力，强调锻炼学生的思维能力以及运用知识解决问题的能力。

(2) 注重拓展学生的知识面。让学生能在学习了必要知识点的同时也对其他相关知识有所了解。

(3) 注重融入人文知识。将人文知识融入理论讲解，提高学生的人文素养。

3. 新能力

(1) 理论讲解简单实用。理论讲解简单化，注重讲解理论的来源、出处以及用处，不做过多的推导与介绍。

(2) 案例式教学。有机融入了最新的实例以及操作性较强的案例，并对案例进行有效的分析，着重培养学生的职业意识和职业能力。

(3) 重视实践环节。强化实际操作训练，加深学生对理论知识的理解。习题设计多样化，题型丰富，具有启发性，全方位考查学生对知识的掌握程度。

我们要感谢参加本系列教材编写和审稿的各位老师，他们为本系列教材的出版付出了大量卓有成效的辛勤劳动。由于编写时间紧、相互协调难度大等原因，本系列教材肯定还存在不足之处。我们相信，在各位老师的关心和帮助下，本系列教材一定能不断地改进和完善，并在我国物流专业的教学改革和课程体系建设中起到应有的促进作用。

齐二石

2009 年 10 月

齐二石　本系列教材编写指导委员会主任，博士、教授、博士生导师。天津大学管理学院院长，国务院学位委员会学科评议组成员，第五届国家 863/CIMS 主题专家，科技部信息化科技工程总体专家，中国机械工程学会工业工程分会理事长，教育部管理科学与工程教学指导委员会主任委员，是最早将物流概念引入中国和研究物流的专家之一。

前　言

供应链管理是当今产业界和学术界的热点话题，随着全球经济一体化的飞速发展，参与全球市场范围内的竞争已经成为企业谋求生存与发展的使命，实施供应链管理便成为现代企业管理模式的新理念的象征，是新的生产力的体现。供应链管理不仅关注企业内部的资源和竞争力的集成，而且关注企业外部资源的整合与基于核心竞争力的联盟体制的形成，所以现代的企业竞争被称之为供应链之间的竞争。

经过近二十年国内外专家学者的研究与实践，供应链管理知识体系架构已经基本完善，国外大量的供应链管理类书籍已经成为国外各大院校的经典教材，其内容反映供应链管理的不同侧面，如商业流程类、战略规划类、建模与设计类等，涉及高级供应链管理的理论方法与管理策略。编者在阅读了大量的国外文献及在多年的供应链管理教学中，深感供应链管理的内容极其广泛，涉及多行业多层次的不同的应用层面，如大企业与小企业、战略层与运作层、不同核心企业为主导的供应链等，所以怎样将供应链管理理论导入以适合于我国企业的发展，如何将国外成熟的理论与中国实践相结合，核心企业的基本层面和发展前景如何在供应链间的竞争中发挥作用并创造效益等，这些思考与研究在编者教学研究中有很多体会。

本书在编写过程中，将供应链管理的理论知识与实际应用相结合，用导入案例的形式引导学生探求理论依据的兴趣，使学生在掌握理论知识的同时，能将其应用到章后的案例分析中；内容上博众家之所长，将供应链管理知识体系的基本内容，如涉及库存理论、合作伙伴关系理论、管理方法等作为基本要求的内容，并按照产业链的生成与价值链的增值过程，结合物流与供应链管理的基本内容和现代化集成管理理念，构建满足市场需求的具有核心竞争力的供应链不同结点企业的经营模式与运作方法的理论体系；并设置大量供应链管理典型的突出知识点的案例，阐明供应链管理在多行业多层次的不同的应用层面的特性下理论方法与运作策略以及实施效果。

本书由高举红任主编，邵宏宇任副主编，全书的内容和结构由高举红和邵宏宇构思并统稿，其间有幸得到美国伍斯特理工大学商学院曾朝晖教授很有价值的建议与指导。各章的具体分工：第1、2、3章由高举红、李晓君编写；第4、5章由高举红、金晨赫编写；第6、9、10章由高举红、史彦飞编写；第7、8章由邵宏宇编写。苏灿、付晶、贾学子、孟燕莎、赵天一等在资料的收集、录入、整理等方面给予了大力支持。在此一并表示衷心的感谢！在本书编写过程中直接或间接地借鉴了国内外大量的论著、教科书等素材，在此对所引用的文献资料的作者表示诚挚的感谢！

本书虽经编者反复修改完善，仍难免存在不当之处，恳请广大读者不吝赐教。

编　者

2012年1月

目　录

第1章　供应链管理导论

【学习目标】

➢ 知识点

- 全球一体化的核心竞争力
- 供应链的概念、结构模型、流程、特征和类型
- 供应链管理的概念、发展优势、关键问题
- 供应链管理的八大管理原理、高效供应链管理的四大问题与发展趋势

➢ 难点

- 供应链管理的八大管理原理、高效供应链管理的四大问题

➢ 要求

熟练掌握的内容

- 供应链的特征、流程、结构及其类型
- 供应链管理的概念、发展趋势

了解理解的内容

- 了解当前全球一体化环境下的核心竞争力
- 了解供应链管理中八大管理原理的内涵

导入案例

“苹果”的供应链世界

苹果(Apple)公司创始人之一乔布斯的一系列解决供应链管理的关键行动使得苹果起死回生。苹果的生态系统已经从一个悲惨的小型高科技“村落”演变成一个全球“帝国”。图 1.1 所示为苹果公司的几款经典产品。

图 1.1　苹果公司的几款经典产品

1. 需求导向的务实设计创新

苹果公司是把握消费趋势的高手。苹果构建了务实的设计创新，即对于每一个新产品的设计理念，苹果公司都要求其工程师提供 3 份评价文件，即一份市场开发文件、一份工程设计文件以及一份用户体验文件。如果这 3 份文件被执行委员会评价并认可，设计组就会得到一笔预算。这种从市场角度确定产品及销售价格的策略值得借鉴。

2. 差异化销售渠道

苹果针对不同的产品类型，采用各具特色的销售渠道。对于 iPhone 系列产品，苹果直接与运营商合作，通过销售分成的方式获利，在美国是 AT&T 公司，英国是 O2 公司。通过协商，借鉴国际惯例，2009 年 8 月 28 日，中国联通宣布与苹果公司达成引入 iPhone 手机合作协议。

对于所有非 iPhone 系列的产品，在零售终端方面，苹果进行市场细分筛选，采取了授权专卖店、卖场连锁店、网上授权零售、网上直销 4 种方式相结合的路线。为了让客户配置订单，苹果公司开始直接通过 Apple 专卖店，在互联网上接受教育机构与顾客的订单，并为他们直接配置产品。

3. 精简库存

苹果采取了一系列措施降低库存。

(1) 减少供应商数量。苹果将原来庞大的供应商的数量减少至一个较小的核心群体。

(2) 减少产品种类。这是整个改革中最基础的环节，苹果把原来 15 种以上的产品样式削减到 4 种基本的产品样式，并尽可能使用更多标准化部件，如图 1.2 所示，从而大大减少了产品生产过程中的零部件的备用数量以及半成品的数量，将精力更集中于定制产品，而不是为大量的产品搬运大量存货。譬如，iPod nano 几乎使用了所有的通用 IC(Integrated Circuit)，从而减少了在元件准备上的时间和库存。

(3) 提供更多无形产品。苹果的在线 iTunes 音乐商店已经成为世界上第三大音乐零售商，仅次于沃尔玛和百思买。

苹果的成功说明，只有降低企业的存货成本才能直接增加企业的赢利。

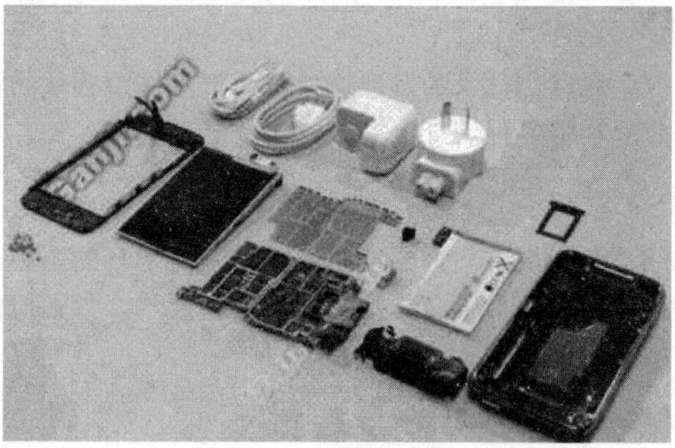

图 1.2 iPhone 手机的各个部件

4. 外包非核心业务

(1) 生产外包。来自中国台湾省的鸿海精密、华硕和英华达公司利用各自在大陆的生产工厂装配了数百万台 iPod。同样的外包决策也应用在主板生产方面，业务外包给供应商完成。

(2) 设计外包。iPhone 所使用的 Multi-Touch 技术都来自其他公司，甚至 iPod 的最初开发工作也是外包完成的。

5. 构建供应链联盟

“iPod + iTunes”模式把庞大的消费类电子厂商、芯片制造商、软件公司、音乐公司、计算机厂商和零售商的力量整合在一起，为客户打造了播放、下载和视频等客户供应链系统。与此同时，苹果还逐渐与便携话筒、音乐播放器外壳及其他小硬件的制造商一起合作。譬如，宝马首次在它 2004 年多款车型的仪表板的储物小格中加入 iPod 转接器；通用汽车的 2008 款凯迪拉克 CTS 拥有一个具有 iPod 旋转与点击界面的中心控制台，不仅能将 iPod 中的音乐播放出来，还能播放广播、CD，甚至卫星广播。苹果还与耐克合作，将运动与音乐结合起来，推出了创新的“Nike+iPod”系列产品。

iPhone 不仅仅是一部手机，而且还给人们带来浏览网页、听音乐、看电视电影、打电话等各方面的全新体验，同时也是对手机制造商、网络运营商、电影和电视节目发行商以及计算机公司间实力的重新划分。随着 iPhone 系列产品的热卖，势必将有更多的合作伙伴成为苹果供应链上的一环。

【思考】“苹果”的成功说明了什么？

1.1 供应链和供应链管理产生的背景

20 世纪 90 年代以来，由于科学技术的不断进步和经济的不断发展、全球化信息网络和全球化市场的形成及技术变革的加速，围绕新产品的市场竞争也日趋激烈。技术进步和需求的多样化使得产品寿命周期不断缩短，企业面临着缩短交货期、提高产品质量、降低成本和改进服务的压力。所有这些都要求企业能对不断变化的市场作出快速反应，源源不断地开发出满足用户需求的、定制的“个性化产品”去占领市场以赢得竞争，市场竞争也主要围绕新产品的竞争而展开。

1.1.1 21 世纪经济社会的环境特点

21 世纪经济社会环境具有以下几个方面的特点。

1. 信息爆炸的压力

大量信息的飞速产生和通信技术的发展迫使企业把工作重心从如何迅速获得信息转到如何准确地过滤和有效地利用各种信息上来。

2. 技术进步越来越快

新技术、新产品的不断涌现，一方面使企业受到空前未有的压力，另一方面也使每个企业员工受到巨大的挑战，企业员工必须不断地学习新技术，否则他们将面临由于掌握的技能过时而遭淘汰的压力。

3. 高新技术的使用范围越来越广

以计算机及其他高新技术为基础的新的生产技术在企业中的应用是 21 世纪的主要特色之一。例如，计算机辅助设计、计算机辅助制造、柔性制造系统、自动存储和分拣系统、自动条码识别系统等，在世界各国尤其是工业发达国家的生产和服务中得到广泛应用。虽然应用高新技术的初始投资巨大，但它会带来许多竞争优势。高新技术的应用不仅节省了人力、降低劳动成本，更重要的是提高了产品和服务质量，降低了废品和材料损耗，缩短了对用户需求的响应时间。由于可以在很短时间内就把新产品或服务推广到市场，企业赢得了时间上的优势。

4. 市场和劳务竞争全球化

企业在建立全球化市场的同时也在全球范围内造就了更多的竞争者。商品市场国际化的同时也创造了一个国际化的劳动力市场。

5. 新产品研制开发的难度越来越大

越来越多的企业认识到开发新产品对企业创造收益的重要性，因此许多企业不惜加大投资力度，但是资金利用率和投入产出比却往往不尽如人意。原因之一是，产品研制开发的难度越来越大，特别是那些大型、结构复杂、技术含量高的产品在研制中一般都需要各种先进的设计技术、制造技术、质量保证技术等，不仅涉及的学科多，而且大都是多学科交叉的产物，因此如何成功地解决产品开发问题是摆在企业面前的首要问题。

6. 可持续发展的要求

国际社会维持生态平衡和环境保护的呼声越来越高。臭氧层被破坏、热带雨林不断减少、全球变暖、酸雨、核废料、能源储备减少、可耕地减少……一个又一个的环境问题摆在人们面前。在全球制造和国际化经营趋势越来越明显的今天，各国政府将环保问题纳入发展战略，相继制订出各种各样的政策法规，以约束本国及外国企业的经营行为。人类在许多资源方面的消耗都在迅速接近地球的极限。随着发展中国家工业化程度的提高，如何在全球范围内减少自然资源的消耗成为人类能否继续生存和持续发展的大问题。原材料、技术工人、能源、淡水资源、资金及其他资源越来越少，各种资源的短缺对企业的生产形成很大的制约，而且这种影响在将来会更加严重。在市场需求变化莫测、制造资源日益短缺的情况下，企业如何取得长久的经济效益，是企业制定发展战略时必须考虑的问题。

7. 全球性技术支持和售后服务

赢得用户信赖是企业保持长盛不衰的竞争力的重要因素之一。赢得用户信赖不仅要靠具有吸引力的产品质量，而且还要靠售后的技术支持和服务。许多世界著名企业在全球拥有健全而有效的服务网就是最好的证明。

8. 用户的要求越来越高

随着时代的发展，大众知识水平的提高和激烈的竞争带给市场的产品越来越多、越来越好，用户的要求和期望越来越高，消费者的价值观发生了显著变化，需求结构普遍向高层次发展。这种现象表现为对产品的品种规格、花色品种、需求数量呈现多样化、个性化要求，而且这种多样化要求具有很高的不确定性；二是对产品的功能、质量和可靠性的要求日益提高，而且这种要求提高的标准又是以不同用户的满意程度为尺度的，产生了判别标准的不确定性；三是在满足个性化需求的同时，要求产品的价格要像大批量生产那样低廉。制造商将发现，最好的产品不是他们为用户设计的，而是他们和用户一起设计的。全球供应链使得制造商和供货商得以紧密联系在一起来完成一项任务。这一机制同样可以把用户结合进来，使得生产的产品真正满足用户的需求和期望。

与严峻的经济社会环境相呼应的是市场竞争的特点也在不断变化。随着经济的发展，影响企业在市场上获取竞争优势的主要因素也发生着变化。认清主要竞争因素的影响力，对于企业管理者充分利用、获取最大竞争优势具有非常重要的意义。

企业要想在这种严峻的竞争环境下生存下去，必须具有较强的处理环境的变化和由环境引起的不确定性的能力。

1.1.2 21 世纪产品和服务市场的竞争特点

与 20 世纪的市场竞争特点相比，21 世纪的市场竞争又有了新的特点。

1. 产品开发周期越来越短

随着消费者需求的多样化发展，企业的产品开发能力也在不断提高。目前，国外新产品的研制周期大大缩短。例如，AT & T 公司新电话的开发时间从 2 年缩短为 1 年；惠普公司新打印机的开发时间从过去的 4 年半缩短为 22 个月，而且这一趋势还在不断加强。与此相应的是产品的生命周期缩短，更新换代速度加快。由于产品在市场上存留时间大大缩短了，企业在产品开发和上市时间的活动余地也越来越小，给企业造成巨大压力。例如，当今的计算机几乎是一上市就已经过时了，就连消费者都有些应接不暇。许多企业由于后续产品开发跟不上，造成产品落伍而失去市场。

2. 产品品种数飞速膨胀

因消费者需求的多样化越来越突出，厂家为了更好地满足其要求，便不断推出新的品种，从而引起了一轮又一轮的产品开发竞争，结果是产品的品种数成倍增长。以日用百货为例，据有关资料统计，从 1975 年到 1991 年，日用百货的品种数已从 2 000 种左右增加到 20 000 种左右，尽管产品数已非常丰富，但消费者在购买商品时仍然感到难以称心如意。为了吸引用户，许多厂家绞尽脑汁不断增加花色品种。但是按照传统的思路，每一种产品都生产一批以备用户选择的话，那么制造商和销售商都要背上沉重的负担。据有关资料显示，超级市场的平均库存在 1985 年前后约为 13 000SKU(Stock Keeping Unit，库存量单位)，而到 1991 年时约为 20 000SKU，库存占用了大量的资金，严重影响了企业的资金周转速度，进而影响企业的竞争力。

3. 对交货期的要求越来越高

随着市场竞争的加剧，经济活动的节奏越来越快，其结果是每个企业都感到用户对时间方面的要求越来越高。这一变化的直接影响就是竞争主要因素的变化。20 世纪 60 年代的企业间竞争的主要因素是成本，到 7 0 年代时竞争的主要因素转变为质量，进入 80 年代以后竞争的主要因素转变为时间。这里所说的时间要素主要是指交货期和响应周期。用户不但要求厂家要按期交货，而且要求的交货期越来越短。所谓企业要有很强的产品开发能力，不仅指产品品种，更重要的是指产品上市时间，即尽可能提高对客户需求的响应速度。例如，在 20 世纪 90 年代初期，日本汽车制造商平均两年便可向市场推出一款新车型，而同期的美国汽车制造商推出相同档次的车型却要 5～7 年。可以想象，美国的汽车制造商在市场竞争中该有多么被动。对于现在的厂家来说，市场机会几乎是稍纵即逝，留给企业思考和决策的时间极为有限。如果一个企业对用户要求的反应稍微慢一点，很快就会被竞争对手抢占先机。因此，缩短产品的开发、生产周期，在尽可能短的时间内满足用户要求，已成为当今所有管理者最为关注的问题之一。

4. 对产品和服务的期望越来越高

进入 20 世纪 90 年代，用户对产品质量和服务质量的要求越来越高。用户已不满足于从市场上买到标准化生产的产品，他们希望得到按照自己要求定制的产品或服务。这些变化导致产品生产方式发生了革命性的变化。传统的标准化生产方式是“一对多”的关系，即企业开发出一种产品，然后组织规模化大批量生产，用一种标准产品满足不同消费者的需求。

然而，这种模式已不再能使企业继续获得效益。现在的企业必须具有根据每一位用户的特别要求定制产品或服务的能力，即所谓的“一对一”(one-one)的定制化服务(customized service)。企业为了能在新的环境下继续保持发展，纷纷转变生产管理模式，采取措施从大量生产(mass production)转向定制化大量生产(mass customization)。

例如，以生产芭比娃娃著称的 Mattel 公司，从 1998 年 10 月起，可以让用户登录到公司主页(http://www.barbie.com)设计其自己的芭比朋友。用户可以选择娃娃的皮肤弹性、眼睛颜色、头发的式样和颜色、附件和名字。当娃娃邮寄到用户手上时，用户会在上面找到娃娃的名字。这是 Mattel 公司第一次大量制造“一样一个”的产品。再如，位于美国戴顿的一家化学公司，有 1 700 多种工业肥皂配方，用于汽车、工厂、铁路和矿石的清洗工作。公司分析客户要清洗的东西或者访问客户所在地了解要清洗的东西，分析之后，公司研制一批清洁剂提供给客户使用。由于大多数客户都觉得没有必要再对另一家公司描述他们清洁方面的要求，所以该化学公司 95%的客户都不会离去。

不过应该看到，虽然个性化定制生产能高质量、低成本地快速响应客户需求，但是对企业的运作模式提出了更高的要求。

1.1.3 21 世纪企业管理的复杂性表现

企业面临外部环境变化带来的不确定性，包括市场因素(顾客对产品、产量、质量、交货期的需求和供应方面)和企业经营目标(新产品、市场扩展等)的变化。这些变化增加了企业管理的复杂性，主要表现在以下几个方面。

1. 大量的不确定性因素

现在的企业面临的环境，无论是企业内部环境，还是外部环境，均存在许多事先难以预测的不确定性因素。对少品种的大批量生产，一般来说是一种平稳的随机过程，而对多品种小批量需求，则是非平稳过程和单件类型等的突发事件，如供应与需求的匹配挑战，库存与缺货水平的波动，市场预测不准确，供应中的交货期提前等不稳定以及追求低成本的精益生产、外包与离岸化等过程风险。

2. 大维数的离散事件动态过程的出现

这一点主要是对加工—装配式产品生产而言的。与化工、石油、电力等连续生产过程的企业不同，加工—装配式的制造企业是一种离散过程，尽管也有流水线，但是其零部件是在不同地域、不同厂家、不同设备上生产出来的，装配成最终产品的过程在生产组织上将遇到计算上的复杂性和全局优化的困难问题。

3. 大量的非线性与非结构化的问题出现在现代制造业的生产管理过程中

这种现象除了可以用现有理论和数学方法描述的结构化问题成分外，还有目前尚不能或只能部分描述的非结构化的成分。对于结构化部分，也有不少过程呈现非线性关系。这说明人们对生产管理中的许多规律还没有掌握，只能靠管理人员的经验甚至是直觉来把握。

1.1.4 21世纪企业管理模式的转变

20世纪90年代以来，由于科学技术的飞速进步和生产力的发展，顾客(customer)消费水平不断提高，企业之间竞争(competition)加剧，加上政治、经济、社会环境的巨大变化(change)，使得需求的不确定性大大增加，导致需求日益多样化。“3C”既是多样性与市场需求不确定性的根源，又是促进企业不断提高自身竞争力的外在压力。

1. 面向多变市场环境的企业管理模式探索

在全球市场的激烈竞争中，企业面对一个变化迅速且无法预测的买方市场，传统的生产与经营模式对市场剧变的响应越来越迟缓和被动。为了摆脱困境，企业采取了许多先进的单项制造技术和管理方法，如计算机辅助设计、柔性制造系统、准时生产制(Just In Time, JIT)、制造资源计划(Manufacturing Resources Planning，MRPⅡ)等，虽然这些方法取得了一定的实效，但在经营的灵活性、快速满足顾客需求方面并没有实质性改观。人们终于意识到，问题不在于具体的制造技术与管理方法本身，而在于它们仍囿于传统生产与经营模式的框架之内。

从管理模式上看，企业出于对制造资源的占有要求和对生产过程直接控制的需要，传统上采用的策略是扩大自身规模和参股到供应商企业，与为其提供原材料、半成品或零部件的企业是一种所有关系。这就是人们所说的“纵向一体化”(Vertical Integration)管理模式。我国企业(特别是过去的国有企业)一贯采取“大而全”、“小而专”的经营方式，可以认为是“纵向一体化”的一种表现形式。例如，许多企业拥有从铸造、毛坯准备、零件加工、装配、包装、运输等一整套设备、设施及组织机构，但其构成比例却又是畸形的：长期受计划经济的影响，其产品开发能力和市场营销能力都非常弱，但拥有庞大的加工体系。在产品开发、加工、市场营销3个基本环节上呈现出中间大、两头小的“腰鼓型”。“腰鼓型”

企业适合于计划经济体制，但在市场经济环境下无法快速响应用户需求。当前有些企业经营不景气，并不是没有生产能力，而是生产不出或不能快速生产出市场上需要的产品，浪费了许多市场机遇。

从生产计划与控制机制方面看，企业生产管理系统在不同的时期有不同的发展和变化。20 世纪 60 年代以前盛行的方法是通过确定经济生产批量、安全库存、订货点，来保证生产的稳定性，但由于没有注意独立需求和相关需求的差别，所以采用这些方法并未取得期望的成果。20 世纪 60 年代中期出现了物料需求计划(Material Requirements Planning，MRP)，较好地解决了相关需求管理问题。此后，人们一直探求更好的制造组织和管理模式，出现了诸如制造资源计划、准时生产制及精细生产(Lean Production)等新的生产方式。这些新的生产方式对提高企业整体效益和在市场上的竞争能力确实做出了不可低估的贡献。

然而，进入 20 世纪 90 年代以来，消费者的需求特征发生了前所未有的变化，整个世界的经济活动也出现了全球经济一体化特征，这些变化对企业参与竞争的能力提出了更高的要求，原有的管理思想已不能完全满足新的竞争形势。以 MRPⅡ和 JIT 为例，这两种生产方式都是只考虑企业内部资源的利用问题，一切优化工作均着眼于本企业的资源的最优应用。这种指导思想在 21 世纪的市场环境中显得有些不适应，因为在当前这种市场环境下，一切都要求能够快速响应用户需求，而要达到这一目的，仅靠单个企业所拥有的资源是不够的。在这种情况下，人们自然会将资源延伸到企业以外的其他地方，借助其他企业的资源达到快速响应市场需求的目的，这已成为目前一个热点。因此，企业管理模式的转变不是偶然的，这里面有其必然的变化规律。

2. “纵向一体化”模式的主要表现

在 20 世纪 40～60 年代，企业处于相对稳定的市场环境中，这时的“纵向一体化”模式是有效的。但是在 20 世纪 90 年代科技迅速发展、世界竞争日益激烈、顾客需求不断变化的形势下，“纵向一体化”模式则暴露出种种缺陷，主要表现在以下几个方面。

(1) 增加企业投资负担。不管是投资建新的工厂，还是用于其他公司的控股，都需要企业自己筹集必要的资金。这一工作给企业带来许多不利之处。首先，企业必须花费人力、物力设法在金融市场上筹集所需要的资金。其次，资金到位后，随即进入项目建设周期(假设新建一个工厂)。为了尽快完成基本建设任务，企业还要花费精力从事项目实施的监管工作，这样一来又消耗了大量的企业资源。由于项目有一个建设周期，在此期间内企业不仅不能安排生产，而且还要按期偿还借款利息。显而易见，用于项目基本建设的时间越长，企业背负的利息负担越重。

(2) 承担丧失市场时机的风险。对于某些新建项目来说，由于有一定的建设周期，往往项目建成之日，也就是项目下马之时，市场机会早已在项目建设过程中逝去。在我国，这样的事例有很多。从选择投资方面看，决策者当时的决策可能是正确的，但就是因为花在生产系统基础建设上的时间太长，等生产系统建成投产时，市场行情可能早已发生了变化，错过了进入市场的最佳时机而使企业遭受损失。因此，项目建设周期越长，企业承担的风险越高。

(3) 迫使企业从事不擅长的业务活动。在“纵向一体化”管理模式下，企业把产品设计、计划、财务、会计、生产、人事、管理信息、设备维修等工作看作本企业必不可少的业务工作，许多管理人员往往花费过多的时间、精力和资源去从事辅助性的管理工作。结果是辅助性的管理工作没有抓起来，关键性业务也无法发挥出核心作用，不仅使企业失去了竞争特色，而且增加了企业产品成本。

例如，1996年，美国密歇根州特洛伊的劳务协会的一家顾问机构指出，通用汽车公司坚持纵向管理思想，为自己的公司生产70%的零部件，而福特公司只有50%，前克莱斯勒汽车公司只有30%。该机构指出，正是由于通用汽车公司的顽固做法，它现在不得不经受着多方面竞争的压力。通用汽车公司因为生产汽车零部件而耗去的劳动费用高于其他两个公司，每生产一个动力系统，比福特公司多付出440美元，而比前克莱斯勒公司多付出600美元，在市场竞争中始终处于劣势。这种情况在国内也经常出现。例如，某机器制造厂为了解决自己单位富余人员的就业问题，成立了一个附属企业，把原来委托供应商生产的某种机床控制电器转给自己生产。由于缺乏技术和管理能力，不仅成本比外购的高，而且产品质量低劣，最后影响到产品的整体性能和质量水平，一些老客户纷纷取消订单，使企业蒙受不必要的损失。

(4) 在每个业务领域都直接面临众多竞争对手。采用“纵向一体化”管理模式企业所面临的另一个问题是，必须在不同业务领域直接与不同的竞争对手进行竞争。例如，有的制造商不仅生产产品，而且还拥有自己的运输公司。这样一来，该企业不仅要与制造业的对手竞争，而且还要与运输业的对手竞争。在企业资源、精力、经验都十分有限的情况下，四面出击的结果是可想而知的。事实上，即使是IBM这样的大公司，也不可能拥有所有业务活动所必需的“才能”。因此，从20世纪80年代末起，IBM就不再进行纵向发展，而是与其他企业建立广泛的合作关系。例如，IBM与苹果公司合作开发软件，协助MCT联营公司进行计算机基础技术研究工作，与西门子公司合作设计动态随机存储器等。

(5) 增大企业的行业风险。如果整个行业不景气，采用“纵向一体化”模式的企业不仅会在最终用户市场遭受损失，而且还会在各个纵向发展的市场遭受损失。例如，某味精厂为了保证原材料供应，自己建了一个辅料厂。但后来味精市场饱和，该厂生产的味精大部分没有销路。结果不仅味精厂遭受损失，与之配套的辅料厂也举步维艰。

3. 供应链与供应链管理的产生

1)“横向一体化”管理模式的出现

鉴于“纵向一体化”管理模式的种种弊端，从20世纪80年代后期开始，国际上越来越多的企业放弃了这种经营模式，随之而来的是“横向一体化”(horizontal integration)模式的兴起，即利用企业外部资源快速响应市场需求，本企业只抓最核心的东西：产品方向和市场。至于生产，只抓关键零部件的制造，甚至全部委托其他企业加工。例如，福特汽车公司的Fiesta系列汽车就是由美国人设计，由日本的马自达公司生产发动机，由韩国的制造厂生产其他零件和装配，最后再在美国市场上销售。制造商把零部件生产和整车装配都放在了企业外部，这样做的目的是利用其他企业的资源促使产品快速上马，避免自己投资带来的基建周期长等问题，使产品在低成本、高质量、早上市等方面赢得竞争优势。

2) 供应链管理模式的产生

“横向一体化”形成了一条从供应商到制造商再到分销商的贯穿所有企业的“链”。由于相邻结点企业表现出一种需求与供应的关系，当把所有相邻企业依次连接起来，便形成了供应链(supply chain)。这条链上的结点企业必须达到同步、协调运行，才有可能使链上的所有企业都能受益，于是便产生了供应链管理(Supply Chain Management，SCM)这一新的经营与运作模式。

根据美国 A. T. Kearney 咨询公司的研究，企业应该将供应职能提高到战略层次的高度来认识，才有助于降低成本、提高投资回报。创造供应优势取决于为采购建立一个战略地位。企业和供应商伙伴形成一个共同的产品开发小组。伙伴成员从共享信息上升到共享思想，决定如何和在哪里生产零部件或产品，或者如何重新定义使双方获益的服务。所有企业一起研究和确定哪些活动能给用户带来最大的价值，而不是像过去那样由一个企业设计和制造一种产品上的绝大部分零件。

经比较研究发现，美国厂商普遍采用“纵向一体化”模式进行管理，而日本厂商更多采用“横向一体化”模式。美日两国企业的在管理模式上的选择，与他们的生产结构有着密切联系。美国企业生产一辆汽车，购价的 45%由企业内部生产制造，55%由外部企业生产制造。然而，日本厂商生产一辆汽车，只有 25%的购价由企业内部生产制造，外包占的比例很大。这也许在某种程度上说明了美国汽车比日本汽车缺乏竞争力的原因。在美国，随着劳动力成本上升，已有越来越多的公司经理人员选择了“外包”(outsourcing)策略。实施业务外包策略的最主要目的是控制和降低成本、提高公司的核心业务能力和积蓄形成世界级企业的能量。总而言之，就是为了在新的竞争环境中提高企业的竞争能力。

供应链管理利用现代信息技术，通过改造和集成业务流程、与供应商以及客户建立协同的业务伙伴联盟、实施电子商务，大大提高了企业的竞争力，使企业在复杂的市场环境下立于不败之地。根据有关资料统计，供应链管理的实施可以使企业总成本下降 10%；供应链上的结点企业按时交货率提高 15%以上；订货到生产的周期缩短 25%～35%；供应链上的结点企业生产率提高 10%以上等。能取得这样的成果，完全得益于供应链企业间的相互合作、相互利用对方资源的经营策略。试想一下，如果制造商从产品开发、生产到销售完全自己包下来，不仅要背负沉重的投资负担，而且还要花相当长的时间。采用了供应链管理模式，则可以使企业在最短时间里寻找到最好的合作伙伴，用最低的成本、最快的速度、最好的质量赢得市场，受益的不止一家企业，而是一个企业群体。因此，供应链管理模式吸引了越来越多的企业。

21 世纪的竞争不是企业和企业之间的竞争，而是供应链与供应链之间的竞争。那些在零部件制造方面占有独特优势的中小型供应商企业，将成为大型的装配主导型企业追逐的对象。日本一名学者将其比喻为足球比赛中的中场争夺战，他认为谁能拥有独特优势的供应商，谁就能赢得竞争优势。显然，这种竞争优势不是哪一个企业所具有的，而是整个供应链的综合能力。

1.2 供应链的基本理论

1.2.1 供应链的概念

早期的观点认为供应链是企业制造中的一个内部过程，它是指把企业从外部采购的原材料和零部件，通过生产转换和销售等活动，再传递到零售商和用户的一个过程。

传统的供应链概念局限于企业内部操作层上，注重企业自身的资源利用。有些学者把供应链的概念与采购、供应管理相关联来表示与供应商之间的关系，这种观点得到了研究合作关系、JIT 关系、精细供应、供应商行为评估和用户满意度等问题的学者的重视。但这种关系也仅仅局限于企业与供应商之间，而且供应链中的各企业独立运作，忽略了与外部供应链成员企业的联系，往往造成企业间的目标冲突。

后来，供应链的概念增加了与其他企业的联系，注意了供应链的外部环境，认为它应是“通过链中不同企业的制造、组装、分销、零售等过程将原材料转换成产品，再到最终用户的转换过程”，是“由直接或间接地履行顾客需求的各方组成，不仅包括制造商和供应商，还包括运输商、仓储商、零售商，甚至包括顾客本身。在每一条供应链中，例如制造企业中，供应链包括接受并满足顾客需求的全部功能。这些功能包括但不仅限于以下功能：新产品开发、市场营销、生产运作、分销、财务和客户服务。”这是更大范围、更为系统的概念。

美国的史蒂文斯(Stevens)认为，“通过增值过程和分销渠道控制从供应商的供应商到用户的用户的流通就是供应链，它开始于供应的源点，结束于消费的终点”。最近，供应链的概念更加注重围绕核心企业的网链关系，如核心企业与供应商、供应商的供应商乃至与一切前向的关系，与用户、用户的用户及一切后向的关系。此时人们对供应链的认识形成了一个网链的概念，像丰田、耐克、尼桑、麦当劳和苹果等公司的供应链管理都是从网链的角度来实施的。哈里森(Harrison)进而将供应链定义为：“供应链是执行采购原材料、将它们转换为中间产品和成品、并且将成品销售到用户的功能网链”。这些概念同时强调供应链的战略伙伴关系问题。菲利普(Phillip)和温德尔(Wendell)认为供应链中战略伙伴关系是很重要的，通过建立战略伙伴关系，可以与重要的供应商和用户更有效地开展工作。

《中华人民共和国国家标准　物流术语》(GB/T 18354—2006)对供应链(supply chain)的定义：供应链是生产及流通过程中，涉及将产品或服务提供给最终用户所形成的网链结构。

对供应链定义的第一种理解：指产品生产和流通过程中所涉及的原材料供应商、生产商、分销商、零售商以及最终消费者等成员通过与上游、下游成员的连接 (linkage) 组成的网络结构，即由物料获取、物料加工、将成品送到用户手中这一过程所涉及的企业和企业部门组成的一个网络。把供应链描绘成一棵枝叶茂盛的大树：生产企业构成树根；独家代理商则是主干；分销商是树枝和树梢；满树的绿叶红花是最终用户、树根与主干、树枝与主干的结点处，蕴藏着一次次的流通，遍体相通的脉络便是信息管理系统。

对供应链定义的第二种理解：指围绕核心企业，通过对信息流、物流、资金流的控制，从采购原材料开始，制成中间产品以及最终产品，最后由销售网络把产品送到消费者手中的将供应商、制造商、分销商、零售商、最终用户连成一个整体的功能网链结构模式。它是范围更广的企业结构模式，包含所有加盟的结点企业，从原材料的供应开始，经过链中不同企业的制造加工、组装、分销等过程直到最终用户。它不仅是一条连接供应商到用户的物料链、信息链、资金链，而且是一条增值链，物料在供应链上因加工、包装、运输等过程而增加其价值，给企业带来收益。

图 1.3 所示是一条非常典型的完整供应链。它从供货商向制造工厂供货开始。每个工厂负责不同的部分，即不同区域的工厂，生产的是不同型号的产品，或者生产产品里面的某一个部分，最后汇集到制造总部。制造总部完成之后，转给行销总部，行销总部把产品送到分公司，分公司经过经销商再卖给客户。例如，顾客到商店买鞋，而商店货架里的鞋是通过成品仓库或分销商通过第三方供应的，而鞋的制造商为分销商供货。鞋的制造商从

各种供应商那里购买原材料，如鞋盒、皮料等，而鞋盒供应商又由更低层的供应商供货，如纸制造商，纸制造商是由木材供应商提供原料。

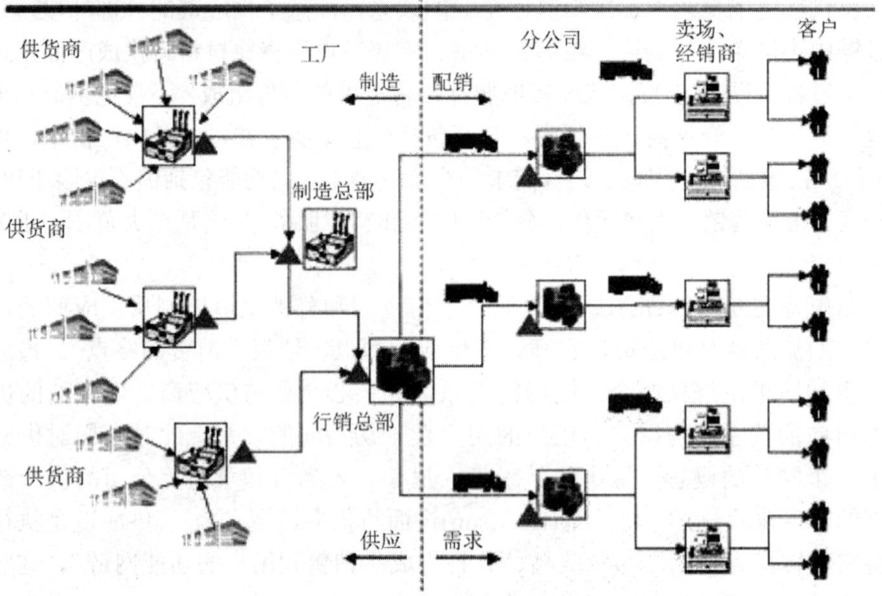

图 1.3　一条典型的完整供应链

一般来说，构成供应链的基本要素有：供应商(供货商)，指给生产厂家提供原材料或零部件的企业；生产厂家(工厂)，即产品制造业，是产品生产的最重要环节，负责产品生产、开发和售后服务等；分销企业(分公司)，即为将产品送到经营地理范围每一角落而设的产品流通代理企业；零售企业(卖场)，将产品销售给消费者的企业；物流企业(行销部)，即除上述企业之外专门提供物流服务的企业，其中批发、零售、物流业也可以统称为流通业。

1.2.2　供应链的结构模型

根据上述对供应链的描述，可以看出用户是供应链中不可缺少的一部分。任何一条供应链的主要目的都是为了满足用户的需求，并在满足用户需求的过程中为企业创造利润。由此，供应链是产品或原材料从供应商到制造商到分销商再到零售商直至用户这一链条移动的过程。可以简单地归纳为如图 1.4 所示的模型。

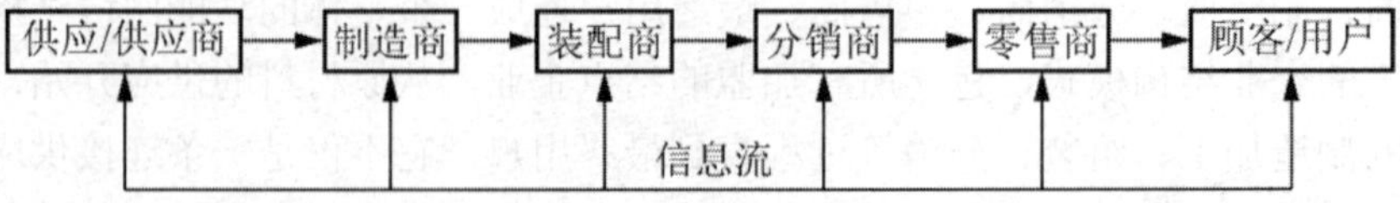

图 1.4　供应链的环节

从图 1.5 中可以看出，供应链由所有加盟的结点企业组成，一般有一个核心企业(可以是产品制造企业，如美国的戴尔公司；也可以是大型零售企业，如美国的沃尔玛公司)，结点企业在需求信息的驱动下，通过供应链的职能分工与合作(生产、分销、零售等)，以资金流、物流或服务流为媒介实现整个供应链的不断增值。

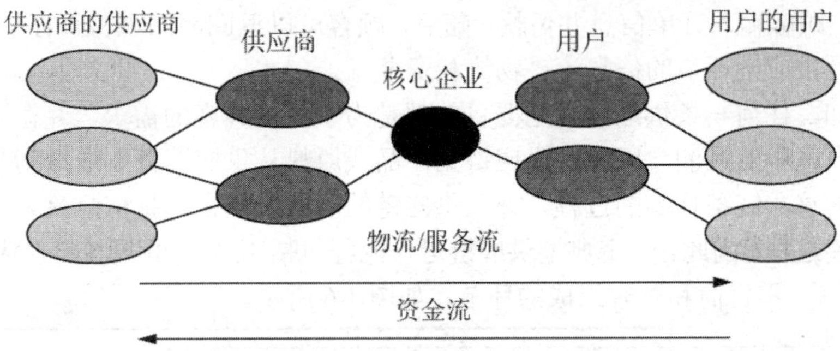

图 1.5　围绕核心企业的供应链网络结构

1.2.3　供应链的 4 个流程

供应链是动态的，包括不同环节间的物流、商流、信息流、资金流 4 个流程。4 个流程有各自不同的功能以及不同的流通方向。

1. 物流

物流是物资(商品)的流通过程，是一个发送货物的程序。该流程的方向是由供货商经由厂家、批发与物流、零售商等指向消费者。由于长期以来企业理论都是围绕产品实物展开的，因此目前物资流程被人们广泛重视。许多物流理论都涉及在物资流通过程中如何在短时间内以低成本将货物送出去。

2. 商流

商流是买卖的流通过程，是接受订货、签订合同等的商业流程，是货物所有权的转移过程。该流程的方向是在供货商与消费者之间双向流动的。目前，商业流通形式趋于多元化：既有传统的店铺销售、上门销售、邮购的方式，又有通过互联网等新兴媒体进行购物的电子商务形式。

3. 信息流

信息流是商品及交易信息的流程。该流程的方向也是在供货商与用户之间双向流动的。过去人们往往把重点放在看得到的实物上，因而信息流通一直被忽视。现代物流的快速发展是对信息流的把握与获取，信息流代替物流是实现快速反映市场需求的必然保证。

4. 资金流

资金流就是货币的流通，为了保障企业的正常运作，必须确保资金的及时回收，否则企业就无法建立完善的经营体系。该流程的方向是由消费者经由零售商、批发与物流、厂家等指向供货商。

例如，美国沃尔玛公司不仅提供商品，实现商品的顾客满意与所有权的转移，而且也为顾客提供定价和可获性方面的信息。顾客付款给沃尔玛公司，沃尔玛公司把销售信息和补充订单信息传达给仓库或分销商，仓库或分销商把补充订单所需要的货品送到商店，补货后沃尔玛公司付款给分销商，分销商也为沃尔玛公司提供定价信息，递交发货日程计划，沃尔玛公司还可以回收包装材料用于再循环。由此构成供应链间的物流、信息流和资金流。

又如，当顾客在线购买戴尔计算机时，供应链包括顾客、戴尔销售网站、戴尔装配商以及包括所有戴尔供应商和供应商的供应商。网站为顾客提供定价、产品种类和产品信息。

选择产品后，顾客输入订单信息并付款。随后，顾客可以返回网站来检查订单履行的状态。这个过程涉及供应链环节的信息流、物流和资金流。

由此可知，任何一条供应链的主要目的都是为了满足顾客的需求，并在满足顾客需求的过程中为自己创造利润。因此，供应链是产品或原料从供应商到制造商到分销商再到零售商直至顾客这一链条移动的过程，并且供应链的活动过程也包括信息流、物流、商流和资金流的传递过程。因此，一个典型供应链运作流程包括由零部件/原材料供应商、制造商、批发商/分销商、零售商和顾客组成的环节，如图 1.6 所示。

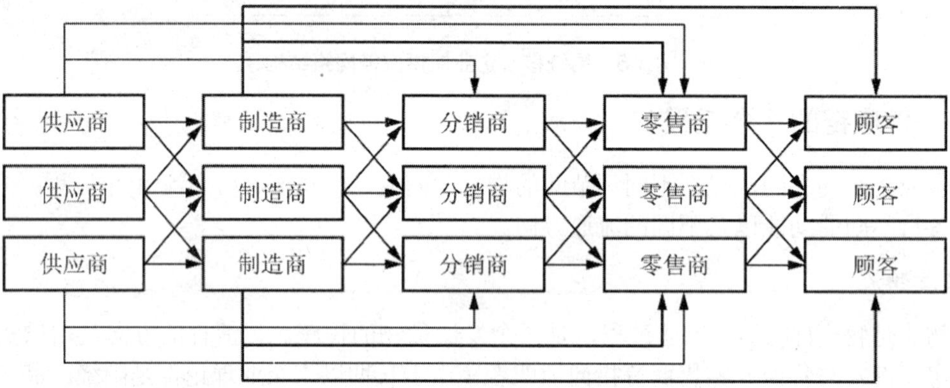

图 1.6　供应链的运作流程

1.2.4　供应链的流程循环

结合供应链运作流程的 5 个阶段，所有供应链流程可以分解为如图 1.7 所示的 4 个流程的循环，即顾客订购循环、补货循环、制造循环、采购循环。每个循环都发生在供应链两个相邻环节之间的界面上。

1. 顾客订购循环

顾客订购环节发生在顾客与零售商之间，它包括接受和满足顾客订购所直接涉及的所有过程。

(1) 顾客抵达是指顾客到达一个便于选择并作出购买决定的特定地点。

(2) 顾客订单递交是指顾客告知零售商他们需要的产品，随后零售商将产品送达顾客手中的过程。

(3) 在顾客订单完成过程中，顾客的订购需求得到满足，货物被送至顾客处。

(4) 在顾客订货接收过程中，顾客接收所订购产品并成为物主。商家更新收据记录，启动现金支付。

2. 补充库存循环

补充库存环节发生在零售商与分销商之间，包括补充零售商品库存清单所涉及的所有过程。

(1) 零售订货的发起。

(2) 零售订单的递交。

(3) 零售订单的完成。

(4) 零售订货的接收。

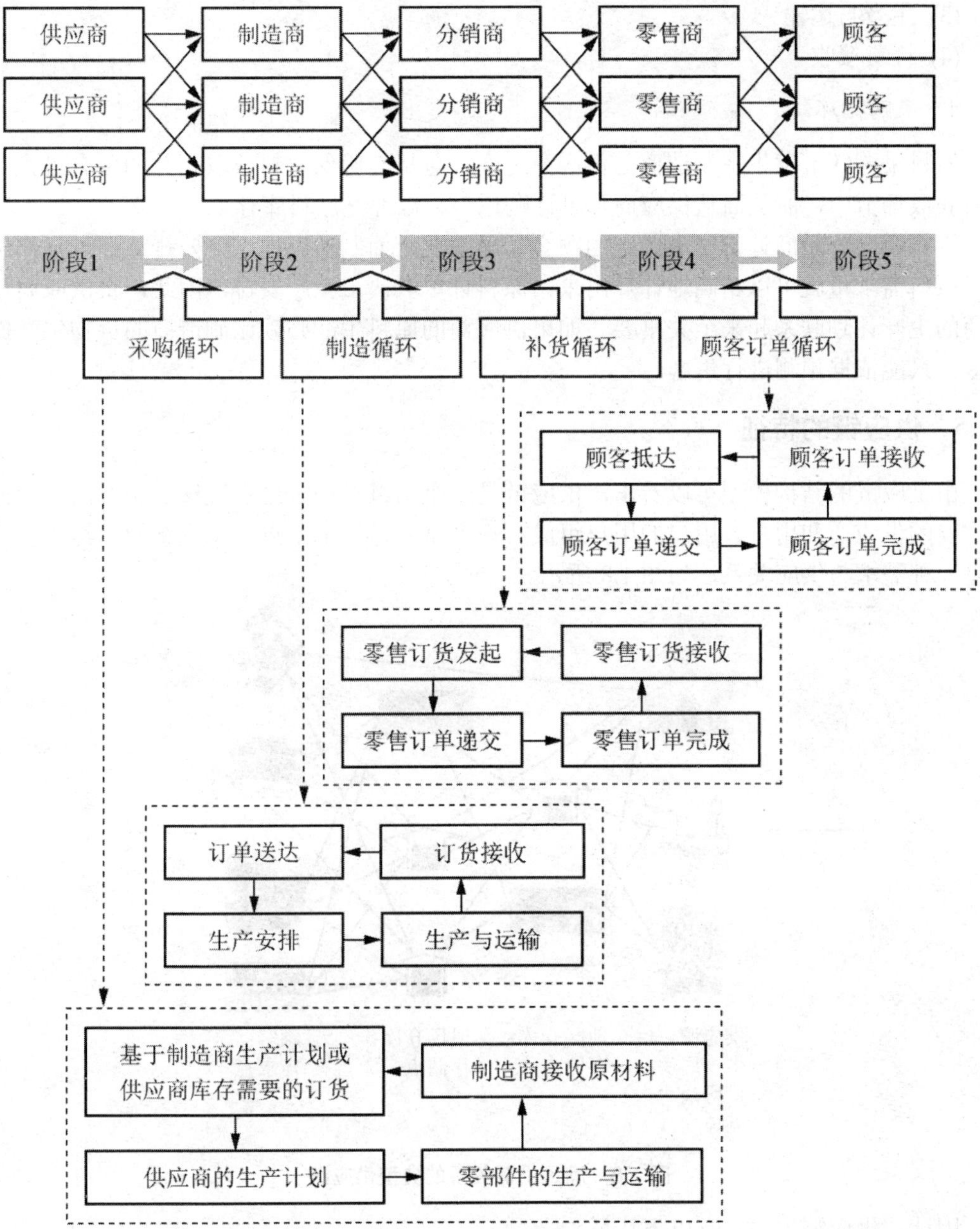

图 1.7　供应链流程循环

3. 制造循环

典型的生产制造环节发生在分销商与制造商(或者零售商与制造商)之间，包括与更新分销商(或零售商)库存有关的所有过程。生产环节由顾客订单(如戴尔的例子)、零售商或分销商补充库存订单(如沃尔玛在宝洁公司的订单)引发，或者由顾客需求预测与厂家产成品仓库中既有产品数量之间的差额启动。

(1) 订单到达。

(2) 生产安排。

(3) 生产与运输。

(4) 订货接收。

4. 采购循环

原料采购环节发生在制造商与供应商之间，包括与确保原料获取相关的所有过程。在原料获取环节中，制造商从供应商那里订购原料，以补充原料库存。

零售商向分销商订货由不确定的顾客需求引发，而制造商在生产安排方面一旦作出决定，原料需求量就可以精确地计算出来。原料订单取决于生产安排，因此，将供应商与制造商的生产计划联系起来至关重要。如果供应商的原料生产必须比制造商的货物生产提前很多，只能依据预测进行生产。

1.2.5 供应链的特征

由供应链的结构模型可以看出，供应链是一个网链结构，由围绕核心企业的供应商、供应商的供应商和用户、用户的用户组成。一个企业是一个结点，结点企业和结点企业之间是一种需求与供应关系，如图 1.8 所示。

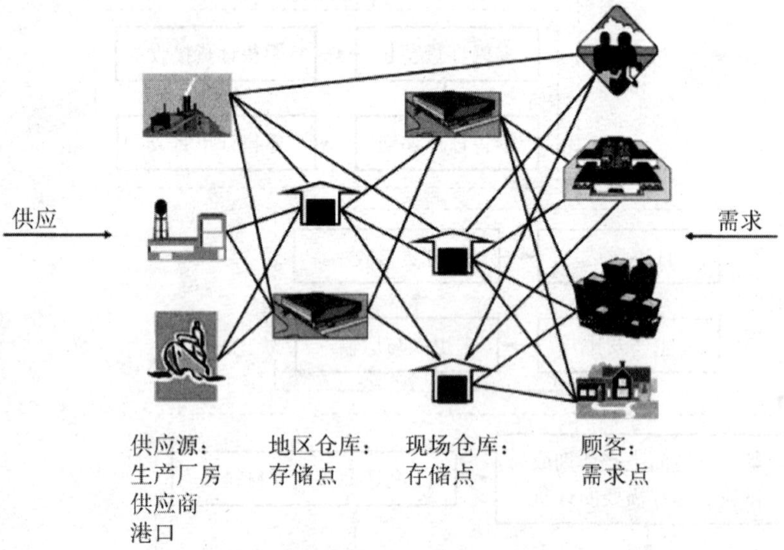

图 1.8 满足供需关系的典型供应链

因此，供应链主要具有以下特征。

(1) 复杂性。因为供应链结点企业组成的跨度(层次)不同，供应链往往由多个、多类型甚至多国企业构成，所以供应链结构模式比一般单个企业的结构模式更为复杂。

(2) 动态性。供应链管理因企业战略和适应市场需求变化的需要，其中结点企业需要动态地更新，这就使得供应链具有明显的动态性。

(3) 面向用户需求性。供应链的形成、存在、重构，都是基于一定的市场需求而发生的，并且在供应链的运作过程中，用户的需求是拉动供应链中信息流、产品/服务流、资金流运作的驱动源。

(4) 交叉性。结点企业可以是这个供应链的成员，同时又是另一个供应链的成员，众多的供应链形成交叉结构，增加了协调管理的难度。

(5) 创新性。供应链扩大了原有的单个企业的物流渠道，充分考虑了供应链的整个物流过程以及影响此过程的各个环节因素。它向着物流、商流、信息流、资金流各个方向同时发展形成了一套相对独立而完整的体系，因而具有创新性。

(6) 风险性。供应链的需求匹配是一个持续性的问题，供应链上的消费需求和生产供应始终存在着时间差和空间分割。通常，在实现产品销售的数周或数月前，制造商必须先期确定生产的款式和数量，这一决策直接影响到供应链系统的生产、仓储、配送等功能的容量设定以及相关成本的构成。因此，供应链上的供需匹配隐含着巨大的财务风险和供应风险。

此外，增值性(Value Added)和有利益性(Profitable)一直是供应链存在的基础。

1.2.6　供应链的类型

根据不同的划分标准，可以将供应链作以下划分。

1. 根据企业运作划分

相对于每个企业运作而言，供应链分为内部供应链和外部供应链。

(1) 内部供应链是指企业内部产品生产和流通过程中所涉及的采购部门、生产部门、仓储部门、销售部门等组成的供需网络。

(2) 外部供应链是指企业外部的，与企业相关的产品生产和流通过程中涉及的原材料供应商、生产厂商、储运商、零售商以及最终消费者组成的供需网络。

(3) 内部供应链和外部供应链的关系：二者共同组成了企业产品从原材料到成品到消费者的供应链。可以说，内部供应链是外部供应链的缩小化。例如，对于制造厂商来说，其采购部门就可看作外部供应链中的供应商。它们的区别只在于外部供应链范围大，涉及企业众多，企业间的协调更困难。

2. 根据供应链存在的稳定性划分

根据供应链存在的稳定性划分，可以将供应链分为稳定的供应链和动态的供应链。

基于相对稳定、单一的市场需求而组成的供应链稳定性较强，而基于相对频繁变化、复杂的需求而组成的供应链动态性较高。在实际管理运作中，需要根据不断变化的需求，相应地改变供应链的组成。

3. 根据供应链容量与用户需求划分

根据供应链容量与用户需求的关系，可以划分为平衡的供应链和倾斜的供应链。

一条供应链具有一定的、相对稳定的设备容量和生产能力(所有结点企业能力的综合，包括供应商、制造商、运输商、分销商、零售商等)。但用户需求不断变化，当供应链的容量能满足用户需求时，供应链处于平衡状态；而当市场变化加剧，造成供应链成本增加、库存增加、浪费增加等现象时，企业不是在最优状态下运作，供应链则处于倾斜状态，如图 1.9 所示。平衡的供应链可以实现各主要职能(采购/低采购成本、生产/规模效益、分销/低运输成本、市场/产品多样化和财务/资金运转快)之间的均衡。

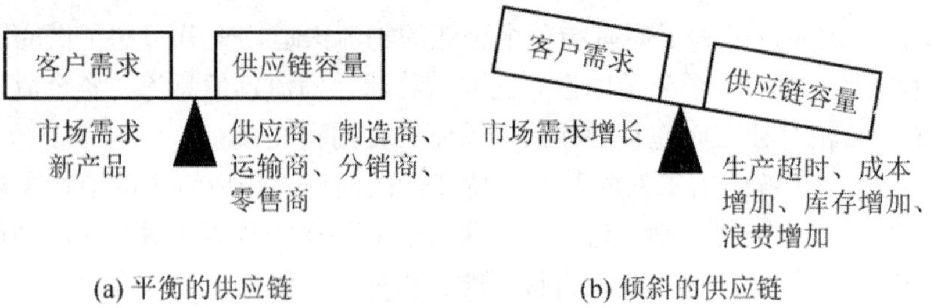

图 1.9　供应链容量与用户需求的关系

4. 根据供应链的功能模式划分

根据供应链的功能模式(物理功能、市场中介功能和客户需求功能)可以把供应链划分为两种：有效性供应链(Efficient Supply Chain)和反应性供应链(Responsive Supply Chain)。

(1) 有效性供应链也称效率型供应链，是以最低的成本将原材料转化成零部件、半成品、产品，以及在供应链中的运输等，并以尽可能低的价格有效地实现以供应为基本目标的供应链。

(2) 反应性供应链主要体现供应链的市场中介功能，即把产品分配到满足用户需求的市场中，对未预知的需求作出快速反应的供应链。

两种类型的供应链的比较见表 1-1。

表 1-1　反应性供应链与有效性供应链的比较

	反应性供应链	有效性供应链
基本目标	尽可能快地对不可预测的需求做出反应，使缺货、降价、库存最小化	以最低的成本供应可预测的需求
制造的核心	保持生产的柔性，针对小批量生产或大批量定制生产，配置适当的缓冲库存	针对大批量生产，保持高的平均利用率
库存策略	部署好零部件和成品的缓冲库存，应付不稳定的需求	保持最佳经济库存，产生高收入而使整个链的库存最小化
提前期	大量投资以缩短提前期	保持稳定的条件下尽可能缩短提前期(不增加成本)
供应商的标准	以速度、柔性、质量为核心	以成本、效率和质量为核心
产品设计策略	使用平台策略，将产品的共同要素与独特要素相结合。采用模块化设计，在模块的基础上进行变型设计，以尽可能减小产品差别	采用标准化设计，保证绩效最大化而成本最小化

1.3　供应链管理的基本理论

1.3.1　供应链管理的概念

计算机网络的发展进一步推动了制造业的全球化、网络化过程。虚拟制造、动态联盟等制造模式的出现，迫切需要新的管理模式与之相适应。传统的企业组织中的采购(物资供应)、加工制造(生产)、销售等看似是一个整体，但却是缺乏系统性和综合性的企业运作模式，已经无法适应新的制造模式发展的需要，而“大而全，小而专”的企业自我封闭的管理体制，更无法适应网络化竞争的社会发展需要。因此，“供应链”的概念和传统的销售链是不同的，它已跨越了企业界限，从建立合作制造或战略伙伴关系的新思维出发，从产品生命线的“源”头开始，到产品消费市场的“汇”，从全局和整体的角度考虑产品的竞争力，使供应链从一种运作性的竞争工具上升为一种管理性的方法体系，这就是供应链管理提出的实际背景。

供应链管理(Supply Chain Management，SCM)是一种集成的管理思想和方法，它执行供应链中从供应商到最终用户的物流计划和控制等职能。

埃文斯(Evens)认为，“供应链管理是通过前馈的信息流和反馈的物料流及信息流，将供应商、制造商、分销商、零售商以及最终用户连成一个整体的管理模式”。菲利普(Philips)则认为供应链管理不是供应商管理的别称，而是一种新的管理策略，它把不同企业集成起来以增加整个供应链的效率，注重企业之间的合作。哈兰德(Harland)将供应链管理描述成对商业活动和组织内部关系、与直接采购者的关系、与第一级或第二级供应商的关系、与客户的关系等整个供应链关系的管理。斯科特(Scott)与韦斯特布鲁克(Westbrook)将供应链管理描述成一条连接制造与供应过程中每一个元素的链，包含了从原材料到最终消费者的所有环节。美国俄亥俄州立大学的全球供应链论坛将供应链管理定义成“为消费者带来有价值的产品、服务以及信息的，从源头供应商到最终消费者的集成业务流程”。大卫·辛奇-利维(David Simchi-Levi)等强调，“供应链管理是用于有效集成供应商、制造商、储运商与销售商的一系列方法，通过这些方法，使生产出来的商品能以恰当的数量、在恰当的时间、被送往恰当的地点，从而实现在满足服务水平的同时使系统的成本最小化”。

供应链管理的广义定义包含了整个价值链(详见波特的“价值链”理论)，即从原材料开采到使用结束整个过程中的采购与供应管理流程。狭义的供应链管理定义是：在一个组织内集成不同功能领域的物流，加强直接战略供应商、生产制造商、分销商、最终消费者的联系。通过利用直接战略供应商的能力与技术，尤其是供应商在产品设计阶段的早期参与，供应链已经成为提高生产制造商效率和竞争力的有效手段。

《物流术语》(GB/T 18354—2006)将供应链管理定义为：对供应链涉及的全部活动进行组织、协调与控制。

综上所述，理解供应链管理的定义应把握以下几个方面。

(1) 供应链管理把对成本有影响和在产品满足顾客需求的过程中起作用的每一个因素都考虑在内，包括从供应商和制造商经过储运商到批发商、零售商以及商店。

(2) 供应链管理的目的在于追求效率和整个系统的费用有效性，使系统总成本达到最小，这个成本包括运输成本、配送成本和库存成本。因此，供应链管理的重点不在于简单地运输成本达到最小或减少路径，而在于用系统的方法来进行供应管理。

(3) 因为供应链管理是围绕着把供应商、制造商、分销商(批发商和零售商)有效率地结合成一体，因此它包含公司许多层次上的活动，从战略层次到战术层次一直到作业层次。

最早人们把供应链管理的重点放在管理库存上，作为平衡有限的生产能力和适应用户需求变化的缓冲手段，通过各种协调手段，寻求把产品迅速、可靠地送到用户手中所需要的费用与生产、库存管理费用之间的平衡点，从而确定最佳的库存投资额。因此其主要的工作任务是管理库存和运输。现在的供应链管理则把供应链上的各个企业作为一个不可分割的整体，使供应链上各企业分担的采购、生产、分销和销售的职能成为一个协调发展的有机体。

供应链管理就是指在满足一定的客户服务水平的条件下，为了使整个供应链系统成本达到最小而把供应商、制造商、仓库、配送中心和渠道商等有效地组织在一起来进行的产品制造、转运、分销及销售的管理方法。供应链管理包括计划、采购、制造、配送、退货五大基本内容。

(1) 计划：SCM 的策略性部分。需要有一个策略来管理所有的资源，以满足客户对产品的需求。好的计划是建立一系列的方法监控供应链，使它能够有效地、低成本地为顾客递送高质量和高价值的产品或服务。

(2) 采购：选择能为产品和服务提供货品和服务的供应商，和供应商建立一套定价、配送和付款流程并创造方法监控和改善管理，并把对供应商提供的货品和服务的管理流程结合起来，包括提货、核实货单、转送货物到制造部门并批准对供应商的付款等。

(3) 制造：安排生产、测试、打包和准备送货所需的活动，是供应链中测量内容最多的部分，包括对质量水平、产品产量和工人的生产效率等的测量。

(4) 配送：调整用户的订单收据、建立仓库网络、派递送人员提货并送货到顾客手中、建立货品计价系统、接收付款等。

(5) 退货：供应链中的问题处理部分。建立网络接收客户退回的次品和多余产品，并在客户应用产品出问题时提供技术支持。

现代商业环境给企业带来了巨大的压力，不仅仅是销售产品，还要为客户和消费者提供满意的服务，从而提高客户的满意度，让其产生幸福感。科特勒(Kotler)表示：“顾客就是上帝，没有他们，企业就不能生存。一切计划都必须围绕挽留顾客、满足顾客进行。”要在国内和国际市场上赢得客户，必然要求供应链企业能快速、敏捷、灵活和协作地响应客户的需求。面对多变的供应链环境，构建幸福供应链成为现代企业的发展趋势。

供应链管理主要涉及 4 个主要领域：供应(supply)、生产计划(schedule plan)、物流(logistics)、需求(demand)。

供应链管理是以同步化、集成化生产计划为指导，以各种技术为支持，尤其以 Internet/Intranet 为依托，围绕供应、生产作业、物流(主要指制造过程)、满足需求来实施的。供应链管理主要包括计划、合作、控制从供应商到用户的物料(零部件和成品等)和信息。供应链管理的目标在于提高用户服务水平和降低总的交易成本，并寻找两个目标之间的平衡(这两个目标往往有冲突)。在以上 4 个领域的基础上，可以将供应链管理细分为职能领域和辅助领域。职能领域主要包括产品工程、产品技术保证、采购、生产控制、库存控制、仓储管理、分销管理等。而辅助领域主要包括客户服务、制造、设计工程、会计核算、人力资源、市场营销等。

由此可见，供应链管理关注的并不仅仅是物料实体在供应链中的流动，除了企业内部与企业之间的运输问题和实物分销以外，供应链管理还包括以下主要内容。

(1) 战略性供应商和用户合作伙伴关系管理。

(2) 供应链产品需求预测和计划。

(3) 供应链的设计(全球结点企业、资源、设备等的评价、选择和定位)。

(4) 企业内部与企业之间的物料供应与需求管理。

(5) 基于供应链管理的产品设计与制造管理、生产集成化计划、跟踪和控制。

(6) 基于供应链的用户服务和物流(运输、库存、包装等)管理。

(7) 企业间资金流管理(汇率、成本等问题)。

(8) 基于 Internet/Intranet 的供应链交互信息管理等。

供应链管理注重总的物流成本(从原材料到最终产成品的费用)与用户服务水平之间的关系，为此要把供应链各个职能部门有机地结合在一起，从而最大限度地发挥出供应链整体的力量，达到供应链企业群体获益的目的。

1.3.2 实施供应链管理的优势

供应链管理与传统的物流管理在库存管理的方式、货物流、成本、信息流、风险、计划及组织间关系等方面存在显著的区别，这些区别使得供应链管理比传统的物流管理更具优势。

(1) 从库存管理及货物流的角度来看，在供应链管理中，库存管理是在供应链成员中进行协调，以使库存投资与成本最小；而传统的物流管理则是把库存向前推或向后延，具体情况是根据供应链成员谁最有主动权而定。事实上，传统的物流管理把库存推向供应商并降低渠道中的库存投资，只是转移了库存。解决这个问题的方法是通过提供有关生产计划的信息，比如共享有关预期需求、订单、生产计划等信息，减少不确定性，并使安全库存降低。

(2) 从成本方面来看，供应链管理是通过注重产品最终成本来优化供应链的。这里提到的最终成本是指实际发生的到达客户时的总成本，包括采购时的价格及送货成本、库存成本等。而传统的物流管理在成本的控制方面仅限于公司内部成本达到最小。

(3) 风险与计划是供应链管理区别于传统物流管理的另外两个重要的方面。在供应链管理中，风险与计划都是通过供应链成员共同分担、共同沟通来实现的，而传统的物流管理却仅仅停留在公司内部。在组织关系方面，供应链管理中的各成员是基于对最终成本的控制而达成合作的，而传统的物流管理则是基于降低公司内部成本进行运作的。

实施供应链管理是因为供应链管理比传统的物流管理更具活力，更能为供应链成员带来实质性好处。不过，要成功地实施供应链管理，各供应链成员之间必须要有很好的信息共享；而要做到开诚布公的信息分享，对于追求不同目标的企业来说，不是一件容易的事情，尤其是当一家企业与其众多的竞争对手均有合作的情况下，要实现信息共享更加困难。

因此，成功的供应链整合，首先需要各结点企业在以下一些方面达成一致：共同认识到最终客户的服务需求水平、共同确定在供应链中库存的位置及每个库存点的存货量、共同制订把供应链作为一个实体来管理的政策和程序等。

上述第一个方面相对比较容易做到，但在决策时往往容易疏忽这一目标。最终客户的服务需求是在渠道中确定库存的关键，成功的制造商能辨认客户及客户的需求，进而在制造商自己的范围及整个渠道中协调库存流。第二个方面是物流管理的基本作业原则，即满足客户需求的内容应包括需要什么、哪里需要和需要多少。第三个方面需要供应链上各结点企业的真诚合作才能实现，只有所有结点企业都站在整个供应链的高度来看待问题的时候，才容易彼此作出理解与让步，共同制订出政策与程序，并进而建立起综合性的物流组织。

此外，供应链管理与传统的物流管理和控制有着明显的区别，主要体现在以下几个方面。

(1) 供应链管理把供应链中的所有结点企业看作一个整体，供应链管理涵盖整个物流的过程，从供应商到最终用户的采购、制造、分销、零售等职能领域过程。

(2) 供应链管理强调和依赖战略管理。“供应”是整个供应链中结点企业之间事实上共享的一个概念(任意两个结点之间都是供应与需求的关系)，同时它又是一个有重要战略意义的概念，因为它影响或者可以认为它决定了整个供应链的成本和市场占有份额。

(3) 供应链管理最关键的是需要采用集成的思想和方法，而不仅仅是结点企业、技术方法等资源简单的连接。

(4) 供应链管理具有更高的目标，通过管理库存和合作关系来达到高水平的服务，而不是仅仅完成一定的市场目标。

1.3.3 供应链管理中的关键问题

事实上，供应链管理是一个复杂的系统，涉及众多目标不同的企业，牵扯到企业的方方面面，因此实施供应链管理必须确保要理清思路、分清主次，抓住关键问题。

具体地说，在实施供应链管理中需要注意以下关键问题。

1. 配送网络的重构

配送网络重构是指采用一个或几个制造工厂生产的产品来服务一组或几组在地理位置上分散的渠道商时，当原有的需求模式发生改变或外在条件发生变化后对配送网络进行的调整。这可能由于现有的几个仓库租赁合同的终止或渠道商的数量发生增减变化等原因引起。此外，需求模式的改变可能需要改变工厂的产量、新供应商的选择，以及货物在配送网络中的流动方式。因此，会产生一个复杂的优化问题，即如何选择仓库的位置和容量，确定每个厂商的生产批量，并设定设施之间的运输流，包括从工厂到仓库和仓库到零售商等所有生产、库存和运输的成本的有效控制并满足必要的服务水平的优化问题。

2. 配送战略问题

在供应链管理中，配送战略也非常关键。采用直接转运战略、经典配送战略还是直接运输战略，需要多少个转运点，哪种战略更适合供应链中大多数的结点企业等问题都要经过商讨确定。

直接转运(Cross Docking)战略是指在这个战略中终端渠道由中央仓库供应货物，中央仓库充当供应过程的调节者和来自外部供应商的订货转运站，而其本身并不保留库存。而经典配送战略则是在中央仓库中保留有库存。直接运输战略则相对较为简单，它是指把货物直接从供应商运往终端渠道的一种配送战略。

3. 供应链集成与战略伙伴

由于供应链本身的动态性以及不同结点企业间存在着相互冲突的目标，因此对供应链进行集成是相当困难的。但实践表明，对供应链集成不仅是可行的，而且它能够对结点企业的销售业绩和市场份额产生显著的影响作用。显然，什么信息应该共享、如何共享、信息如何影响供应链的设计和作业，在不同结点企业间实施什么层次的集成，可以实施哪些类型的伙伴关系等就成了最为关键的问题。

4. 库存控制问题

库存控制问题包括终端渠道对特定产品应该持有多少库存，终端渠道的订货量应该大于、小于还是等于需求的预测值，终端渠道应该采用多大的库存周转率等。终端渠道的目标在于决定在什么点上再订购一批产品，以及为了最小化库存订购和保管成本，应订多少产品等。

5. 产品设计

有效的产品设计在供应链管理中起着多方面的关键作用。那么什么时候对产品进行设计来减少物流成本或缩短供应链的周期，产品设计是否可以弥补顾客需求的不确定性，为了利用新产品设计，对供应链应该做什么样的修改等问题就变得非常重要。

6. 信息技术和决策支持系统

信息技术是促成有效供应链管理的关键因素。供应链管理的基本问题在于应该传递什么数据，如何进行数据的分析和利用，互联网对供应链管理的影响，电子商务的作用，信息技术和决策支持系统能否作为企业获得市场竞争优势的主要工具等。

7. 顾客价值的衡量

顾客价值是衡量一个企业对于其顾客的贡献大小的指标，这一指标是根据企业提供的全部货物、服务以及无形影响来衡量的。近年来，这个指标已经取代了质量和顾客满意度等指标。

8. 生产采购

在许多行业中，需要均衡运输成本与制造成本之间的矛盾。少品种大批量的生产能有效地降低生产成本，而运输成本可能导致增加；降低运输成本通常需要每个工厂的生产具有柔性，即具有生产多数甚至是全部产品的能力，这就导致小批量生产增加了生产成本。

9. 供应合同

在传统的供应链战略中，链上的每一方只关注自身利润，供需双方的关系是通过定价、数量折扣、交货提前期、质量、退货等条款的供应合同确定的。而在当今考虑优化整个供应链绩效之际，做出决策时要考虑供应链上每个伙伴的利益与影响，即数量折扣与收入分配合同对供应链绩效的影响，供应商是否可以采取有利于需求方的政策，激励需求方在一定时期内购买更多的产品，这样供需双方的利润都能有所提高。

10. 外包与离岸化策略

供应链战略中各个企业不仅要关注自身核心竞争力的提升，同时还要考虑将自己不擅长的业务活动外包问题。而哪些外包、哪些自营以及外包的风险都是在协调供应链内不同活动的同时必须面对的问题，即产品和部件是否需要从外部供应商那里购买、供应商能否按时供应货物、怎样将外包的风险降低到最小、如何应对两个供应源等问题；即使公司不外包，也要考虑如何将生产转移到成本更低的地区、离岸化对库存水平和资本成本将会产生怎样的影响等。

11. 智能定价策略

许多制造商、零售商和承运商都采用不同的技术和手段来提高供应链绩效，包括通过整合定价和库存控制来影响市场需求并提高财务绩效。收益管理策略、回购策略将对供应链绩效产生什么样的影响呢？

1.3.4 高效供应链管理中的四大问题

供应链管理的实现，是把供应商、制造商、分销商、零售商等在一条供应链上的所有结点企业都联系起来进行优化，使生产资料以最快的速度通过生产、分销环节变成增值的产品，到达有消费需求的消费者手中。这不仅可以降低成本，减少社会库存，而且使社会资源得到优化配置。更重要的是，通过信息网络、组织网络，实现了生产及销售的有效链接和物流、信息流、资金流的合理流动，最终以合理的价格把合适的产品及时送到消费者手上。计算机产业的戴尔公司在其供应链管理上采取了极具创新的方法，体现了有效的供应链管理优越性。构造高效供应链可以从以下 4 个方面入手。

1. 以顾客为中心

从某种意义上讲，供应链管理本身就是以顾客为中心的“拉式”营销推动的结果，其出发点和落脚点都是为顾客创造更多的价值，都是以市场需求的拉动为原动力。顾客价值是供应链管理的核心，企业是根据顾客的需求来组织生产的。以往供应链的起始动力来自制造环节，先生产产品，再推向市场，在消费者购买之前，企业是不会知道销售效果的。在这种“推式”系统里，库存不足和销售不佳的风险同时存在。现在，产品从设计开始，企业已经让顾客参与其中，以使产品能真正符合顾客的需求。这种“拉式”系统的供应链是以顾客的需求为原动力的。

供应链管理始于最终用户。其构架包括 3 个部分：客户服务战略决定企业如何从利润最大化的角度对客户的反馈和期望作出反应；需求传递战略则是企业以何种方式将客户需求与产品服务的提供相联系；采购战略决定企业在何地、怎样生产产品和提供服务。

(1) 客户服务战略。第一步是对客户服务市场细分，以确定不同细分市场的客户期望的服务水平。第二步应分析服务成本，包括企业现有的客户服务成本结构和为达到不同细分市场服务水平所需的成本。第三步是销售收入管理，与第二步都非常重要。当企业为不同客户提供新的服务时，客户对此会作出何种反应，是购买增加而需要增加产能，还是客户忠诚度上升，使得企业可以提高价格。企业必须对客户作出正确反应，以使利润最大化。

(2) 需求传递战略，即企业采取何种销售渠道组合把产品和服务送达客户，这一决策对客户服务水平和分销成本有直接影响。而需求规划，即企业如何根据预测和分析、制定生产和库存计划来满足客户需求，是大多数企业最为重要的职能之一。良好的需求规划是成功地满足客户需求、使成本最小化的关键。

(3) 采购战略。关键部件是自产还是外购，这直接影响企业的成本结构和所承担的劳动力、汇率、运输等风险；此外，企业的产能如何规划布置，以及企业如何平衡客户满意度和生产效率之间的关系，都是很重要的内容。

2. 强调企业的核心竞争力

在供应链管理中，一个重要的理念就是强调企业的核心业务和竞争力，并为其在供应链上定位，将非核心业务外包。由于企业的资源有限，企业要在各式各样的行业和领域都获得竞争优势是十分困难的，因此必须集中资源在某个专长的领域，即核心业务上。这样在供应链上定位将成为一个不可替代的角色。

企业核心竞争力是建立在企业核心资源的基础之上，企业技术、产品、管理、文化的综合优势在市场上的反映，是一个组织内部具有的一系列互补的技能和知识的结合，既有一项或多项业务达到竞争领域一流水平的能力，又为顾客提供某种特殊的利益。

企业核心竞争力的特点表现为：价值优越性(使企业在创造价值和降低成本方面比竞争对手更优秀，能为顾客带来利益)；难替代性(生产出来的产品在市场上不会轻易被其他产品替代)；差异性(在同行业中与众不同，至少比其他竞争者优越)；可延伸性(不仅能为当前提供某种特殊的产品或服务，而且还可以帮助企业开发新的产品或进入新的领域)。

企业核心竞争力的具体表征为：①“仿不了”，就是别的企业模仿不了，它可以是技术，也可以是企业文化；②“买不来”，就是说这样的资源在市场上买不到，所有在市场上能得到的资源都不能称为企业的核心竞争力；③“拆不开”，“拆不开”强调的是企业的资源和能力具有互补性，有了这个互补性，才突出为核心竞争力；④“带不走”，强调的是资源的组织性，比如人力资源。这样的资源本身不构成企业的核心竞争力，带不走的东西包括互补性，或者是属于企业的，比如专利权，如果专利权属于个人，这个企业就不具有竞争力。一些优秀企业之所以能够以自己为中心构建起高效的供应链，就在于它们有着不可替代的竞争力，并且凭借这种竞争力把上下游的企业串在一起，形成一个为顾客创造价值的有机链条。

例如，沃尔玛公司作为一家连锁商业零售企业，高水准的服务以及以此为基础构造的顾客网络是它的核心竞争力。于是，沃尔玛公司超越自身的“商业零售企业”身份，建立起了高效供应链。首先，沃尔玛公司不仅仅是一家等待上游厂商供货、组织配送的纯粹的商业企业，而且也直接参与到上游厂商的生产计划中去，与上游厂商共同商讨和制订产品计划、供货周期，甚至帮助上游厂商进行新产品研发和质量监控等方面的工作。这就意味着沃尔玛公司总是能够最早得到市场上最希望看到的商品，当别的零售商正在等待供货商的产品目录或者商谈合同时，沃尔玛公司的货架上已经开始热销这款产品了。其次，沃尔玛公司高水平的客户服务能够及时地将消费者的意见反馈给厂商，并帮助厂商对产品进行改进和完善。过去，商业零售企业只是作为中间人，将商品从生产厂商传递到消费者手里，反过来再将消费者的意见通过电话或书面形式反馈到厂商那里。从表面看沃尔玛公司并没有独到之处，但是结果却差异很大。原因就在于沃尔玛公司能够参与到上游厂商的生产计划和控制中去，因此能够将消费者的意见迅速反映到生产中，而不是简单地充当二传手或者传声筒。

沃尔玛公司的思路并不复杂，但多数商业企业更多的是充当厂商和消费者的“桥梁”，缺乏参与和控制生产的能力。也就是说，沃尔玛公司的模式已经跨越了企业内部管理和与外界沟通的范畴，形成了以自身为链主，连接生产厂商与顾客的全球供应链。而这一供应链正是通过先进的信息技术来保障的，这就是它的一整套先进的供应链管理系统。离开了统一、集中、实时监督的供应链管理系统，沃尔玛公司的直接控制生产和高水平的客户服务将无从谈起。

3. 相互协作的双赢理念

在传统的企业运营中，供销之间互不相干，是一种敌对争利的关系，系统协调性差。企业和各供应商没有协调一致的计划，每个部门各有一套，只安排自己的活动，会影响整体。与供应商和经销商都缺乏合作的战略伙伴关系，且往往从短期效益出发，挑起供应商之间的价格竞争，失去了供应商的信任与合作基础。市场形势好时对经销商态度傲慢，市场形势不好时又想将损失转嫁给经销商，因此得不到经销商的信任与合作。

而在供应链管理的模式下，所有环节都看作一个整体，供应链上的企业除了自身的利益外，还应该一同去提高整体的竞争力和赢利能力。因为最终客户选择一件产品，整条供应链上所有成员都受益；如果最终客户不选择这件产品，则整条供应链上的成员都会受损失。可以说，合作是供应链与供应链之间竞争的一个关键。

在供应链管理中，不但有双赢理念，更重要的是通过技术手段把理念形态落实到操作实务上。关键在于将企业内部供应链与外部的供应商和用户集成起来，形成一个集成化的供应链。而与主要供应商和用户建立良好的合作伙伴关系，即供应链合作关系，是集成化供应链管理的关键。此阶段企业要特别注重战略伙伴关系管理，管理的重点是以面向供应商和用户取代面向产品，增加与主要供应商和用户的联系，增进相互之间的了解(产品、工艺、组织、企业文化等)，相互之间保持一定的一致性，实现信息共享等。企业应通过为用户提供与竞争者不同的产品和服务或增值的信息而获利。供应商管理库存和共同计划、预测与库存补充的应用就是企业转向改善、建立良好的合作伙伴关系的典型例子。通过建立良好的合作伙伴关系，企业就可以更好地与用户、供应商和服务提供商实现集成和合作，共同在预测、产品设计、生产、运输计划和竞争策略等方面设计和控制整个供应链的运作。对于主要用户，企业一般建立以用户为核心的小组，这样的小组具有不同职能领域的功能，从而更好地为主要用户提供有针对性的服务。

4. 优化信息流程

信息流程是企业内员工、客户和供货商的沟通过程。以前只能以电话、传真或面对面达成信息交流的目的，现在可利用电子商务、电子邮件或互联网进行信息交流，虽然手段不同，但内容并没有改变。而计算机信息系统的优势在于其自动化操作和处理大量数据的能力，使信息流通速度加快，同时减少失误。然而，信息系统只是支持业务过程的工具，企业本身的商业模式决定着信息系统的架构模式。

为了优化供应链管理，必须从与生产产品有关的第一层供应商开始，环环相扣，直到货物到达最终用户手中，真正按链的特性改造企业业务流程，使各个结点企业都具有处理物流和信息流的自组织和自适应能力。要形成贯穿供应链的分布数据库的信息集成，从而集中协调不同企业的关键数据。所谓关键数据，是指订货预测、库存状态、缺货情况、生产计划、运输安排、在途物资等数据。

为便于管理人员迅速、准确地获得各种信息，应该充分利用电子数据交换(Electronic Data Interchange，EDI)、互联网等技术手段，实现供应链的分布数据库信息集成，达到共享采购订单的电子接收与发送、多位置库存控制、批量和系列号跟踪、周期盘点等重要信息。

思科公司是运用互联网实现虚拟供应链的典范，超过90%的公司订单是来自互联网，而思科的工作人员直接经手的订单不超过50%。思科公司通过公司外部网连接零部件供应商、分销商和合同制造商，以此形成一个虚拟的、适时的供应链。当客户通过思科的网站订购典型的思科产品，如路由器时，所下的订单将触发一系列的消息给其生产印制电路板的合同厂商，同时分销商也会被通知提供路由器的通用部件(如电源)，组装成品的合同制造商通过登录到思科公司的外部网并连接至其生产执行系统，可以事先知道可能发生的订单类型和数量。信息整合也使整个供应链上的企业都能共享有用的信息。例如，沃尔玛公司与宝洁公司共享宝洁产品在沃尔玛零售网络中的销售信息，使宝洁能够更好地管理这些产品的生产，从而也保障了沃尔玛商场中这些产品的供货。

1.3.5　供应链管理的八大管理原理

供应链管理涉及的管理原理包括资源横向集成原理、系统原理、多赢互惠原理、合作共享原理、需求驱动原理、快速响应原理、同步运作原理和动态重构原理。

1. 资源横向集成原理

资源横向集成原理揭示的是新经济形势下的一种新思维。该原理认为：在经济全球化迅速发展的今天，企业仅靠原有的管理模式和自己有限的资源，已经不能满足快速变化的市场对企业所提出的要求。企业必须放弃传统的基于纵向思维的管理模式，朝着新型的基于横向思维的管理模式转变。企业必须横向集成外部相关企业的资源，形成“强强联合，优势互补”的战略联盟，结成利益共同体去参与市场竞争，以实现提高服务质量的同时降低成本、快速响应顾客需求的同时给予顾客更多选择的目的。

该原理强调的是优势资源的横向集成，即供应链各结点企业均以其能够产生竞争优势的资源来参与供应链的资源集成，在供应链中以其优势业务的完成来参与供应链的整体运作。

2. 系统原理

系统原理认为供应链是一个系统，是由相互作用、相互依赖的若干组成部分结合而成的具有特定功能的有机整体。供应链是围绕核心企业，通过对信息流、物流、商流、资金流的控制，把供应商、制造商、分销商、零售商直到最终用户连成一个整体的功能网链结构模式。

供应链的系统具有以下特征。

(1) 体现在其整体功能上。整体功能是指组成供应链的任一成员企业都不具有的特定功能，是供应链合作伙伴间的功能集成，而不是简单叠加。供应链系统的整体功能集中表现在供应链的综合竞争能力上，这种综合竞争能力是任何一个单独的供应链成员企业都不具有的。

(2) 体现在供应链系统的目的性上。供应链系统有着明确的目的，即在复杂多变的竞争环境下，以最低的成本、最快的速度、最好的质量为用户提供最满意的产品和服务，通过不断提高用户的满意度来赢得市场。这一目的也是供应链各成员企业的共同目的。

(3) 体现在供应链合作伙伴间的密切关系上。这种关系是基于共同利益的合作伙伴关系，供应链系统目的的实现，受益的不只是一家企业，而是一个企业群体。因此，各成员企业均具有局部利益服从整体利益的系统观念。

(4) 体现在供应链系统的环境适应性上。在经济全球化迅速发展的今天，企业面对的是一个迅速变化的买方市场，要求企业能对不断变化的市场作出快速反应，不断地开发出符合用户需求的、定制的“个体化产品”去占领市场以赢得竞争。新型供应链(有别于传统的局部供应链)以及供应链管理就是为了适应这一新的竞争环境而产生的。

(5) 体现在供应链系统的层次性上。供应链各成员企业单独是一个系统，同时也是供应链系统的组成部分；供应链是一个系统，同时也是它所从属的更大系统的组成部分。从系统层次性的角度来理解，相对于传统的基于单个企业的管理模式而言，供应链管理是一种针对更大系统(企业群)的管理模式。

3. 多赢互惠原理

多赢互惠原理认为，供应链是相关企业为了适应新的竞争环境而组成的一个利益共同体，其密切合作是建立在共同利益的基础之上，供应链各成员企业之间通过协商机制来谋求多赢互惠的目标。供应链管理改变了企业的竞争方式，将企业之间的竞争转变为供应链之间的竞争，强调核心企业通过与供应链中的上下游企业之间建立战略伙伴关系，以强强联合的方式，使每个企业都发挥各自的优势，在价值增值链上达到多赢互惠的效果。

供应链管理在许多方面都体现了多赢互惠的思想。例如，供应链中的“需求放大效应”使得上游企业所获得的需求信息与实际消费市场中的顾客需求信息存在很大的偏差，上游企业不得不维持比下游企业更高的库存水平，这就是通常所说的“牛鞭效应”(第 2 章将详细论述)。需求放大效应是需求信息扭曲的结果，供应链企业之间的高库存现象会给供应链的系统运作带来许多问题，不符合供应链系统整体最优的原则。为了解决这一问题，近年来在国外出现了一种新的供应链库存管理方法——供应商管理用户库存(Vendor Managed Inventory，VMI)，这种库存管理策略打破了传统的各自为政的库存管理模式，体现了供应链的集成化管理思想，其结果是降低了供应链整体的库存成本，提高了供应链的整体效益，实现了供应链合作企业间的多赢互惠。再如，在供应链相邻结点企业之间，传统的供需关系是以价格驱动的竞争关系，而在供应链管理环境下，则是一种合作性的双赢关系。

4. 合作共享原理

合作共享原理具有两层含义，一是合作，二是共享。合作原理认为，由于任何企业所拥有的资源都是有限的，它不可能在所有的业务领域都获得竞争优势，因而企业要想在竞争中获胜，就必须将有限的资源集中在核心业务上。与此同时，企业必须与全球范围内的在某一方面具有竞争优势的相关企业建立紧密的战略合作关系，将本企业中的非核心业务交由合作企业来完成，充分发挥各自独特的竞争优势，从而提高供应链系统整体的竞争能力。共享原理认为，实施供应链合作关系意味着管理思想与方法的共享、资源的共享、市场机会的共享、信息的共享、先进技术的共享以及风险的共担。

信息共享是实现供应链管理的基础，准确可靠的信息可以帮助企业作出正确的决策。供应链的协调运行建立在各个结点企业高质量的信息传递与共享的基础之上，信息技术的应用有效地推动了供应链管理的发展，节省了时间并提高了企业信息交换的准确性，减少了在复杂、重复工作中的人为错误，因而也减少了由于失误而导致的时间浪费和经济损失，提高了供应链管理的运行效率。共享信息的增加对供应链管理来说是非常重要的。由于可以做到共享信息，供应链上任何结点的企业都能及时地掌握到市场的需求信息和整个供应链的运行情况，每个环节的物流信息都能透明地与其他环节进行交流与共享，从而避免了需求信息的失真现象，消除了需求信息的扭曲放大效应。

5. 需求驱动原理

需求驱动原理认为，供应链的形成、存在、重构，都是基于一定的市场需求而发生的，并且在供应链的运作过程中，用户的需求是供应链中信息流、产品/服务流、资金流运作的驱动源。在供应链管理模式下，供应链的运作是以订单驱动方式进行的，商品采购订单是在用户需求订单的驱动下产生的，然后商品采购订单驱动产品制造订单，产品制造订单又驱动原材料(零部件)采购订单，原材料(零部件)采购订单再驱动供应商。这种逐级驱动的订单驱动模式，使供应链系统得以准时响应用户的需求，从而降低库存成本，提高物流的速度和库存周转率。

基于需求驱动原理的供应链运作模式是一种逆向拉动运作模式，与传统的推动式运作模式有着本质的区别。推动式运作模式以制造商为中心，驱动力来源于制造商，而拉动式运作模式是以用户为中心，驱动力来源于最终用户。两种不同的运作模式分别适用于不同的市场环境，有着不同的运作效果。不同的运作模式反映了不同的经营理念，由推动式运作模式向拉动式运作模式的转变，反映的是企业所处环境的巨变和管理者思想认识上的重大转变，反映的是经营理念从“以生产为中心”向“以顾客为中心”的转变。

6. 快速响应原理

快速响应原理认为，在全球经济一体化的大背景下，随着市场竞争的不断加剧，经济活动的节奏也越来越快，用户在时间方面的要求也越来越高。用户不但要求企业要按时交货，而且要求的交货期越来越短。因此，企业必须能对不断变化的市场作出快速反应，必须要有很强的产品开发能力和快速组织产品生产的能力，源源不断地开发出满足用户多样化需求的、定制的“个性化产品”去占领市场，以赢得竞争。

在当前的市场环境里，一切都要求企业能够快速响应用户需求，而要达到这一目标，仅靠一个企业的努力是不够的。供应链具有灵活快速响应市场的能力，通过各结点企业业务流程的快速组合，加快了对用户需求变化的反应速度。供应链管理强调准时，即准时采购、准时生产、准时配送，强调供应商的选择应少而精，强调信息技术的应用等，均体现了快速响应用户需求的思想。

7. 同步运作原理

同步运作原理认为，供应链是由不同企业组成的功能网络，其成员企业之间的合作关系存在着多种类型，供应链系统运行业绩的好坏取决于供应链合作伙伴关系是否和谐，只有和谐而协调的关系才能发挥最佳的效能。供应链管理的关键就在于供应链上各结点企业之间的联合与合作以及相互之间在各方面良好的协调。

供应链的同步化运作，要求供应链各成员企业之间通过同步化的生产计划来解决生产的同步化问题，只有供应链各成员企业之间以及企业内部各部门之间保持步调一致时，供应链的同步化运作才能实现。供应链形成的准时生产系统，要求上游企业准时为下游企业提供必需的原材料(零部件)，如果供应链中任何一个企业不能准时交货，都会导致供应链系统的不稳定或者运作的中断，导致供应链系统对用户的响应能力下降，因此保持供应链各成员企业之间生产节奏的一致性是非常重要的。

协调是供应链管理的核心内容之一。信息的准确无误、畅通无阻，是实现供应链系统同步化运作的关键。要实现供应链系统的同步化运作，需要建立一种供应链的协调机制，使信息能够畅通地在供应链中传递，从而减少因信息失真而导致的过量生产和过量库存，使整个供应链系统的运作能够与顾客的需求步调一致，同步化响应市场需求的变化。

8. 动态重构原理

动态重构原理认为，供应链是动态的、可重构的。供应链是在一定的时期内、针对某一市场机会、为了适应某一市场需求而形成的，具有一定的生命周期。当市场环境和用户需求发生较大的变化时，围绕着核心企业的供应链必须能够快速响应变化，能够进行动态快速重构。

市场机遇、合作伙伴选择、核心资源集成、业务流程重组以及敏捷性等是供应链动态重构的主要因素。从发展趋势来看，组建基于供应链的虚拟企业将是供应链动态快速重构的核心内容。

1.3.6 供应链管理的发展趋势

供应链管理是迄今为止企业物流发展的最高级形式。虽然供应链管理非常复杂，且动态多变，但众多企业已经在供应链管理的实践中获得了丰富的经验并取得显著的成效。当前供应链管理的发展正呈现出以下明显的趋势。

1. 时间与速度

越来越多的公司认识到时间与速度是影响市场竞争力的关键因素之一。例如在IT行业，国内外大多数个人计算机制造商都使用Intel生产的CPU，因此，如何确保在第一时间内安装Intel最新推出的CPU就成为个人计算机制造商获得竞争力的首选。总之，在供应链环境下，时间与速度已被看做是提高企业竞争优势的主要来源，一个环节的拖沓往往会影响整个供应链的运转。供应链中的各个企业通过各种手段实现它们之间物流、信息流的紧密连接，以达到对最终客户要求的快速响应、减少存货成本、提高供应链整体竞争水平的目的。

2. 质量与资产生产率

供应链管理涉及许多环节，需要环环紧扣，并确保每一个环节的质量。任何一个环节，如运输服务质量的好坏，都将直接影响到供应商备货的数量、分销商仓储的数量，最终影响到用户对产品质量、时效性以及价格等方面的评价。现今，越来越多的企业信奉物流质量创新正在演变为一种提高供应链绩效的强大力量。同时，制造商越来越关心资产生产率。改进资产生产率不仅是注重减少企业内部的存货，更重要的是减少供应链渠道中的存货。供应链管理发展的趋势要求企业开展合作与数据共享以减少在整个供应链渠道中的存货。

3. 组织精简

供应链成员的类型及数量繁多是导致供应链管理复杂性的直接原因。在当前的供应链发展趋势下，越来越多的企业开始考虑减少物流供应商的数量，并且这种趋势非常明显并且发展迅速。例如，跨国公司客户更愿意将它们的全球物流供应链外包给少数几家，理想情况下最好是一家物流供应商。因为这样不仅有利于管理，而且有利于在全球范围内提供统一的服务标准，更好地显示出全球供应链管理的整套优势。

4. 客户服务方面

越来越多的供应链成员开始真正地重视客户服务与客户满意度。传统的客户服务水平是以“订单交货周期”、“完成订单的百分比”等来衡量的，而现在更注重客户对服务水平的感受。客户服务的重点转移的结果就是重视与物流公司的关系，并把物流公司看成是提供高水平服务的合作者。

2000年，美国宾州大学的马修教授提出金字塔概念。金字塔有4条边，概括了在供应链管理中必须要面对的4个问题，即正确的数据(准确、及时、客观的数据)、库存管理(涉及供应链各个环节中所有库存的集成管理)、预测(预测是源头，做好市场预测，供应链管理将事半功倍)、供应链的速度(包括接单速度、生产速度、采购速度、物流速度，还有对客户服务的速度等)。而供应链管理处理问题的最终目标是4R：Right Product——适当的产品、Right Place——适当的地点、Right Time——适当的时间、Right Price——适当的价格，即将适当的产品以适当的价格在适当的时间送达到适当的地点，如图 1.10 所示。

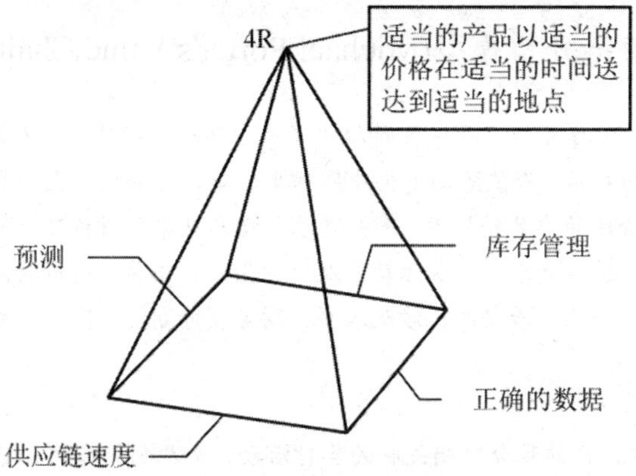

图 1.10 供应链管理的金字塔

本章小结

本章节从供应链和供应链管理产生的背景入手，深入分析了 21 世纪经济社会的环境特点和全球市场的竞争特点；从 21 世纪企业管理的复杂性表现中得到企业管理模式转变的必然性，由此引申出供应链的基本理论，以及供应链管理的基本理论内涵。第 1 章内容结构如图 1.11 所示。

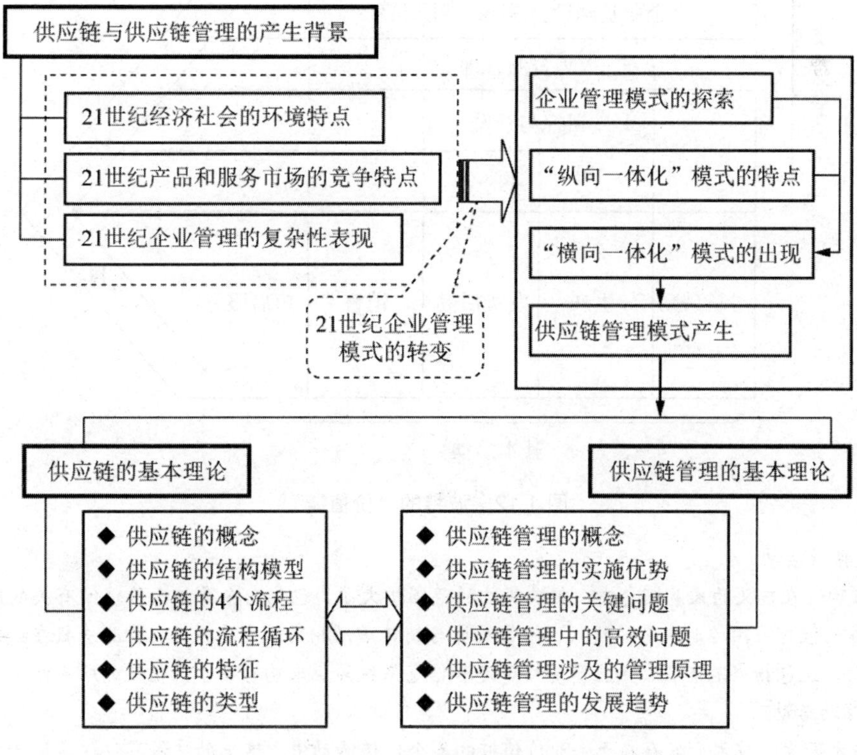

图 1.11 第 1 章内容结构

知识链接

波特价值链分析模型(Michael Porter's Value Chain Model)

美国哈佛商学院著名战略学家迈克尔·波特提出了“价值链分析法”，如图 1.12 所示。价值链列出了总价值，包括价值活动和利润。价值活动是企业所从事的物质上和技术上的界限分明的各项活动，这些活动是企业创造对买方有价值的产品的基石。利润是总价值与从事各种价值活动的总成本之差。价值活动分为两大类：基本活动和支持性活动。基本活动涉及企业生产、销售、进料物流、发货物流、售后服务等各种活动。支持性活动是辅助基本活动的，涉及人事、财务、计划、研究与开发、采购等，由此成为企业内外价值增加的活动。

1. 基本活动

(1) 进料物流：与接收、存储和分配相关联的各种活动，如原材料搬运、仓储、库存控制、车辆调度和向供应商退货等。

(2) 生产作业：与把投入转化为最终产品相关的各种活动，如机械加工、包装、组装、设备维护、检测、印刷和各种设施管理等。

(3) 发货物流：与集中、存储和交货给买方有关的各种活动，如产成品库存管理、交运、送货车辆调度、订单处理和生产进度安排等。

(4) 市场和销售：与提供买方购买产品的方式和引导他们进行购买有关的各种活动，如广告、促销、销售队伍、报价、渠道选择、渠道关系和定价等。

(5) 服务：与提供服务以增加或保持产品价值有关的各种活动，如安装调试、维修、培训和零部件供应等。

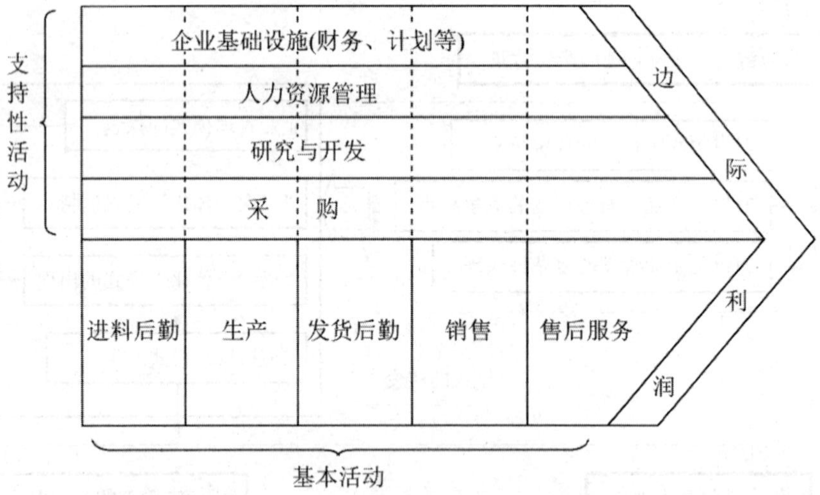

图 1.12 波特的“价值链”

2. 支持性活动

(1) 采购：在广义的采购概念中，把购买物的范围扩大了，包括与企业整个价值链有关的所有投入的购买，如部门经理雇用临时人员的投入、销售人员与销售活动相关的食宿投入、企业总裁在战略咨询上的投入；同时，也包括采购流程、供应商资格审定和信息系统等。采购存在于价值链的所有活动中，包括基本活动和辅助活动。

(2) 技术开发：技术开发存在于企业价值链的各个价值活动中。这里的技术不仅仅适用于与最终产品直接相关的技术，也包括订货登记系统中所应用的电子通信技术、会计部门的自动化办公及工艺设备、生产流程的设计和服务程序。开发则不单是传统意义上的研发，而是指为改善产品、工艺和服务的各种努力。

(3) 人力资源管理：人力资源管理包括涉及所有类型人员的招聘、雇用、培训、开发和报酬等各种活动。因而人力资源管理不仅对单个基本活动和辅助活动起到辅助作用，而且支持着整个价值链。

(4) 企业基础设施：企业基础设施由大量活动组成，包括总体管理、计划、财务、会计、法律、政府事务和质量管理。基础设施与其他辅助活动不同，其通过整个价值链而不是通过单个活动起辅助作用。

复习思考题

1. 选择题

(1) 环境的变化特征中不包含(　　)。

A．现代企业间竞争日趋激烈　　B．价格竞争激烈

C．用户需求的不确定性不断增加　　D．强调效率与分工的工业化时代已经过去

(2) 供应链特征中不包含的因素有(　　)。

A．动态性　　B．面向用户需求

C．静态性　　D．交叉性

(3) 供应链不仅是一条连接供应商到用户的物料链、信息链、资金链，而且是一条(　　)。

A．加工链　　B．运输链　　C．分销链　　D．增值链

(4) 商流是货物所有权的转移过程，是在供货商与消费者之间进行的(　　)流动。

A．双向　　B．价值　　C．单向　　D．信息

(5) 供应链是一个网链结构，由围绕(　　)的供应商、供应商的供应商和用户、用户的用户组成。

A．主要　　B．最终用户　　C．一级　　D．核心企业

(6) 供应链管理主要涉及4个主要领域：供应、(　　)、物流、需求。

A．销售计划　　B．运输计划　　C．生产计划　　D．存储计划

2. 简答题

(1) 什么是供应链？

(2) 21世纪全球市场竞争的主要特点是什么？

(3) 供应链管理是如何产生和发展起来的？

(4) 什么是供应链管理？它的主要研究内容是什么？

(5) 什么是企业核心竞争力？

3. 判断题

(1) 供应链就是指企业的生产过程。　　(　　)

(2) 供应链管理是一种基于流程的集成化管理模式。　　(　　)

(3) 核心竞争力是企业将资金、人才、技术、品牌、理念等有机地结合在一起并推动企业发展的独有经营模式。　　(　　)

(4) 信息流使物流每一项作业按照要求得以实现。　　(　　)

(5) 供应链管理以生产为中心。 (　　)

4. 思考题

(1) 简述供应链管理的优势所在。

(2) 阐述供应链管理的研究内容。

(3) 举例说明供应链管理在当前经济环境下的重要作用。

(4) 试比较反应性供应链和有效性供应链的区别。

(5) 如何理解协作中的双赢？

案例分析

供应链管理的谜团

从表面上看，戴尔公司(以下简称戴尔)通过电话、网络以及面对面的接触，和顾客建立起直接的沟通和服务支持渠道。通过网络平台，利用电子数据交换连接，戴尔使上游的零部件供应商能够及时准确地获得公司所需零件的数量和时间，从而大大降低库存。

而进一步看，其商业模式的成功离不开供应链的有效管理。供应链管理原来是对商品、信息和资金在由供应商、制造商、分销商和顾客组成的网络中的流动管理，然而戴尔的供应链中没有分销商、批发商和零售商，而是直接由公司把产品卖给顾客，既去掉了中间商所赚取的利润，也降低了成本，准确快速地获取了订单信息，还通过网上支付解决了现金流问题，使其几乎无须用自有资金来支持运转。另外，戴尔还采取把服务外包的方法，又降低了一部分运营成本。供应商、戴尔和服务商三者共同形成了一个完整链条。

1. 按需生产动态平衡

从戴尔在厦门的中国客户中心可以管窥供应链管理的效率。据中国客户中心总经理李元均介绍，戴尔把重点放在为客户组合市场上性价比最优的资源，并与一流合作伙伴无缝整合，因此这里不叫工厂，而是“客户中心”。一般情况下，接到订单后，戴尔的产品 7 天就送到用户手上，而传统产品一层层从厂商抵达用户需要 30 天，现在 IT 产业成本每周平均降价在 0.5%左右波动，低库存周期可以尽量保证客户买到由最低价位的零部件组成的整机。

在 valuechain.dell.com 网站上，戴尔公司和供应商共享包括产品质量和库存清单在内的一整套信息。用户也可以在线订购，并且随时监测产品制造及送货过程。李元均表示，“戴尔在同一平台上可以看到供应商的工厂备料和库存情况，每个信息环节都同时平行，通过一定的流程来和供应商之间进行不断地数据调整，这样就维持了供应链的动态供需平衡。戴尔会定期预测市场需求及评估产量，让供应链中各成员的风险降低。”

从狭义的内部供应链管理来看，戴尔最与众不同的就是定制化按单生产，因为每一台在生产线生产的产品都名花有主，通常完成之后就由第三方物流送到客户手上，而一般的链条式生产线，每位操作员只负责装配某个零件的单一环节，弹性比较差。

在中国客户服务中心看到，戴尔的每一位操作员面前摆了装满各种各样零件及不同规格要求的盒子，一个人要完成整台机子的装配，然后再送到检验环节，经专有软件进行 2～10 小时的自动测试，然后包装，最后再送到特定区域分区配送，货柜满载后就从专门的闸门出货。通常，生产材料在戴尔车间停留的时间非常短，只用几个小时就从零件变成产品。

从广义的供应链管理上看，戴尔的工作不再是产品的设计和制造，而是根据市场定义新产品，后面阶段的工作几乎都由上游的合作厂商来做。戴尔非常了解在中国内地设厂的大致环境，所以设厂地点也配合客户的需求，因此戴尔几乎主导着台商到大陆来设厂的脚步快慢及地点选择。

2. 戴尔的标准化服务

戴尔的服务模式与其营销模式一样，都是直接的，没有标准化，也没有直销。

为了进一步改善对中国市场的企业级服务，戴尔在厦门成立了中国企业服务指挥中心(ECC)，如今已成为中国内地及港澳地区服务器与存储产品服务的“中枢神经”，可以全天24小时实现客服电话、技术人员以及各部门运作情况的实时追踪，并实时监测整个服务的过程，处理关键性的故障，甚至主动发现故障隐患，协助客户有效缩短系统宕机时间。

ECC共有400名工程师，每月处理1 000多例个案，一线的技术支持平均有2～3年的工作经验，并获得专业认证，二线工程师有3～8年工作经验，能对疑难问题进行诊断，此外还与其他国际品牌合作，针对成批的产品问题进行技术支持。ECC的工作人员通过可视的图像化监测工具来追踪，管理全国各地的服务订单，Call Center中大部分是有技术背景的工程师，目前有78%的问题都通过电话解决，而现场服务一次性解决率达99.8%，备件服务的及时响应达98%，可在中国2 149个市县提供上门服务和技术支持，4小时现场响应服务的覆盖范围也扩大到50个市县。

不过，针对个人服务的指标还不能做到像企业级服务这样及时监测。因为一旦将这种在大客户市场占据优势地位的模式扩展到中小客户，运营成本会迅速的提高。

针对不同客户，从初级的安装到高级的金牌企业服务，戴尔有多种不同层次的服务方案。其中高级企业服务包括白金、金牌、银牌和铜牌4个等级，“单一联络人”负责制强化服务的兑现，从而实现“最佳客户体验”。同样是出于成本考虑，对上门维修服务，在中国内地分包给5个本地服务提供商，但一些核心的高端服务器则直接由戴尔自己的工程师维护。不过，他们对故障的解决进行情况都通过ECC实施调度监控。加强了现场的沟通与协作，甚至在发生热带风暴这样的紧急情况时都可以及时调度处理。在紧急状况会议室，戴尔员工可以通过电话会议或直接讨论等将微软、甲骨文和EMC等各个专家团队集中在一起，确定协助客户处理此类紧急事故的最佳途径和最快行动。

思考题：

是什么力量将戴尔公司从原来的小作坊式的小企业，发展成为如今全球领先的计算机大公司？

第2章 供应链的构建

【学习目标】

➢ 知识点
- 供应链战略匹配
- 推式供应链和拉式供应链的战略特征
- 供应链的结构模型与设计方法
- 供应链系统的基本理论
- 供应链网络的设计理论

➢ 难点
- 推式流程与拉式流程分界点的定制
- 供应链的设计方法
- 供应链的网络优化

➢ 要求

熟练掌握的内容
- 供应链的匹配战略
- 推拉模式的供应链战略与延迟策略
- 供应链系统模型
- 供应链网络基本结构

了解理解的内容
- 了解面向供应链管理的设计
- 理解供应链网络设计内容
- 了解供应链设计的结构模型

导入案例

惠普台式打印机的供应链构建

1. 惠普公司及台式打印机概况

惠普(Hewlett-Packard，HP)公司成立于1939年。HP台式打印机(见图2.1)于1988开始进入市场，并成为惠普公司的主要产品之一。DeskJet打印机是HP的主要产品之一。该公司有5个位于不同地点的分支机构负责该种打印机的生产、装配和运输。从原材料到最终产品生产周期为6个月。在以往的生产和管理方式下，各成品厂装配好通用打印机之后直接进行客户化包装，为了保证98%的顾客订单即时满足率，各成品配送中心需要保存大量的安全库存(一般需要7周的库存量)。产品分别销往美国、欧洲和亚洲。

图2.1 惠普台式打印机

2. 存在的问题

欧洲和亚洲地区对于台式打印机电源供应、语言等有不同的要求；北美、欧洲和亚太地区是它的三个分销中心。采用备货生产的模式以保证对分销商供货准时的高可靠性，分销中心成为有大量安全库存的库存点；制造中心(温哥华)通过JIT模式满足分销中心的目标安全库存，同时它本身也必须建立一定的零部件、原材料安全库存；零部件原材料的交货质量(到货时间推迟、错误到货等问题存在)、内部业务流程、需求等的不确定性是影响供应链运作的主要因素。这些因素导致不能及时补充分销中心的库存，需求的不确定性导致库存堆积或者分销中心的重复订货；需要用大约1个月的时间将产品海运到欧洲和亚太分销中心，过长的提前期导致分销中心没有足够的时间去对快速变化的市场需求做出反应，因此欧洲和亚太地区就只能以大量的安全库存来保证对用户需求的满足，占用了大量的流动资金；若某一地区产品缺货，为了应急，可能会将原来为其他地区准备的产品拆开重新包装，造成更大浪费。提高产品需求预测的准确性是一个主要难点。因此，减少库存和提供高质量的服务成为温哥华HP公司管理的重点。

3. 供应链重新构建

在如图2.2所示新的供应链中，HP在温哥华生产通用打印机，运输到欧洲和亚洲后再由当地分销中心或代理商装配与地区需求一致的变压器、电源插头并用当地语言写成说明书，完成整机包装后由当地经销商送到消费者手中。通过将客户化工作推迟到分销中心进行，实现了根据不同的用户需求生产不同型号产品的目的。改变了以前由温哥华的总机装配厂生产不同型号的产品，保持大量的库存以满足不同需求的情况，从而大大减少了库存量。

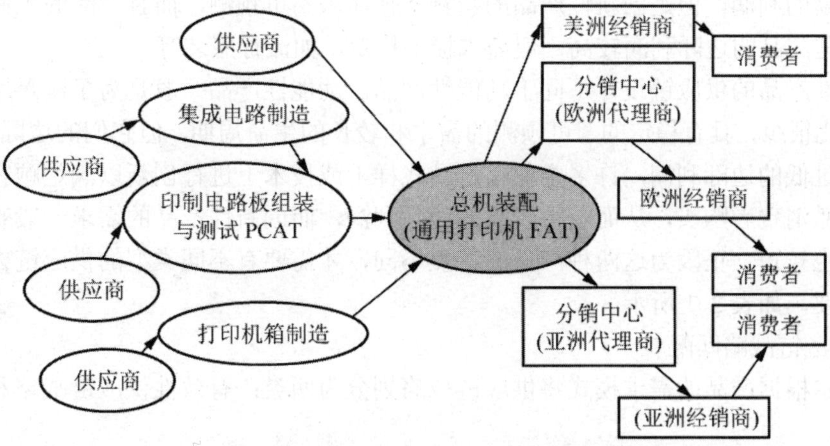

图2.2 HP台式打印机的供应链

4. 效果

安全库存周期减少为5周，减少库存总投资18%，仅这一项改进便可以每年节省3 000万美元的存储费用。由于通用打印机的价值低于同等数量的客户化产品，从而又进一步节省了运输、关税等费用。通过供应链重构，HP公司实现了降低打印机库存量的目标。同时还改善了HP公司的服务水平，减少了因原材料供应不足而导致的生产不确定性和停工等待时间。除了降低成本，客户化延迟使得产品在企业内的生产周期缩短，从而对需求预测不准确性或是外界的需求变化都具有很好的适应性，一旦发现决策错误，可以在不影响顾客利益的情况下以更小的损失更快地得以纠正。

【思考】从HP台式打印机的供应链构建中得到什么启示?

2.1 供应链战略

供应链战略就是从企业战略的高度来对供应链进行全局性规划，确定原材料的获取和运输，产品的制造和服务的提供，以及产品配送和售后服务的方式与特点。供应链战略突破了一般战略规划仅仅关注企业本身的局限，通过在整个供应链上进行规划，实现为企业获取竞争优势的目的。供应链战略管理所关注的重点不是企业向顾客提供的产品或服务本身给企业增加的竞争优势，而是产品或服务在企业内部和整个供应链中运动的流程所创造的市场价值给企业增加的竞争优势。

2.1.1 供应链的战略匹配

1. 面向产品需求模式的供应链战略匹配

1) 产品类型

费希尔(Fisher)按市场需求模式将产品分为两类，即功能性产品和创新性产品。

(1) 功能性产品包括可以从大量零售店买到的主要商品，这些产品满足基本需求，需求稳定且可以预测，并且生命周期长。但是，稳定性意味着竞争激烈，进而导致利润较低。例如牙膏、方便面、大米等产品。

(2) 创新性产品指满足特定需求而生产的产品，满足客户个性化需求或时尚需求的产品，企业在产品式样上或技术上进行创新以满足顾客的特殊需求。尽管创新性产品能使企业获得更高的利润，但是创新性产品的新颖却使需求不可预测，而且产品的生命周期一般较短。这些产品的边际利润较高，但需求极不稳定，如流行服装等。

创新性产品的供应链设计不同于功能性产品。功能性产品一般是为了满足用户的基本需求，变化很少，具有稳定的、可预测的需求和较长的生命周期，但它们的边际利润较低。为了避免过低的边际利润，许多企业在产品式样上或技术上进行创新以满足顾客的特殊需求，以刺激消费者购买，从而获得较高的边际利润，而创新性产品的需求一般难以预测，生命周期也较短。正因为这两种产品的特点不同，才需要有不同类型的供应链去满足不同的管理需要，如表2-1所示。

2) 供应链战略匹配

费希尔根据产品的需求模式将供应链战略划分为两类：有效性供应链战略和反应性供应链战略。

表 2-1 两种不同类型产品在需求上的比较

产品特征	功能性产品	创新性产品
产品寿命周期	2 年以上	1～2 年
产品的多样化程度	较低	很高
边际贡献	5%～20%	20%～60%
预测的误差率	10%	40%～60%
平均缺货率	1%～2%	10%～40%
季末降价率	0	10%～25%
提前期(按订单生产)	较长，6～12 个月	较快，1～14 天

有效性供应链战略主要体现了供应链的物理功能，即以最低的成本将原材料转化成零部件、半成品、产品，以及在供应链的运输中采用最低成本的供应链战略；由于功能性产品的需求可以预测，生产该类产品的企业可以采取各种措施降低成本，在低成本的前提下妥善安排订单、完成生产和产品交付，使供应链存货最小化和生产效率最大化。因此，生产功能性产品的企业应该采用有效性供应链战略。

而反应性供应链战略主要体现供应链的市场调节功能，即把产品分配到满足用户需求的市场，对未预知的需求做出快速反应等。反应性供应链战略是强调快速对需求做出反应的供应链战略，所对应的产品是创新性产品。这是因为创新性产品所面临的市场是非常不确定的，产品的生命周期也比较短，企业面临的重要问题是加速把握需求的变化并能够及时对变化做出有效反应以适应需求的变化，如表 2-2 所示。

表 2-2 面向产品需求模式的供应链战略匹配

	功能性产品	创新性产品
有效性供应链战略	匹配	不匹配
反应性供应链战略	不匹配	匹配

2. 面向企业经营模式的供应链战略匹配

企业在开展供应链管理时，需要从系统的观点出发，通过全面规划相关战略，以实现供应链战略、企业基本竞争战略以及其他职能战略之间的协调一致。

首先，企业的供应链战略必须和企业竞争战略相互匹配。波特(Porter)提出了 3 种基本竞争战略，即低成本战略、差异化战略和目标集聚战略。而企业供应链战略可以分成有效性供应链战略和反应性供应链战略。其中，有效性供应链战略需要与低成本竞争战略相匹配，而反应性供应链战略需要与差异化或者目标集聚的竞争战略相匹配，如表 2-3 所示。

表 2-3 与企业竞争战略的供应链战略匹配

	波特的三种基本竞争战略		
	低成本战略	差异化战略	目标集聚战略
有效性供应链战略	匹配	不匹配	不匹配
反应性供应链战略	不匹配	匹配	匹配

其次，供应链战略作为一种职能战略，需要与新产品开发战略以及市场营销等其他职能战略相互匹配。对于反应性供应链战略而言，新产品开发和营销战略都需要围绕提高反

应能力来设计。新产品开发战略需要使顾客和供应商及时参与新产品的设计和开发，提高企业的反应能力。市场营销战略就要求建立足够的零售网络、避免缺货、与客户进行良好的沟通、有效的广告和促销活动；对于有效性供应链战略而言，新产品开发和营销战略都要围绕降低成本来设计。新产品开发战略需要通过尽量采用标准件和通用件来降低成本。营销战略的目的则要求定位于在扩大市场占有率的基础上，尽量降低销售成本。

为了提高企业对市场需求的反应能力，可以通过开展组建跨部门的新产品开发团队来进行新产品开发战略。将新产品开发链植入到供应链的生产环节，实现面向供应链管理的新产品设计的战略匹配，如图 2.3 所示。

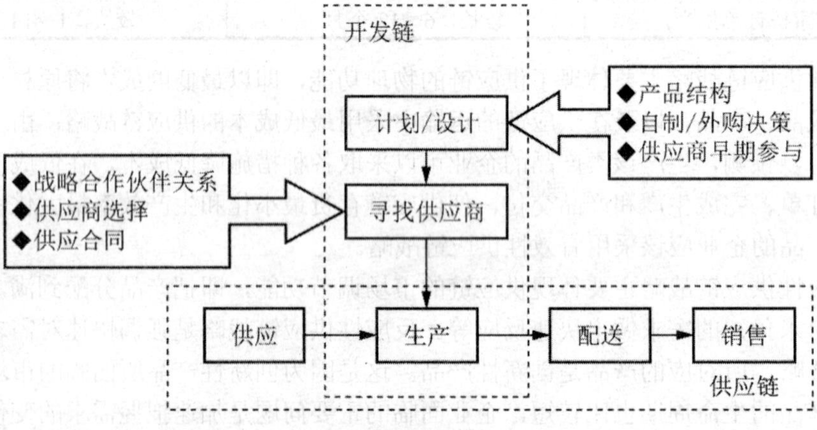

图 2.3　开发链与供应链

开发链是与新产品导入相关的一系列活动与流程。它包括根据内部需要去开发相关能力与知识的产品设计阶段、寻找供应商决策和生产计划等。尤其需要注意的是，开发链包括诸如产品结构、内部生产计划和从外部供应商采购，即自制/外购决策、供应商选择策略、供应商早期参与及建立战略合作伙伴等决策。从图 2.3 可知，开发链与供应链相互交织于生产环节，开发链的特性和决策将与供应链的特性和战略相互产生影响。

让供应商参与产品的设计，称为早期供应商参与(Early Supplier Involvement，ESI)。加强设计人员和供应人员之间的协作，建立企业统一的零部件库，可以实现产品信息的共享，提高产品开发效率，减少由于消息的流通不畅而造成的重复和返工。参与新产品开发的采购人员和供应商能在缩短时间和削减成本方面提出建议，更适时的开始采购，从而加快产品开发速度，降低供应链的总成本。

2.1.2　供应链战略支撑体系

所谓供应链的战略支撑体系指的是增强企业的核心竞争力、实施业务外包以及建立战略合作伙伴关系。

核心竞争力是企业供应链战略规划、实施的基础和前提，企业在进行供应链管理时，必须了解自己的核心竞争力，并以此为基础来规划和构建供应链，并且在实施过程中集中有限资源不断加强核心竞争力。

业务外包是供应链战略实现的有效途径。供应链管理的目的在于建立竞争优势，为了实现这一目的，必然要求在集中资源于核心业务的同时，开展业务外包。通过业务外包减少长期资本投资、合理利用资源以及有效平衡企业的关键能力，最终实现提高竞争优势的战略目的。

战略合作伙伴关系是供应链战略成功的保证。供应链战略突破传统战略规划仅仅关注企业内部的局限，实现整个供应链价值最大化，这必然要求供应链各结点企业之间的连接和合作，以及相互之间在设计、生产、竞争策略等方面良好的协调，也就是建立战略合作伙伴关系。只有建立并不断培育战略合作伙伴关系，才能实现供应链战略的目标。

2.1.3 推拉模式的供应链战略

根据对最终顾客需求的执行时间，供应链中所有流程可分为两种类型：推式流程和拉式流程。推式流程，订单的执行是依据对顾客需求的预测，顾客订货需求是未知的，必须进行预测，具有投机性(或预测性)而不是实际需求，是一种投机流程；而拉式流程，订单的执行依据顾客需求，顾客需求是已知的、确定的，是对顾客订货需求的反应，是一种反应流程。

1. 推动模式供应链

在推动模式中，企业通常根据历史的销售情况，预测未来的需求情况，并根据市场预测和公司的发展目标，制订有关生产和分销的计划。即根据长期预测组织产品生产的供应链系统，而预测的基础是利用从零售商处接到的订单，如图 2.4 所示。

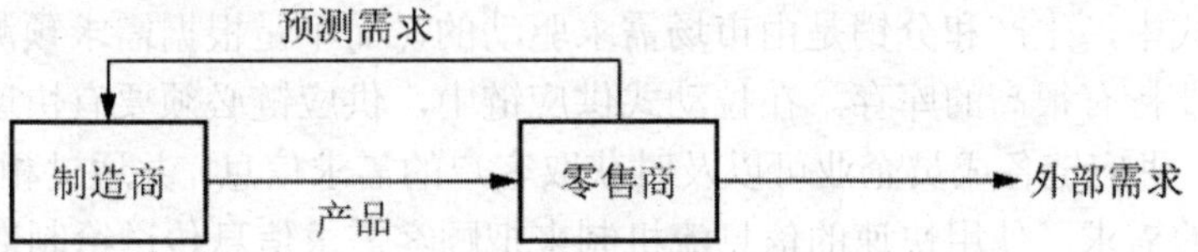

图 2.4 推动模式

推动模式的优点在于，能够稳定供应链的生产负荷，提高机器设备的利用率，缩短商品的交货周期，增加商品交货的可靠性等。缺点在于：①通常需要储备较多的原材料、在制品和成品库存，其中库存占用大量的流动资金；②对市场变化的反应比较迟钝，不能及时满足变化的需求；③当某些产品的需求消失时，会使供应链产生大量过时的库存；④由于市场需求变化和临时的紧急转产或送货，会导致生产成本、运输成本和库存的增加。

从供应链的角度来看，推动式供应链是以制造商为核心企业，根据产品的生产和库存情况，有计划地把商品推销给客户，其驱动力源于供应链上游制造商的生产，如图 2.5 所示。在这种运作方式下，供应链上各结点比较松散，追求降低物流功能成本，属卖方市场下供应链的一种表现。由于不了解客户需求变化，这种运作方式的库存成本高，对市场变化反应迟钝。

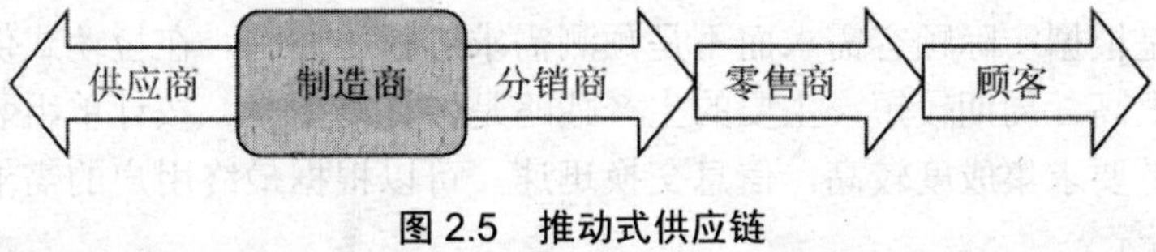

图 2.5 推动式供应链

在推动式供应链中，生产和分销的决策都是根据长期预测的结果做出的。准确地说，制造商是利用从零售商处获得的订单进行需求预测。事实上企业从零售商和仓库那里获取订单的变动性要比顾客实际需求的变动大得多，这就是通常所说的“牛鞭效应”，这种现象会使得企业的计划和管理工作变得很困难。

例如，制造商不清楚应当如何确定它的生产能力，如果根据最大需求确定，就意味着制造商必须承担高昂的资源闲置成本；如果根据平均需求确定生产能力，在需求高峰时期需要寻找昂贵的补充资源。同样，对运输能力的确定也面临这样的问题：是以最大需求还是以平均需求为准呢？因此在一个推动式供应链中，经常会发现由于紧急的生产转换引起的运输成本增加、库存水平变高或生产成本上升等情况。

从供应链市场系统来看，推式市场供应链具有以下缺点。

(1) 推式市场的供应链系统对市场变化作出反应需要更长的时间。这可能会导致两种后果。一是该系统可能没有能力满足变化的需求方式，可能会导致一系列不良反应。比如在需求高峰时期，难以满足顾客需求，导致服务水平下降；另外当市场对某些产品的需求消失时，该供应链系统的库存将过时。这样就会经常发生由于紧急生产转换而引起的运输成本增加、高库存水平和高制造成本等。

(2) 会受到来自"牛鞭效应"的负面影响。由于"牛鞭效应"的存在，使得在推式市场中经常会出现过多库存、会产生更大和更容易变动的生产批量以及还会产生产品过时和服务水平低下等问题。

2. 拉动模式供应链

在拉动模式中，生产和分销是由市场需求驱动的，而不是根据需求预测确定的，所以企业通常不需要持有很高的库存。在拉动式供应链中，供应链必须要有快速的信息传递能力和反应能力，供应链各成员企业可以及时获取客户的需求信息，并通过相互合作与协调，快速满足客户的需求。使用快速的信息流机制来把顾客需求信息传送给制造机制，如 POS 系统，如图 2.6 所示。

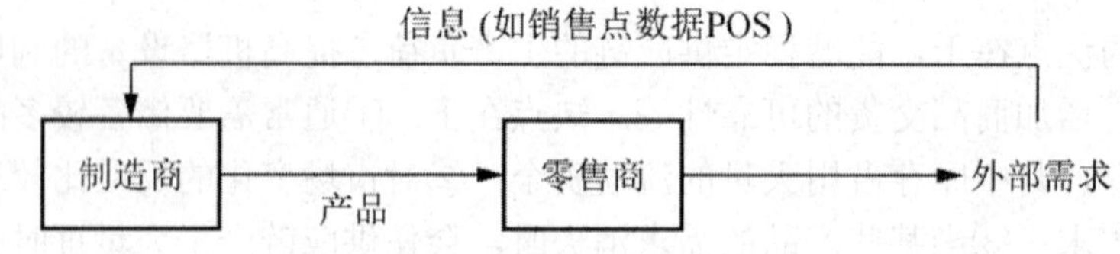

图 2.6　拉动模式

拉动模式供应链的优点是，大大降低了各类库存，减少了流动资金的占用，从而降低了库存变质和失效的风险。缺点是将面对能够及时获取资源和及时交货以满足市场需求的问题。当提前期不太可能缩短时，拉动模式供应链是很难实现的。此外，在拉动模式中，也比较难以实现生产和运输的规模优势。

从供应链的角度来看，拉动式供应链的驱动力产生于最终的顾客，产品生产是受需求驱动的。生产是根据实际顾客需求而不是预测需求进行协调的。在拉动式供应链模式中，需求不确定性很高，周期较短，主要的生产战略是按订单生产、按订单组装、和按订单配置。整个供应链要求集成度较高，信息交换迅速，可以根据最终用户的需求实现定制化服务，如图 2.7 所示。

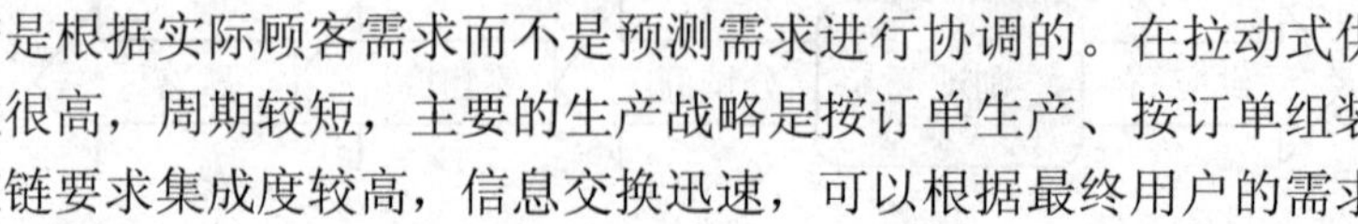

图 2.7　拉动式供应链

在一个真正的拉动式供应链中，企业不需要持有太多库存，只需要对订单作出反应。拉动式供应链有以下优点。

(1) 通过更好地预测零售商订单的到达情况，可以缩短提前期。

(2) 由于提前期缩短，零售商的库存可以相应减少。

(3) 由于提前期缩短，系统的变动性减小，尤其是制造商面临的变动性减小了。

(4) 由于变动性减小，制造商的库存水平将降低。

(5) 在一个拉动型的供应链中，系统的库存水平有了很大的下降，从而提高了资源利用率。

当然拉动供应链也有缺陷。最突出的表现是由于拉动系统不可能提前较长一段时间做计划，因而生产和运输的规模优势也难以实现。

因此，拉动式供应链运用的条件表现在，其一，必须有快速的信息传递机制，能够将顾客的需求信息(如销售点数据 POS)及时传递给不同的供应链参与企业。其二，能够通过各种途径缩短提前期。如果提前期不能随着需求信息缩短时，拉动式系统是很难实现的。

所以，从供应链市场系统来看，拉式市场供应链的优点集中表现在缩短了生产的提前期。

由于拉式市场的供应链系统能够通过外部实际需求信息的采集，更准确地预测零售商的订单而缩短提前期。而随着生产提前期的缩短，零售商的库存水平将显著减少，制造商面对的变动性也随着提前期的缩短而变小，而制造商的变动变小使得制造商库存能够降低。因此，在一个拉式市场的供应链系统中，经常能够看到系统的库存水平明显下降，管理资源的能力加强了，整个系统成本低于相应的推式市场的供应链系统。

正是由于同推式市场的供应链系统相比，拉式市场的供应链系统对需求信息的把握更加准确与及时，因此目前的供应链系统正在朝着拉式市场的方向进行改革。

3. 推动与拉动供应链战略的选择

对一个特定的产品而言，应当采用什么样的供应链战略，企业是应该采用推动式还是拉动式战略，前面主要从市场需求变化的角度出发，考虑的是供应链如何处理需求不确定的运作问题。在实际的供应链管理过程中，不仅要考虑来自需求端的不确定性问题，而且还要考虑来自企业自身生产和分销规模经济的重要性。

图 2.8 给出了一个确定与产品和行业相匹配的供应链战略的框架模型。纵轴表示顾客需求不确定性的信息，越往上方表示需求的不确定性越高；横轴表示生产和分销的规模经济的重要性。越往右延伸表示生产和分销的规模经济越明显。

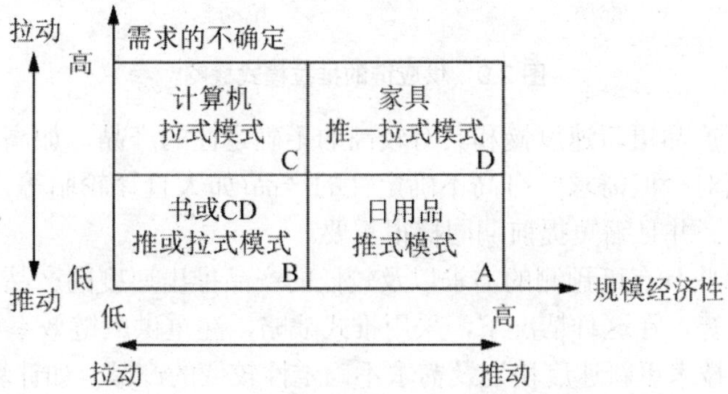

图 2.8 供应链的推拉战略

在其他条件相同的情况下，需求不确定性越高，就越应当采用根据实际需求管理供应链的模式——拉动战略；相反，需求不确定性越低，就越应该采用根据长期预测管理供应链的模式——推动式供应链战略。

同样，在其他条件相同的情况下，规模效益对降低成本起着重要的作用，如果组合需求的价值越高，就越应当采用推动供应链战略，根据长期需求预测管理供应链；如果规模经济不那么重要，组合需求也不能降低成本，就应当采用拉动式供应链战略。

图 2.8 所示为用二维变量把一个区域划分为四个部分。

A 部分中表示的是需求不确定性较低，但规模经济性较重要的产品，如日用品行业中的啤酒、面粉、食物油等都属于这一类。这类产品的需求相对稳定，企业可以根据长期预测来管理库存，也可以通过满载运输来降低运输成本，对整个供应链成本控制十分重要。此时采用拉动式供应链战略就不太合适，传统的推动式战略反而更有利。

B 部分表示的产品具有较低的需求不确定性，这表明它是一个推动式供应链，但同时它的规模经济重要性也低，这表明它又应当是一个拉动式的供应链，如书或 CD 等就属于这一类。究竟是采取推动式战略还是采取拉动式战略，这取决于成本与需求是否确定，需要根据具体情况，进行慎重的分析，特别是需求过程中的连续补货。

C 部分表示具有较高的不确定性，同时生产、安装或分销的规模效益并不十分重要的行业或者产品，如计算机产品等，这种产品或行业，理论上讲应当采用拉动型供应链战略。

D 部分表示为规模经济性较高的产品，并且具有较高的不确定性。此类产品需要供应链侧重于响应，要求提前期的缩短，如高档家具等。有必要将推动式和拉动式两种供应链战略结合起来。

同样，结合新产品设计的开发链特征(技术更新速度)和供应链特征(需求不确定性)二维变量构成相匹配的供应链构架，横轴表示需求的不确定性，纵轴表示新产品的推出频率或为产品的技术更新速度，如图 2.9 所示。

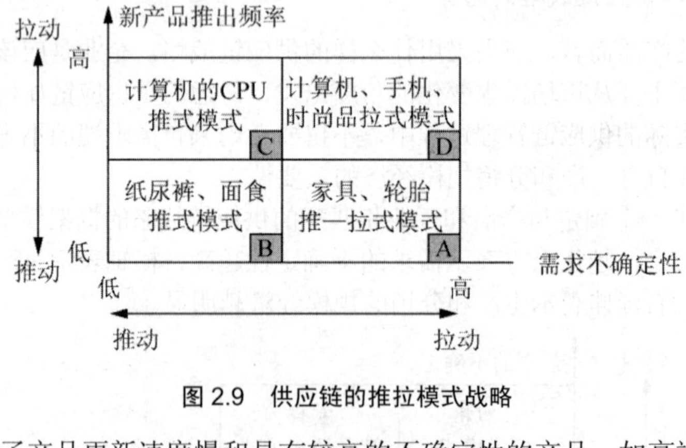

图 2.9　供应链的推拉模式战略

A 部分代表了产品更新速度慢和具有较高的不确定性的产品，如高端家具、化工类产品，以及需求量相对少但需求具有高不确定性的产品(如大直径轮胎等)，需要考虑推式和拉式相结合的战略。并且缩短提前期同样很重要。

B 部分代表那些具有可预测的需求以及较低的产品推出速度的产品。典型产品包括纸尿裤、肥皂和面食等。在这种情况下，采用推式战略，注重供应链效率和高库存周转。

C 部分代表了技术更新速度快以及需求不确定性较低的产品，如计算机的 CPU 等。所有计算机生产商都使用该产品，其需求可以通过计算机需求的总和来确定，因此需求的不确定性较低，虽然其产品是模块化计算机产品的一部分，但强调供应链效率和降低成本是该产品采用推式战略的关键。

D 部分代表技术更新速度快但需求很难预测的产品，许多高科技产品属于此类，如个人计算机、打印机、手机等。在这种情况下，采用拉式战略，注重快速响应与生产工艺的模块化。动态定价策略也常常被采用。

现实中供应链战略完全采用推动式或完全是拉动式的并不多。这就从战略上提出了推拉结合的综合战略。比如供应链的下游即面向客户端应尽可能提高响应速度，因为消费者或者客户并不关心整个供应链是怎样运作的，他们最关心的是自己的订单提出后的响应速度快慢。所以从供应链运作来讲，应力争做到既提高响应性，同时尽可能降低成本，或者说以合理的成本提高响应速度。这就要求供应链的一端按照低成本、高效率以及规模经济的要求组织生产和分销，另一方面按照客户要求尽量提高反应速度。形成一种前推后拉或者是前拉后推的供应链组合战略。

4. 推拉模式供应链组合战略

在推拉模式中，供应链的某些环节以推动的形式运行，其余的环节则采用拉动模式。推动与拉动的交界处称为推拉边界，如图 2.10 所示。在推拉供应链中，推拉边界位于从原材料采购开始到将产品交付给顾客的时间段中的某一点，即拉式流程与推式流程之间的分离点，也成为延迟策略中的顾客需求切入点(Customer Order Postponement Decoupling Point，CODP)。

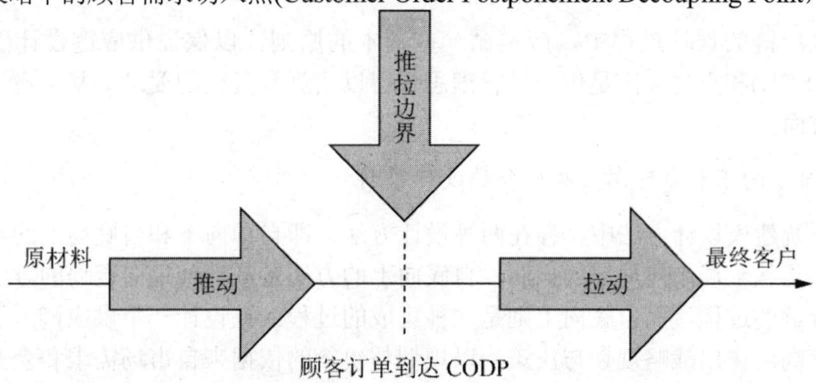

图 2.10 推拉模式供应链

推拉模式供应链结合了推动和拉动模式的优点，同时规避了两种模式可能面临的风险，如表 2-4 所示。供应链的推动环节的不确定性相对较小，服务水平不是主要问题，因此，重点应当放到成本控制上；另一方面，供应链的拉动环节具有较高的不确定性，因此，管理的重点是提高服务水平。

表 2-4 供应链推拉环节的特点

内　容	推动环节	拉动环节
目标	成本最小化	服务水平最大化
复杂程度	高	低
重点	资源配置	快速反应
提前期	长	短
关键流程	供应链计划	订单履行

如按照订单生产的戴尔公司，其制造公司不是通过零售商或分销商销售商品，而是直接面向消费者。需求不是通过成品库来满足，而是通过制造过程实现的。顾客订单引发了产品的生产，因此制造循环成为顾客订单循环中的一部分。戴尔公司供应链中有效的循环有：顾客订单循环、制造循环和采购循环。顾客订单循环和制造循环中的所有流程是在顾客订单到达后开始的，是拉动流程；而戴尔的零部件订单不是由顾客订单决定的，其库存补货时是建立在消费者需求的预测基础上进行的，所以采购循环是推式流程。如戴尔这种推拉式结合战略的企业，既可以按照低成本、高效率以及规模经济的要求组织采购、生产或分销，又可以按照客户要求提高反应性。

2.2 供应链设计策略

为了提高供应链管理的绩效，除了必须有一个高效的运行机制外，建立一个高效精简的供应链也是极为重要的一环。虽说供应链的构成不是一成不变的，但是在实际经营中，不可能像改变办公室的桌子那样随意改变供应链上的结点企业。因此，作为供应链管理的一个重要环节，无论是理论研究人员还是企业实际管理人员，都要重视供应链的构建问题。

2.2.1 供应链设计的原则

在供应链的设计过程中，应遵循一些基本的原则，以保证供应链设计(Supply Chian Design，SCD)和重建能满足供应链管理思想得以实施和贯彻的要求。基本设计原则包括以下几个方面。

1. 自顶向下和自底向上相结合的设计原则

在系统建模设计方法中，存在两种设计方法，即自顶向下和自底向上的方法。自顶向下的方法是从全局走向局部的方法，自底向上的方法是从局部走向全局的方法；自顶向下是系统分解的过程，而自底向上则是一种集成的过程。在设计一个供应链系统时，往往是先由主管高层作出战略规划与决策，以规划与决策的依据来自市场需求和企业发展规划，然后由下层部门实施决策，因此供应链的设计是自顶向下和自底向上的综合。

2. 简洁性原则

简洁性是供应链的一个重要原则，为了能使供应链具有灵活快速响应市场的能力，供应链的每个结点都应是简洁的、具有活力的、能实现业务流程的快速组合。比如供应商的选择就应以少而精的原则，通过和少数的供应商建立战略伙伴关系来减少采购成本，推动实施 JIT 采购法和准时生产。生产系统的设计更是应以精细思想(lean thinking)为指导，努力实现从精细的制造模式到精细的供应链这一目标。

3. 集优(互补性)原则

供应链的各个结点的选择应遵循强强联合的原则，达到实现资源外用的目的，每个企业只集中精力致力于各自核心的业务，就像一个独立的制造单元(独立制造岛)，这些所谓单元化企业具有自我组织、自我优化、面向目标、动态运行和充满活力的特点，能够实现供应链业务的快速重组。

4. 协调性原则

供应链业绩好坏取决于供应链合作伙伴关系是否和谐，因此建立战略伙伴关系的合作企业关系模型是实现供应链最佳效能的保证。席酉民教授认为和谐是描述系统是否形成了充分发挥系统成员和子系统的能动性、创造性及系统与环境的总体协调性的标准。只有和谐而协调的系统才能发挥最佳的效能。

5. 动态性(不确定性)原则

不确定性在供应链中随处可见，许多学者在研究供应链运作效率时都提到不确定性问题。由于不确定性的存在，导致需求信息的扭曲。因此要预见各种不确定因素对供应链运作的影响，减少信息传递过程中的信息延迟和失真。降低安全库存总是和服务水平的提高相矛盾。增加透明性，减少不必要的中间环节，提高预测的精度和时效性对降低不确定性的影响都是极为重要的。

6. 创新性原则

创新设计是系统设计的重要原则，没有创新性思维，就不可能有创新的管理模式，因此在供应链的设计过程中，创新性是很重要的一个原则。要产生一个创新的系统，就要敢于打破各种陈旧的思维框架，用新的角度、新的视野审视原有的管理模式和体系，进行大胆的创新设计。进行创新设计要注意几点：一是创新必须在企业总体目标和战略的指导下进行，并与战略目标保持一致；二是要从市场需求的角度出发，综合运用企业的能力和优势；三是发挥企业各类人员的创造性，集思广益，并与其他企业共同协作，发挥供应链整体优势；四是建立科学的供应链和项目评价体系及组织管理系统，进行技术经济分析和可行性论证。

7. 战略性原则

供应链的建模应有战略性观点，通过战略的观点考虑减少不确定性影响。从供应链的战略管理角度考虑，供应链建模的战略性原则还体现在供应链发展的长远规划和预见性，供应链的系统结构发展应和企业的战略规划保持一致，并在企业战略指导下进行。

2.2.2 供应链设计的考虑因素

企业在设计供应链时必须综合考虑多方面的因素，包括市场覆盖范围、产品特征、客户服务目标等。

1. 市场覆盖范围

为了确定市场覆盖范围，管理者必须考虑顾客购买行为、分销类型、供应链成员以及取得成功所必需的控制程度等因素。

1) 顾客购买行为

为了设计一个能够最有效率和最有效运作的供应链，必须事先了解细分市场潜在客户的购买动机。这一分析使设计者能够确定目标细分市场。营销人员还必须识别出潜在的用户，并确定这些客户如何制定采购决策。

2) 分销类型

分销方式基本有3种类型：密集分销，选择性分销和独家分销。

在密集分销方式下，企业通过尽可能多的零售商或批发商销售产品。密集分销适用于如饮料、面包、方便面、洗发水和烟草等产品。对这些产品而言，影响采购决策的首要因素是方便性。

在选择分销方式下，销售某种产品的经销商数量通常是有限的，但还没有到达独家专卖的地步。通过选择合适的批发商和零售商，制造商能够将管理的注意力集中在有盈利潜力的客户，并与之建立起牢固的关系以确保产品的市场销售。如果产品要求有专门的服务和销售支持的话，制造商还可能限制零售门店的数量。选择性分销适用于如服装、电视机、音响设备、家具和体育设备等产品。

当单个经销商被授予在某个地理区域具有销售产品独家特许权时，这种分销类型被称作独家分销。当客户愿意克服距离的不便去购买某种商品时，如汽车、某些重要的电器、某些重要的家具以及那些享有很高品牌忠诚度的产品(如服装、化妆品、体育用品等)，这些商品以独家专卖的方式进行分销是比较合适的。通常，当制造商希望批发商或零售商能更积极地销售或者在渠道控制比较重要的情况下，制造商会采取独家分销的方式。独家分销可以加强产品的形象，并且使企业能够制定更高的零售价格。有时候为了向一家以上的零售商或分销商提供独家分销，制造商会采用多个品牌。相对于零售层次，独家分销更频繁地发生在批发层次。一般来讲，独家分销适用于直接渠道(从制造商到零售商)，密集分销则更可能涉及拥有两个或更多中间商的非直接渠道。

3) 供应链成员

有了客户需求和确定的分销类型，管理层必须为供应链选择成员。选择供应链成员时所考虑的因素包括财务实力、能力、业务发展的潜力以及供应链的竞争力。

4) 控制

在许多情况下，为了维护企业的长期盈利目的，企业可能需要对供应链的其他成员施加控制，确保产品质量或售后服务。

2. 产品特性

在分析产品的特征时，应考虑以下几个方面的因素：产品的价值、产品的技术性、市场接受的程度、可替代程度、产品尺寸、产品的易变质性、市场集中程度和季节性。

1) 产品的价值

单位价值很高的产品要求大量的库存投资。因而，高价值产品往往要求更短的供应链(更少的成员)，使库存总投资最小化。相反，单位价值较低的产品，通常采用较长的供应链。一般来讲，密集分销适用于低价值产品。产品的价值还会影响库存持有成本以及对运输所提出的要求。低价值、低利润的杂货产品可采用铁路发送，储存在户外的仓库里。高价值的零部件和产品，如流行的时尚商品等，可以通过空运来运输，使在途库存最小化，并降低库存持有成本和降价损失。

2) 产品的技术性

高技术产品通常需要由销售员进行产品的展示，还需要较多的售前和售后服务，通常需要储备适当的维修备件。技术产品包括如计算机、高价音响、昂贵的照相机和视频设备、进口赛车以及多种工业品等。一般来讲，这类产品采用直接渠道和选择性或独家分销策略。

3) 市场接受的程度

市场接受的程度决定了所需投入的销售力量。具有市场影响力的制造商在推出新产品的同时，如果进行大量的市场推广工作，通常客户的接受程度会比较高，中间商也乐意销售该产品。

4) 可替代程度

产品的可替代程度与品牌忠诚度密切相关。当品牌忠诚度很低时，产品被替代是很有可能发生的。一般来讲，可替代程度较高的产品适合采用密集分销，企业需要在销售现场进行产品的展示。同时，为了获得批发商或零售商的支持，制造商通常会提供更多的优惠。

5) 产品尺寸

通常，考虑到运输费用的因素，价值低、重量大的产品的销售市场相对比较局限。相反，对于重量轻、体积小的产品，由于单位产品分摊的运输成本相对较低，因此，产品的销售市场相对比较宽广。

6) 产品的易变质性

易变质性指由于客户需求或技术的变化而造成的产品过期。易变质的产品通常采用直接的方式销售，要求供应链具有比较快的反应速度，并减少潜在的库存损失。

7) 市场集中程度

当市场集中在某个地理区域的情况下，短的供应链相对更有效和更有效率。不过，在市场广并且分散的情况下，采用中间商方式相对更有效。例如在食品加工行业，许多企业通过中间商来销售产品。

8) 季节性

对有些产品来说(如圣诞节的玩具等)，销售量在一年中的某段时期会达到高峰；另外，有些产品只有在特定的时期才能生产，如新鲜水果和蔬菜等原材料。这两种情况都可能导致季节性的库存。制造商需要投资仓库，或使用第三方企业的物流设施，或让中间商持有库存，如制造商向提早进货的批发商或零售商提供季节性折扣。

3. 客户服务目标

通常可以从以下 3 个方面来评价客户服务：产品的可供性、客户订货的提前期以及销售方和客户之间的信息沟通。在设计供应链时，管理者应该在仔细研究客户需求的基础上确定合适的客户服务水平。

1) 产品的可供性

特定订货提前期内的库存可供性是衡量客户服务的重要指标之一。衡量库存可供性指标的常用计算方法，是在某段特定时期内完整发货的订单数量占收到的总订单数的百分比。

2) 客户订货提前期的长度和一致性

订货提前期是指在客户订单下达和收到产品之间经历的时间。订货提前期的长度和稳定性将影响整个供应链所持有的库存量。所以，订货周期的长度和一致性是供应链设计时需要考虑的重要因素。对于供应链下游的多数客户来说，提前期的稳定比提前期的长度更重要。

3) 销售方和客户之间的信息沟通

信息沟通是指企业向客户提供及时信息的能力，包括订单状态、订单跟踪、延期订单状态、订单确认、产品替换、产品短缺等。供应链成员是否具有良好的信息系统是供应链设计时需要考虑的一个重要因素。使用自动化的信息系统，通常可以提高供应链的效率，同时减少发货、拣货、包装、贴标和文件等方面出现的差错。

2.2.3 面向供应链管理的设计流程

面向供应链管理的设计(Design for Supply Chain Management，DFSCM)开发流程主要分成4个阶段，如图2.11所示。

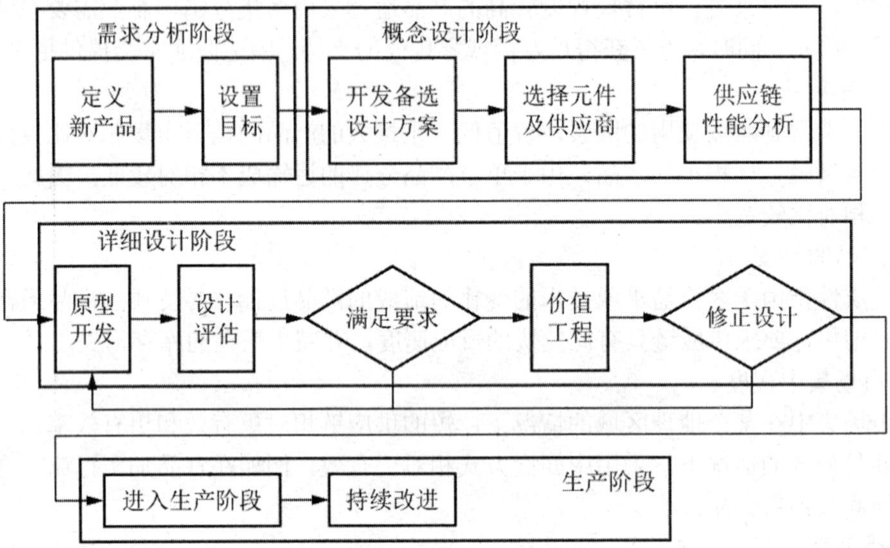

图2.11 面向供应链的产品开发设计流程

1. 需求分析阶段

市场和营销部门通过市场调查获取客户的需求信息，设计团队分析新产品的特征，并根据需求来设定新产品性能、成本、质量、服务水平等方面的目标。供应管理部门提供成本、性能、市场获得性、质量和元件的可靠性等方面的信息，并和其他部门一起工作，考察未来供应商的资格，邀请供应商参与产品开发。

2. 概念设计阶段

产品设计部门根据设计要求开发备选的设计方案。在这个过程中，供应管理部门提供经济性和零部件可用性的信息，帮助设计部门选择符合设计要求的具有最佳性价比的零部件。对于每个零部件，供应管理部门和制造部门根据企业自身的情况，分析是自制还是采购。如果向供应商采购还要为该部件选择适当的供应商。

在设计方案基本完成以后，需要检查设计方案中所有的零部件是否都能按照设计要求进行制造或者供应，并构造新产品对应的供应链模型。对于在概念设计阶段还无法完全确定的零部件的成本、提前期以及准时供货率等参数，需要由供应人员或制造人员根据类似的产品或经验算法进行估计，在此基础之上对供应链的性能进行大致的评估。设计人员参考评估结果，考虑到其他的设计要求，做出相应的设计决策。

3. 详细设计阶段

概念设计后进入详细设计阶段。设计团体和供应商合作完成原型产品，然后对原型设计进行评估。供应管理人员在设计评估时提供标准化生产时的产品各零部件的可用性和其他供应信息。设计评估在性能、质量、供应链的总成本等多方面比较原型设计和既定目标，对原型设计进行检验，如果不能满足设计要求则继续修改设计，直到符合设计要求。随着设计的细化，可以同时完善其对应的供应链的模型，更准确的计算供应链的各项成本、提前期和客户服务水平等主要的性能参数，作为设计方案的评价指标来指导设计优化。

最后对设计方案进行价值分析，检查能否进一步的简化设计、降低成本和找到廉价的替代原料。

小贴士

供应链的性能标准

为了评估设计对供应链性能的影响，必须引入供应链性能的评价标准。从面向供应链管理设计的角度来看，最关键的指标有以下 3 个方面。

(1) 总成本：供应链和产品线的总成本。它主要包括运输成本、库存成本、制造成本、材料成本、一次性的投资等。

(2) 提前期：供应网络总的提前期。

(3) 可用性：把客户和制造流程需要的产品和组件按时按地送达的能力。

这 3 个属性是互相影响的。在增加足够库存的情况下可以实现零提前期和 100%的可用性，但是总成本会过高，由于市场变化而导致库存损失的风险也大大增加。一般企业应该根据市场和产品的情况合理的调整这 3 个指标。

4. 生产阶段

随着产品的实际生产和销售，可以用对产品的需求预测、成本模型进行进一步的改进和调整，并对设计进行进一步的优化。

2.2.4 面向供应链管理的设计系统

面向供应链的设计辅助分析和支持系统的主要功能是为跨部门的产品开发团队提供协同的开发环境，保证设计信息和企业供应链的同步，提供一系列的设计分析和决策的工具，如图 2.12 所示。

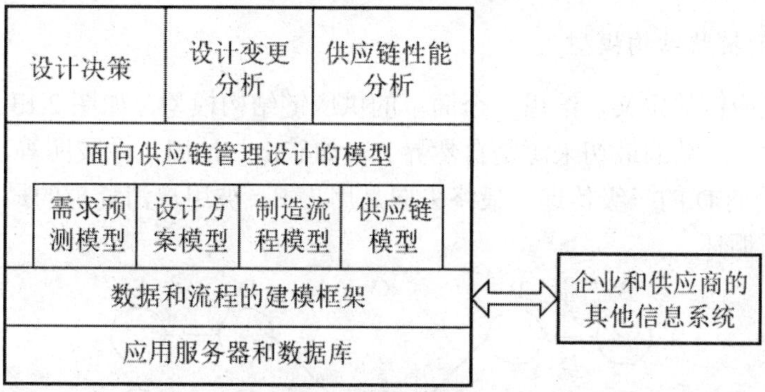

图 2.12 系统架构

应用服务器为快速开发和维护多功能的程序提供了很好的基础平台。在应用服务器的基础上可以开发数据和流程的建模框架，用来提供一套通用的建模方法以便开发具体的模型。利用这套建模框架可以建立面向供应链管理的设计模型。它主要包括以下 4 个子模块。

(1) 需求预测模型。销售部门预测新产品在各个销售地区各阶段的销量和价格，建立产品的需求模型。

(2) 设计方案模型。设计部门负责完成满足制造和供应链的约束，符合形状、功能、性能要求的设计方案，并建立该方案的结构模型。

(3) 制造流程模型。制造部门估算生产和制造流程的提前期，并且建立生产过程的流程模型。

(4) 供应链模型。供应链管理部门提供满足需求和制造的物流策略和组件的采购信息，并且构造相应的供应链结构模型。

不同的设计方案对应的模型会有所区别。模型的数据一部分来自于企业其他的信息系统，如产品生命周期管理系统(PLM)、供应链设计和管理系统(SCP/M)等，一部分由用户通过 Web 页面输入。对于设计阶段没有精确值的参数，需要用户根据经验或利用数学模型估计。

面向供应链模型的构建和设计流程保持同步。随着设计的逐步细化，模型中的数据逐步完备。在建模过程中，制造和供应部门可以及时地把设计中违反制造和供应链约束的部分反馈给设计部门。完成建模工作后，可以利用该模型进行供应链性能的分析。为了简化分析，首先调整供应链的库存策略以满足供应链的提前期和可用性的要求，然后在此基础上计算供应链的总成本作为最后的供应链性能的评估值。通过比较供应链的总成本，可以评价各个设计方案的供应链的性能，评估供应链的策略，量化设计变更对供应链性能的影响，并证实设计变更的有效性。

由于 DFSCM 系统实现了对设计、制造和供应的量化分析，当新产品进入生产阶段后，可以方便的和实际供应链的性能进行比较，并根据比较的结果改进系统模型。经过持续改进的 DFSCM 系统可以更好地支持对新产品改进的评估以及后继的新产品开发。

2.2.5 供应链的结构模型

为了有效指导供应链的设计，了解和掌握供应链结构模型是十分必要的，下面着重从企业与企业之间关系的角度考查几种供应链的拓扑结构模型。

1. 供应链的链状结构模型

根据前面供应链的定义，给出一个简单的供应链结构模型，如图 2.13 所示，称为模型Ⅰ。在模型Ⅰ中，产品的最初来源是自然界 A，如矿山、油田、橡胶园等，经过供应商 B、制造商 C 和分销商 D 的三级传递，最终去向是用户 E。被用户消耗掉的最终产品再回到自然界，完成物质循环。

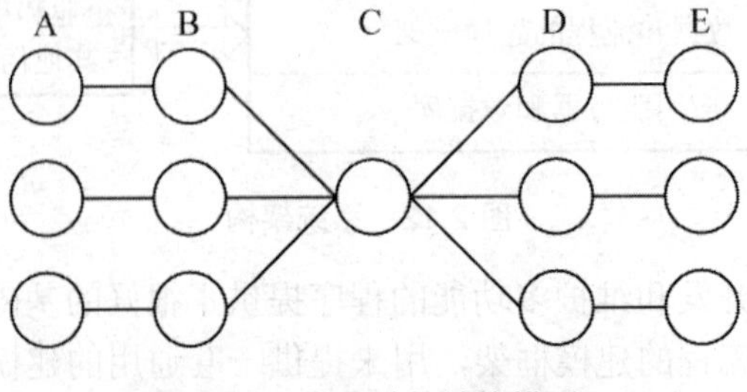

图 2.13 供应链的结构模型Ⅰ

模型Ⅰ是一个简单的静态模型，仅反映了供应链的基本组成和轮廓，若将其进一步简化就成了链状模型Ⅱ，如图 2.14 所示。在模型Ⅱ中，把模型Ⅰ中的厂商都抽象为一个个结点，并用字母或数字来表示。结点以一定的方式和顺序联结成一串，构成一条供应链。在模型Ⅱ中，若假设 C 是制造商，则 B 为供应商，D 为分销商；同样，若假定 B 为制造商，则 A 为供应商，C 为分销商。在模型Ⅱ中，产品的最初来源(自然界)、最终去向(用户)以及产品的物质循环过程都被隐含抽象掉了，只注重供应链中间过程的研究。

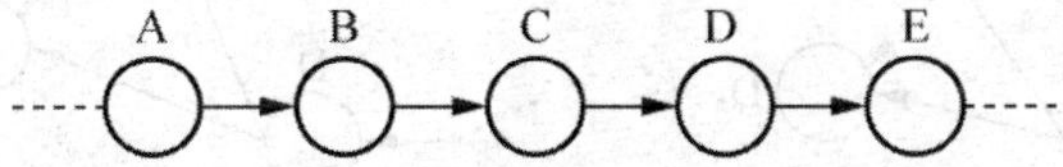

图 2.14 供应链的结构模型Ⅱ

1) 供应链的方向

在供应链上除了有物流和信息流外，还存在资金流。在正常情况下，物流的方向一般都是从供应商流向制造商，再流向分销商。在供应商的研究中，也按照物流的方向来定义供应链的方向，以确定供应商、制造商和分销商之间的顺序关系。模型Ⅱ中的箭头方向即表示供应链的物流方向。

2) 供应链的级

在模型Ⅱ中，定义 C 为制造商时，可以相应地认为 B 为一级供应商，A 为二级供应商，而且还可依次地定义三级供应商、四级供应商……同样，可以认为 D 为一级分销商，E 为二级分销商，并依次地定义三级分销商，四级分销商……一般来讲，一个企业应尽可能考虑多个供应商或分销商，这有利于从整体上了解供应链的运行状态。

2. 供应链的网状结构模型

现实中的产品供应关系是十分复杂的，一个厂商一般会与多个厂商相互联系，也就是说，在模型Ⅱ中，C 的供应商可能不止一家，而是有 B_1，B_2，…，B_n 等 n 家，分销商也可能有 D_1，D_2，…，D_k 等 k 家。从动态角度考虑，C 也可能有 C_1，C_2，…，C_m 等 m 家，这样模型Ⅱ转变为一个网络模型，即供应链的结构模型Ⅲ，如图 2.15 所示。在理论上，网状模型可以涵盖世界上所有的厂商，把所有厂商都看作是其上面的一个结点，并认为这些结点之间存在联系。网状模型对供应关系的表述性很强，适合从宏观上把握供应关系。

1) 入点和出点

在网状模型中，物流做有向流动，从一个结点流向另一个结点。这些物流从某些结点补充流入，又从某些结点分流流出。把这些物流流入的结点称为入点，把物流流出的结点称为出点。入点相当于矿山、油田、橡胶园等原始材料提供商，出点相当于用户。如图 2.16 所示中 A 结点为入点，F 结点为出点。有的厂商既为入点也为出点，为了简化网链的表示，将代表这些厂商的结点一分为二，变成两个结点：一个为入点，一个为出点，如图 2.17 所示，A_1 为入点，A_2 为出点。同样，如有的厂商对于另一厂商既为供应商也为分销商，也可以将这个厂商一分为二(甚至一分为三或更多)，变为两个结点：一个结点表示供应商，另一个结点表示分销商。如图 2.18 所示，B_1 是 C 的供应商，B_2 是 C 的分销商。

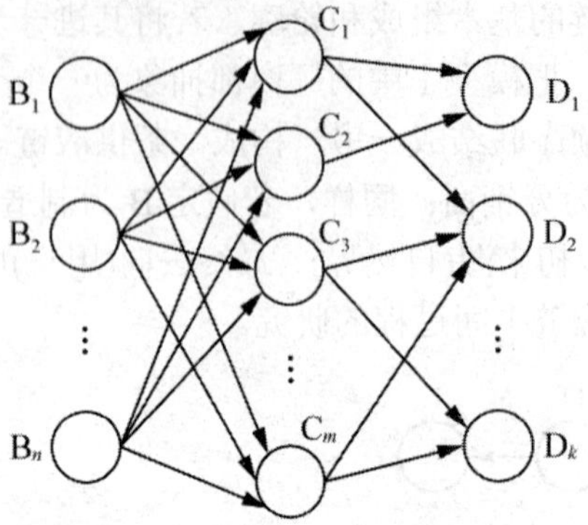

图 2.15　供应链的结构模型 III

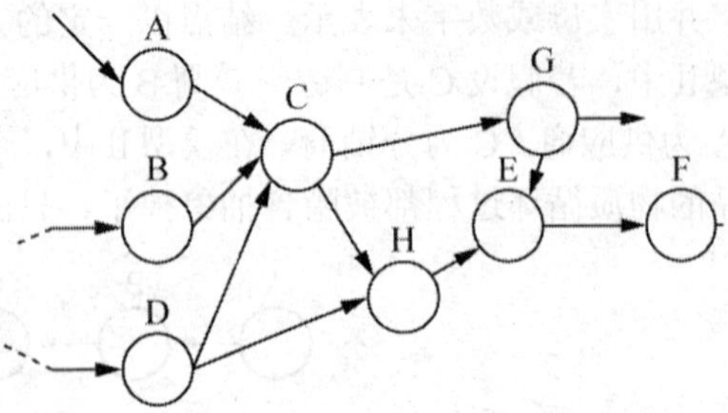

图 2.16　普通的厂商物流

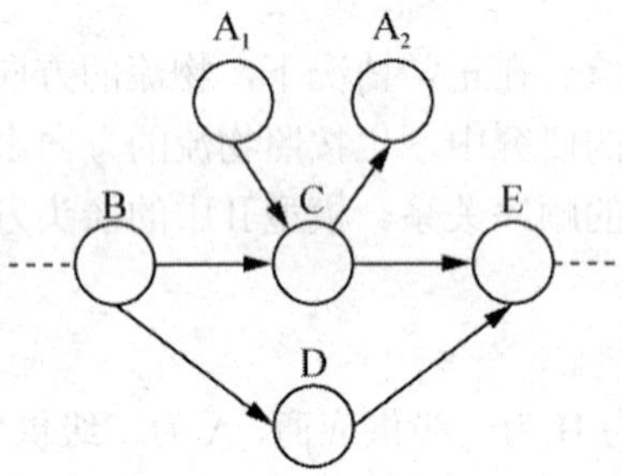

图 2.17　既为出点也为入点的厂商物流

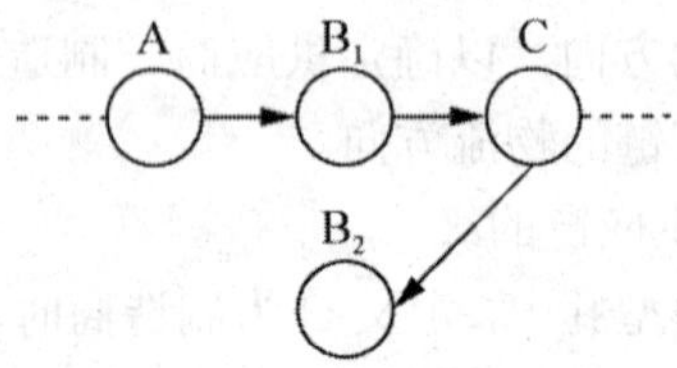

图 2.18　既为供应商也为分销商的厂商物流

2) 子网

有些厂商规模非常大，内部结构十分复杂，与其他厂商相联系的只是其中一个部门，而且内部也存在着产品供应关系，用一个结点不能表示这些复杂关系，将表示这个厂商的结点分解成很多相互联系的小结点，如 C 分解成 C_1、C_2、C_3、C_4，这些小结点构成一个网，称之为子网，如图 2.19 所示。引入子网概念后，再看图 2.17 中 C 与 D 的联系，这时仅需考虑 C_1 与 D 的联系，而不必考虑 C_2、C_3、C_4 与 D 的联系。子网模型适合于描述企业集团的组织结构。

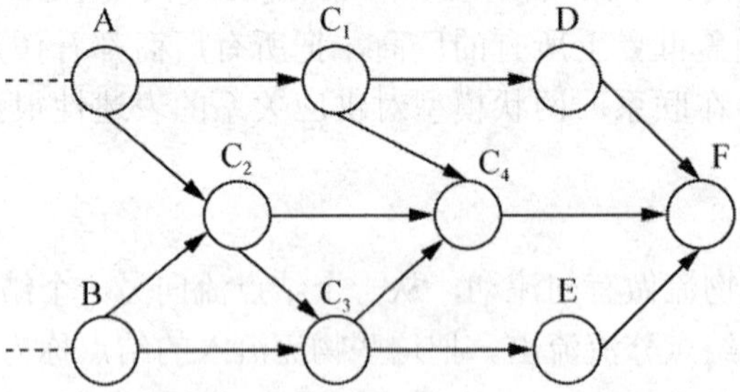

图 2.19　子网模型

2.2.6　供应链的设计方法

供应链设计和管理的目标是降低成本、提高利润，其前提是供应链能保证产品在流通中畅通无阻、供应链对客户的需求变化能做出迅速反应，这体现了以产品为中心的供应链设计策略。为了保证供应链对客户需求变化保持敏捷反应，保证产品流通的顺畅，供应链设计中需要研究客户的需求、产品生命周期、需求变化、产品多样性、前置期等。

下面讨论供应链设计的四种方法，即基于产品的供应链设计、基于成本核算的供应链设计、基于多代理的供应链设计、基于信息的供应链设计。由于基于产品的供应链设计在2.1.1节已经涉及，这里只讨论后三种方法。

1. 基于成本核算的供应链设计

1) 基于成本核算的供应链设计的模型假设

如何设计供应链、如何选择供应链结点，是供应链管理的基础。这里提出成本优化算法来进行供应链的设计。为了便于分析供应链成本，对有关供应链成本核算作如下假定。

假定1：结点企业以 i=1，2，3，…，n 表示(其中供应链层次以 a=1，2，3，…，A 表示，一个层次上结点企业的序号以 b=1，2，3，…，B 表示，所以一个结点 i 可以表示为 $A\times B$)，如图2.20所示。

假定2：物料单位成本随着累积单位产量的增加和经验曲线的作用而降低。成品、零部件、产品设计、质量工程的改善都可能导致单位物料成本的降低。

图2.20 结点示意图

假定3：假定从一个结点企业到另一个结点企业的生产转化时间在下一个结点企业的年初。

假定 4：当一个结点企业在年初开始生产时，上一结点企业的工时和原材料成本根据一定的技术指数转化为此结点企业的初值。

假定 5：全球供应链管理中，围绕核心企业核算成本，汇率、通货膨胀率等转换为核心企业所在国家的标准。

2) 供应链成本结构及其函数

供应链成本主要包括物料成本、劳动成本、运输成本、设备成本和其他变动成本等。其成本函数分别构造如下。

(1) 物料成本函数(Materials Cost Function)。从假定2可知，物料成本随累积产量的增加而降低，供应链的总物料成本为

$$M_{it}=m_i im_{it}\int_0^{n_t} n^{f_i}\,\mathrm{d}n \tag{2-1}$$

式中：M_{it} ——i 结点企业在 t 年生产 n_t 产品的总物料成本(时间转化为当地时间)；

m_i ——i 结点企业的第一个部件的物料成本(时间坐标轴的开始点)；

im_{it} ——i 结点企业 t 年的物料成本的通货膨胀率；

n_t ——第 t 年的累计产量；

$$f_i=\lg(F_i)/\lg(2)$$

F_i ——物料成本经验曲线指数，$0\leqslant F_i\leqslant 1$；

n ——累计单位产量，n=1，2，3，…，n_t。

(2) 劳动力成本函数(Labor Cost Function)。供应链的结点企业可能分布在本国的不同地方，也可能分布在世界各地，各地的劳动力价值、成本无法统一衡量，这里直接以工时为基础计算供应链的劳动力成本。

$$L_{it}=l_i il_{it} y_{it}\int_0^{n_t} n^{g_i}\,\mathrm{d}n \tag{2-2}$$

式中：L_{it}——i 结点企业在第 t 年(时间转化为当地时间)生产 n_t 产品的总劳动成本；

l_i ——i 结点企业的单位时间劳动成本；

il_{it}——i 结点企业 t 年的单位工时的通货膨胀率；

n_t——第 t 年的累计产量；

$$g_i = \lg(G_i)/\lg(2);$$

G_i——劳动力学习经验曲线指数，$0 \leqslant G_i \leqslant 1$；

n——累计单位产量，n=1，2，3…，n_t。

(3) 运输成本函数(Transportation Cost Function)。运输成本是影响供应链总成本的重要因素之一，交货频率和经济运输批量都决定着运输成本的大小。假定从结点 i 到结点 m 的单位成本为 s_{im}，is_{it} 为 i 结点企业 t 年运输的通货膨胀率，m 结点在第 t 年的累计需求为 d_{mt}，所以供应链的总运输成本 T_{it} 为

$$T_{it} = \sum_{m=1}^{M} s_{im} is_{it} d_{mt} \tag{2-3}$$

(4) 设备和其他变动成本函数(Utilities and Other Variable Cost Function)。假定 u_i、v_i 分别代表 i 结点企业的一个单位的设备和其他变动成本(如管理费用等)，其通货膨胀率指数分别为 iu_{it} 和 iv_{it}，在 t 年 i 结点企业生产 n_t 单位产品的总的设备和变动成本为

$$U_{it} = (u_i iu_{it} + v_i iv_{it}) n_t \tag{2-4}$$

(5) 供应链的总成本函数(Total Cost Function)。以上成本都是针对一定时间轴上可能的 i 结点企业的组合，在时间 T 内相关的结点 i 组成一个结点组合序列，用 k 表示，所有可能的结点组合序列用 k 表示，对于每一个结点组合序列 k，供应链的总成本 $TC(k)$表示为

$$TC(k) = \sum_{i=1}^{T} \left\{ \sum_{i \in k} (M_{it} + L_{it} + T_{it} + U_{it}) e_{it} pv_{it} \right\} \tag{2-5}$$

式中：M_{it}、L_{it}、T_{it}、U_{it} 意义同上；

e_{it}——汇率(i 结点企业对核心企业的汇率)；

pv_{it}——i 结点企业在 t 年的现值折扣率；

k——一个结点的组合序列。

而一个结点组合序列的平均单位成本为

$$CAU(k) = TC(k)/N_T$$

3) 供应链设计的优化成本算法

从结点组合序列中可以选出多个结点企业组合，如：分布在 4 个层次(A=4)的各 2 个(B=2)工厂，在 5 年(T=5)的时间轴上，总共有 $k=(2\times4)^5$ 个结点组合序列。我们可以通过对供应链总成本的优化核算来找出最优的结点企业组合，设计低成本的供应链。供应链的设计要评估所有可能的组合序列，以达到最优化的设计。

具体的方法是将多时段问题转化为网络设计，网络设计层次定义为 t=1，2，3，…，T。在第 t 层次，可能的组合序列是 $i=(A\times B)^t$，在每一个层次 t，每个结点企业的总累积成本 C_{it} 表示为

$$C_{it} = \begin{pmatrix} m_i im_{it}[(n_t^{1+f_i})/(1+f_i)] + l_i il_{it} y_{it}[(n_t^{1+g_i})/(1+g_i)] \\ +\sum_{m=1}^{M} s_{im} is_{it} d_{mt} + (u_i iu_{it} + v_i iv_{it}) n_t \end{pmatrix} e_{it} pv_{it} + C_{i,t-1} \tag{2-6}$$

其中，i=1，2，3，…，$(A\times B)^t$；t=1，2，3，…，T。

此式表示了从第 1 年到第 t 年(包括第 t 年)的结点 i 的总累积成本。

供应链设计成本优化的算法流程如图 2.21 所示。

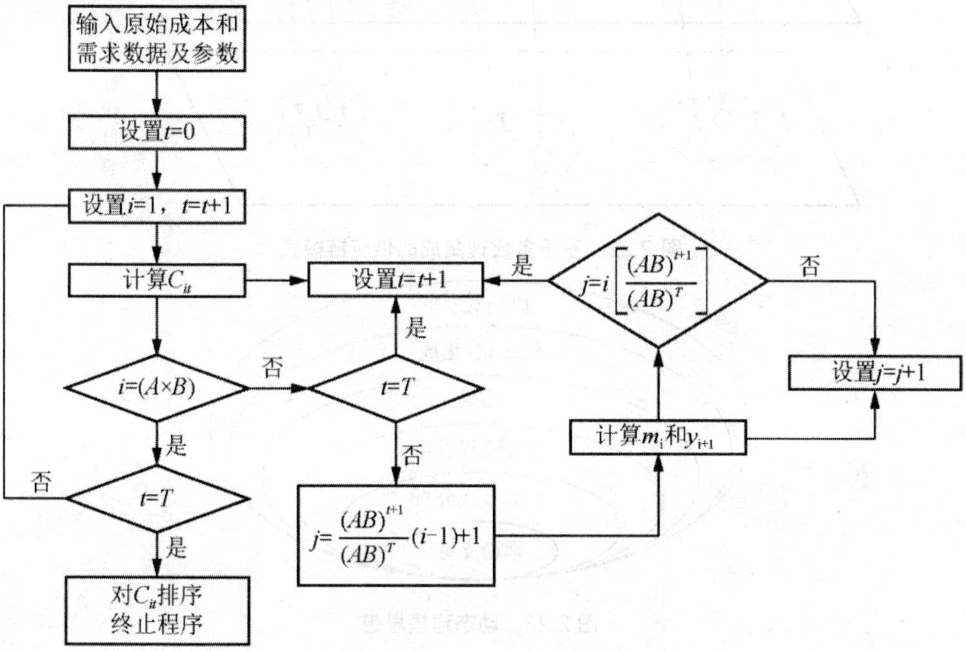

图 2.21 成本优化算法流程图

在输入初始数据以后，计算第 1 年第 i 个结点的成本，当累加成本的结点数不超过$(A\times B)^t$时，程序要判断是否达到时间段的末年，如果 $t<T$，j 结点第$(t+1)$年的第一个单位的物料成本和劳动工时取决于从第 i 结点到第 j 结点的所有可能的生产转换；如果 t=T，那只有最后一个结点的成本需要计算。当所有的结点第 t 年的累积成本计算完以后，程序需重新设置 i 和计算第$(t+1)$年的累积成本。当 t=T 时，最后对结点组合的累积成本进行排序，优化的供应链结点组合序列就是排序后的选择。

2. 基于多代理的供应链设计

1) 基于多代理的集成供应链模式

随着信息技术的发展，供应链不再是由人—组织简单组成的实体，而是以信息处理为核心，以计算机网络为工具的人—信息—组织集成的超智能体。基于多代理集成的供应链模式是涵盖两个世界三维集成模式，如图 2.22 所示，即实体世界的人—人、组织—组织集成和软件世界信息集成(横向集成)，以及实体与软体世界的人—机集成(纵向集成)。

2) 动态建模基本思想

动态建模基本思想如图 2.23 所示。动态建模需要多种理论方法的支持，其基本流程为多维系统分析→业务流程重组→建模→精细化/集成→协调/控制。在动态建模中并行工程思想贯穿于整个过程。

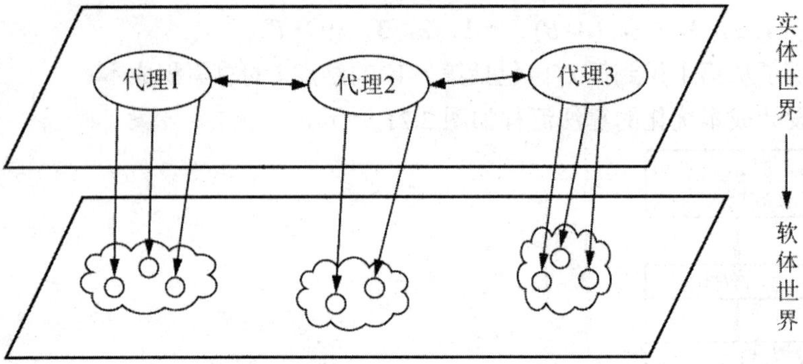

图 2.22 基于多代理集成的供应链模式

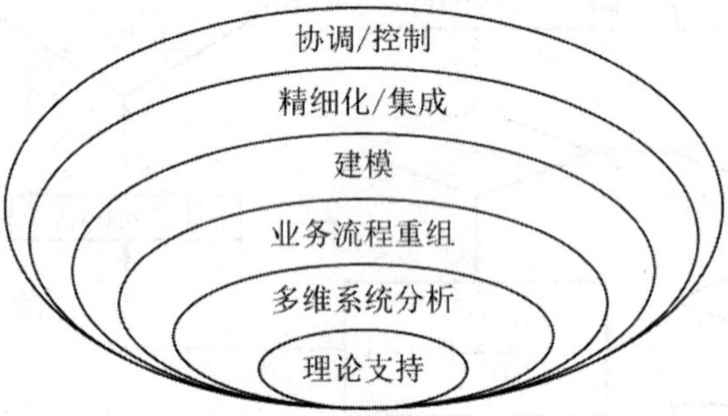

图 2.23 动态建模思想

3) 建模方法

基于多代理集成供应链的建模方法主要有基于信息流的建模方法、基于过程优化的建模方法、基于案例分析的建模方法以及基于商业规则的建模方法等几种。过程优化思想在业务流程重组(Business Process Reengineering，BPR)建模中得到了应用。过程优化最关键的是过程诊断，即过程存在问题的识别，可采用基于神经网络的企业过程诊断法、基于物元理论系统诊断法以及变化矩阵法。集成动态建模过程如图 2.24 所示。

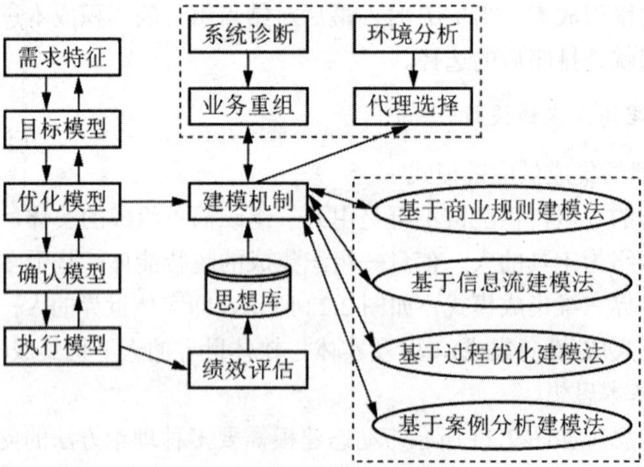

图 2.24 集成动态建模过程

3. 基于信息的供应链设计

全球经济一体化打破了国界，Internet 的发展使全球购物和网上商务得以盛行，供应链的设计策略需要重新考虑新形势带来的机遇和挑战。一方面，在供应链中，与物流相伴随的还有信息流，包括客户需求、生产能力、促销计划、交货计划、质量体系等，信息技术的发展极大地提高了信息流管理的效率和重要性，使得以信息为中心的供应链设计策略变为可能。另一方面，信息在供应链管理中起着至关重要的作用。例如，掌握客户需求变化信息是开发革新性产品的前提，在反应性供应链中，供应链的上下游结点间除了应具备正常的信息沟通以外，还应在某种程度上做到信息共享，只有这样才能对用户的需求变化做出敏捷的反应；信息化程度能有效地带动供应链管理的现代化程度。这种以信息为中心的供应链设计成为必然。

在以信息为中心设计供应链时，应强调以下几个策略。

(1) 应强调信息技术基础设施的建设和IT系统的开发。针对功能性或革新性产品，应分别开发不同的IT系统。对既生产功能性产品又生产革新性产品的企业(革新性产品和功能性产品在一定条件下会发生转变)，有必要开发出集成的IT系统。

(2) 应强调通过信息分析和数据库解决供应链中的信息供应问题。在供应链运转中，包含着丰富的业务内容，如信息模型、报告、数据内容、公司基准等，均与信息有关。因此，在设计供应链时，为有效地提取数据以支持信息分析活动的顺利进行，应当考虑为系统提供最佳数据库方案。此外，应当考虑系统提供强大的信息分析能力，包括联机分析处理(On-Line Analysis Processing，OLAP)、数据挖掘(Data Mining，DM)等。

(3) 应注意通过高效的IT系统的开发，以及信息分析能力的设计和最佳数据仓库解决方案的选择，生产出能为整个供应链带来绩效和竞争优势的信息，扩大信息共享的程度，减少供应链中不增值的环节，使供应链充分享受信息优势带来的利益，如通过有效的信息管理，促进产品流通的顺畅和客户需求变化的满足。

(4) 以信息为中心的供应链设计需要相当大的投资，特别是IT系统和一些应用软件，其开发周期长而淘汰速度又非常快，因此需要供应链设计者具备敏锐的战略眼光和高度的责任感。

2.3 供应链系统

系统原理认为，供应链是一个系统，是由相互作用、相互依赖的若干组成部分结合而成的具有特定功能的有机整体。供应链是围绕核心企业，通过对信息流、物流、资金流的控制，把供应商、制造商、分销商、零售商直到最终用户连成一个整体的功能网链结构模式。

2.3.1 供应链系统的内涵

供应链系统(Supply Chain System，SCS)是指为终端客户提供商品、服务或信息，从最初的材料供应商一直到最终用户的整条链上的企业的关键业务流程和关系的一种集成。

Douglas M.Lambert 等人在前人研究和对90 多家实施供应链管理的企业进行的调查的基础上，提出了供应链系统的模型，如图2.25

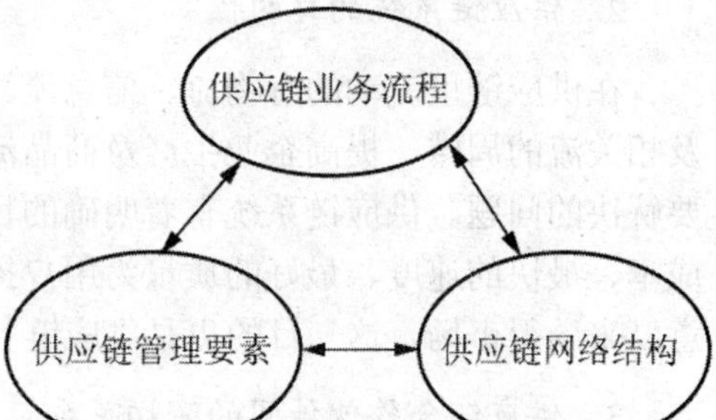

图2.25 供应链系统模型

所示。该模型突出强调了供应链上各结点企业之间相互关联的本质以及成功设计和管理供应链系统的一些关键问题。由三个相互关联的部分组成：供应链网络结构、供应链业务流程、供应链管理要素。

1. 供应链网络结构

确定供应链上的关键成员企业及其相互之间的关系。确定供应链上的关键成员企业，一般是从战略上进行分析，将链上的企业分成基本的企业成员和辅助流程及其特性。关键成员企业之间的关系是指明确各企业在网络结构中的纵向和横向结构中的位置。横向结构是指供应链的价值链体系结构，而纵向结构是指单个企业和其供应商、客户的关系。弄清供应链的起始位置，就是对供应链的价值链体系进行建模，确定供应链的起始位置，描述企业在供应链中的作用和角色，分析供应链价值体系中存在的问题及其根源。而企业在纵向结构中的位置，就是确定单个企业的供应链流程的需求、顾客价值的实现情况，分析企业内流程中存在的问题和根源。

2. 供应链业务流程

确定在供应链系统中哪些核心流程应该连接并集成起来。全球供应链论坛将供应链中的流程总结为：客户关系管理流程、客户服务流程、需求流程、生产流程、采购流程、产品研发流程、反馈流(信息流、资金流)流程。分析供应链业务流程需要企业从自己的核心能力出发，定义自己的核心流程，而将非核心流程转让。

3. 供应链管理要素

供应链管理和集成的效果取决于供应链上企业边界处流程接口的管理和集成的程度。

2.3.2 供应链系统的特征

供应链的系统特征主要体现在以下几个方面。

1. 供应链的整体功能

整体功能是组成供应链的任一成员企业都不具有的特定功能，是供应链合作伙伴间的功能集成，而不是简单叠加。如果要打造一个真正的以全程供应链为核心的供应链系统，就必须从最末端的供应控制开始，到最前端的消费者，在整个全程供应链上，不断优化不断建设，然后集成这些外部资源。供应链系统的整体功能集中表现在供应链的综合竞争能力上，这种综合竞争能力是任何一个单独的供应链成员企业都不具有的。

2. 供应链系统的目的性

在供应链里流动的有物流、信息流、知识流、资金流，如何有效降低库存，加速物流及相关流的周转，提高企业生产及商品流通的效率，迅速对市场机遇进行反映成为迫切需要解决的问题。供应链系统有着明确的目的，这就是在复杂多变的竞争环境下，以最低的成本、最快的速度、最好的质量为用户提供最满意的产品和服务，通过不断提高用户的满意度来赢得市场，这一目的也是供应链各成员企业的共同目的。

3. 供应链合作伙伴间的密切关系

供应链中主体之间具有竞争、合作、动态等多种性质的供需关系。这种关系是基于共同利益的合作伙伴关系，供应链系统目的的实现，受益的不只是一家企业，而是一个企业群体。供应链管理改变了企业的竞争方式，强调核心企业通过与供应链中的上下游企业之间建立战略伙伴关系，使每个企业都发挥各自的优势，在价值增值链上达到多赢互惠的效果。因此，各成员企业均应有局部利益服从整体利益的系统观念。

4. 供应链系统的环境适应性

在经济全球化迅速发展的今天，企业面对的是一个迅速变化的买方市场，用户在时间方面的要求也越来越高，用户不但要求企业要按时交货，而且要求的交货期越来越短，这就要求企业能对不断变化的市场做出快速反应，不断地开发出定制的个性化产品去占领市场以赢得竞争。供应链具有灵活快速响应市场的能力，通过各结点企业业务流程的快速组合，加快了对用户需求变化的反应速度，各主体通过聚集而相互作用，以不断地适应环境。

5. 供应链系统的层次性

运作单元、业务流程、成员企业、供应链系统、整个运作环境构成了不同层次上的主体，每个主体具有自己的目标、经营策略、内部结构和生存动力。供应链各成员企业分别都是一个系统，同时也是供应链系统的组成部分；供应链是一个系统，同时也是它所从属的更大系统的组成部分。从系统层次性的角度来理解，相对于传统的基于单个企业的管理模式而言，供应链管理是一种针对更大系统(企业群)的管理模式。

阅读案例

随着我国家电行业的快速发展，竞争也日趋激烈，其中家电流通业竞争尤为激烈。如国美、三联、苏宁这样的国内大型家电连锁企业建立全国性的销售网络已经成为家电流通业的一个趋势。竞争也已不仅是区域性的竞争，而是全国性的竞争。

市场是联动的，随着市场规则、竞争格局及竞争对手等多种因素的变化，家电流通企业的经营战略、经营手段、管理理念以及核算体系和服务体系也必须开始随之发生变化。企业的信息化运营与管理成为家电流通业一个热门的话题。

从国际先进的企业发展经验中可以看出，企业信息化的有效实施可以形成行之有效的供应链，最大程度降低经营成本来让利于民；同时信息建设还可以帮助企业从各种商业数据中分析出消费者的需求，进而满足顾客的需求。

基于此，北京国美电器有限公司开始为自己的信息化步伐提速。北京国美电器有限公司是集家用电器和通讯产品的零售、分销、物流、服务于一体的超大型集团公司。近年来，随着该公司的急剧扩张发展，公司的管理模式、管理结构、经营方式、业务流程、核算体系以及物流配送和售后服务体系，需要根据家电行业的发展特性进行重新整合、优化和提高。于是，颇具远见的国美电器开始着手建设企业供应链系统，以便根本性地提高与整合本企业的“集团—分公司—门店—加盟店”的管理模式、管理职能、经营方式、经营手段、核算水平以及信息共享等问题。同时，优化重组企业的“物质流、资金流、信息流、服务流”，为企业的低成本扩张提供保障。

要实现这些目标，选择具备大量行业经验，并能提供完整的行业化咨询、重组、优化方案的专业化公司，是保证“高起点与高效率、先进与适用、稳定与保障、服务与推动”建立企业系统的基本保障。全球领先的数据管理及企业集成解决方案供应商 Sybase 公司与武汉金力软件有限公司最终成为国美的首选。

在企业的信息化建设中，北京国美电器有限公司将在全国范围内实施“金力供应链系统 JL SCM”，该系统中采用了 Sybase 最新版本的企业智能型关系数据库产品 Adaptive Server Enterprise 12.5 (ASE12.5)及复制服务器产品 Sybase Replication Server，由武汉金力软件有限公司开发并协助实施。供应链系统的广泛实施将会大大提高国美电器的运营能力与现代化经营管理水平。

2.4 供应链网络模型

在供应链管理目标的驱动下，供应链管理进入了快速发展的轨道，供应链网络建模与优化技术成为深入研究的热点。供应链网络模型抽象地反映了现实世界中供应链的运营状况、资源约束、流程优化等实际问题，从不同角度刻画了供应链管理体系的内在规律和复杂性。供应链网络的优化程度综合反映了供应链的核心能力，体现了供应链整合社会资源、创新管理的综合能力。

2.4.1 供应链网络的基本理论

1. 供应链网络模型概念

传统的供应链概念局限于企业的内部操作，注重企业自身的利益目标。现代的供应链概念注重与其他企业的联系和供应链的外部环境，倾向于将供应链定义为一个通过链中不同企业的制造、组装、分销、零售等过程，将原材料转换成产品销售给最终客户的过程，形成了一个范围更大、更系统的概念。在供应链构建中都关注供应链中成员的关系和完整性，更加注重围绕核心企业的网络关系，考虑了供应链中所有成员操作的一致性。

在供应链中，每个企业都有自己的位置。每个企业(除去最源头的供应商和最终用户外)都有一个下游的客户和上游的供应商。企业如果期望能更有效地运作和保持竞争力，就必须有效地管理企业的供应商和客户，如图 2.26 所示。

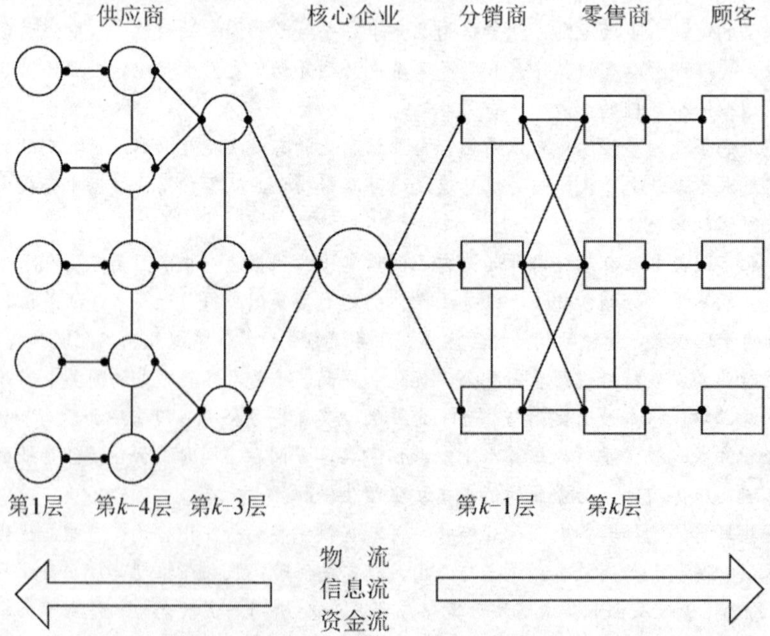

图 2.26 供应链网络供应模型

一般来讲，一个完整的供应链网络，由以下几个子网络构成。

(1) 供应网络。供应网络是企业为保证自身的生产活动，不断组织原材料、零部件、燃料、辅助材料供应的活动，供应网络所要解决的是选择合适的供应商、实现快速的供应方式以及实行有效的原料库存管理等问题。

(2) 生产网络。生产物流是指企业在生产过程中的物流活动，生产物流要解决的是生产流程如何安排、生产活动环节如何衔接等问题。生产网络的作用主要是做好企业生产过程中的物料流动及存储问题，这是传统的物流网络规划涉及的问题。

(3) 销售网络。随着市场竞争的加剧和客户对物流服务要求的提高，企业需要以更高效的方式将产品交付给客户，企业的销售物流日益成为企业在竞争中取胜的关键。销售网络所要解决的是以经济的送货方式、运输线路将客户需要的产品按最佳的服务水平交付给客户。

(4) 逆向网络。逆向物流涉及回收物流、废弃物流和退货物流等内容。企业回收物流是对供应、生产、销售活动中产生的各种边角余料和废料进行回收的物流活动，回收物流要解决的是环保、浪费等方面的问题。回收网络的建设与前几种网络结点的设置往往是重叠的，设计的重点是回收物流流程的规划。企业废弃物流是指对企业排放的无用物进行运输、装卸、处理等物流活动。该网络往往与社会物流网络的运行联系在一起。

2. 供应链网络基本结构

从原材料供应商到最终消费者，所有的企业都处在供应链中。供应链管理的难度取决于产品的复杂性、有效供应商的数目以及原材料的利用程度等几个因素。

供应链的结点不同，供应链与其结点的关联程度也不同。因此，管理时需要选择适宜特定供应链连接的协作层次。在整个供应链中，并不是所有连接的协调和整合程度都很高，最适宜的联系是那些最能适宜具体环境变化的联系。因此，供应链重点部分的确定必须要仔细地对企业生产能力和企业的重要性进行权衡。供应链网络结构由以下 3 个基本方面组成。

1) 供应链成员

在确定供应链网络结构时，识别供应链成员是非常必要的。供应链成员是由与核心企业相连的组织构成的，这些组织直接或间接与他们的供应商或客户相连，从起始端到消费端。然而，对于成员进行全盘考虑很可能会导致整个网络的复杂化，这可能会引起混乱。因此，必须分类并确定哪些成员对企业以及供应链的成功起着决定作用，以便对它们给予关注和合理分配资源。

为了使非常复杂的网络易于管理，有必要将基本成员与支持成员分开。供应链基本成员是指在专门为顾客或市场提供专项输出的业务流程中，所有能进行价值增值活动的自治公司或战略企业单元。相反，支持成员是指那些简单地提供资源、知识以及设施的供应链成员。

供应链基本成员和支持成员的定义有助于理解供应链中起始点和消费点的定义。供应链的起始点和消费点出现在没有基本成员的位置，所有作为起始点的供应商仅是支持成员，消费点不会进一步产生附加值，并且还要消耗产品和服务。

2) 网络结构变量

在描述、分析和管理供应链时，有三种最重要的网络结构，它们分别是水平结构、垂直结构和供应链范围内核心企业的水平位置，由此构成了供应链网络的三维结构。结合图 2.26 来理解。

第一维，水平结构(或称供应链长度)是指供应链范围内的层次数目；供应链可能很长，拥有很多层，或很短，层次很少。第二维，垂直结构(或称供应链宽度)是指每一层中供应商或顾客的数目，一个公司可能有很窄的垂直结构，其每一层供应商或顾客很少。第三维指的是供应链范围内核心企业的水平位置即为供应链核心，核心企业能最终被定位在供应源附近、终端顾客附近或供应链终端结点间的某个位置。

核心企业除了能创造特殊价值，长期控制比竞争对手更擅长的关键性业务工作外，还要协调好整个供应链中从供应商、制造商、分销商到最终客户之间的关系，控制好整个供应链的运行。为了能够管理好整个供应链，核心企业必然要成为整个供应链的信息集成中心、管理控制中心和物流中心。核心企业要将供应链作为一个不可分割的整体，打破存在于采购、生产和销售之间的障碍，做到供应链的统一和协调。所以，供应链的组织结构应当围绕核心企业来构建。

一般来讲，成为核心企业的企业，要么为其他企业提供产品/服务，要么接受其他企业的产品/服务，要么在供应商与客户之间起连接作用。以核心企业为中心建立的组织结构有以下几种。

(1) 核心企业作为客户企业的组织结构。作为客户企业的核心企业，其本身拥有强大的销售网络和产品设计等优势，销售、客户服务这些功能由核心企业自己的销售网络来完成。因此，供应链组织结构的构建主要集中在供应商这一部分，供应链管理的中心转到供应商的选择，以及信息网络的设计、生产计划、生产作业计划、跟踪控制、库存管理、供应商与采购管理等方面。

(2) 核心企业作为产品/服务供应者的结构。作为核心企业，其本身享有供应和生产的特权，或者享有在制造、供应方面不可替代的优势，如能源、原材料生产企业。但其在分销、客户服务等方面则不具备竞争优势。因此，在这一模型中，供应链管理主要集中在经销商、客户的选择、信息网络的设计、需求预测的计划与管理、分销渠道管理、客户管理与服务等方面。

(3) 核心企业同时作为产品/服务的供应者和客户。核心企业主要具有产品设计、管理等优势，但是，在原材料的供应、产品的销售及各市场客户的服务方面缺乏足够的力量，因此，必须通过寻求合适的供应商、制造商、分销商和客户构建整个供应链。供应链管理主要是协调好采购、生产和销售的关系，如信息网络的设计、计划控制和支持管理、物流管理、信息流管理等功能。

(4) 核心企业作为连接组织。这类核心企业往往具有良好的商誉和较大的规模，并且掌握着本行业大量的信息资源，主要通过在众多中小经销商和大的供应商之间建立联系，代表中小经销商的利益取得同大的供应商平等的地位，从而建立起彼此合作的战略伙伴关系。供应链管理主要集中在中小经销商与大的供应商之间的协调、信息交换和中小经销商的控制等方面。

3) 供应链工序连接方式

在众多研究中，可以发现不同的结构变量能够合并。比如，供应商那边是一个窄而长的网络结构，而顾客那边是一个宽而短的网络结构，但当其联系在一起时，增加或减少供应商/顾客的数目将会影响供应链的结构。当一个公司从多源头供应商向单一源头供应商转变时，供应链可能变得越来越窄。开放物流、制造、销售以及产品开发活动是另一个很可能改变供应链结构的决策实例，因为，它们可能增加供应链的长度和宽度，并同样会影响供应链网络中核心企业的位置。

由于每个企业都将自己作为核心企业，并对其他成员和网络结构有不同的看法，所以，表面上供应链与每个企业的目标不一致。然而，因为每个企业都是供应链的一员，理解他们的地位关系和前景对每个企业的管理来说尤其重要。只要每个企业都清楚供应链的前景，才有可能成功实现跨企业边界的业务流程重组和优化管理。

2.4.2 供应链网络设计

1. 设施决策在供应链中的作用

供应链设施决策包括生产、储藏或运输相关设施的区位及每种设备的容量和功能，包括设施功能、设施区位、容量配置、市场和供给配置。

(1) 在制定决策时应明确，所有的供应链网络设计决策都是相互影响的。有关每一设施功能的决策事关重大，因为它们决定了供应链在满足客户需求中的灵活性大小。

(2) 设施区位决策对供应链的运营有着长期影响，废弃或迁徙设施的代价是十分高昂的。因此，作为企业必须对其区位有各方面的长远考虑。好的区位能帮助企业在较低成本下保证供应链的效率。

(3) 容量配置决策在供应链运营中同样至关重要，尽管容量配置比区位容易改变，但一般来讲几年内容量决策不会变化。一个区位配置过高的容量，会导致设施利用效率低下，成本过高。相反，一个区位配置过低的容量，又会导致对需求的反应能力过低，成本过高(需求由远方的工厂来满足)。

(4) 设施的供应源及市场配置对供应链运营有重大作用，因为它影响整条供应链为满足客户需求所引发的生产、库存及运输的成本。该决策应当经合理论证、反复研究，这样其配置就会随市场状况或工厂容量的变化而变化。

网络设计决策对供应链运营有很大影响，因为它决定了供应链的构架，并对未利用库存、运输和信息资源、降低供应链成本、提高其反映能力设置限制因素。在市场需求扩大、现有构架变得过于高昂或反映能力低下时，公司不得不强调其网络设计决策。

2. 供应链网络设计的影响因素

1) 战略性因素

一个企业的竞争战略对供应链的网络设计决策有重要影响。强调生产成本的企业，趋向于在成本最低的区位布局生产设施，即使这样做会使生产工厂远离其市场区；强调反应能力的企业，趋向于在市场区附近布局生产设施。如果这种布局能使企业对市场需求的变化迅速做出反应，企业甚至不惜以高成本为代价；全球化的供应链网络，通过在不同国家布局不同职能设施，能更好地支持其战略目标的实现。

2) 技术因素

产品技术特征对供应链网络设计有显著影响。如果生产技术能带来显著的规模经济效益，局部少数大容量的设施是最有效的。相反，如果设施建设的固定成本较低，就应该建立为数众多的地方性生产设施，因为这样做有助于降低运输成本。

生产技术的灵活性影响到供应链网络进行联合生产的集中程度。如果生产技术很稳定，而且不同国家对产品的要求不同，产品就必然在每一个国家建立地方性基地为该国的市场服务。相反，如果生产技术富有灵活性，在较少的几个大基地进行集中生产，就显得简单易行。

3) 宏观经济因素

宏观经济因素包括税收、关税、汇率和其他的一些经济因素，这些因素是独立于单个企业的外部因素。随着贸易的增长和市场的全球化，宏观经济因素对供应链网络的成败产生了很大影响。

4) 政治因素

政治因素的考虑在布局中起着重要作用。企业倾向于将企业布局在政局稳定的国家，这些国家的经济贸易规则较为完善。拥有独立和明确法制的国家使企业觉得一旦他们需要，就能在法律上获得帮助，这容易使得公司在这些国家投资建厂。政治因素很难量化，所以企业在设计供应链时只能进行主观的评价。

5) 基础设施因素

良好的基础设施是在特定区域进行布局的先决条件。糟糕的基础设施使得在这一区域进行商务活动的成本增加。全球化的大企业愿意在中国上海、广州和天津附近布局设施，尽管这些地区的劳动力成本不菲、地价较高，但这里基础设施较为完善。关键的基础设施因素包括场地的供给、劳动力的供给、靠近运输枢纽、交通密集和地方性公用设施等。

6) 竞争性因素

设计供应链时，公司必须考虑到竞争对手的战略、规模和布局。一项基本的决策是，企业是临近还是远离竞争对手布局。决定这一决策的因素包括企业如何进行竞争以及诸如原材料、劳动力等外部因素是否迫使其相互靠近等。

企业间的积极外部性。积极外部性是指许多企业邻近布局使他们均受益。积极外部性促使企业相互靠近布局。比如，加油站和零售店倾向于靠近布局，因为这样做增加了总需求，使双方都受益。通过在一条商业街上集中布局相互竞争的零售店，方便了顾客，使他们只需要到一个地方，就可以买到所需要的所有东西，增加了这条商业街顾客到访的人数，增加了所有布局在那里的商店的总需求。积极外部性的另外一个体现是：在一个待发展地区，一个竞争者的出现使得合适的基础设施得到了发展，其他的竞争者便尾随而至。

为瓜分市场而布局。在积极外部性不存在时，企业也可以集中布局，以攫取最大可能的市场份额。下面用豪特灵(Hotelling)提出的一个简单模型来解释一下隐藏在这一决策背后的机理。

当企业不能控制价格，而只是在与客户距离的远近上相互竞争时，就能通过相互接近的布局获取最大的市场份额。假设客户均匀地分布在(0，1)这个区间上，两个企业通过与客户距离的远近进行竞争，如图 2.27 所示。客户总是光顾最近的一家企业，而且与两家企业距离相等的客户则在二者之间平均分配。如果总需求为 1，企业 1 布局在点 a，企业 2 布局在 $1-b$ 处，那么两个企业的需求 d_1 和 d_2 分别是

$$d_1 = a + \frac{1-(b+a)}{2} \qquad d_2 = \frac{1+b-a}{2}$$

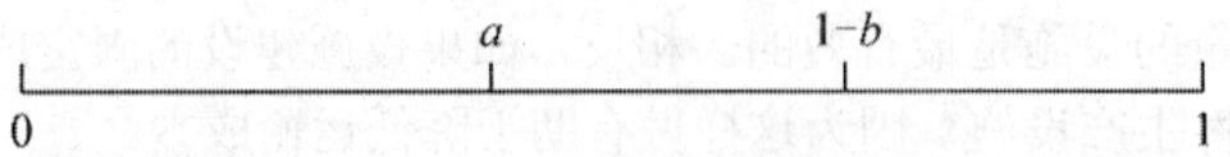

图 2.27　两家企业在直线上的布局

显然，如果两家企业能更近地布局，最终使得 $a=b=1/2$ 时，两家企业就能将自身的市场份额最大化。

假如两家企业布局在(0，1)的中间，那么与客户的平均距离是 1/4。如果一家企业布局在 1/4，而另外一家企业布局在 3/4，则与客户的平均距离减少到 1/8。因此，竞争的结果使得两家企业在直线的中央邻近布局，尽管这样做增加了与客户之间的平均距离。

如果企业在价格上进行竞争，而且承担向客户送货的成本，那么最优的布局可能是二者尽可能离得远些，即企业 1 布局在 0 而企业 2 布局在 1。相互远离的布局模式减少了价格竞争，有助于企业瓜分市场并实现利润最大化。

7) 对顾客需求的反应时间

设计供应链网络时，企业必须考虑到客户要求的反应时间。客户若能容忍较长的反应时间，那么企业就能集中力量扩大每一设施的生产能力。相反，如果企业的客户群认为较短的反应时间很重要，那么设施就必须布局在离客户较近的地方。这类企业应当设有许多生产基地，每个基地的生产能力较小，由此来缩短对客户需求的反应时间，增加供应链中设施的数量，如图 2.28 所示。

8) 物流和设施成本

当供应链中的设施数量、设施布局和生产能力配置改变时，就会产生物流和设施成本。进行供应链网络设计时，企业必须考虑库存、运输和其他成本。

(1) 库存成本。当供应链中设施数目增加时，库存及由此引起的库存成本就会增加，如图 2.29 所示。为减少库存成本，企业经常会尽量合并并减少设施数量。

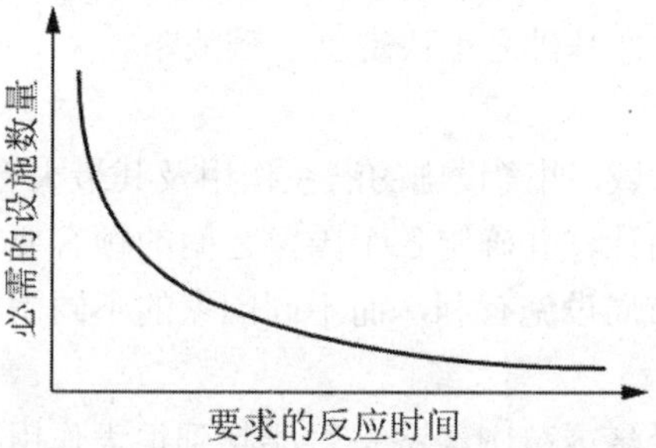

图 2.28　顾客要求的反应时间与设施数量之间的关系

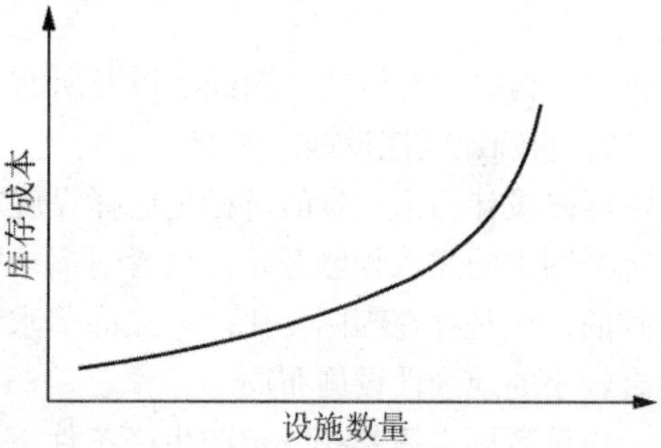

图 2.29　设施数量和库存成本之间的关系

(2) 运输成本。进货运输成本是指向设施运进原材料时发生的成本。送货运输成本是指从设施运出货物时发生的成本。单位送货成本一般要比单位进货成本高，因为进货量一般较大。增加仓库数量能够更接近顾客，从而缩短送货距离，在一定范围内能够降低运输成本。但如果设施数量增加到一定数目，使得批量进货规模很小时，设施数量的增加也会使运输费用增多，如图 2.30 所示。

(3) 设施建设和运营成本。任何企业在设施内消耗的成本分为两类：固定成本和可变成本。建设成本和租赁成本被当作固定成本，因为短期内不随着通过设施的货流量的改变而改变。与生产或仓库运营相关的成本随加工或存储数量的变化而变化，因此被看做是可变成本。设施成本随着设施数量的减少而降低，因为基地的合并能使企业在固定成本和可变成本两方面获取经济规模效益，如图 2.31 所示。

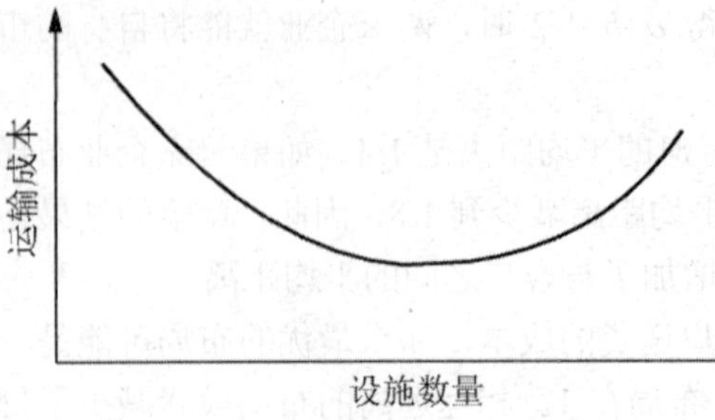

图 2.30　设施数量和运输成本之间的关系

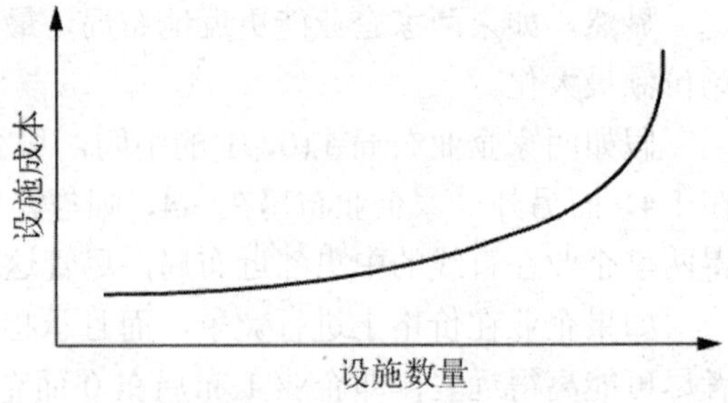

图 2.31　设施数量和设施成本之间的关系

(4) 物流总成本是供应链中库存、运输和设施成本之和。随着设施数量的增加，物流总成本先减后增，如图 2.32 所示。

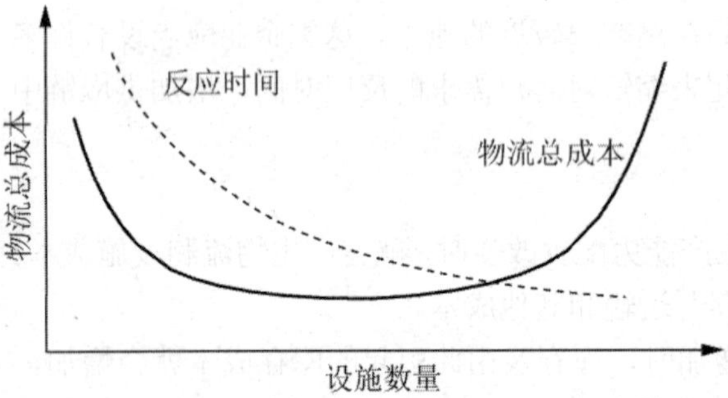

图 2.32　设施数量与物流成本和反应时间的关系

3. 供应链网络设计决策框架

供应链网络设计决策分为 4 个步骤，如图 2.33 所示。

1) 明确供应链战略

网络设计的第一步目标是明确企业的供应链战略。供应链战略详细说明供应链应该具备哪些功能以支持企业竞争战略的实现。

管理者必须在企业竞争战略、竞争分析、任何规模经济或范围经济以及所有的限制条件基础之上决定供应链战略。

2) 明确地区性设施的构架

网络设计的第二步的目标是选择设施布局的区域，明确设施的潜在作用及其最大容量。从每个国家的需求预测开始，包含对需求规模的估计，并确定各个国家之间的顾客要求是一致的，还是存在国际变化。一致的需求对集中布局设施有利，而不同国家的不同需求则适合较小的地区性设施布局。

决策者要弄清楚在既定的生产条件下，规模经济或范围经济是否能起到很大作用，如果规模经济或范围经济效益明显，用较少的设施满足较多的市场可能会好一些。如果规模经济或范围经济微不足道，那么就比较适合每一市场拥有自己的供应商。

然后管理者还要明确与不同地区市场相关的需求风险、汇率风险和政治风险，还必须认识到地区关税、地区对产品的特殊要求、税收减免以及每一市场的进出口限制。弄清楚每一地区内的竞争者并给出设施应当临近或远离竞争者布局的理由，还必须弄明白每一市场的理想反应时间。

依据以上信息，管理者将勾勒出供应链网络中地区性设施的架构。这种地区性构架将决定网络中设施的数量和设施的布局区位，并决定某项设施应当为网络中某个特定市场生产全部产品，还是应当生产所有市场需求的产品中的一部分。

3) 选择合适的地点

第三步的目标是在将要布局设施的区域范围内选择一系列的地点。理想地点的数量比将要建立的设施的数量要多，以便第四步找出精确的区位。

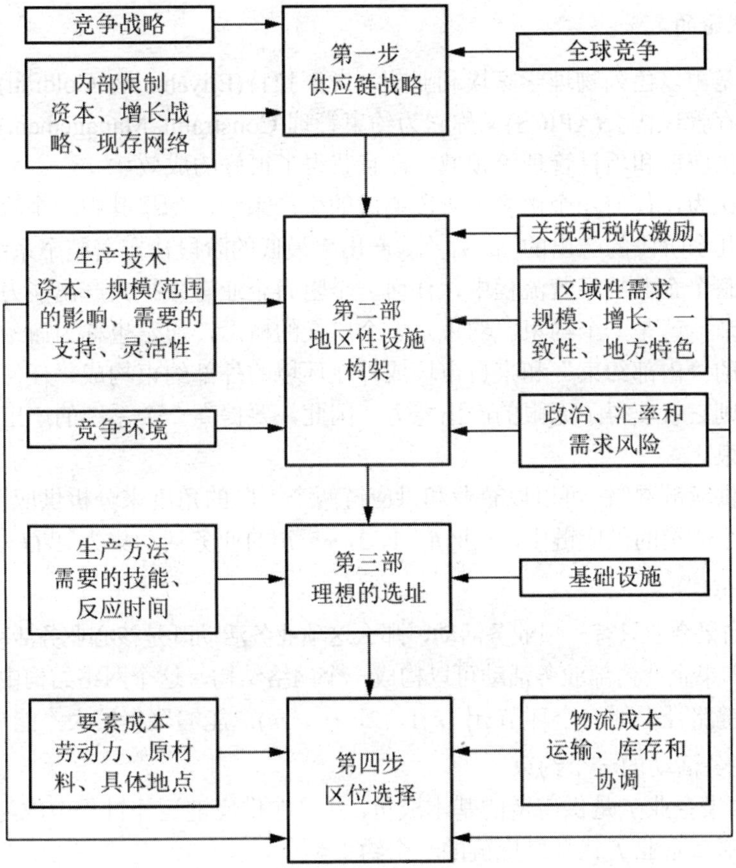

图 2.33 供应链网络设计决策框

地点的选择应当依据基础设施的状况进行，以便确保预想的生产方式能够正常进行。硬件设施要求包括供应商的存在、运输服务、通讯、公用事业以及仓储设施。软件设施要求包括可供雇佣的熟练劳动力、劳动力转换以及当地社区对工商业的接受程度。

4) 选择布局区位

这一步的目标是选择精确的设施布局区位，并为每一设施配置容量。应从第三步选出的一系列理想的地点中进行筛选，找出布局区位。网络设计是为了实现供应链总利润最大化，并考虑每个市场的预期边际效益和需求以及不同的物流和设施成本。

2.4.3 供应链网络优化

供应链网络由不同的结点企业构成。进行供应链网络优化，必须在动态优化过程中寻找供应链的薄弱环节，优化资源配置，将企业内的价值转换成供应链的价值，才能维持可持续的竞争优势。

根据物理学的原理可以知道，一条链子的强度等于这条链子最薄弱环节的强度。这意味着最弱的环节往往也是最强的，因为它蕴含着使整条供应链脱节的巨大能量。所以，应该全面考虑整条供应链的竞争优势。生产管理中的约束理论(Theory of Constraints，TOC)对供应链管理有很好的借鉴价值。

1. 约束理论的定义

约束理论是由以色列物理学家埃利亚胡·戈德拉特(Eliyahu M. Goldratt)博士创立的，美国生产及库存管理协会(APICS)又称它为约束管理(Constraint Management)，现已应用到生产、分销、供应链和项目管理等领域，而且获得了很好的成效。

约束理论认为，任何一个由多个阶段构成的生产系统，如果其中一个阶段的产出取决于前面一个或几个阶段的产出的话，那么，产出率最低的阶段决定着整个系统的产出能力。可以认为，在整个企业的经营流程中，任何一个阻碍企业有效扩大产出能力、降低库存和运行成本的环节，就是一个约束。约束是一个广义的概念，通常也称为瓶颈，约束主要由来自企业内部的“内部约束”和来自市场或外在环境的外部约束构成。任何系统至少存在一个约束，否则它就获得了无限的产出能力。因此，要提高一个系统的产出能力，必须要打破系统的约束。

对于整个供应链网络，可以以企业和供应链两个不同的角度来分析供应链的约束问题。在一个具有 n 个成员的供应链中，企业 $f(f=1, 2, \cdots, n)$的业务活动集为 $A_f^1 (I=1, 2, \cdots, m)$，$A_f^I = A_f^1 Y A_f^2 Y \cdots A_f^m Y$。

定义 1：如果企业只有一项业务活动，那么这项业务活动既是核心业务活动，也是约束。

定义 2：如果企业内部业务活动可以构成一个网络结构，这个网络结构中存在一个关键路径，并且关键路径上的一个环节 $A_f^I (I=1, 2, \cdots, m)$，能够聚集较大“能量”，那么环节 A_f^I 就是企业业务活动的一个约束。

定义 3：如果企业 f 是供应链的基本成员，并且在供应链运作过程中成为聚集较大“能量”的环节，那么企业 f 就是供应链的一个约束。

可以认为，在观察企业 f 的活动过程中，重点考察 A_f^I 中的环节；而在观察供应链活动过程中，重点考察 A_s 中的环节。实际上企业 f 之所以成为整个供应链的约束，可能也是由于 A_f^I 环节的约束。

包含核心环节和瓶颈环节的业务流程，构成了企业价值增值的关键业务流程链。对于供应链网络，核心企业和瓶颈成员构成了供应链的关键企业链。约束不仅在供应链中存在，而且还会随着时间产生转移。从一个业务活动转移到另一个业务活动，从一个基本成员转移到另一个基本成员，供应链上的任何一环都可能成为下一个最弱的环，成为瓶颈环节或瓶颈企业。因此，供应链管理的一项重要职能就是不断地对整个供应链进行诊断，及时发现将会成为下一个约束的环节或企业，从而制定克服这个新约束的决策。

2. 约束理论的原则

约束理论的基本思想具体体现在它的管理原则上，已经成为实施约束理论的基石。约束理论的管理包括以下原则。

1) 物流平衡代替生产能力平衡

追求生产能力的平衡是为了使企业的生产能力得到充分利用。因此，在设计一个企业时，自然会追求生产过程中各环节生产能力的平衡。但是，对于一个已投产的企业，特别是多品种生产的企业，如果一定要追求生产能力的平衡，即使企业的生产能力充分利用了，产品并不都能恰好满足当地市场的需求，必然会造成一定数量的积压。

约束理论主张在企业内部平衡物流，认为平衡生产能力实际是做不到的。因为波动是绝对的，市场每时每刻都在变化，生产能力总是相对稳定的。一味追求无法做到的事情将导致企业无法生存。所以，必须接受市场波动及其引起的相关问题这个现实，并在这种前提下追求物流平衡。所谓物流平衡就是使各个工序都与瓶颈设备同步，以求生产周期最短、在制品最少。

2) 系统的约束决定着非瓶颈资源的利用程度

系统的约束就是瓶颈。因为系统的产出是由所能经过瓶颈的量决定的，即瓶颈限制了产销量。而非瓶颈资源的充分利用不仅不能提高产销量，而且会使库存和运行成本增加。

在图 2.34 所示的瓶颈与非瓶颈 4 种基本关系中，关系 a、b、c、d 中非瓶颈资源的利用程度是由瓶颈资源来决定的。

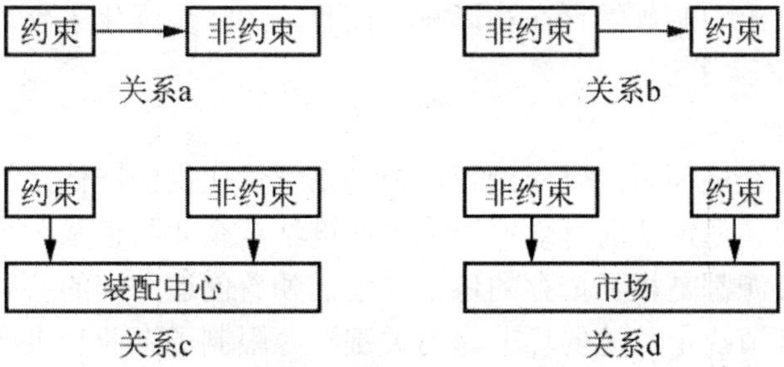

图 2.34 瓶颈与非瓶颈的 4 种基本关系

关系 a：非瓶颈资源为后续工序，只能加工由瓶颈工序传过来的工件，其使用率自然受到瓶颈的制约。

关系 b：虽然非瓶颈资源为前道工序，能够充分利用，使用程度可以达到 100%，但整个系统的产出是由后续工序，即瓶颈决定的，非瓶颈资源的充分使用只会造成在制品的连续增加，并不改变产出。

关系 c：由于非瓶颈与瓶颈资源的后续工序为装配，此时非瓶颈也能充分地使用，但受到装配配套性的限制，由非瓶颈加工出来的工件其中能够进行装配的，必然受到瓶颈产出的制约，多余部分也只能增加在制品的库存。

关系 d：非瓶颈资源的使用程度虽然不受瓶颈的制约，但显然应由市场的需求来决定。

从以上分析可以看出，非瓶颈资源的使用率一般不超过 100%。

3) 瓶颈资源上的损失是整个系统的损失

一般来说，生产时间包括加工时间和调整准备时间。但在瓶颈资源与非瓶颈资源上的调整准备时间的意义是不同的。因为瓶颈控制了产销量，在瓶颈上中断一个小时，是没有附加的生产能力来补充的。而如果在瓶颈资源上节省一个小时的调整准备时间，则将能增加一个小时的加工时间，相应地，整个系统也增加了一个小时的产出。所以，瓶颈必须保持 100%的利用，尽量增大其产出。为此，对瓶颈还应采取特别的保护措施，不能使其因管理不善而中断或窝工。

4) 非瓶颈获得的优化毫无意义

因为在非瓶颈资源上的生产时间，除了加工时间和调整准备时间之外，还有闲置时间，节约了一个小时的调整准备时间并不能增加产销率，而只能增加一个小时的闲置时间。当然，如果节约了一个小时的加工时间和调整准备时间，可以进一步减少加工批量、加大批次，以此降低在制品的库存、缩短生产提前期。

5) 瓶颈控制了库存和产销率

产销率是指单位时间内生产出来并销售出去的量，很明显它受到企业或供应链产能和市场需求量的制约。无论是企业还是供应链，产销率都是由瓶颈控制的。如果瓶颈存在于企业或供应链内部，表明企业或供应链的产能不足，因受到瓶颈能力的限制，产销率也会相应地受到限制。如果企业具有高于市场需求的产能，那么市场需求就成了瓶颈，即使企业能多生产，但由于市场承受能力不足，产销率也不能增加。

同时，由于瓶颈控制了产销率，所以企业的非瓶颈应与瓶颈同步，库存水平只要能维持瓶颈上的物流连续稳定即可，过多的库存只是浪费。这样，瓶颈也就相应地控制了库存。

3. 约束理论的应用

约束理论不仅突出了瓶颈的存在和影响，而且，进一步强化了全局管理和动态优化的思想。

1) 方法论的形成

面对复杂的社会经济环境，供应链管理迫切需要优化供应链体系的方法论，能使物流以可预见的方式快速传递，从而有效地控制供应链结点企业的正常运行。根据约束理论，同一条链上的产品资源都是相互依存的环节，他们朝着创造利润的共同目标运转。这条链的强度由最薄弱的环节决定，薄弱环节作为关键资源限制了企业和供应链的运转。只有首先识别和排除瓶颈因素，才有可能合理地管理企业和供应链的产品流。

非瓶颈因素仅仅服务于这些瓶颈因素，即和着企业同步生产的节奏前进。在一个制造环境中，相对于生产能力而言，达到最大生产负荷的资源是一个瓶颈，它限制了其他资源的运转。在一个供应链体系中，成为瓶颈的结点企业，内部的生产排程如果是优化的，那么生产节奏一定和着整条供应链的节奏。

传统的静态批量管理方法强调非瓶颈资源最优化与连续重排程等，它引起流程中的浮动瓶颈，加剧了供应链所有环节的内在波动。为了使企业和供应链能够获取最大利润和最优流程，应该合理地进行计划排序，确保瓶颈正常运行，保证生产不在非瓶颈资源上形成等待加工的在制品长队，就可以实现产销率最大化、产成品库存最小化、运行活动维持成本最低化的目标。

瓶颈本身并不能完全控制产销率，它需要非瓶颈因素的支持。只要某一资源出现停滞，“非瓶颈”会暗示瓶颈可能濒于危险边缘。在优化实施过程中，不能通过对抗每一次动荡让企业和供应链承受高不稳定性，而是设置时间缓冲区保护关键资源避开冲突。利用这些时间缓冲区，设计合理的时间延迟，只需确保关键资源能在规定的时间内抵达瓶颈，持续生产就实现了优化。

除了考虑供应链产销率最大化之外，还需要考虑客户需求的快速反应问题。如果不能精确预测市场需求，库存就会成为对抗不确定性的一种保险措施。但是设立一定容量的原料、工件和产成品库存需要不菲的资金，而且还会增加产品过时的风险。为满足客户需求建立库存，相对而言是种极其昂贵的方式，只有保持企业和供应链物流畅通才是明智的选择，尤其当物流的排队时间占提前期 80%以上时，库存才不会成为流水线和物流的障碍。

在供应链管理方法的实施过程中，需要企业内部各组织部门之间，以及供应链结点企业之间建立起合作互利的双赢关系。因此，协调与合作是供应链管理的核心。在产品供应链中，如果各企业、部门之间缺乏相互信任与合作，各个企业均以自己的利益为出发点进行决策，最终将会使所有的供应链结点企业的利益受到损害。

压缩客户提前期有助于产生一个更加精确可靠的预测，甚至可以免去预测。在客户需求中，来自企业的可靠运输会使客户其他要求减至最小。由此，节省出来的宝贵能量将投入到加强深层次的配合中。

在不改变大批量订货的前提下，加速物料流动，保持物流与客户实际需求的同步，将使企业对供应商的需求趋于稳定，也让供应商在流程中更加配合。制造商必须控制执行与排序，二者同等重要。

2) 企业管理的应用

对于一个生产企业来说，可以认为它的整个经营过程是由若干个相互联系的环节组成的链条。从市场营销、接受订单、采购原材料、生产加工、产品包装直到产品发运，一环扣一环，一个环节的产出受其前面环节的制约。

面对企业中越来越复杂的环节组合，传统的管理模式习惯于将链条断开，对每个环节进行局部优化。这种做法认为，对任何一个环节的改进就是对整个链条的改进，系统的整体改进就等于各个分环节的改进之和。在这种管理模式的驱动下，每个部门的管理人员都在同时抢夺系统的资源。他们都想使自己环节的能力最大化，因为他们相信这么做是使整个系统的有效性最大化的途径。

约束理论引导企业管理者寻找企业关键业务流程链的最薄弱环节。在企业管理应用过程中，应该注意这样一些现实：对大多数环节所进行的大多数改进对整个链条是无益的，系统的整体改进不等于各个环节的改进之和，企业的经营业绩应该以链条的"力量"，而不是"能力"来衡量，这就要通过加强最薄弱的环节来实现。这种管理模式的应用，可以缓解企业内部各部门之间的资源冲突。一旦识别出最薄弱的一环，即企业的约束，那么企业的资源就应该投入到这个约束的改进上。

3) 供应链管理的应用

在共同的远景和契约约束下，供应商、制造商、分销商、零售商和客户形成了供应链，对于基本供应链成员和支持供应链成员，物流、信息流、资金流的流动过程展现了整条供应链的核心能力，在这条复杂性的供应链上，协调衔接的难度非常大，很容易断裂。

围绕核心企业所形成的供应链，基本成员都有可能成为最薄弱的环节，而且，在发现约束—改进约束—发现约束的动态过程中，支持成员也可能会成为整个供应链的约束，而成为基本成员。从整条供应链的角度来看，单一企业约束的改进并不一定能改进整条供应链。

在供应链的关键企业链上，成为约束的供应链基本成员不仅应该是供应链关注的焦点，而且该企业应该更加关注企业内部的约束。供应链的优化过程，将会成为供应链成员的优化过程。

约束理论引导供应链管理者寻找关键企业链上的最薄弱环节。一旦识别出最薄弱的一环，即供应链的约束，就应该注意约束企业，并将关键的社会资源配置到约束企业中，从而加强最薄弱的环节。这种管理模式的应用，不仅可以平衡社会资源的配置、解决资源冲突，而且可以通过利益分配机制的调整，动态地优化供应链的成员结构。

本章小结

本章节从供应链战略、供应链设计策略、供应链系统和供应链网络模型四个方面，依据自上而下的管理层级论述思路，并结合供应链构建中涉及相关的基本理论与方法，展示出供应链在构建中的战略匹配问题、设计策略，以及供应链系统与网络中基本要素之间的相互关系。第2章内容结构如图2.35所示。

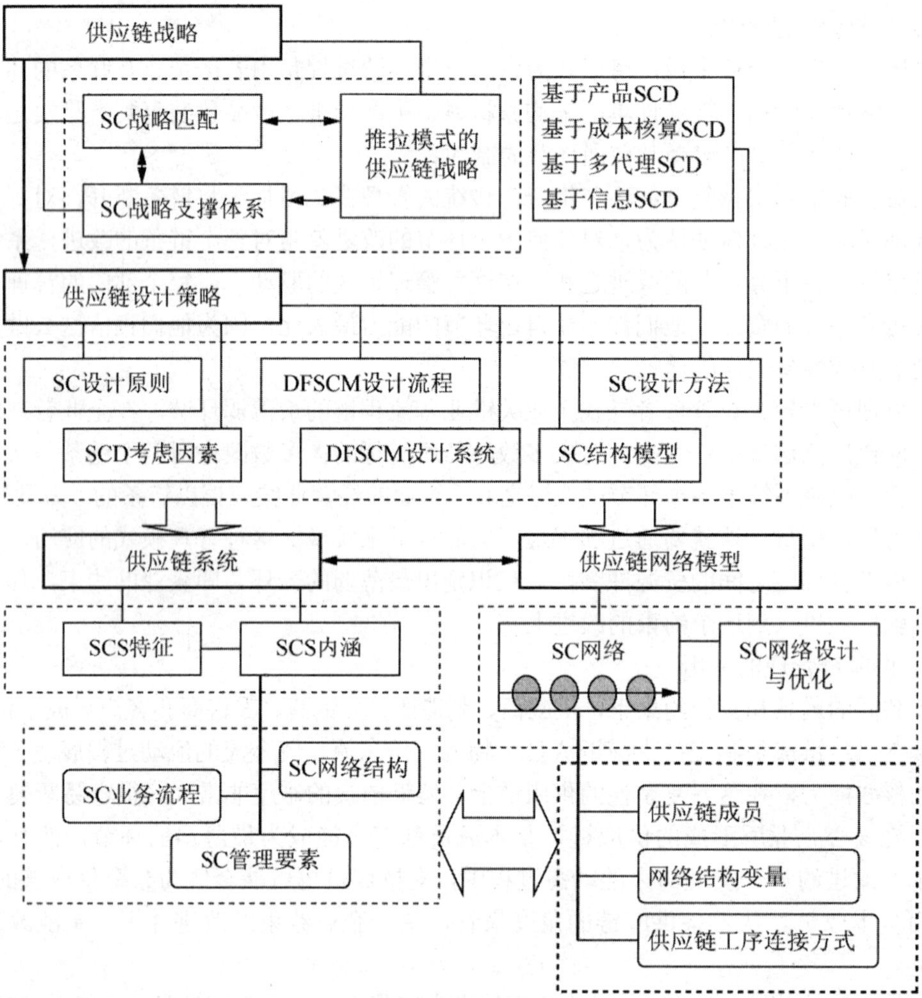

图2.35　第2章内容结构

知识链接

供应链协同

供应链协同(Supply Chain Collaboration，SCC)是指两个或两个以上的企业为了实现某种战略目的，通过公司协议或联合组织等方式而结成的一种网络式联合体。供应链协同的外在动因显而易见，是为了应对竞争加剧和环境动态性强化的局面；其内在动因包括：谋求中间组织效应，追求价值链优势，构造竞争优势群和保持核心文化的竞争力。

供应链协同是供应链管理中的重要概念，目的在于有效地利用和管理供应链资源。

1. 供应链协同的起源

SCC起源于20世纪80年代，1980年，美国俄亥俄州辛辛那提市的日用品制造商Procter & Gamble(简称P&G，宝洁)，接到密苏里州圣路易市一家超级市场的要求，说能不能自动补充架子上的Pamper牌尿布，不必每次再经过订货的手续，只要架子上一卖完，新货就到，可以每月付一张货款的支票。宝洁的经理Duane Weeks经过筹划，把两家公司的计算机连起来，做出一个自动补充纸尿布的雏形系统，结果试用良好，两家公司不必再为“尿布”发愁了。由此，自动化的供应链管理也就从此开始了。

1987年，宝洁副总裁Ralph Drayer把“尿布”系统扩大，向他们下游的经销商和日用品销售商推销这个系统，以让双方获利。当时，有两家大型百货零售连锁店试用，一家是沃尔玛，一家是凯马特(Kmart)。沃尔玛在1988年买了宝洁的“尿布”系统，然后充分运用系统的特点，致使企业发展到今天，已经成为拥有4400家大卖场的全球最大百货零售企业。而另一家Kmart，在试用了宝洁的系统以后，就没再继续使用，最后企业申请破产保护。现在宝洁的产品，占了沃尔玛商品的17%，而且还在继续增长，而宝洁这套系统理念，也就成了供应链管理的准则了。

供应链管理打破了企业的边界，将供应链上的各个信息孤岛连接在一起，形成完整的业务链，供应链协同则加强了企业间的合作关系，建立了企业间一种双赢的业务联盟，以共同追求利润的最大化。

2. 供应链协同的重要性

21世纪是信息时代，市场需求的变化遵循着摩尔定律和突变定律，无论跨国企业还是中小企业的竞争空间都处在了全球化的层次上，市场竞争环境的复杂性和多变性，企业无法靠单打独斗去面对所有环节的竞争和对市场需求实现快速响应。21世纪企业制胜的竞争优势来源于“打群架”的能力。企业必须与供应链的上下游企业结成联盟，整合整体的竞争能力和资源，实现共赢。

供应链协同有三层含义：组织层面的协同，由合作—博弈转变为彼此在供应链中更加明确的分工和责任，合作—整合；业务流程层面的协同，在供应链层次打破企业界限，围绕满足终端客户需求这一核心，进行流程的整合重组；信息层面的协同，通过Internet技术实现供应链伙伴成员间的信息系统的集成，实现运营数据，市场数据的实时共享和交流，从而实现伙伴间更快，更好地协同响应终端客户需求。

只有在这三个层次上实现了供应链协同，整条供应链才能够实现响应速度更快、更具有前向的预见性、更好地共同抵御各种风险，以最小的成本为客户提供最优的产品和服务。

3. 供应链协同的意义

(1) 供应链协同发现顾客价值。供应链协同要以顾客为中心，成员企业与顾客的合作有利于他们更清晰地发现顾客的价值诉求，而顾客诉求是供应链下一步运作的方向，这就确保了正确的供应链协作目标。

(2) 供应链协同创造顾客价值。单个企业资源和能力有限，只有供应链协同才能实现优势互补，通过各结点企业的物流、资金流、信息流的计划、协调和控制，增加顾客感知利得，降低顾客感知利失，创造最大顾客价值。

(3) 供应链协同交付顾客价值。这需要供应链成员在交付价值中，与顾客进行良好的沟通，以帮助他们无损地感知供应链协同所创造的顾客价值，这是单个企业无法实现的，需要供应链协同实现。

(4) 供应链协同延续顾客价值。顾客对价值的感知是一个连续的过程，在产品和服务被购买后通常有一段“蜜月期”，这段时间内顾客对产品和服务的评价都比较高，但随着损耗，如产品故障的发生会使顾客所感知的价值衰减，并进而破坏供应链的顾客价值优势，而事件原因的发现乃至问题的解决也离不开供应链成员之间的密切配合。

4. 供应链协同的原因分析

供应链协同动因之一是为了谋求中间组织效应。

1) 稳固、强化企业之间的协同关系

市场竞争环境的剧烈变化使企业之间协同的必要性和重要性日益凸现，但是追求自身利益最大化的动机往往会破坏乃至摧毁这种协同关系。为了稳固和强化彼此之间的合作关系，就有必要通过公司协议或联合组织等方式结成战略协同组织。

2) 发挥协同效应

作为协同中的一个企业比作为一个单独运作的企业所能取得的更高的赢利能力就是所谓的协同效益。协同创造价值的方式主要有以下 4 种。

(1) 对资源或业务行为的共享。这里的业务行为主要指通过共享可以实现规模效益的业务行为，如研究开发或工程技术、采购、生产或运营、统一管理的销售队伍、市场营销计划、分销渠道等。

(2) 市场营销和研究开发的扩散效益。即使不存在对市场营销和研究开发的共享，企业群中的企业也经常可以从兄弟企业在市场营销或研究开发而所付出的努力中获得间接的利益。比如，通用电气公司在涡轮发动机方面的研究就对其飞机发动机制造企业有很大帮助。

(3) 企业的相似性。知识和技能(包括技术和管理两方面的)可以为彼此处于相似知识领域的企业所共享，如高科技企业或者注重市场营销技巧的企业等。

(4) 对企业形象的共享。被看做是一个声誉卓著的企业群中的一员，可以提高个别企业的形象并使之获利。

供应链协同可以通过上述方式获得协同效益。此外，日渐激烈的全球化竞争和层出不穷的技术创新使公司很难完全依靠自己的力量来建立所有必要的设施或团队，供应链协同可以帮助公司获得或学习新的能力并扩展已有技术。

3) 避免企业组织规模扩大可能产生的问题

著名战略学家迈克尔·波特(Michael Porter)认为，从根本上说，竞争优势来源于企业能够向顾客提供超过竞争对手的价值。其中，价值就是顾客愿意为企业提供给他们的产品所支付的价格。较高的价值源于以低于竞争对手的价格向顾客提供同等的利益，或是提供远远超出较高价格的独特利益。企业要做到这一点并形成竞争优势，必须具备一定的规模。

企业参与供应链协同，能保证成员企业的基本独立性，从内避免了组织规模扩大可能产生的弊端；同时又通过成员企业之间的合作互助获得协同效益。

5. 供应链协同的范围

供应链协同从实现范围上由两个方面组成：企业内部的协同和企业间的协同。

企业内部协同是为了企业内的各个职能部门，各个业务流程能够服从于企业的总目标，实现不同部门，不同层次，不同周期的计划和运营体系的协同，如采购、库存、生产、销售及财务间的协同等；战略、战术、执行层次的协同；长期、中期及短期规划间的协同等。顺畅的工作流、信息流，合理的组织结构设计、动态的流程优化思考是实现企业内部协同的有力保障。

供应链企业间协同是指供应链上的成员在共享需求、库存、产能和销售等信息的基础上，根据供应链的供需情况实时地调整计划和执行交付或获取某种产品和服务的过程。企业间的协同比企业内部的协同复杂的多，主要包括以下原因。

(1) 企业内部有一个共同的明确的总目标。而企业间因为法人主体的不同，从而很难形成统一明确的共同目标。

(2) 企业中存在最高的决策个体，但是在供应链中的企业之间的决策影响是相互的，虽然有强势和弱势，但是不存在绝对的最高决策个体。

(3) 企业内部的信息交流对安全性和保密性的要求没有企业间的信息交流要求高。

(4) 企业内部协同的组织实现是跨职能部的，而企业间协同的组织实现则是跨组织的。

(5) 企业内部法人主体的一致，从而对资源的调配，应对紧急事件的统一支援和指挥比企业间协同容易实现。

因此，构建企业间的协同，需要从以下几个方面努力。

(1) 必须在供应链层次共同构建一个共赢的供应链目标。

(2) 建立企业间亲密的伙伴关系，达成相当高的信任度。

(3) 实现资源的有效整合与利用，相互开放业务信息，增强运营体系的透明度。

(4) 从供应链的层次，围绕满足终端客户需求为核心实现企业间流程重组。

(5) 集成企业间的供应链管理信息系统，实现实时信息交互和共享，最终实现同步制订供应链计划和同步跟踪全供应链的计划执行状态和同步预警，应急反应和资源调度。

最终实现企业间的协同体现为：预测协同、库存和销售信息协同、采购计划协同、订单的执行协同、生产制造协同、运输交货协同、产品设计协同。

供应链协同是一个复杂的体系，因而保障信息交流畅通的信息技术成为支持供应链协同和监控所有供应链环节的重要支柱。

6. 供应链协同机制设计框架

机制设计理论由美国经济学家赫维茨(Leonid Hurwicz)、马斯金(Eric S. Maskin)和迈叶森(Rojer Myerson)创建，2007年10月获诺贝尔经济学奖。所谓机制设计是指在不完全信息市场竞争条件下，设计一种局中人能够按照一定的规则和程序展开博弈、进行自由选择和实现激励相容的运行系统，以达到特定目标的一种制度安排。依据机制设计理论，供应链协同机制设计主要研究供应链协同的目标、规则、业务流程和组织等问题，以提高供应链协同水平和协同效应。

1) 供应链协同目标

供应链协同目标是指供应链运作的目标体系，有供应链的总体目标，也有各项业务的子目标；有长期目标，也有短期目标。确立供应链协同目标，实际上是规定了供应链的发展方向、业务焦点和各结点企业的利益焦点。供应链协同目标，主要包括：供应链业务协同的全球化、集成化、敏捷化、柔性化、网络化、知识化；供应链协同效应的最大化、成本最小化以及各结点企业的可实现利润等。确立供应链协同目标，应建立目标的协商和选择机制，让供应链参与企业充分地显示自己的信息，表达自己的意见，做出自己的选择。同时还建立目标实施的监督和评价机制，确保供应链协同目标的实现。

2) 供应链协同规则

供应链协同规则是指供应链协同运作的准则和规范，或游戏规则，是供应链有效协同的保证。供应链协同规则除法律规范以外，主要包括确认和选择的价值准则、诚信规范、技术质量标准、办事原则和程序，以及利益和风险分配规则等。协同的一个重要方面直接决定着供应链的各企业能否协同，只有建立了合理的利润和风险分配机制，才能使得供应链各企业的协同状态长期保持下去。因此，供应链参与企业应建立供应链协同规则的制订、选择、执行和奖惩机制，确保规则的执行和落实。

3) 供应链协同的业务流程

供应链业务流程是从供应商到消费者的一系列供应链管理活动。由于技术、市场、人员、管理等因素的不断变化，供应链业务流程需要进行不断地重组，因此，供应链协同管理显得更为重要。供应链业务流程重组是供应链价值增值焦点。供应链参与企业应利用信息网络技术对业务流程进行重组，在采购、物流、产品设计开发、生产、配送与销售，以及信息化管理等方面建立先进的业务流程，提高供应链运作效率。

4) 供应链协同组织

供应链协同组织主要包括协同组织和组织行为。协同组织强调建立科学的供应链协同的组织结构，明确供应链协同活动主体的目标、责任、权力和利益。组织行为强调供应链协同活动主体的价值观、行为意向、激励和工作行为等。供应链协同活动主体的价值取向、素质和能力、责任履行和形象展示直接关系到供应链协同活动的效果。因此，在供应链协同活动中应吸收供应链参与企业的优秀文化，凝聚供应链管理文化，并形成无形资产和竞争优势。

7. 供应链协同机制设计策略

供应链管理富有挑战性的工作是选择最合适的协同机制。进行供应链协同机制设计，可选择以下几个方面的策略。

1) 进行供应链博弈分析

供应链机制设计理论可以看做是博弈论和社会选择理论的综合运用，一方面要考虑信息效率问题，即所设计的机制是否只需较少的信息成本；另一方面要考虑激励相容问题，即在所设计的机制是否实现每个参与者的目标并与设计者所要实现的目标一致。通过博弈分析和参与者的对策，能够较好地进行信息显示和传递， 也能够较好地实现激励相容。在博弈分析和对策过程中，信息空间的维数越来越小，激励相容越来越大，局中人做出选择越来越容易。博弈论在供应链协同竞争中的研究地位日益突出，通过对供应链上下游结点企业之间博弈行为的分析研究，在战略、战术、操作层面建立供应链各结点企业协同的博弈模型，为供应链各结点企业的协同决策提供支持。因此，在供应链参与者之间应建立信息沟通、协商谈判机制，让参与者进行有效对策是很有必要的。

2) 建立供应链合作伙伴关系

建立供应链合作伙伴关系是许多公司的重要策略，但是在选择合作伙伴的标准、方式、程序、规模上，许多公司还没有很好解决。合作伙伴关系不是短期的交易关系，而是长期、稳定的合作关系，是一个命运共同体。因此，在选择合作伙伴的过程中一定要建立选择与评价机制，将具有竞争优势的、信誉度高的企业选择进来，并通过签订协议建立长期稳定的合作关系。要防止资质较低、缺乏诚信的企业进入，以避免损失。

3) 完善供应链委托—代理关系

在供应链合作伙伴之间，不是简单的交易关系，而是一种委托—代理关系。从供应商到消费者构成了一个委托—代理关系链，甚至是一个复杂的委托—代理关系网络。在这个链条或网络中，一个委托—代理关系环节出了问题，会影响到整个供应链体系，会发生“链式”反应或“网络式”反应。因此，在博弈分析和对策前提下，一定要按法律规范要求签订委托—代理关系合同，建立委托—代理关系，双方必须切实履行责任和义务。

4) 运用信息网络技术

现代信息网络技术为供应链各结点企业之间的信息沟通、业务协同提供先进的技术平台。企业内部通过信息处理实现各项业务之间的协同，企业之间通过电子商务实现供应链业务流程的协同。目前，协同商务已成为供应链运作的焦点。在供应链管理过程中，应通过电子商务将供应链的所有供应商、合作伙伴、客户、分销商联系在一起，并选择商务价值链上最佳合作伙伴，实现协同工作，获得协同效应。并通过电子商务系统集成整个供应链网络的信息和知识，实行供应链知识管理，使供应链各结点企业获取、创造、分享和使用知识以创造更多的价值。

复习思考题

1. 选择题

(1) 费希尔(Fisher)按市场需求模式将产品分为两类，即功能性产品和创造性产品。下面属于功能性产品的是(　　)。

A．流行服装　　B．电脑　　C．手机　　D．钢铁

(2) 有效性供应链战略与(　　)的企业竞争战略相匹配。

A．低成本　　B．物流管理　　C．差异化　　D．目标集聚

(3) 所谓供应链管理的战略支撑体系指的是培育企业的核心竞争力、实施(　　)以及建立战略合作伙伴关系。

A．业务流程重组　　B．业务外包

C．精益生产　　D．信息技术

(4) 从供应链的视角来看，推动式供应链是以(　　)为核心企业，根据产品的生产和库存情况，有计划地把商品推销给客户。

A．零售商　　B．制造商
C．分销商　　D．供应商

(5) 在拉动模式中，生产和分销是由(　　)驱动的。

A．市场需求　　B．市场预测
C．库存水平　　D．提前期

(6) 供应链系统模型包括供应链网络结构、(　　)、供应链管理要素。

A．供应链成员　　B．供应链业务流程
C．供应链结构变量　　D．供应链的工序连接方式

2. 简答题

(1) 什么是供应链战略？
(2) 供应链战略匹配的内涵是什么？
(3) 简述供应链设计的原则。
(4) 什么是供应链系统？

3. 判断题

(1) 技术更新速度快以及需求不确定性较低的产品，建议采用推动式供应链战略。(　　)
(2) 在拉动式供应链中，供应链必须要有快速的信息传递能力和高的库存能力。(　　)
(3) 规模经济性和需求不确定性较高的产品，需要拉动式供应链。(　　)
(4) 若缩短对客户需求的反应时间，应增加供应链中设施的数量。(　　)
(5) 设施数量增加到一定数目，使得批量进货规模很小时，设施数量的增加也会使运输费用增多。(　　)

4. 思考题

(1) 简述供应链网络的基本结构。
(2) 举例说明供应链网络设计的影响因素。
(3) 阐述供应链设计时需要考虑的因素。
(4) 如何理解供应链网络中的基本成员与支持成员。

案例分析

百安居成功源于高效供应链管理

欧洲装饰建材超市第一品牌——来自英国的百安居，以一流的产品品质、周到的全程服务、超低的市场价格，赢得了中国广大消费者的认同，在同行业市场占有率名列前茅。其成功运营的背后离不开不断优化的供应体系、高效的物流配送系统和功能强大的 IT 系统的支撑。

1969 年诞生于英国南安普敦市的 B&Q(百安居)，隶属于世界 500 强企业之一的英国翠丰(Kingfisher)集团。翠丰集团实力雄厚，发展速度极快，日渐成为全球最为出色的装饰建材企业。拥有 30 多年成功经营管理经验的 B&Q，主要经营厨具、洁具、灯具、电工电料、油漆涂料、瓷砖、家具、软装饰、五金工具、木材地板、建材管件、园艺、家用电器等共 50 000 多个品种的商品，目前已在全球 10 多个国家和地区拥有 700 多家仓储式装饰建材连锁超市，销售额位列欧洲第一、世界第三，是国际化程度最高的建材连锁超市企业。

但不容忽视的是，现代连锁零售企业要保持高速健康运转，顺畅高效的采购体系和物流体系在其中起着举足轻重的作用，直接关系到商品的价格竞争力。

与其他类型的超市相比，家居建材类连锁超市在经营管理方面有很多独特之处，同时这也构成了建材连锁企业的经营难点。

(1) 特殊制作的商品种类多：如客户定做的门窗等规格多样且不统一，为满足不同客户的特殊需求，供货商很难做到大规模统一生产、配送，增加了送货、接货次数，带来整个供应链的经营成本上升。

(2) 条形码的应用参差不齐：目前国内建材类商品很多没有自带条形码，给门店经营管理造成极大不便，也导致了物流管理水平和运作效率低下。

(3) 销售体制落后：在计划经济时期，我国建材行业采用多级批发体制，现在虽然转变为总经销、地区经销的方式，但是经营思路没有变，表现为流通环节过多，不可避免地带来库存与资金占压，物流资源浪费。

(4) 家居建材商品由于自重大、体积大，客户一般需要送货上门。而提供“门对门”的配送服务，难免给供货商和经营单位带来很大麻烦，如需要多次联系以确定送货上门的时间，无疑增加了相应人员与配送成本。

(5) 由于存在国家治理超载、物流企业税负不合理以及市场秩序混乱等问题，与运作不规范的企业相比，正规的物流公司面临着非常大的竞争压力，给建材连锁超市的物流外包带来一定难度。

百安居意识到，针对中国家居建材行业的特点，要想在日益激烈的市场竞争中取胜，必须从供应链的角度切入，提高经营管理水平。

百安居主要在以下几个方面加大力度，不断完善管理。

1. 完善采购供货体系

严格来讲，国内建材连锁超市虽然已建立起全国统一的销售网络，但还没有一家实现了真正意义上的统一采购、统一配送。现在百安居的商品采购有总部统一采购、地区采购、门店采购等不同的方式。总部的采购部负责进口商品、自有品牌商品与厂商直供商品的全国统一采购，下达采购订单后，商品由百安居的签约第三方物流公司——上海佳宇物流公司负责运送到百安居的物流中心或遍布全国的门店；而约 20 000 多种特殊商品，则由各门店的订货办直接向供货商下单采购，再由供货商或其经销商直接送到门店或者顾客家中，并负责安装、退换货等售后服务。

百安居认为，对建材超市来说，顾客满意度非常重要。现在百安居 60%～70%的顾客都是回头客以及经朋友推荐来的，他们对整个销售额的贡献最大。因此，百安居始终把满足客户需求放在第一位。进入中国以来，百安居通过一系列措施不断缩短供应链，优化采购流程，降低采购成本，减少缺货现象。

1) 建立合作伙伴关系

百安居认为，与供货商之间不应当是简单的商品采购关系，而是共同合作的商业伙伴。百安居提出：“加入我们，支持我们，一起合作，一起发展，那将会是双赢的结局！”成为百安居的供货商后，不仅意味着产品销售可以稳定增长，更为重要的是，通过与百安居合作，供货商的产品能逐步进入翠丰集团亚洲中心的采购体系，有机会进入欧洲市场和全球其他建材连锁超市，而目前翠丰集团亚洲采购中心的采购额已达到每年近 10 亿美元。

2) 减少供应商数量

百安居在达到一定规模、运行逐渐平稳后，开始对供应链进行优化。到目前为止，已经有 200 个区域型、中小型供应商被百安居淘汰。现在百安居在中国还拥有 1 000 多家供货商。百安居的目标是，2004 年大型供应商的销售额增长比例最高提升 10 倍，最低也要达到 60%，全国供应商的比例要达到或接近 30%。

3) 引入厂商直供模式

为了进一步规范自身的物流服务，百安居在 2004 年的深圳采购大会上宣布，百安居将对销售额排名前 200 位的供货商(占百安居整个销售额的 70%～80%)推行厂商直供模式。即，由百安居总部统一向供货商采购，供货商直接送货到百安居的门店或物流中心。只有做到厂商直供，才能省掉许多中间环节，整合社会物流资源，提高物流效率，使供应链管理更加优化。据测算，厂商直供的商品采购成本比中间商供货可下降 25%以上。目前，百安居已经与科勒、东海瓷砖厂等部分厂家签订了直供协议。

4) 加速发展自有品牌商品

自有品牌商品堪称当今世界商业发展的潮流趋势，商品的品种和销售额都在不断增长。专家分析，由于广告成本低、采购规模大，自有品牌商品可以与同类商品拉开 25%～30%的价格差距，显现出巨大的价格优势。在中国，标示着“B&Q”字样的百安居自有品牌商品正加速面世，并以其鲜明的个性、超低的价格，受到越来越多消费者的青睐。

5) 提高信息管理水平

为了满足企业发展的需要，百安居正在开发面向供应商的 B2B 采购平台。采用该系统后，供应商可以直接上网查询自己商品的销售情况，其最终目的是变百安居的被动采购为供应商的自动补货。预计该系统将于 2005 年 3 月投入运行。届时，百安居的商品采购信息化管理水平将提升到新的高度。

2. 采用先进的信息系统理顺进销存

作为一家经营品种超过 50 000 种的零售企业，百安居每天要管理众多的商品，涉及繁复的商品采购、记账、库存与销售管理。这些都迫使百安居考虑改进业务流程，理顺进销存的关系，掌握良好的物流状态，为在中国的进一步发展打好坚实的基础。

考虑到企业未来发展，百安居决定投入巨资，在整个中国连锁经营网络中引入世界领先的 SAP 零售业管理信息系统，将其业务水平提升到新的高度。

可以说，百安居对于 SAP 零售业解决方案的强大功能了解颇深，在英国总部早已采用了该系统，并取得了显著的效果。百安居中国主要采用以下模块。

(1) 基础数据模块 MM，具体分为供应商管理(包括供应商编号、名称等信息)和商品信息管理(包括商品名称、商品描述、类别、原产地、进价、零售价等信息)两部分。

(2) 零售管理模块 Retail，包括销售管理、配送管理等功能。

(3) 供应链管理模块 SC，包括订货管理、收货管理、入库管理等功能。

(4) 财务结算模块 FI，完成与供应商的货款结算。

系统成功上线后，百安居的员工马上体验到了信息管理系统为企业和个人带来的快捷与方便。首先，实现了实时、可视化管理，总部可以随时了解任何门店在任何时间的销售与库存情况，便于评估整个公司的经营情况，以加强统一管理，减少库存，降低成本。其次，大幅度缩短了结账时间，对赊账和应收账款的管理也有了很大改善。原来每日结账需要干到凌晨的情况一去不复返了，如今只需 3 个人 3 个小时就可以完成结账。第三，借助于该系统，百安居的开店成本下降了 30%。这些数据不仅说明了利用先进的信息技术手段改善管理、优化商业流程的重要意义，更为百安居带来了实实在在的效益。

3. 建立高效的物流系统

从公司组织架构来看，百安居设立了商品部对采购、物流、销售、自有品牌商品等实行集中管理，公司还专门设有供应链副总裁负责供应链优化与物流运作管理。

在物流成本控制方面，百安居的主要管理手段为：一是要求供货商交货及时准确，按质按量完成订单，这也是对供货商考核的重要指标。二是供货商要在事先规定的交货时间准时到达，以避免大批供货商排队等待交货。三是确保供货商同收货部人员快速、及时地完成货物清点并做相应处理，如进入卖场、配送中心或者收货部的临时仓库。四是采取仓储式销售，专门设立了空间管理部，每种商品都有固定的存放位置，货物直接存放在卖场的货架上部，节省了仓储面积。五是掌握送货装车与装箱技巧，保证满载率，减少运输车辆数量。六是事先与客户确定送货时间，商品尽快一次送达客户家中，避免因多次送货增加成本。

建材超市内部供应链管理优化所带来的变化与改善将是非常明显的，可以“以最有效的整体成本优势，保证货架上总是有顾客想要购买的商品”，并且由此大大提升企业的整体可持续竞争能力。其价值具体体现在3个方面。

(1) 订单处理。以前的操作模式是门店直接向各个供应商下订单，订单没有整合，导致较高的订单频率，供应商需要花费较多的人力、物力来处理订单。优化之后，门店将向统一的物流中心下订单，物流中心将按供应商进行整合，合并成一张订单后再下给供应商。这样，对于单个的供应商来说，订单数量极大减少，在处理订单方面将更为便利。

(2) 货物发送。以往，供应商处理完各个门店的订单后，根据订单要求备货，并分别发往不同目的地。这样导致供应商较高的发货频率，并需要支付较高的零担运输费用。优化之后，供应商将按整合后的订单，把提供给所有门店的商品送到百安居的物流中心，然后由物流中心统一配送到各个门店。这样，将极大降低供应商的发货频率，而且供应商的货物集中到一起能形成规模效应，供应商可以支付比零担运输费率更低的整车运输费率。

(3) 财务结算。传统的模式，供应商将货物送到商店，商店签收单据返回到供应商后，供应商才能依据签收单开具收款发票。优化后，供应商将货物一起送到物流中心，当场收到签收单据。这样一来，不仅结款期缩短了，而且单据的管理也加强了，不会因为单据回来得太晚或丢失而影响了结算；更重要的是，货物运输途中的风险得到了有效控制，供应商不必承担运输途中的各种损失。

百安居实施仓储管理系统，将采用无线手持终端结合条形码，完成订单管理、收货、入库、库存管理等多项功能。借助该系统，通过扫描条形码，可以即刻了解每种商品的品名、位置、规格、价格、供货商、订单数量、订单处理状态等信息，实现更加智能化、方便快捷的物流管理。

4. 收货与配送流程

以北京金四季店为例，简要介绍百安居的收货与商品配送流程。

2003年开设的北京金四季店占地3万多平方米，拥有1 200车位超大免费停车场，不仅是B&Q全球最大的旗舰店，而且在年销售额、商店贡献率(包括每平方米销售额、员工平均销售额、毛利、利润额等指标)和管理技术(包括公司运作管理水平、人力资源管理、各部门的专有技术、信息技术等指标)等方面居于领先地位。该店有 50 000 多种商品，一层以建材管件、地板木材、油漆涂料、五金工具、园艺花卉为主，能为顾客提供在家居装潢过程中所需要的一切建材用品；二层不仅有精心设计的样板房，同时各种灯具、厨房设备、卫浴洁具、时尚家具以及软装潢产品琳琅满目，可以满足顾客轻松完成个性化家居装饰的需要。

百安居的每家门店都设立了商品部，商品部又分为前台和后台，前台主要负责销售与客户投诉，后台主要有收货部与配送中心两个业务部门。

收货基本安排在百安居的营业时间范围内，从早上8点到晚上8点，为节省费用，尽量避免晚上接货。收货部接到厂商送货后，同配送中心和销售前台进行交接。如果是IS现货，属于常规补货，由商品部相关部门人员负责直接送到不同的货位，收货部也有小面积的仓库，可暂时存放商品；如果属于CAB(已经销售出去的产品)特殊订单，则直接交给配送中心，配送中心再根据不同的送货方式——顾客自提、百送(消费者购物额达到6 000元由百安居负责配送)、电话联系(确定是自提还是百送)，不同处理。北京金四季店的收货部平均每天约处理120个订单，每月共三四千个订单。

收货时，SAP系统的流程控制模块SOP严格规定了每个员工的职责。如，货物送到以后，先要由保安进行送货单登记，再由两名收货员分别签字，然后文员进行送货单信息录入(只需在系统显示的相关品项后面添加数量即可)，最后由主管复核(每天傍晚抽查)。有了极为严格的监督机制，经层层把关，有效地减少了漏入、录错现象，将收货差错率控制在千分之一到千分之二。

按照百安居的规定，进入门店销售的商品必须有条形码。条形码贴在每个销售单位商品的外包装上，销售时简单地扫一下条形码即可，大大加快了顾客结账时间，也便于了解商品销售情况，更好地实现销售、采购、库存等内部管理。如果供应商的商品自带条形码并可以识读，则直接添加到系统中，以减少工作量与成本，提高运作效率；否则由百安居自己制作、打印条形码后再粘贴在商品上(此项成本由百安居承担)。

配送中心主要承担仓储管理与配送管理两块业务，按照工作职责设立了文员、仓管员、自提组、发车组、调度组 5 个工作岗位，分工清晰，各司其职。百安居销售出去的 90%的商品都从这里送出去。

在配送中心，文员起到物流导航的作用。文员每天到商品部前台取回送货单，再录入到系统中去，并对每天的发货数量进行核实、统计。送货之前，文员需要预先同顾客联系好，约定送货时间；送完货之后，文员马上在系统中登记送货时间、送货司机，便于顾客今后查询商品。

配送中心采用高层货架，商品码放密集但极有条理。库区首先分为自提区与百送区，自提区再按照商品类型划分存储区域，如瓷砖、厨电、浴室设备等分门别类集中存放。货架上层存放整托盘货物，以叉车完成存取；不方便叉车行走的地方，专门存放需要手工搬运的商品，如浴缸等；易碎品如瓷砖等存放在货架上，以避免因不慎造成的损失；对于非标商品，如玻璃淋浴房要垂直竖放，则按照商品的特殊形状与特性专门定做了非标货架。为避免顾客到期限不来提货，占用仓储空间，配送中心有专门人员提醒顾客来提货，并规定如果超过期限，每天收取商品总额的千分之一作为仓储费。

配送中心收货后为每个送货单位都制作了一张标签，贴在商品包装的显著位置，内容包括订单号、顾客姓名、提货时间等信息。每天收货后对配送中心货物进行整理，只需要 3 个工作人员即可。

配送中心打印出送货单，交给第三方物流公司的送货员。百安居将北京地区划分为十几条线路，同一线路顾客的商品要集中配送，并保证车辆的满载率。前一天晚上，送货司机到百安居的配送中心装车，第二天早上送货。

发货区设在仓库外面，共划分了 15 个车位，一辆车对应一个车位。按照送货路线，将一个顾客的商品放在一个托盘上，以免出错。物流公司运输车按照实际需要灵活调动，旺季时每天约需 20 辆车。百安居规定，每辆车一天要完成 20 个顾客的商品配送。

思考题：

结合此案例，分析企业构建高效供应链系统应该考虑哪些因素？

第 3 章 供应链客户管理

【学习目标】

➢ 知识点
- 客户价值的概念、定义
- 客户服务的要素、重要性
- 客户关系管理出现的原因、定义和功能
- 供应链管理环境下的客户关系管理

➢ 难点
- 供应链管理环境下的客户关系管理

➢ 要求

熟练掌握的内容
- 客户价值
- 供应链客户关系管理的内涵

了解理解的内容
- 了解客户服务管理
- 了解 CRP 系统与 ERP 系统
- 理解供应链管理环境下的客户价值链

导入案例

2007年，一家仅成立两年的男士衬衫直销企业，仅仅凭借互联网以及呼叫中心日销售衬衫约1万件，其年销售收入达到10多亿元人民币。而该行业的一家传统领先企业通过多年的努力，在全国建立了1 500家终端网络，每天销售约1.3万件衬衫，年销售额也只是近10亿元人民币。对比来看，这家衬衫直销企业要比传统衬衫销售企业小很多，没有工厂，没有店面，有的只是200多名呼叫中心员工以及不大的仓库。

现在，类似的案例越来越多，同样，也有无数的企业在市场竞争中折戟沉沙，最终消失。正如托马斯·克里德曼在《世界是平的》一书中所言：全球化、市场化的浪潮正在席卷而来，世界已变得越来越平坦。而处在其中的每一个人，都感受到了其中的不同，客户越来越重视体验、对品牌的忠诚度在不断降低等，企业所面临的竞争也越来越复杂，企业的生存环境越来越恶劣。

在当今客户驱动的市场中，不再是产品或服务起主导作用，而是整个社会与企业交往过程中的客户感知价值的作用。企业衡量其产品和服务的质量已经从内部质量保证演化到外部客户满意，再发展为客户价值。在供应驱动生产的时代，客户满意主要指企业现有客户对公司产品的使用及对企业服务的印象，企业从客户有价值的信息中发现企业的薄弱环节，进而产生提高企业绩效的有效方法和思路。而当前对客户价值的强调有了进一步的拓展，企业产品和形象的构成将围绕客户的选择，企业提供的所有产出物包括产品、服务和无形产品。了解客户的偏好、在不同客户群体中了解不同的需求以及企业本身所能提供的所有产出物是否有市场等，这些将成为企业战略和绩效衡量的驱动力。

【思考】在如此“平坦”的世界中，企业如何在激烈的市场竞争中获得生存与发展？

3.1 客户价值

3.1.1 客户价值分析

一项商业活动的最终成败是由所选择目标市场的客户价位水平所决定的。客户价值可以被简单地定义为发生在购买活动或相关行为之后的总收益与所发生的总成本之间的差别。这一思想的另一种表达方法为：客户价值=总收益–所有权成本。

通常采用所有权成本而不用价格，因为很多情况下，购买或相关行为涉及除价格之外的其他重要成本。当然，与此类似，发生在购买或相关行为之后的净收益也往往高于真实的产品特性及功能所提供的总价值。例如，两种竞争性产品可能会因技术操作的原因而稍微有所差别，但其中一种产品可能是因为提供客户支持而显得格外优越。

一种简单的定义竞争优势的方法是：较竞争者而言，那些成功的公司实现了更多的客户价位。换句话说，成功企业的收益成本要高于同市场领域的其他企业。至于谈到客户价值比率的分子和分母，物流管理对它们的影响是一样的。这一点在将比率的公式做出如下扩展后变得更加明显。

客户价位=质量×服务÷(成本×时间)。4个要素的含义如下所示。

质量——产品的功用、性能以及技术规格。

服务——可得性、客户支持以及对客户的承诺。

成本——包含价格与生命周期各成本在内的客户交易总成本。

时间——对客户需求做出反应的时间，比如配送的前置时间。

这四者中的每一要素都需要一套能够进行持续升级、革新和投资的方案，以保持竞争上的优势。

美国卡特彼勒公司是一家在市场上处于全球领先地位的企业，它向建筑业和采矿业销售柴油发动机等机器。多年以来，卡特彼勒公司不仅关注自身在生产能力和新产品开发方面的提升，还把目光投向了客户支持和反应。支持这些创新行为的基础，是源于对创造出色的物流和供应链管理能力的不懈追求和重视。卡特彼勒因其客户支持而获得世界范围内的赞誉，特别是即使投送地点在世界各地，也能保证在48小时内到货。在使用卡特彼勒公司生产的设备的企业中，停机时间的成本巨大，因此相应的服务也就格外重要。通过与世界范围内的经销商和批发商之间建立的亲密合作伙伴关系，通过先进的库存和信息管理系统，卡特彼勒公司提供了高水平的客户服务，并因此实现了客户价值。在这方面，只有极少数企业能与之匹敌。

客户价值驱动着供应链的改变与改善，这些源于客户的需求、竞争者的行为以及获得竞争优势的愿望。大型制造商、分销商或零售商对供应商提出保证库存的要求，如沃尔玛公司要求许多供应商采用供应商管理库存的方法(详见第 5 章)，惠普公司要求零件供应商的库存可获得率达到100%，当然，前提是对其供应商的承诺，或至少保证对某一主要供应商保持最小的采购量。

客户价值对于服务客户所需要的供应链类型和决定为了留住客户所需要的服务内容也是十分重要的。往往一个企业的供应链战略是由企业提供的产品、服务及其向客户提供的各种价值所决定的。如客户偏好“一站式”的购物，那么即使库存保管成本很高，也要为客户提供多种产品和选择；如客户崇尚时尚与创新的产品，那么生产这类产品的企业则要保证供应链有效地提供客户所需要的产品。因此，在生产和销售任何产品的时候，都要考虑供应链，因为它能够带来增加客户价值的竞争优势。

3.1.2 客户价值维度

为客户提供整个产品供应链的服务，成为企业提升核心竞争力、赢得市场的有力保障。因此，客户价值就理解为客户对于企业所提供的产品、服务和其他无形资产的感知。而客户感知可分解为与需求的一致性、产品的选择、价格和品牌、增值服务、关系与体验几个方面，这几个方面构成了客户价值的维度。

1. 与需求的一致性

与需求的一致性是供应链与市场需求保持一致的能力。向客户提供所需要产品的能力，是对供应链管理实现可获得性和选择性的基本要求，即所谓的“市场调节”。在供需不平衡的时候，市场调节才起作用。如供应大于需求，在供应链中会出现库存成本；供应小于需求，可能会浪费销售机会和损失市场份额。

2. 产品选择

产品的多样化使得企业很难预测客户的需求量，从而迫使零售商和分销商必须保持大量的、多样化的库存。这样，合理地控制配置与有效的产品多样化的库存管理成为市场竞争的关键，如戴尔公司成功首创了按订单生产的模式。

3. 价格和品牌

产品价格和服务水平是客户价值的基本部分。任何产品可被接受的价格范围是有限的，尤其是对大众消费品而言，价格的柔性是很小的，企业如何获得成本优势，在供应链上的创新是关键。戴尔公司的直销模式不仅可以提高客户价值，还可以降低成本。零售商沃尔玛公司与制造商宝洁公司堪称合作的典范，使沃尔玛公司实施“天天低价”的策略成为可能。价格中另一个重要因素是产品品牌。品牌是质量的保证，如奔驰汽车、瑞士劳力士手表和 Coach 包等品牌，有很高的质量和很好的声誉，因此能开出比其他品牌的产品更高的价格，而高价格本身是象征威望和可感知质量的重要因素。因此，由于边际收益很高，丧失销售机会会带来很大的机会成本损失，因而需要供应链迅速作出反应，增加的供应链成本将被增加的边际利润抵消。

4. 增值服务

在供应过剩的经济社会中，增值服务是指对产品的支持与维护，通过信息技术更贴切地了解客户，从而提供给客户更为周到的服务。戴尔公司所提供的服务与支持不仅带来了额外的收益，更重要的是接近了客户，获得一些如何改进企业产品、服务支持的建议和发现一些增加企业产品、服务价值的方法。

5. 关系与体验

与客户建立更加紧密的联系，为客户设计所需要的产品和服务，建立客户档案，并提供其他的服务与信息。一些企业将服务当做“舞台”，产品当做“道具”，使客户参与其中并获得深刻印象，体验过程就形成了。

3.2 客户服务及其管理

3.2.1 客户服务

客户服务(Customer Service/Customer Servicing)又称顾客服务，作为市场营销第五个因素的服务，从产品的整体概念中延伸出来，服务的对象及内容出现了新的变化。它不仅包括对现实顾客的服务，还包括对潜在顾客的服务；不仅要提高顾客的现实的(售后的)满意程度，还要提高预期的(售前的)满意程度。把服务作为第五个因素，进一步体现了市场营销的核心思想，即以消费者为中心。服务可以使企业创立个性，增加竞争优势，有效地增加企业新销售和再销售的实现概率。

服务作为第五个因素的导入为市场营销提供了一个新的杠杆支点，为市场细分及市场定位等开辟了一条新路径。

在图 3.1 所示的矩阵图中展示了一种新的战略构想，为企业在市场竞争中取得优势提供了很大的帮助。

1. 价格导向型

象限 A 中的企业依靠产品的价格优势与竞争者较量，期望通过低价吸引消费者，保持一定的市场占有率。在这种情况下，除非企业能保持住极低的生产成本优势，否则要想维持一个长期的较高的市场占有率是非常困难的。当今世界，劳动力成本、天然资源等直接成本占产品总成本的比重变小，其重要性也开始减弱，所以纯粹价格导向型的企业将越来越难以在市场上立足。

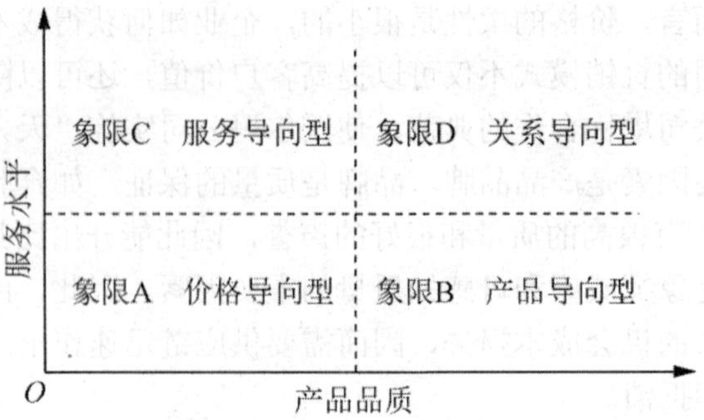

图 3.1　企业客户服务战略构思

2. 产品导向型

象限 B 中的企业谋求以技术优势向顾客提供更高的使用价值及满意度，从而争取顾客并赢得顾客。在某些场合中，只要产品保持性能及质量上的优势，顾客可以容忍服务方面的不足。如豪华型高性能轿车的购买者一般可以承受由于零配件的昂贵价格及维修网点不足带来的不便，只要能充分享受一流的驾驶乐趣及显示与众不同的社会地位。产品导向从根本上讲是违背以消费者为中心的市场营销观念的，因而最终也难以在激烈的市场竞争中获胜。

3. 服务导向型

象限 C 中的企业由于企业经营资源有限，不能保证其产品在技术上长期领先，所以试图通过增加额外的服务来建立起竞争优势。在此种场合中，购买者只要能从所信赖的厂家获得各种优势服务，他们仍然会对质量、性能一般的产品感到满意。这种策略的弱点在于与技术个性相比，企业的服务个性很容易被其他企业模仿，一旦被人模仿了，企业的优势就荡然无存了。

4. 关系导向型

象限 D 中的企业既向顾客提供优质的产品，又向顾客提供一流的服务。在这种情况下，企业不仅赢得并保住了顾客，而且在顾客的期望与信赖的基础上，与顾客建立起牢固的合作伙伴关系。这种策略真正体现了以消费者为中心的营销观念，把生产者与消费者之间的买卖关系演化成合作伙伴关系。

美国的 IBM 已开始运用这一策略，IBM 把售出商品看做是建立长期合作伙伴关系的开端，并且要让顾客明白“产品的优异质量仅是冰山的一角”，营销人员为每一客户建立了详尽的档案，定期与顾客联系。为了确保产品的正常运行，向顾客不断提供有价值的信息。当顾客有了新的需求时，IBM 公司不是用促使顾客购买新的产品的办法，而是尽可能利用现有产品为其开发新程序，或提供新的应用软件包。

3.2.2　客户服务要素

在销售者和购买者之间传递货物及服务的过程中，客户所扮演的角色是实现时间与地点效应，即只有当产品或服务达到客户或消费者手中的时候，才体现出自身的价值。因此，从本质上来讲，使产品和服务“可得”，才是企业配送最应该关心的。可得性本身就是一个复杂的概念，构成客户服务的一系列因素对其都有影响。这些因素包括投递频率、可靠性、库存水平和订单周期等。其实，客户服务最终是由这些因素决定的，而这些因素会影响到生产产品的过程和购买者可获得的服务。

实际上，企业对客户服务持有各种各样的观点。LaLonde 与 Zinszer 在一份关于客户服务的专业服务报告中提出，客户服务可以从 3 个方面来检查：交易前要素、交易中要素、交易后要素。

客户服务的交易前要素涉及企业的政策和方针，如关于服务政策的书面文件、组织的结构性能和系统灵活性等；交易中要素是指直接行使物流功能的变动要素，如产品和投递的可靠性；交易后要素大体上指产品付诸使用后的支持性措施，如产品保证书、零部件和维修服务、顾客投诉程序和产品退换等，具体内容见表 3-1。

表 3-1 客户服务的要素

交易前要素	(1) 客户服务策略的书面文件(是在外部交流还是内部传输？是否被充分理解？是否足够具体、足够量化？) (2) 易接近性(是否容易联系或进行交易，联系渠道是否单一？) (3) 组织结构(是否设置了客户服务管理系统，对服务过程的控制水平如何？) (4) 系统灵活性(是否能够随机应变地调整配送过程，以迎合特定顾客的需求？)
交易中要素	(1) 订单周期时间(从收到订单到投递耗时多长时间，可靠性/变化性如何？) (2) 库存可得性(对于每张订单，多大比率的需求可由库存直接提供？) (3) 订单完成率(在固定的前置时间内，可成功完成多少订单？) (4) 订单状况消息(对那些被动要求的信息做出回复的时间有多长，是企业通知客户相关问题，还是客户联系企业？)
交易后要素	(1) 备件可得性(维修配件的库存水平有多高？) (2) 上门服务时间(维修人员到户所花费的时间有多长？首次呼叫成功率是多少？) (3) 产品追踪/保证(能否确定客户以前购买单个产品的具体位置？是否可以按照客户期待的服务水平维持、延长产品的保质期限？) (4) 客户投诉、索赔等(对客户投诉和退换做出反应的时间是多长？是否用反应灵敏度来衡量客户满意度？)

在任何特定的产品/市场形势下，都会存在某些作用明显超过其他诸要素的因素。而且，在某个具体的市场上，很可能出现表 3-1 所列要素之外的因素发挥重要作用。因此，在不同的市场上因地制宜地理解客户服务是至关重要的，不可能找到一个关于这些要素既通用又合理的清单。在不同的市场上，企业的客户服务要素都会呈现出不同程度的重要性。

正是因为客户服务的多样性，以及具体市场上广泛并且变化多端的需求，使得拥有一套明确的客户服务策略对每个企业的意义不言而喻。每家企业的市场营销手段都是多种多样的，当服务被看做是其中举足轻重的一项时，就会发现只有少数的公司拥有明确的客户服务策略，更不用说它们能够灵活多变地管理和控制这些服务了。大量的证据表明，如果企业无法在满足客户需求时提供相应的产品和服务，而且没有相似的替代品，那么客户就会流向竞争者，即使在品牌忠诚度极高的市场上，缺货也足以导致品牌的转移。

3.2.3 客户服务管理

客户服务管理(Customer Service Management)是指企业为了建立、维护并发展顾客关系而进行的各项服务工作的总称，其目标是建立并提高顾客的满意度和忠诚度，最大限度地发展顾客。

客户服务是一个过程，是在合适的时间、合适的场合，以合适的价格、合适的方式向合适的客户提供合适的产品和服务，使客户合适的需求得到满足、价值得到提升的活动过程。

客户服务管理是了解与创造客户需求，以实现客户满意为目的，企业全员、全过程参与的一种经营行为和管理方式。它包括营销服务、部门服务和产品服务等几乎所有的服务内容。

客户服务管理的核心理念是企业全部的经营活动都要从满足客户的需求出发，提供满足客户需求的产品或服务，以客户满意作为企业经营的目的。

客户服务质量取决于企业创造客户价值的能力，即认识市场、了解客户现有与潜在需求的能力，并将此导入企业的经营理念和经营过程中。优质的客户服务管理能最大限度地使客户满意，使企业在市场竞争中赢得优势，获得利益。因此，实施有效地提高客户感知/感受价值策略是客户服务人员非常重要的职责。

小贴士

从客户角度来看，客户感受价值公式为：客户感受价值=效用/成本=(物质所得+过程质量)/(货币支出+非货币成本)。

客户购买的是“结果”，而不是产品或服务本身。“效用”是客户的一个主观性评价，是客户根据自身需要和偏好，从整个产品中获得利益和的量化。在本质上，“效用”是客户需求满足的量化，产品功能、特点、品牌、服务和形象等是主要的驱动因素。客户感知成本是客户购买和使用产品时所支出全部成本的量化，其表现为购买和使用过程中客户感知的货币成本加上精力、时间和心理成本等，感官成本包括容忍噪音、拥挤、不舒适的座椅或互动的物理环境中其他不好的因素等。客户受到尊重、同情和真正关怀，他/她感受到的心理成本将会较低，收益将会较高，对互动中总价值评价将会较好。许多消费者对产品生产过程并不在意，但对服务过程质量却十分关心。过程质量是客户在购买时感受到的，主要根据实际感受值与预期值的关系来判断。

对于货币支出与非货币成本，有些消费者只用货币价格来衡量成本。实际上，购买服务的成本往往要超过价格，如便利性要花费一些成本，对许多客户都有一定价值。便利性是地点、时间和形式等方面的效用。对不同客户，便利性具有不同的价值量。如果企业能降低客户获得成本，并让客户认识到这一价值，就可为服务制订较高的货币价格(可能包含于商品价格中)。

价值是由人来创造的，客户的高价值源于企业员工的高效率，工作效率决定了客户价值的表现。减少客户货币和非货币成本付出，能够直接提高客户感受价值。帮助客户更容易地获取信息与建议，减少或消除服务延迟、填单错误、系统问题、员工失误等，能够提高客户感受价值，最终使客户对公司产品或服务更加有信心，可能会产生更高水平的信任感。通过对客户感受价值和客户感知模型的分析，企业可针对性地采取策略提高客户价值。

1. 客户细分、目标和定位

客户群细分是一种有效的方法，它使企业更充分地与客户接触，并使客户价值达到最高。在对顾客、企业和竞争者分析的基础上，按照顾客价值需求对顾客进行归类；对每个群体进行赢利性分析；完善顾客档案，为不同群体确定不同的关系战略和服务战略。

2. 确定运作和交付系统

明确顾客价值需求和公司发展战略后，如何以最小成本将优质服务交付给顾客是首要任务，以实现顾客价值最大化。让客户参与到企业产品创造及服务中，通过参与企业日常事务，客户能够起到比降低成本还要多的作用，在服务过程中客户接受教育，便有心理准备承担作为服务过程一部分的新任务。通过大规模定制化、服务交付细分、与供应商建立伙伴关系、流程改造与提升等途径，让客户参与进来。

3. 对已交付价值进行分析、评价

交付产品或服务后，企业需要对已交付的价值做一番分析和评价，大致估算出顾客所获取的净价值。

净价值=服务价值+产品价值+人员价值+形象价值－货币价格－
时间成本－精力成本－心理成本

4. 控制与反馈

监控整个服务流程，研究员工满意度和顾客满意度，并将其作为战略制订的基础。与客户建立起对话关系是保持企业竞争优势的基础，通过对话能够判断企业从何时不能再满足客户需求，从而采取整改措施；也可了解可持续竞争优势存在的机会，最重要的是可从中知道企业需要怎么做才能保持竞争优势。客户对企业现状感到满意并不能成为企业未来竞争优势的根基。因此，企业要有危机感，不断地向客户学习，生产出满足客户需要且不断变化的产品和服务，从而长久地留住客户。

3.3 客户关系管理

最早发展客户关系管理的国家是美国，在 1980 年初便有所谓的“接触管理”(Contact Management)，即专门收集客户与公司联系的所有信息；1985 年，巴巴拉·本德·杰克逊(Barbara Bund Jackson)提出了关系营销的概念，使人们对市场营销理论的研究又迈上了一个新的台阶；到 1990 年则演变成包括电话服务中心支持资料分析的客户关怀(Customer Care)。

1. 客户关系管理的起源及发展

1999 年，Gartner Group Inc.公司提出了 CRM(Customer Relationship Management，客户关系管理)概念。Gartner Group Inc. 在较早提出的 ERP 概念中，强调对供应链进行整体管理。而客户作为供应链中的一环，为什么要针对它单独提出一个 CRM 概念呢？

一方面，在 ERP 的实际应用中人们发现，由于 ERP 系统本身功能方面的局限性，也由于 IT 技术发展阶段的局限性，ERP 系统并没有很好地实现对供应链下游(客户端)的管理，针对 3C 产品(计算机-Computer、通信-Communication 和消费类电子产品-Consumer Electronics)中的客户多样性，ERP 并没有给出良好的解决办法。另一方面，到 20 世纪 90 年代末期，互联网的应用越来越普及，CTI(Computer Telecommunication Integration，计算机电信集成，是呼叫中心(Call Center)系统的核心技术)、客户信息处理技术(如数据仓库、商业智能、知识发现等技术)得到了长足的发展。结合新经济的需求和新技术的发展，Gartner Group Inc.提出了 CRM 概念。从 20 世纪 90 年代末期开始，CRM 市场一直处于一种爆炸性增长的状态。

2. 客户关系管理的定义

关于 CRM 的定义，不同的研究机构有着不同的表述。最早提出该概念的 Gartner Group 认为，所谓的客户关系管理就是为企业提供全方位的管理视角；赋予企业更完善的客户交流能力，最大化客户的收益率。Hurwitz Group 认为，CRM 的焦点是自动化并改善与销售、市场营销、客户服务和支持等领域的客户关系有关的商业流程。CRM 既是一套原则制度，也是一套软件和技术。它的目标是缩减销售周期和销售成本，增加收入，寻找扩展业务所需的新的市场和渠道以及提高客户的价值、满意度、赢利性和忠实度。CRM 应用软件将最佳的实践具体化并使用了先进的技术来协助各企业实现这些目标。CRM 在整个客户生命周期中都以客户为中心，这意味着 CRM 应用软件将客户当作企业运作的核心。CRM 应用软件简化协调了各类业务功能(如销售、市场营销、服务和支持)的过程并将其注意力集中于满足客户的需要上。CRM 应用软件还将多种与客户交流的渠道，如面对面、电话接洽以及 Web 访问等协调为一体，这样，企业就可以按客户的喜好使用适当的渠道与之进行交流。而 IBM 则认为，客户关系管理包括企业识别、挑选、获取、发展和保持客户的整个商业过程。IBM 把客户关系管理分为三类：关系管理、流程管理和接入管理。从管理科学的角度来考察，客户关系管理源于市场营销理论；从解决方案的角度考察，客户关系管理是将市场营销的科学管理理念通过信息技术的手段集成在软件上面，得以在全球范围内普及和应用。

而现阶段的客户关系管理集合了当今最新的信息技术，它们包括 Internet 和电子商务、多媒体技术、数据仓库和数据挖掘、专家系统和人工智能、呼叫中心等。作为应用软件的客户关系管理，凝聚了市场营销的管理理念。市场营销、销售管理、客户关怀、服务和支持构成了 CRM 软件的基石。

CRM 的核心是客户价值管理，它将客户价值分为既成价值、潜在价值和模型价值，通过一对一营销原则，满足不同价值客户的个性化需求，提高客户忠诚度和保有率，实现客户价值持续贡献，从而全面提升企业赢利能力。

尽管 CRM 最初定义为企业商务战略，但随着 IT 技术的参与，CRM 已经成为管理软件、企业管理信息解决方案的一种类型。

因此，著名咨询公司盖洛普(Gallup)将 CRM 定义为：策略+管理+IT。强调了 IT 技术在 CRM 管理战略中的地位，同时也从另一个方面强调了 CRM 的应用不仅仅是 IT 系统的应用，同时也和企业战略和管理实践密不可分。

3. 客户关系管理系统的功能

CRM 的功能可以归纳为 3 个方面：对销售、营销和客户服务三部分业务流程的信息化；与客户进行沟通所需要的手段(如电话、传真、网络、电子邮件等)的集成和自动化处理；对上面两部分功能所积累下的信息进行的加工处理，产生客户智能，为企业的战略战术的决策作支持，如图 3.2 所示。

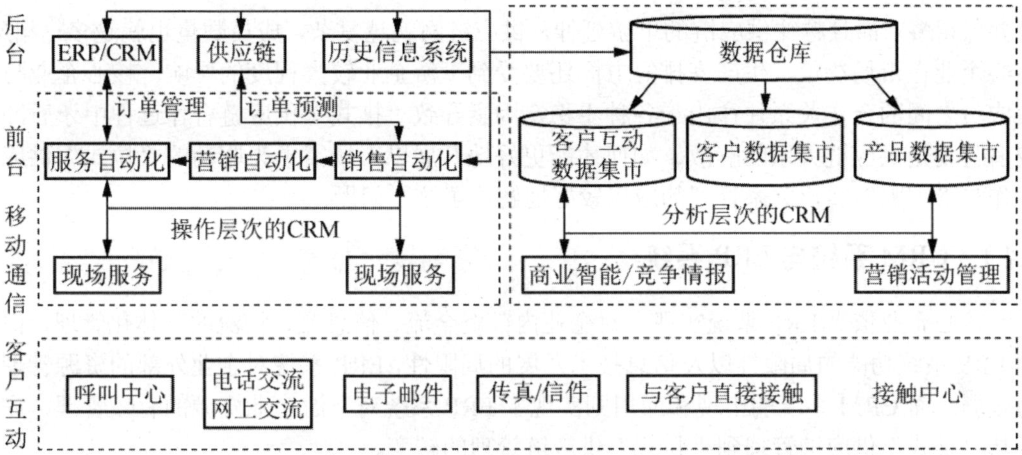

图 3.2 CRM 的功能模型

CRM 包括 5 个主要模块：销售模块、营销模块、客户服务模块、呼叫中心模块和电子商务模块。

(1) 销售模块包括销售、现场销售管理、电话销售等。

(2) 营销模块是对直接市场营销活动加以计划、执行、监视和分析。

(3) 客户服务模块是提高那些与客户支持、现场服务和仓库修理相关的业务流程的自动化程度并加以优化。

(4) 呼叫中心模块是利用电话来促进销售、营销和服务、电话管理。

(5) 电子商务模块包括电子商店、电子营销、电子支付、电子货币与支付、电子支持。

3.4 供应链管理环境下的客户关系管理

在供应链管理环境下，客户关系成为供应链成员最为重要的关系联系。依靠客户关系管理，核心企业才得以将独立的市场主体，包括供应商、制造商、分销商、零售商以及最终客户在内的所有成员紧密联系在一起，通过共同价值观引导开展协同商务，以实现供应链价值的最大限度增值。客户关系管理在供应链环境下不仅是作为一种营销手段发挥作用，更重要的是它将成为供应链核心企业协调供应链资源配置、供应链运营计划协同制订、供应链服务更具柔性化和客户化的重要支撑，是实现供应链价值最大化的重要机制建设。

核心企业以共同的价值观导向将其上游企业与下游企业直至最终用户集成在一起以供应链整体参与市场竞争，从而实现供应链价值最大化。理论上，核心企业能够有效控制和影响其上下游的所有成员，使所有成员都能够紧密围绕在核心企业的周边，为核心企业的市场战略实现提供服务，最终实现供应链的整体战略。

对核心企业而言，在买方市场条件下，对其上游供应企业的控制和影响是必然的。上游企业通过与核心企业建立稳定的战略关系，不仅能够获得稳定的市场利益，而且可以通过借助核心企业的资源扩大其在市场上的竞争力。然而作为核心企业的下游成员，虽然在理论上是受核心企业影响的，但作为市场主导的买方，其仍旧具有较大的市场主动权。可以进行独立的市场决策与制订生产、销售计划，与上游企业比较起来，下游企业的受控程度要低得多。而且越往供应链的下游延伸，供应链网就越复杂，成员数量也就越多，相反，核心企业在市场决策、生产安排等方面还要受到下游企业较大程度的影响。核心企业与下游成员之间的合作关系往往由于各种不稳定因素导致“推式”供应链合作过程中矛盾冲突较多甚至是供应链关系的解散。如何才能更好地开展以市场需求为驱动的“拉式”供应链运作与管理呢？客户关系管理的应用较好地解决了这一问题。

3.4.1 CRM 系统与 ERP 系统

核心企业依靠 ERP 系统实现了对企业内部资金流、信息流、物流的一体化管理，但由于 ERP 系统功能的局限性以及信息技术发展的局限性，ERP 系统对企业外部的资源管理能力较弱。而 CRM 系统的出现和应用则实现了 ERP 系统对下游企业资源的有效管理，完成了从“推式”供应链管理到“拉式”供应链管理的转变。

CRM 系统主要应用于企业市场营销、销售、客户服务与技术支持等企业外部资源整合的领域，通过对客户详细资料的广泛收集和深入分析，最大限度地利用以客户为中心的资源(包括有形资源和无形资源)，并将这些资源集中应用于现有客户和潜在客户。

因此，在上游企业与下游客户之间形成了一个统一高效的交互平台，减少了供应链系统运作的不确定性和刚性，在上下游企业之间形成一个闭环的无缝衔接系统，如图 3.3 所示。

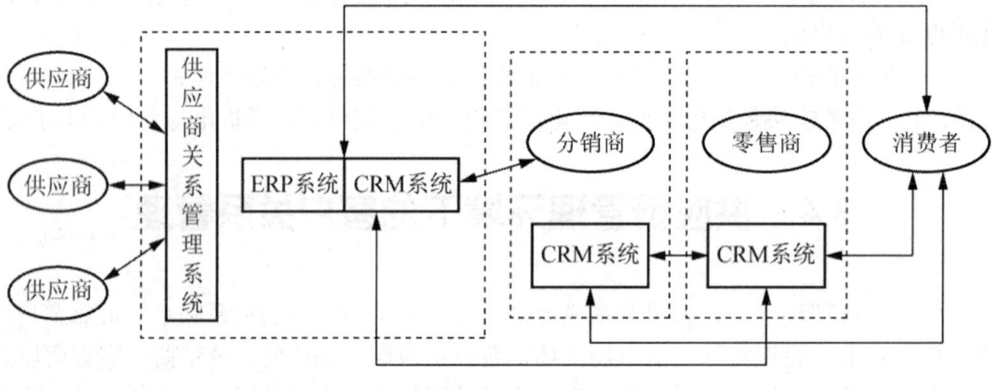

图 3.3 基于 CRM 的无缝化供应链系统

阅读案例

在业务流程再造的基础上，海尔形成了“前台一张网，后台一条链”(前台一张网是海尔客户关系管理网站(http://haiercrm.com)，后台一条链是海尔的市场链)的闭环系统，构筑了企业内部供应链系统、ERP 系统、物流配送系统、资金流管理结算系统和遍布全国的分销管理系统及客户服务响应呼叫中心系统，并形成了以订单信息流为核心的各子系统之间无缝连接的系统集成。

海尔 ERP 系统和 CRM 系统的目的是一致的，都是为了快速响应市场和客户的需求。前台的 CRM 网站作为与客户快速沟通的桥梁，快速收集并反馈客户的需求，实现与客户的零距离接触；后台的 ERP 系统可以将客户需求快速触发到供应链系统、物流配送系统、财务结算系统、客户服务系统等流程系统，实现对客户需求的协同服务，大大缩短响应客户需求的时间。

计算机网络可以帮助企业提高连接新经济的速度，海尔 CRM 和 BBP 电子商务平台的应用架起了与全球用户资源网、全球供应链资源网沟通的桥梁，实现了与用户的零距离接触。

海尔认为，企业之间的竞争已经从过去直接的市场竞争转向客户的竞争。海尔 CRM 联网系统就是要实现端对端的零距离销售。海尔已经实施的 ERP 系统和 CRM 系统，均旨在拆除影响信息同步沟通和准确传递的阻隔。ERP 拆除了企业内部各部门之间的"墙"，CRM 拆除了企业与客户之间的"墙"，从而达到快速获取客户订单信息、快速满足用户需求的目的。

3.4.2 供应链管理环境下的客户界定

客户是对产品或服务提出购买需求的主体，如企业的客户是消费者，分销商的客户是零售商，制造商的客户是分销商等，这是相对狭义的理解。在今天，客户的外延更加广泛，即便是没有购买关系，但只要一方从另一方处获得了服务，双方即形成了服务—被服务的关系，被服务的一方成为服务方的客户。因此，在供应链环境下，客户是指产品或服务的供给方所服务的需求对象。基于此，供应链中的客户既包括终端消费者，也包括供应链上游企业所服务的下游成员企业，还包括供应链企业成员内部上游部门所服务的下游部门。对供应链客户的这一界定包含以下两层含义。

(1) 服务关系的形成是客户身份界定的标志。在传统营销观念中，买方通过金钱支付与卖方形成客户关系，卖方通过对买方的产品或服务提供质量保证。但在供应链环境下，客户身份的界定突破了单纯的金钱交易关系，而是以服务—被服务关系来界定客户的身份。服务性取代了经济性使得客户的外延得到了极大的发展，任何存在服务关系的客体都可以成为供应链环境下的客户。

(2) 客户所存在的范围不一定在企业的外部。一项企业业务活动的完结需要来自企业内部不同部门员工的努力，只有通过企业内部诸多环节员工间的无缝化衔接才能实现企业对外部市场的响应。在这一过程中，同一业务的上游环节与下游环节之间存在服务与被服务的关系，因此，下游企业的员工(或部门)被称为上游环节员工(或部门)的客户。在企业内部将服务部门与被服务部门之间的关系视为客户关系，将有助于提高部门资源的配置效率，打破部门壁垒，密切部门联系，增强企业内部的集成度与协调性。

3.4.3 供应链管理环境下的客户满意

客户满意构成企业获利的潜力，客户满意的程度越高，企业获利的潜力越大；反之，客户满意的程度越低，企业获利的潜力越小。客户满意的程度或客户满意度是指客户对产品或服务的可感知的效果与客户期望之间的差距，如果可感知的效果大于客户期望，客户则表现出非常满意；如果可感知的效果小于客户期望，客户则表现出不满意；如果可感知的效果等于客户期望，客户则表现出满意。客户满意度已经成为衡量客户服务水平的重要指标，较高的客户满意度可以使客户产生依赖和喜爱，从而提升客户忠诚度。

供应链不仅表现为一条物料链、资金链、信息链，其本质更是一条价值链。供应链下的客户满意度表现为服务方为客户所创造的价值与客户期望的价值之间的差额。只有真正实现了供应链价值的增值，才能保证客户真正满意。如今，客户满意度已成为影响供应链系统稳定及价值实现程度的重要因素。一般来说，供应链下影响客户满意度的原因主要有产品或服务与客户需求之间的匹配程度、产品或服务本身的质量、价格、响应速度。

根据产品或服务项目对客户重要程度的大小及服务方在产品或服务项目提供过程中的

表现，可以形成服务方产品或服务的服务—竞争诊断分析矩阵，以帮助服务方维持或改进其服务，提高客户满意度，如图 3.4 所示。

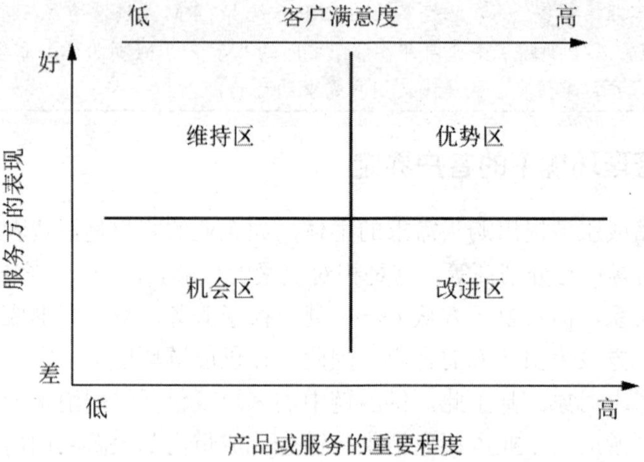

图 3.4　供应链服务—竞争诊断分析矩阵

(1) 优势区：该区域的产品或服务对决定整体客户满意度非常重要，服务方在这些方面的表现也非常好，需要保持并发展这些优点。

(2) 维持区：该区域的产品或服务对决定整体客户满意度不太重要，服务方在这些方面的表现已经很好，只需要保持下去即可。即便努力提高该区域产品或服务的表现也无法对整体客户满意度产生重要影响。

(3) 改进区：该区域的产品或服务对决定整体客户满意度非常重要，但服务方在这些方面的表现比较差，通过改善该区域的表现，服务方可以在较大程度上提升客户满意度，因此需要重点关注。

(4) 机会区：该区域的产品或服务对决定整体客户满意度不太重要，且服务方在这些方面的表现也比较差，是一个被忽略的区域，但如果经过共同努力挖掘，还是可以争取到提升客户满意度的机会的。

3.4.4　供应链管理环境下的客户价值链分析

客户价值是供应链价值实现的前提和基础。没有良好的客户服务，就无法实现较高的客户满意度，没有较高的客户满意度就意味着服务的实际效用小于客户期望，客户价值没有实现最大化，客户价值无法实现最大化则供应链整体价值的最大化也无法实现，甚至可能失去供应链生存的基础。客户价值是客户从产品或服务提供中所期望获得的所有效用的总和。它是一种相对价值，以客户主观感知为衡量标准，无法精确计算。当客户在消耗某种产品或服务时，总希望在要求的一致性、产品的适宜性、价格的合理性、品牌的优异性、服务的完美性以及关系的密切性等方面与期望相符甚至超过期望，从而达到所获得的价值能够达到最大化。

供应链客户关系管理作为一个复杂的关系管理系统，它的实质以价值链为纽带对供应链上的战略性客户进行分析、挖掘、发展、传递等，进而将客户关系管理与其他供应链活动进行集成，最终与目标客户建立一种长期的、互惠互利的关系，从而获得比单独市场竞争更多的竞争优势，如图 3.5 所示。

如图 3.5 所示，供应链客户关系管理价值链的构成表明，供应链客户关系管理创造的客户关系价值包括价值活动和客户赢利能力两个方面。价值活动是服务方所从事的与客户有关的物质和技术的各种活动，是创造对客户有价值的产品或服务的基础。客户赢利能力则表示客户关系价值与价值活动中围绕客户所投入的客户成本之间的差额。而对于价值活动的分析则是整个供应链客户关系管理价值链分析的关键，供应链客户关系管理价值活动具体包含基本活动和支持活动。

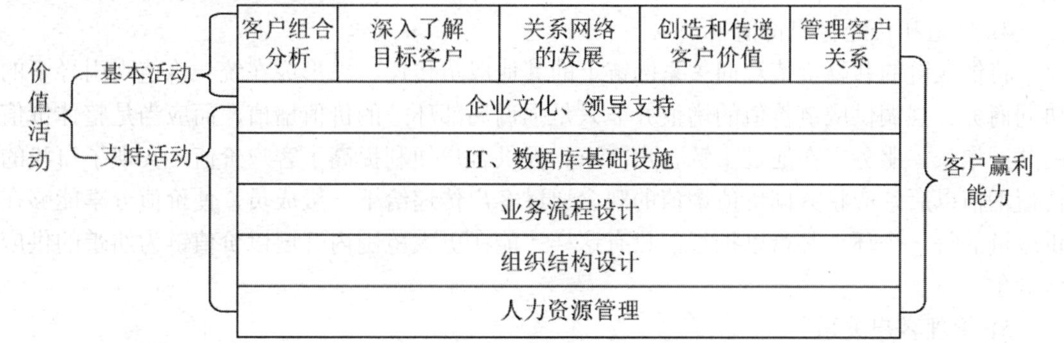

图 3.5　客户关系管理价值链

1. 基本活动

供应链客户关系管理价值活动的基本活动分为 5 个阶段，即客户组合分析、深入了解目标客户、关系网络发展、创造和传递客户价值、管理客户关系。

1) 客户组合分析

通过分析客户数据，识别具有不同价值贡献的客户或客户群。对具备不同重要性的客户进行甄别是供应链客户关系管理成功的前提。供应链客户关系管理强调发现有价值的客户以及发现客户的价值所在，故对现有及潜在客户价值的分析是重点，而常用的分析方法就是客户组合分析法，如图 3.6 所示。这种分析方法是按客户在客户关系中的历史价值和潜在的生命周期价值对客户进行的分类。不同象限的客户适合采用不同的策略。

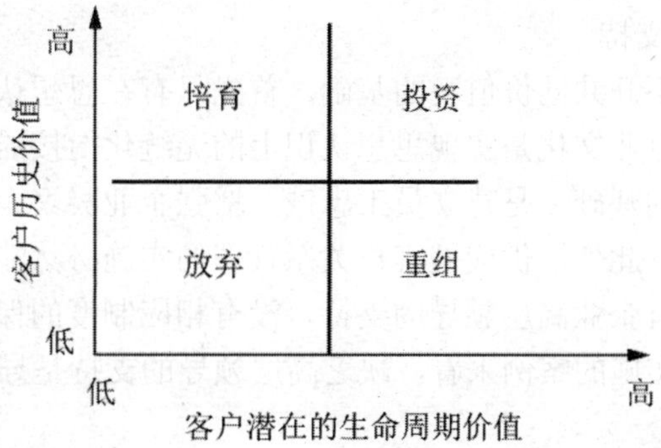

图 3.6　客户组合策略

2) 深入了解目标客户

在确立了目标客户以后，对目标客户进行深入、跟踪了解，从而为目标客户提供个性化服务，建立稳定良好的客户关系。应用 5W1H 分析法，即是谁(Who)、是什么(What，客户特征)、为什么(Why)、什么地点(Where)、什么时间(When)、如何进行(How)，对目标客户情况开展分析。

3) 关系网络发展

在客户关系链的基础上对供应链上其他合作伙伴进行关系拓展，以形成一个强有力的关系网链。供应链客户关系管理其实质已超出了单纯的关系管理，而是以关系管理为纽带对所有客户进行价值管理，通过关系联系加强供应链成员之间的合作，通过合作来实现共同分担成本、加快新产品研发、拓展市场范围、降低市场风险、增加客户价值、提高顾客忠诚度等，最终实现服务方与客户的共赢。

4) 创造和传递客户价值

将供应链的共赢价值观向关系网链上的其他成员传递，以形成在统一价值观引导下的协同商务。强调供应链价值的增值并非只是强调局部环节的价值增值，而应当是整体价值的共同增长。服务方在通过了解客户需求、提供客户便利提高了客户价值，实现了自我的价值增值以后，应将共同价值增值的观念通过客户传递给下一级成员，使价值分享能够在供应链的每一个环节都得以推行，只有这样才能在更大范围内开展以价值链为纽带的供应链竞争。

5) 管理客户关系

在共赢价值观的基础上处理合作伙伴间的彼此关系，加强合作伙伴间的紧密程度，以形成最终的市场赢利能力。管理客户关系的重点在于组织结构的变革与业务流程的重组，传统金字塔式的多层级组合结构显然已不适应当今以客户需求为导向的要求，取而代之的将是扁平式的快速响应组织结构以及基层员工的更多授权；业务流程也应由过去的条块化、分离化向集成化、精益化方向转变。此外，在发展和维系客户关系的同时，对关系网中的客户服务进行监控和绩效评估也十分必要。

2. 支持活动

支持活动包括企业文化及领导支持、IT/数据库基础设施、业务流程设计、组织结构设计、人力资源管理，为供应链客户关系管理价值活动的基本活动开展和实现提供“软硬件”支撑。

1) 企业文化及领导支持

关系网络的形成离不开共同价值观的基础，首先只有在思想认识上相兼容才能在具体业务上保持一致性，而企业文化是实现思想认识上的无缝化衔接的关键。企业文化是员工建立共同目标和价值观的基础，是建立员工忠诚、增强企业凝聚力、激励员工为实现共同目标而努力的精神动力。此外，供应链客户关系管理的实施必然涉及业务流程、组织结构等方面的变革，如果没有企业高层领导的支持，没有相应制度的保障，变革将由于阻力而无法得以执行。从以往实施的案例来看，缺乏高层领导的支持是导致企业 CRM 项目失败的一项重要原因。

2) IT/数据库基础设施

客户信息的收集、分类、挖掘、传递等活动离不开现代信息技术的广泛采用，IT/数据库基础设施是进行供应链客户信息交流、数据挖掘的必要信息平台。当今供应链的运行是以客户需求为驱动力的，客户需求驱动具体表现为上游企业按照下游客户的需求信息组织资源、制订计划、开展决策，故顺畅、及时、正确的客户需求信息流是有效开展供应链客户关系管理的先行条件。

3) 业务流程设计、组织结构设计

组织重构和流程重组是构建新的价值链的基础，组织和流程服务于企业战略，新的价值链构建意味着实施新的供应链战略，故组织重构和流程重组成为必然。如设立专门的客户管理部门来适应供应链客户关系管理模式的需要；客户服务部门的员工必须改变对待客户的态度和行为以提高客户满意度。

4) 人力资源管理

人力资源是供应链客户关系价值创造的直接执行者，其执行的效率如何将直接决定价值的产出。人力资源管理包括人员招聘、培训、开发、投入、激励等。如选聘合适的员工、对员工进行信息化技能培训、培养员工的以客户为中心的工作理念等。

3.4.5　供应链客户关系管理的目标

1. 整合客户信息资源

无缝化的供应链系统运作首先需要充分的供应链信息交互。上游成员为实现对客户管理的统一化，使分散于企业内部的客户信息资源汇集起来，打破部门信息封锁的壁垒，整合原本属于销售、售后、制造等部门的客户信息，通过 CRM 系统形成统一的信息中心。这个信息中心能够为基层作业人员提供业务指导、技术支持和信息保证；为各部门提供共享的全面信息资源，协同各部门行为，避免部门间的摩擦和冲突；为供应链合作伙伴提供信息支持，保证供应、生产、销售、服务的良性运行，从而实现供应链运作的协同化和同步化。

2. 与合适的客户建立稳定的供应链关系，提高供应链客户管理能力

与客户建立稳定的供应链合作关系的前提是确认谁是合适的客户，谁是企业的关键客户，谁是一般客户，谁是应淘汰的客户；合适的客户的需求偏好、需求特征是什么，包括实现需求的合适价格、合适时间、合适地点、合适方式等；预测客户需求动向，包括下游成员的生产经营状况、信用变化、合作伙伴与竞争对手等，这些都是影响客户关系的因素。通过客户关系管理，供应链上游成员能够根据下游客户的行为变化等信息在第一时间把握环境状况和客户变化情况，最大限度开展供应链柔性运作，从而实现上游成员与下游客户之间的一体化互动，提高企业对有效客户需求的响应能力。

3. 为开展供应链协同商务提供互动平台

在“拉式”的供应链运行机制下，下游客户的市场需求信息决定着上游企业的生产计划、采购计划、物流计划、财务计划等计划的制订和执行。在传统的独立决策模式下，成员企业根据对市场需求的预测进行计划的制订与执行，但由于预测信息的局限性、方法的科学性不强，常导致供应链成员间的供给与需求在时间、空间、类型、数量等方面存在较大的出入，以致供应链的稳定性下降，不确定性程度增加。通过开展供应链客户关系管理，实现对客户信息的有效收集，将供应链下游成员的营销信息、销售信息、市场服务信息等信息进行集成，上游成员在充分掌握下游客户真实市场活动信息的前提下通过企业电子商务平台与下游客户开展协同式决策，以增加彼此的互动性，减少由封闭式决策带来的不确定性。由封闭的独立决策到开放的协同决策是供应链走向成熟与稳定的重要前提，也是供应链运营中开展客户关系管理的重要意义所在。

4. 提高供应链的市场竞争力

开展供应链客户关系管理的指导思想是通过更好的掌握下游客户的真实需求并对客户进行系统化分析和追踪研究，在此基础上进行一对一的个性化服务，以提升客户满意度和客户价值，实现供应链价值最大化增值，并最终提高供应链的核心竞争力。

表面上看，开展供应链客户关系管理是为了更好地维系上游企业与下游客户之间的关系，在维持老客户的同时积极发展新客户，使得客户群体增大，从而发挥规模效益、降低企业经营成本、提高效率、获得利润最大化。

但供应链客户关系管理绝不是多发展几个新客户、多挽留几个老客户那么简单。它其实是和前向的供应商关系管理、内部的企业关系管理和后向的客户关系管理有关，在供应链上的供应商、制造商、分销商、零售商甚至终端客户之间形成密切的供应链关系，以有效的信息互动降低供应链内部各子系统之间运作的不确定性和衔接的不确定性，最大限度地挖掘和协调利用不同成员的资源，包括信息资源、客户资源、生产资源、人力资源等，拓展供应链能力。此外，通过开展供应链客户管理有利于甄别合适的供应链成员，以提高供应链构成成员的素质，增强个体的赢利能力与市场抗风险能力，真正实现强强联合，打造具有较强市场核心竞争力的供应链联盟。

本章小结

客户关系管理不仅是现代企业的管理方法和工具，更是企业参与市场竞争的战略思想。

供应链环境下的客户关系管理是供应链将前向的供应商关系管理、内部的企业关系管理进行集成以开展一体化的供应链关系管理的重要环节，是供应链管理由“推式”向“拉式”转变的基础。开展供应链客户关系管理，有益于提高供应链的客户满意度，实现供应链的价值增值。供应链客户关系管理的目标是整合供应链资源、提升供应链客户管理能力、实施供应链协同商务，并最终增强供应链核心竞争力。

知识链接

顾客感知服务质量模型

1. 顾客感知服务质量模型的提出

1982 年，瑞典著名服务市场营销学专家克·格鲁诺斯提出“顾客感知服务质量模型”，认为顾客对服务质量的评价过程实际上就是将其在接受服务过程中的实际感觉与他接受服务之前的心理预期进行比较的结果：如果实际感受满足了顾客期望，那么顾客感知质量就是上乘的；如果顾客期望未能实现，即使实际质量以客观的标准衡量是不错的，顾客可感知质量仍然是不好的，如图 3.7 所示。

格鲁诺斯的“顾客感知服务质量模型”的核心是“质量是由顾客来评价的”，实际上是要求服务厂商从顾客的角度来评价和管理服务质量，顺应了“以客户为中心”的现代市场营销潮流。特别是在市场竞争越来越激烈的服务市场营销中有特别重要的指导意义。

2. 顾客感知服务质量的定义

格罗鲁斯第一次提出了顾客感知服务质量的概念，认为顾客感知服务质量是顾客对服务期望(Expectation)与实际服务绩效(Perceived Performance)之间的比较。实际服务绩效大于服务期望，则顾客感知服务质量是良好的，反之亦然。顾客满意的感知服务质量至少是经验质量与期望质量相符，或比期望略高。追求过高的服务质量在经济上是不划算的，而太低的感知质量则会导致顾客不满意。因此，服务质量管理的主要目标就是要追求最佳(即性能价格比最高)的顾客感知质量。

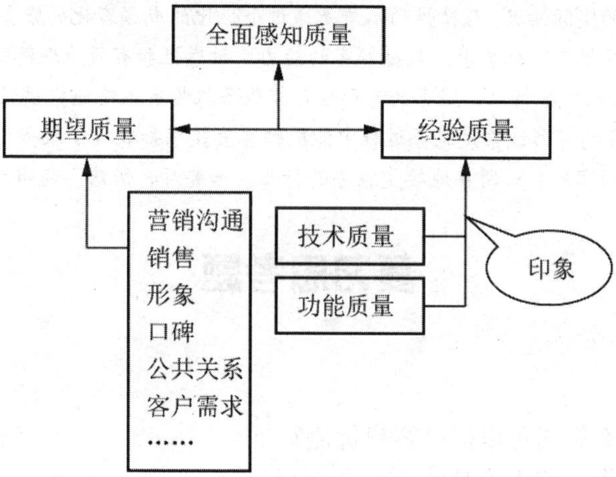

图 3.7 客户感知服务质量模型

3. 顾客感知服务质量模型的要素

1) 期望质量与经验质量

期望质量就是顾客在头脑中所想象的或期待的服务质量水平。它是一系列因素的综合作用的结果，这些因素包括：①营销宣传，如广告、邮寄、公共关系、推销等；②顾客以往接受的相同或类似服务的经历(作为质量标杆，对顾客的期望产生影响)；③提供服务的企业形象越好，顾客对其服务的期望值就越高；④其他顾客接受类似服务后所做的评价也会影响顾客的服务评价；⑤顾客对服务的需求越强烈紧迫，对服务质量的期望值就越低。

顾客的经验质量是指顾客在接受服务的过程中，通过对服务的技术质量和功能质量的体验和评价而得到的印象。

2) 技术质量与功能质量

技术质量与服务的产出有关，是在服务生产过程中和买卖双方的接触过程结束之后顾客所得到的客观结果。功能质量与服务的过程有关，是在服务生产过程中通过买卖双方的接触，顾客所经历和所感受的东西。服务的技术质量表明顾客得到的是什么，便于顾客客观地评估；而功能质量则表明顾客是如何得到这些服务结果的，颇具主观色彩，一般很难客观地评定。

4. 顾客感知服务质量的维度划分

研究表明，顾客感知服务质量不是一维的概念，也就是说，顾客对感知服务质量的评价由多个要素构成。经过理论与实践的总结，服务部门(包括机械修理、银行、电话服务、证券经纪人和信用卡服务等)确立了用来评价顾客感知服务质量的5个基本要素：可靠性、响应性、安全性、移情形和有形性。

(1) 可靠性——涉及绩效与可靠性的一致。在顾客感知服务质量的5个维度中，可靠性指准确可靠地执行所承诺的服务。从更广泛的意义上说，可靠性意味着公司按照其承诺行事，公司的第一次服务要及时、准确，并在指定的时间内完成服务。

(2) 响应性——主动帮助顾客。响应性是指帮助顾客并迅速提供服务的愿望。该维度强调在处理顾客要求、询问、投诉问题时的专注和快捷；让顾客等待，特别是无原因的等待会给顾客感知带来不必要的消极影响。对速度的需求，已经成为评价优良顾客感知服务质量的指标，快速地回应也是与顾客交易理应具备的要素。

(3) 安全性——激发信任感。员工的行为能够增强顾客对企业的信心，同时让顾客感到安全。这也意味着员工要有诚意以及解决顾客问题所必须具备的知识和技能，它包括可信的名称、良好的声誉、训练有素的员工。

(4) 移情性——将顾客当作个体来对待。设身处地为顾客着想，并对顾客给予特别的关注，同时营业的时间要充分考虑顾客的实际情况。移情性的本质是通过个性化的或顾客化的服务使每一个顾客感到自己是唯一的和特殊的。移情性有下列要求：接近顾客的能力、敏感性和有效地理解顾客需求。

(5) 有形性——服务的实物特征。服务的有形性是指服务机构有策略地提供服务的有形线索，帮助顾客识别和了解服务。服务的有形线索是服务过程中能被顾客直接感知和提示服务信息的有形物。战略上强调有形性的行业，包括顾客到企业所在地接受服务的行业，如餐厅、饭店、超市和娱乐公司等。

复习思考题

1. 简答题

(1) 企业采取什么策略可以提高客户价值？

(2) 客户价值的含义和维度是什么？

(3) 怎样理解在供应链下客户满意的竞争策略？

(4) 供应链客户关系管理的目标是什么？

2. 判断题

(1) 实施客户关系管理就是要购买一个 CRM 软件，并且在企业中全面使用。 (　　)

(2) 消费者是分层次的，对不同层次的客户需要企业采取不同的客户策略，而客户可看成一个整体，并不需要进行严格区分。 (　　)

(3) 客户满意度=实际感知效果−期望值。如果可感知效果低于期望值，客户就不会满意。 (　　)

3. 思考题

(1) 怎样在不同类型的企业中实施客户关系管理？

(2) 阐述供应链环境下客户关系管理的核心要素。

(3) 举例说明客户关系管理在供应链管理中的重要性。

(4) 论述 CRM 系统与 ERP 系统的关系。

案例分析

提高服务水平才是长久维持客户关系的关键

联邦快递(FedEx Express)的创始者弗雷德里克·史密斯有一句名言，“想称霸市场，首先要让客户的心跟着你走，然后让客户的腰包跟着你走”。竞争者往往很容易采用降价策略参与竞争，而联邦快递则认为提高服务水平才是长久维持客户关系的关键。

1. 扎实的业务是构建客户关系的基础

电子商务的兴起，为快递业提供了良好的机遇。在电子商务体系中，很多企业间可通过网络的连接快速传递必要信息，但对一些企业来讲，运送实体的货物是一个很难解决的问题。例如，对于产品周期短、跌价风险高的计算机硬件产品来讲，在接到顾客的订单后，取得物料、组装、配送，以降低库存风险及掌握市场先机，是非常重要的课题，因此对那些通过大量网络直销的戴尔公司来讲，如果借助联邦快递的及时配送服务来提升整体的运筹效率，可为规避经营风险作出贡献。有一些小企业，由于经费人力的不足，往往不能建立自己的配送体系，这时就可以借助联邦快递。

要成为企业运送货物的管家，联邦快递需要与客户建立良好的互动与信息流通模式，使得企业能掌握自己的货物配送流程与状态。在联邦快递网站上，所有顾客可借助其网站同步追踪货物配送状况，还可以免费下载实用软件，进入联邦快递协助建立的亚太经济合作组织关税资料库。联邦快递的线上交易软件 Business Link 可协助客户整合线上交易的所有环节，从订货到收款、开发票、库存管理一直到将货物交到收货人手中。这个软件能使无店铺零售企业以较低成本比较迅速地在网络上进行销售。另外，联邦快递特别强调要与顾客相配合，针对顾客的特定需求，如公司大小、生产线地点、业务办公室地点、客户群科技化程度、公司未来目标等，一起制订配送方案。

联邦快递还有高附加值的服务，主要包括以下 3 个方面。

(1) 提供整合式维修运送服务。联邦快递提供货物的维修运送服务，如将已坏的计算机等电子产品送修或返还所有者。

(2) 扮演客户的零件或备料银行，扮演业者的零售商的角色，提供诸如接受订单与客户服务处理、仓储服务等功能。

(3) 协助顾客简化并合并行销业务，帮助顾客协调数个地点之间的产品组件运送流程。过去这些作业是由顾客自己将零件由制造商送到终端顾客手中的，现在的快递业可完全代劳。

综上所述，联邦快递的服务特点在于协助顾客节省了仓储费用，而且在交由联邦快递运送后，顾客仍然能准确掌握货物的行踪，可利用联邦快递的系统来管理货物订单。

2. 全面的信息系统为客户关系管理提供渠道

联邦快递的客户服务信息系统主要有两个，一是一系列的自动运送软件，如 Power Ship、FedEx Ship 和 FedEx interNetShip 等，其次是客户服务线上作业系统(Customer Operations Service Master On-line System, COSMOS)。

为了协助顾客上网，联邦快递向顾客提供了自动运送软件，它有 3 个版本：DOS 版的 Power Ship、视窗版的 FedEx Ship 和网络版的 FedEx interNetShip。利用这套系统，客户可以方便地安排取货日程、追踪和确认运送路线、列印条码、建立并维护寄送清单、追踪寄送记录。而联邦快递则通过这套系统了解顾客打算寄送的货物，预先得到的信息有助于运送流程的整合、货舱机位、航班的调派等。

COSMOS 系统可追溯到 20 世纪 60 年代，当时航空业所用的计算机定位系统备受瞩目，联邦快递受到启发，从 IBM、Avis 租车公司和美国航空等处组织了专家，成立了自动化研发小组，建起了 COSMOS。1980 年，系统增加了主动跟踪、状态信息显示等重要功能。1997 年又推出了网络业务系统 Virtual Order。

联邦快递通过这些信息系统的运作，建立起全球的电子化服务网络，目前有三分之二的货物量是通过 Power Ship、FedEx Ship 和 FedEx interNetShip 进行作业的，主要利用它们的订单处理、包裹追踪、信息储存和账单寄送等功能。

3. 员工服务理念是客户关系维护的核心

员工理念在客户关系中扮演的角色十分重要，良好的客户关系绝对不是单靠技术就能实现的，员工的主观能动性的重要性需要特别强调。在对员工进行管理以提供顾客满意度方面，具体方案有以下 3 个方面。

(1) 建立呼叫中心，倾听顾客的声音。联邦快递台湾分公司有 700 名员工，其中 80 人在呼叫中心工作，主要任务除了接听电话外，还要主动打出电话与客户联系，收集客户信息。

(2) 呼叫中心的员工是绝大多数顾客接触联邦快递的第一个媒介，因此他们的服务质量很重要。呼叫中心的员工要先经过一个月的课堂培训，然后接受两个月的操作训练，学习与顾客交流的技巧，考核合格后，才能正式接听顾客来电。

(3) 另外，联邦快递台湾分公司为了了解顾客需求，有效控制呼叫中心服务质量，每月都会从每个接听电话员工负责的顾客中抽取5人，打电话询问他们对服务品质的评价，了解其潜在需求和建议。

为了使与顾客密切接触的运务员符合企业形象和服务要求，提高第一线员工的素质很重要，在招收新员工时，联邦快递是中国台湾少数做心理和性格测验的公司。对新进员工的入门培训强调企业文化的灌输，先接受两周的课堂训练，接下来是服务站的训练，然后让正式的运务员带半个月，最后才独立作业。

联邦快递运用奖励制度，其最主要的管理理念是只有善待员工，才能让员工热爱工作，不仅做好自己的工作，而且主动提供服务。例如联邦快递中国台湾分公司每年会向员工提供平均2 500美元的经费，让员工学习自己感兴趣的新事物，如语言、信息技术、演讲等，只要对工作有益即可。

另外，当公司利润达到预定指标后，会加发红利，红利甚至可达到年薪的10%。值得注意的是，为避免各区域主管的本位主义，各区域主管不参加这种分红。各层主管的分红以整个集团是否达到预定计划为根据，以增强他们的全局观念。

思考题：

结合此案例，论述企业如何实施有效的客户关系管理以保证企业的竞争优势。

第4章　供应链采购管理与合作关系

【学习目标】

➢ 知识点
- 供应链管理下的采购管理
- JIT 采购
- 供应链合作伙伴关系
- 供应商管理与供应商关系管理

➢ 难点
- JIT 采购的内容
- 选择合适的供应链合作伙伴

➢ 要求

熟练掌握的内容
- 供应链采购模式的转变
- 准时制采购的基本思想
- 供应链合作伙伴的含义及选择

了解理解的内容
- 了解降低物资采购风险对策
- 了解供应链合作伙伴关系的形成与理论基础
- 理解供应商管理与供应商关系管理

导入案例

为了支持准时制(Just In Time，JIT)生产方式，丰田公司对供应商的管理相当严格细致，通过将选定的供应商整合为一个企业网络，使得其内部所有相关企业的利益和目标完全一致。这种强大的供应商合作关系网络培养了丰田的核心竞争优势。在2003年OEM基准(评价美国汽车制造业制造商—供应商关系的主要指标之一)调查中，丰田汽车公司不论是从信任度、潜在的机会、还是在研发变革等方面都被评为零部件供应商最受欢迎的企业。另外在一项“最希望合作的整车厂商”的调查中，70%以上的零部件供应商表示了与丰田合作的意愿，而美国三大汽车商则全部低于30%。供应商企业一致认为丰田比较重视供应商的知识产权，能够在成本、质量以及技术三者间选取合理的平衡点，谋求长期的发展。

在与零部件供应商的关系中，丰田采用了“农夫”的做法，即丰田在供应商这块“土地”上锄草、施肥，帮供应商解决问题，让供应商和自己同舟共济。供应商“长大”了，丰田会通过收购股份等方式来进行控制，如此串联成一个长长的零部件供应链。通过增加持股，让丰田严格的管理标准和流程融入了零部件企业日常的研发和生产中。

丰田供应商关系战略沿袭了丰田喜一郎在20世纪30年代末提出的管理模式，即根据零部件的重要性对零部件进行分类，对于不同的零部件供应商，实行不同的管理模式。对于非战略性零部件，丰田主要考虑价格、质量和送货时间等因素能否满足自己的要求，使用传统的竞标方式压低价格，以刺激供应商之间的竞争，由此降低物品的采购价。对于战略性零部件的供应，丰田将这类制造业务专门分包给和丰田有紧密资本和财务联系的工厂，并将其视为丰田的特殊供应商，丰田与这类供应商发展战略合作伙伴关系，企业与供应商有较高程度的合作，企业开发与供应商之间的多功能界面，建立企业间的知识分享界面，把专有知识与技能传递给供应商，如通过丰田汽车的设计工程师与供应商的设计工程师的协作，以确保产品无缺陷和产品的定制化，同时丰田也推进对供应商特定性关系的投资，使得组织之间的界限趋于模糊，通过紧密的合作团队的形式确保企业关键技术和长期竞争优势的获得。

【思考】日本丰田汽车公司实施怎样的供应商管理策略，使得零部件供应商愿意与其合作，谋求长期的发展？

4.1 供应链采购管理

采购管理被称为供应链“贵族”，大部分世界级的制造企业、流通企业和服务企业中采购管理的位置正在发生着巨大的变化。现代的采购管理思想已经在企业的赢利决策中发挥着独到的作用。制造型企业对成本控制的要求不断提高，对产品的研发方面需要更多供应商的早期介入，对内外供应系统更需要协同一致，以及流通企业对商品的品类管理，补货系统管理，还有服务企业对后勤与维修物料的采购成本控制与采购方式转变，都对采购管理提出新的要求。

采购管理是物流管理的重点内容之一，在供应链企业之间原材料和半成品生产合作交流方面架起一座桥梁，沟通生产需求与物资供应的联系。为使供应链系统能够实现无缝连接，并提高供应链企业的同步化运作效率，就必须加强采购管理。在供应链管理模式下，采购工作要做到五个恰当：恰当的数量、恰当的时间、恰当的地点、恰当的价格、恰当的来源。

4.1.1 传统的采购模式

传统采购的重点放在如何和供应商进行商业交易的活动上，特点是比较重视交易过程中供应商的价格比较，通过供应商的多头竞争，从中选择价格最低的作为合作者。虽然质量、交货期也是采购过程中的重要考虑因素，但在传统的采购方式下，质量、交货期等都是通过事后把关的办法进行控制，如到货验收等，交易过程的重点放在价格的谈判上。因此在供应商与采购部门之间经常要进行询价、报价、还价等来回的谈判，并且多头进行，最后从多个供应商中选择一个价格最低的供应商签订合同，订单才决定下来。

传统采购模式在操作方式和透明度等方面相对落后，其规避采购风险的手段也有自身的特点，信息保密工作要严格。在传统的采购模式下，供应商的选择、价格的确定，多半通过比质、比价、招标、采购和商务谈判来完成。因此，需方为了通过供应商的多头竞争，从中选择合适的供应商，往往会保留自己的许多信息。同样，供应商为了在竞争中获胜，赢得市场份额，也会隐瞒自己的信息。由于供需双方均不能进行有效的信息沟通，很少披露乃至不披露有关信息，所以，采购风险也会相对较大。

注重事后的把关。在传统的采购模式下，因为采购一方很难参与供应商的生产组织过程和有关质量控制活动，因而相互工作是不透明的。因此，质量和交货期的控制一般是通过签订合同、按标准条款验收、催交催运、到货复检、事后质量检验等方法把关，以达到降低采购风险的目的。也就是说，在传统物资采购模式下，供需双方基本没有质量控制方面的合作。

多追求眼前利益。在传统采购模式下，供需关系是临时的或短期合作的关系。采购中，需方更多的时间是消耗在讨价还价、解决日常问题的过程中，往往频繁更换供应商或只考虑当前行情，调整采购计划和库存储备量，供需双方缺乏需求信息的沟通和长期的合作机制。

响应用户需求能力迟钝。由于供应与采购双方在信息的沟通方面缺乏及时的信息反馈，在市场需求发生变化的情况下，采购一方也不能改变供应一方已有的订货合同，因此采购一方在需求减少时库存增加，需求增加时，出现供不应求。重新订货需要增加谈判过程，因此供需之间对用户需求的响应没有同步进行，缺乏应付需求变化的能力。

4.1.2　供应链管理下的采购模式转变

在供应链管理的环境下，企业的采购方式和传统的采购方式有所不同。传统采购主要是买东西，即 buy，注重的是与供应商的交易。现代采购主要是构建优秀的供应商团队，即 sourcing，注重的是与供应商的关系。

供应链管理是一种现代的、集成的管理思想和方法，是利用计算机网络技术全面规划供应链中的物流、信息流、资金流等，实行计划、组织、协调与控制，采用系统方法整合供应商、生产制造商、零售商的业务流程，提高成员企业的合作效率，使产品及服务以正确的数量、质量，在正确的时间、地点，以最佳的成本进行生产与销售。供应链管理模式下的采购与传统采购模式相比，发生了以下3个方面的转变。

1. 从为库存采购到为订单采购的转变

在传统的采购模式中，采购的目的很简单，就是为了补充库存，即为库存而采购。采购部门并不关心企业的生产过程，不了解生产的进度和产品需求的变化，因此采购过程缺乏主动性，采购部门制订的采购计划很难适应制造需求的变化。

在供应链管理模式下，采购活动是以订单驱动方式进行的，制造订单的产生是在用户需求订单的驱动下产生的，然后，制造订单驱动采购订单，采购订单再驱动供应商。这种准时制的订单驱动模式，使供应链系统得以准时响应用户的需求，从而降低了库存成本，提高了物流的速度和库存周转率。订单驱动的采购方式有以下特点。

(1) 由于供应商与制造商建立了战略合作伙伴关系，签订供应合同的手续大大简化，不再需要双方的询盘和报盘的反复协商，交易成本也因此大为降低。

(2) 在同步化供应链计划的协调下，制造计划、采购计划、供应计划能够并行进行，缩短了用户响应时间，实现了供应链的同步化运作。采购与供应的重点在于协调各种计划的执行。

(3) 采购物资直接进入制造部门，减少采购部门的工作压力和不增值的活动过程，实现供应链精细化运作。

(4) 信息传递方式发生了变化。在传统采购方式中，供应商对制造过程的信息不了解，也无需关心制造商的生产活动。但在供应链管理环境下，供应商能共享制造部门的信息，提高了供应商应变能力，减少信息失真。同时在订货过程中不断进行信息反馈，修正订货计划，使订货与需求保持同步。

(5) 实现了面向过程的作业管理模式的转变。订单驱动的采购方式简化了采购工作流程，采购部门的作用主要是沟通供应与制造部门之间的联系，协调供应与制造的关系，为实现精细采购提供基础保障。

在传统的采购模式中，采购的目的就是为了补充库存，即为库存而采购，采购过程缺乏主动性，采购计划较难适应需求的变化。传统的采购业务原理如图 4.1 所示。

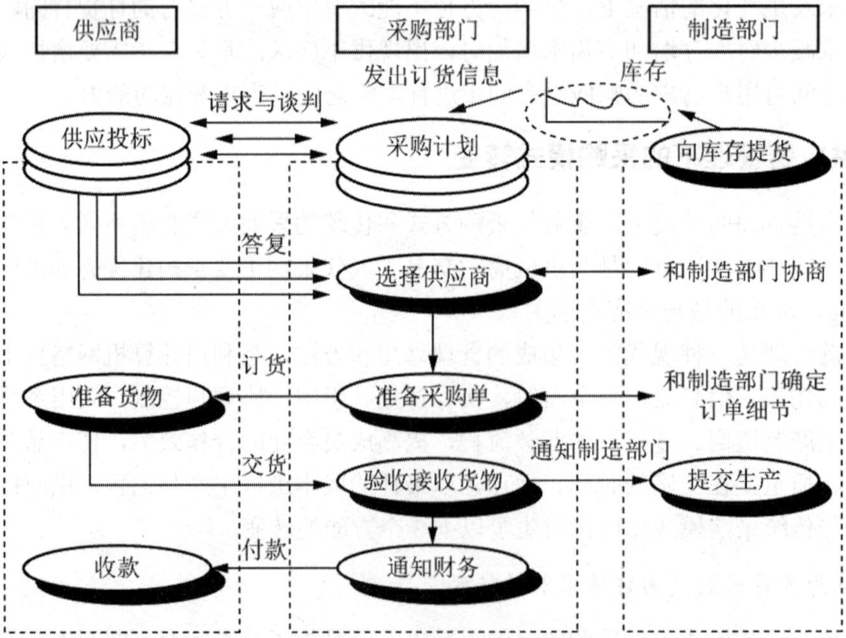

图 4.1　传统的采购业务原理

在供应链管理模式下，采购活动紧紧围绕用户需求发出订单，因而不仅可及时满足用户需求，而且可减少采购费用，降低采购成本。订单驱动的采购业务原理如图4.2所示。

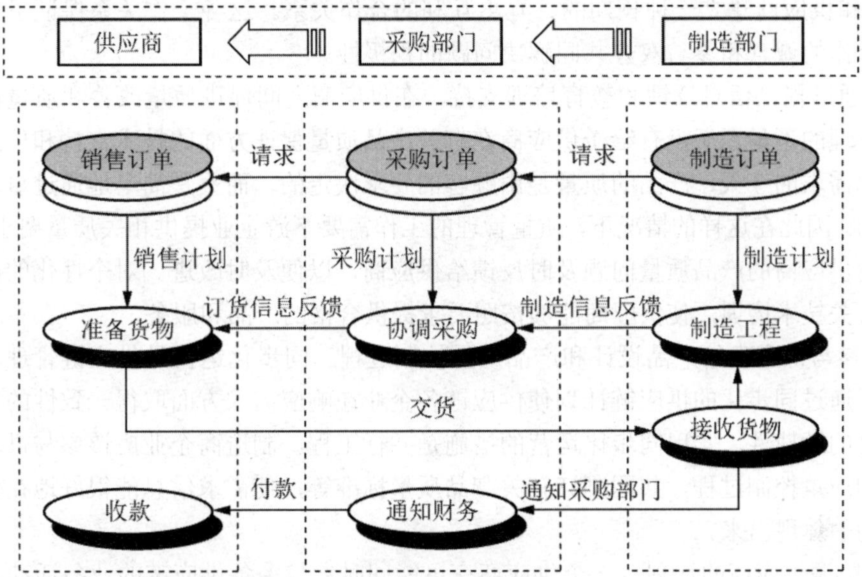

图4.2 订单驱动的采购业务原理

2. 从内部资源管理向外部资源管理转变

在传统的采购模式中，采购管理注重对内部资源的管理，追求采购流程的优化、采购环节的监控和与供应商的谈判技巧，缺乏与供应商之间的合作。

在供应链管理模式下，转向对外部资源及对供应商和市场的管理，增加了与供应商的信息沟通和市场的分析，加强了与供应商在产品设计、产品质量控制等方面的合作，实现了超前控制，供需双方双赢的合作局面。

传统采购管理的不足之处，就是与供应商之间缺乏合作，缺乏柔性和对需求快速响应的能力。准时制思想出现以后，对企业的物流管理提出了严峻的挑战，需要改变传统的单纯为库存而采购的管理模式，提高采购的柔性和市场响应能力，增加和供应商的信息联系和相互之间的合作，建立新的供需合作模式。

一方面，在传统的采购模式中，供应商对采购部门的要求不能得到实时响应，另一方面，关于产品的质量控制也只能进行事后把关，不能进行实时控制，这些缺陷使供应链企业无法实现同步化运作。因此，供应链管理采购模式的第二特点就是实施有效的外部资源管理。

实施外部资源管理也是实施精细化生产、零库存生产的要求。供应链管理中一个重要思想，是在生产控制中采用基于订单流的准时制生产模式，使供应链企业的业务流程朝着精细化生产努力，即实现生产过程的几个“零”化管理：零缺陷、零库存、零交货期、零故障、零(无)纸文书、零废料、零事故、零人力资源浪费。

供应链管理思想就是系统性、协调性、集成性、同步性，外部资源管理是实现供应链管理的上述思想的一个重要步骤，是企业集成。从供应链企业集成的过程来看，它是供应链企业从内部集成走向外部集成的重要一步。要实现有效的外部资源管理，制造商的采购活动应从以下几个方面着手进行改进。

(1) 和供应商建立一种长期的、互惠互利的合作关系。这种合作关系保证了供需双方能够有合作的诚意和参与双方共同解决问题的积极性。

(2) 通过提供信息反馈和教育培训支持，在供应商之间促进质量改善和质量保证。传统采购管理的不足在于没有给予供应商在有关产品质量保证方面的技术支持和信息反馈。在顾客化需求的今天，产品的质量是由顾客的要求决定的，而不是简单地通过事后把关所能解决的。因此在这样的情况下，质量管理的工作需要下游企业提供相关质量要求的同时，应及时把供应商的产品质量问题及时反馈给供应商，以便及时改进。对个性化的产品质量要提供有关技术培训，使供应商能够按照要求提供合格的产品和服务。

(3) 参与供应商的产品设计和产品质量控制过程。同步化运营是供应链管理的一个重要思想。通过同步化的供应链计划使供应链各企业在响应需求方面取得一致性的行动，增加供应链的敏捷性。实现同步化运营的措施是并行工程。制造商企业应该参与供应商的产品设计和质量控制过程，共同制订有关产品质量标准等，使需求信息能很好地在供应商的业务活动中体现出来。

(4) 协调供应商的计划。一个供应商有可能同时参与多条供应链的业务活动，在资源有限的情况下必然会造成多方需求争夺供应商资源的局面。在这种情况下，下游企业的采购部门应主动参与供应商的协调计划。在资源共享的前提下，保证供应商不出现因为资源分配不公或出现供应商不和的矛盾，保证供应链的正常供应关系，维护企业的利益。

(5) 建立一种新的、有不同层次的供应商网络，并通过逐步减少供应商的数量，致力于与供应商建立合作伙伴关系。在供应商的数量方面，一般而言，供应商越少越有利于双方的合作。但是，企业的产品对零部件或原材料的需求是多样的，因此不同的企业供应商的数目不同，企业应该根据自己的情况选择适当数量的供应商，建立供应商网络，并逐步减少供应商的数量，致力于和少数供应商建立战略伙伴关系。外部资源管理并不是采购方(下游企业)的单方面努力就能取得成效的，需要供应商的配合与支持，为此，供应商也应该从以下几个方面提供协作：① 帮助拓展用户(下游企业)的多种战略；② 保证高质量的售后服务；③ 对下游企业的问题作出快速反应；④ 及时报告所发现的可能影响用户服务的内部问题；⑤ 基于用户的需求，不断改进产品和服务质量；⑥ 在满足自己的能力需求的前提下提供一部分能力给下游企业——能力外援。

3. 从一般买卖关系向长期合作伙伴关系甚至到战略协作伙伴关系的转变

供应链管理模式下采购管理的第三个特点，是供应与需求的关系从简单的买卖关系向双方建立战略协作伙伴关系转变。在传统的采购模式中，与供应商的关系一般是短期买卖关系，采购理念停留在压榨供应商，频繁更换供应商上，无法共享各种信息。在供应链模式下，与供应商建立长期合作伙伴关系甚至到战略协作伙伴关系，共享库存和需求信息，共同抵御市场风险，共同研究制订降低成本的策略，把相互合作和双赢关系提高到全局性、战略性的高度。基于战略伙伴关系的采购方式能在如下的几个方面解决供应链采购的全局性和战略性问题。

(1) 库存问题。在传统的采购模式下，供应链的各级企业都无法共享库存信息，各级结点企业都独立地采用订货点技术进行库存决策不可避免地产生需求信息的扭曲现象，因此供应链的整体效率得不到充分提高。但在供应链管理模式下，通过双方的合作伙伴关系，供应与需求双方可以共享库存数据，因此采购的决策过程变得透明化了，减少了需求信息的失真现象。

(2) 风险问题。供需双方通过战略性合作关系，可以降低由于不可预测的需求变化带来的风险，比如运输过程的风险、信用的风险、产品质量的风险等。

(3) 通过合作伙伴关系可以为双方共同解决问题提供便利的条件。通过合作伙伴关系，双方可以为制订战略性的采购供应计划共同协商，不需要为日常琐事消耗时间与精力。

(4) 降低采购成本问题。通过合作伙伴关系，供需双方都从降低交易成本中获得利益。由于避免了许多不必要的手续和谈判过程，信息的共享避免了信息不对称决策可能造成的成本损失。

(5) 战略性的伙伴关系消除了供应过程的组织障碍，为实现准时制采购创造了条件。

4.1.3 供应链管理环境下降低物资采购风险的对策

1. 集中采购

集中采购是降本治散、治乱的利器。通过集中采购，加大企业在市场进行价格、质量、服务谈判的筹码，巩固其在供应链结点上作为核心企业的位置，摆脱供应链上各自为战、分散对外的被动局面，充分发挥联合优势，实现统一对外，提高抗风险的能力，最大限度降低成本，达到效益最大化目标。中石化集团公司推行的“集中采购、归口管理、统一储备、统一结算”的物资供应体制，正是符合供应链管理的采购理念，是使物资采购环节成为企业利润摇篮的一种现代管理模式。

2. 选择合适供应商

首先对企业需用物资按照物资自然属性、使用用途等标准进行科学分类，然后根据不同类别物资和对企业的重要程度、采购的难易程度和可靠程度，将其划分为重点、次重点、次要等管理类别，并根据实际情况，注重对供应商质量、价格、服务等方面进行事前审核和监控。尤其对于重点采购的物资，更应严格其供应商准入制度。可由企业组成联合调查小组，对供应商生产条件、设备状况、质量保证体系、财务指标、银行信誉、企业业绩等方面情况进行综合调查，并采取科学评价体系，综合评估供应商的实力，进而选择质量可靠、价格合理、服务优良、信誉良好的供应商，确立其名录，以降低采购风险。

3. 与供应商建立长期的战略伙伴关系

通过给供应商提供需求信息、反馈物资使用情况或加强对供应商的业务培训，与供应商建立良好的合作关系，帮助供应商建立起促进和保证质量的机制。为抓好源头，还可以参与供应商的产品设计和产品质量控制过程，共同制定有关产品的质量标准，促使供应商采用新技术、新材料、新方法，以提高产品质量和性能，降低采购风险，真正实现以双赢为目的的战略联盟。

4. 加快物资采购的信息化建设

积极尝试应用电子商务和ERP等先进的管理系统，实现物流、信息流、资金流的统一。在企业内部应努力搭建集录入、操作、查询、监控等功能为一体的物资采购管理信息网络平台，以实现基础数据一输百用，使各采购环节有机协调和配合起来。通过直观迅捷的网络平台，不仅可加强对采购过程的监控，使采购做到程序化、透明化、规范化、高效化管理，还可以大大降低因延期、误期而导致的采购风险。

5. 推行准时制采购管理模式

供应链环境下采购管理的核心内容是实现准时制采购，即做到数量、时间、地点、价格、来源的五个准确。推广和实施准时制采购，可有效利用社会库存，降低企业库存，甚至可实现企业部分物资零库存的目标。这不仅可以极大提高采购工作效率，降低库存资金风险，而且可保证物资供应和企业需求同步化运作。

4.2 准时制采购

4.2.1 准时制采购的内涵

准时制采购也叫JIT采购法，指在恰当的时间、恰当的地点、以恰当的数量、恰当的质量提供恰当的物品。它是从准时生产发展而来的，是为了消除库存和不必要的浪费而进行持续性改进。它是由日本丰田汽车公司的准时制生产的管理思想演变而来的。

丰田公司的副总经理大野耐一创造了JIT生产方式，他是在美国参观超级市场时受超级市场供货方式的启发而萌生出来的想法。美国的超级市场除了商店货架上的货物之外，是不另外设立仓库和库存的，商店每天晚上根据当天的销售量来预测明天的销售量，据此向供应商订货。第二天清早供应商按指定的数量送货到商店，有时供应商一天还要分两次送货，把需要的品种、数量，在需要的时间，送到需要的地点，每天的送货量刚好满足商店的需要，没有多余，当然也就没有库存，实际上超级市场模式就是一种采购供应的模式。由一个供应商、一个用户，双方形成了一个供需“结点”，需方是采购方，供应商是供应方，供方按照需方的要求给需方进行JIT供货，它们之间的采购供应关系，就是一种JIT采购模式。

JIT采购的主要原理主要表现在以下几个方面。

(1) 与面向库存的传统采购不同，JIT采购是一种直接面向需求的采购模式，它的采购送货是直接送到需求点上。

(2) 用户需要什么，就送什么，品种规格符合客户需要。

(3) 用户需要什么质量，就送什么质量，品种质量符合客户需要，拒绝次品和废品。

(4) 用户需要多少就送多少，不少送，也不多送。

(5) 用户什么时候需要，就什么时候送货，不晚送，也不早送，准时送货。

(6) 用户在什么地点需要，就送到什么地点。

JIT 采购原理既做到了很好的满足企业对物资的需求，又使得企业的库存量最小，只要在生产线上放一点临时的存放，一天工作完，这些临时存放就用完了，库存完全为零。依据 JIT 采购的原理，一个企业中的所有活动只有当需要进行的时候接受服务，才是最合算的。

4.2.2 准时制采购的基本思想

JIT 采购法是一种先进的采购模式，是一种管理哲理。是为了消除库存和不必要的浪费而进行的持续性改进。要进行准时制生产必须有准时的供应，因此 JIT 采购是 JIT 生产管理模式的必然要求。它和传统的采购方法在质量控制、供需关系、供应商的数目、交货期的管理等方面有许多不同，其中关于供应商的选择(数量与关系)、质量控制是其核心内容。

JIT 采购包括供应商的支持与合作以及制造过程、货物运输系统等一系列的内容。JIT 采购不但可以减少库存，还可以加快库存周转、缩短提前期、提高购物的质量、获得满意交货等效果。按照 JIT 管理原理，企业中的所有活动只有当需要进行的时候才进行，即只有在需要的时候，按照所需要的数量、质量、提供所需要的产品和服务。因此，企业按照 JIT 采购就是只在需要的时候(既不提前，也不延迟)，按需要的数量，将企业生产所需要的合格的原材料和外购件采购回来。

1. 准时制采购与传统采购的区别

(1) 传统的采购选择较多供应商，合作关系松散、物料质量不易稳定；JIT 采购选择较少供应商，合作关系稳固、物料质量较稳定。

(2) 在供应商评价上，传统采购只评价合同履行能力；JIT 采购对合同履行能力、生产设计能力、物料配送能力、产品研发能力等，进行综合评价。

(3) 在交货方式上，传统采购由采购商安排、按合同交货；JIT 采购由供应商安排，确保交货准时性。

(4) 在到货检查与信息交流上，传统采购每次到货检查信息不对称，易导致暗箱操作；JIT 采购质量有保障，无需检查，采供双方高度共享准时实时信息，易建立信任。

(5) 在采购批量与运输上，传统采购大批量采购，配送频率低，运输次数相对少；JIT 采购小批量采购、频率高、运输次数多。

2. 准时制采购的意义

根据实施 JIT 采购的企业测算，JIT 采购可以使仓库库存减少 40%～85% ，这就大大降低了库存成本，加速了资金周转。

神龙汽车有限公司对汽车座椅实行 JIT 采购后，库存水平由原来的 240 套降到 24 套，减少库存资金占用 88.56 万元。

生产复印机的美国施乐(Xerox)公司通过实施 JIT 采购，使该公司库存降低了 40%，通过精选供应商，JIT 采购可以使购买物品的质量提高 2～3 倍。由于 JIT 采购单源供应，长期订货，采购的总数量大，这就使购买价格得以大幅度降低。美国施乐公司通过 JIT 采购，使其采购物资的价格下降了 40%～50%，劳动生产率也提高了 2%。JIT 采购精简了采购流程，节省了传统采购在人力、物力、财力等方面的耗费，提高了工作效率。

通过海尔的BBP采购平台，所有的供应商均在网上接受订单，使下达订单的周期从原来的7天以上缩短为1小时内，而且准确率达100%。除下达订单外，供应商还能通过网上查询库存、配额、价格等信息，实现及时补货，使海尔能够实现JIT采购。

4.2.3 准时制采购的主要特性

1. 采用较少的供应商，甚至单源供应

单源供应指的是对某一种原材料或外购件只从一个供应商那里采购；或者说，对某一种原材料或外购件的需求，仅由一个供应商供货。JIT采购认为，最理想的供应商数目是：对每一种原材料或外购件，只有一个供应商。因此，单源供应是JIT采购的基本特征之一。传统的采购模式一般是多头采购，供应商的数目相对较多。从理论上讲，采取单源供应比多头供应好，一方面，对供应商的管理比较方便，且可以使供应商获得内部规模效益和长期订货，从而使购买原材料和外购件的价格降低，有利于降低采购成本；另一方面，单源供应可以使制造商成为供应商的一个非常重要的客户，因而加强了制造商与供应商之间的相互依赖关系，有利于供需之间建立长期稳定的合作关系，质量上比较容易保证。但是，采取单源供应也有风险，比如供应商可能因意外原因中断交货。另外，采取单源供应，使企业不能得到竞争性的采购价格，会对供应商的依赖性过大等。

在日本，虽然98%的JIT企业采取单源供应，但实际上，一些企业常采用同一原材料或外购件由两个供应商供货的方法，其中一个供应商为主，另一个供应商为辅。从现实中看，许多企业也不想成为单一供应商。原因一方面是供应商是独立性较强的商业竞争者，不愿意把自己的成本数据披露给用户；另一方面是供应商不愿意成为用户的一个产品库存点。实施JIT采购，需要减少库存，但库存成本原先在用户一边，现在转移到供应商。因此，用户必须意识到供应商这种忧虑。

2. 采取小批量采购的策略

小批量采购是JIT采购的一个基本特征。JIT采购和传统的采购模式的一个重要不同之处在于准时生产需要减小批量，甚至实现“一个流生产”。因此，采购物资也应采用小批量办法。从另一个角度看，由于企业生产对原材料和外购件的需求是不确定的，而JIT采购又旨在消除原材料和外购件库存，为了保证准时、按质按量供应所需的原材料和外购件，采购必然是小批量的。但是，小批量采购必然增加运输次数和运输成本，对供应商来说，这点是很为难的事情，特别是当供应商在远距离的情形下，实施JIT采购的难度就很大。

通常情况下，解决这一问题的方法主要有四种：一是供应商在地理位置上靠近制造商，如日本汽车制造商扩展到哪里，其供应商就跟到哪里；二是供应商在制造商附近建立临时仓库，实质上，这只是将负担转嫁给了供应商，而未从根本上解决问题；三是由一个专门的承包运输商或第三方物流企业负责送货，按照事先达成的协议，搜集分布在不同地方的供应商的小批量物料，准时按量送到制造商的生产线上；四是让一个供应商负责供应多种原材料和外购件。

3. 对供应商选择的标准发生变化

由于 JIT 采购采取单源供应，因而对供应商的合理选择就显得尤为重要。可以说，能否选择到合格的供应商是 JIT 采购能否成功实施的关键。合格的供应商应具有较好的技术、设备条件和较高的管理水平，可以保障采购的原材料和外购件的质量，保证准时按量供货。

在传统的采购模式中，供应商是通过价格竞争来选择的，供应商与用户的关系是短期合作的关系，当发现供应商不合适时，可以通过市场竞标的方式重新选择供应商。但在 JIT 采购模式中，由于供应商和用户是长期的合作关系，供应商的合作能力将影响到企业长期经济利益，因此，对供应商的要求就比较高。在选择供应商时，需要对供应商按照一定标准进行综合评价，这些标准应包括产品质量、交货期、价格、技术能力、应变能力、批量柔性、交货期与价格的均衡、价格与批量的均衡、地理位置等，而不像传统采购那样主要依靠价格标准。在大多数情况下，其他标准较好的供应商，其价格可能也是较低的，即使不是这样，双方建立起互利互惠的合作关系后，企业可以帮助供应商找出降低成本的方法，从而使价格降低。更进一步，当双方建立了良好的合作关系后，很多工作可以简化甚至消除，如订货、修改订货、点数统计、品质检验等，从而减少浪费，降低成本。

4. 对交货的准时性要求更加严格

JIT 采购的一个重要特点是要求交货准时，这是实施 JIT 生产的前提条件。交货准时取决于供应商的生产与运输条件。对供应商来说，要使交货准时，可以从以下几个方面着手：一是不断改善企业的生产条件，提高生产的连续性和稳定性，减少由于生产过程的不稳定导致延迟交货或误点现象。作为准时化供应链管理的一部分，供应商同样应采用准时化的生产管理模式，以提高生产过程的准时性。另一方面，为了提高交货准时性，运输问题不可忽视。在物流管理中，运输问题是一个很重要的问题，它决定准时交货的可能性，因此就要求用户企业和供应企业都应着重考虑好这一方面问题，并进行有效的计划和管理，使运输过程准确无误。

5. 从根源上保障采购质量

实施 JIT 采购后，企业的原材料和外购件的库存很少甚至为零。因此，为了保障企业生产经营的顺利进行，采购物资的质量必须从根源上抓起，也就是说，质量问题应由供应商负责，而不是企业的物资采购部门。JIT 采购就是要把质量责任返回给供应商，从根源上保证采购质量。为此，供应商必须参与制造商的产品设计过程，制造商也应帮助供应商提高技术能力和管理水平。

美国 IBM 公司企业战略中的重要一环就是帮助供应商建立供应体系，以实现真正的本地化采购供应。这不仅对供应商有利，对 IBM 也很有帮助。为此，IBM 建立一个开放、兼容的信息平台，在此基础上，IBM 可以详细地了解供应商的生产流程、介入产品设计、生产、质量控制等过程，为其产品线找出竞争优势。以长城公司为例，IBM 和长城公司之间既是合资公司的业务伙伴关系，同时也是供应商与客户的关系。通过帮助长城公司提高技术水平，不仅使长城公司的市场竞争能力增强了，也使长城公司能够更好地提供高质量的产品为 IBM 服务，同时 IBM 还向长城公司提供一种开放的技术标准作为技术支持，使长城公司可以了解 IBM 眼中的业界发展方向。由于 IBM 本身具有一流的技术能力，长城公司与之保持同样的发展方向就自然增加了自身的竞争能力。

6. 对信息交流的需求加强

JIT 采购要求供应与需求双方信息高度共享，保证供应与需求信息的准确性和实时性。由于双方的战略合作关系，企业在生产计划、库存、质量等各方面的信息都可以及时进行交流，以便出现问题时能够及时处理。只有供需双方进行可靠而快速的双向信息交流，才能保证所需的原材料和外购件的准时按量供应。同时，充分的信息交换可以增强供应商的应变能力。所以实施 JIT 采购，就要求供应商和制造商之间进行有效的信息交流。信息内容包括生产作业计划、产品设计、工程数据、质量、成本、交货期等。全球知名的沃尔玛公司和宝洁公司合作后，双方成立了一个协作团队，共同控制商品的质量。双方以结盟的方式，通过计算机实现数据共享。

宝洁公司借助数据库，除迅速知道沃尔玛物流中心自己所需的商品情况外，还能及时了解自己产品在沃尔玛各店铺的销售量、库存量和价格等，这不仅能使宝洁公司及时制订出符合市场需求的生产和研发计划，同时也能对沃尔玛的库存做到连续补货，沃尔玛只需要决定商品的进货数量就可以了。反过来，沃尔玛向宝洁公司反馈市场和消费信息，直接指导宝洁调整产品结构，改进产品质量，双方形成一种双赢的合作联盟。

7. 可靠的送货和特定的包装要求

由于 JIT 采购消除了原材料和外购件的缓冲库存，供应商交货的失误和送货的延迟必将导致企业生产线的停工待料。因此，可靠送货是实施 JIT 采购的前提条件。而送货的可靠性，常取决于供应商的生产能力和运输条件，一些不可预料的因素，如恶劣的气候条件、交通堵塞、运输工具故障等，都可能引起送货延迟。此外 JIT 采购对原材料和外购件的包装也提出了特定的要求。最理想的情况是，对每一种原材料和外购件，采用标准规格且可重复使用的容器包装，既可提高运输效率，又能保证交货的准确性。

阅读案例

海尔集团实行 JIT 采购，每年可以为公司节约上亿元。海尔市场链流程再造与创新过程中，JIT 采购配送中心整合海尔集团的采购与配送业务，形成了极具规模化、网络化、信息化的 JIT 采购及配送体系。

海尔物流 JIT 采购管理体系实现为订单而采购，降低物流采购成本；推行 VMI 模式，建立与供应商的战略合作伙伴关系，实现与供应商的双赢合作。目前，JIT 采购面向包括 50 余个世界 500 强企业的供应商实施全球化采购业务，在全面推进实施寄售采购模式的同时可为用户提供一站到位的第三方服务业务。

海尔物流 JIT 配送管理体系提高原材料配送的效率，“革传统仓库管理的命”，通过建立了两个现代智能化的立体仓库及自动化物流中心及利用 ERP 物流信息管理手段对库存进行控制，实现 JIT 配送模式。从物流容器的单元化、标准化、通用化到物料搬运机械化，到车间物料配送的“看板”管理系统、定置管理系统、物耗监测和补充系统，进行了全面改革，实现了“以时间消灭空间”的物流管理目标。

JIT 配送全面推广信息替代库存，使用电子标签、条码扫描等国际先进的无纸化办公方法，实现物料出入库系统自动记账，达到按单采购、按单拉料、按单拣配、按单核算投入产出、按单计酬的目标。形成了一套完善的订单配送体系。先进的 JIT 采购及配送管理体系、丰富的实践运作经验、强大的信息系统，海尔 JIT 采购配送中心将打造出新时代的采购配送流程。

4.2.4 准时制采购的实施

JIT 采购是一个不断完善和改进的过程，需要在实施过程中不断总结经验教训，从降低运输成本，提高交货的准确性，提高产品质量，降低供应库存等方面进行改进，不断提高 JIT 采购的运作绩效。实行 JIT 采购效益非常好，操作也非常简单，但对企业管理基础和信息化建设基础要求较高，作为一种先进的采购方法，由于能为企业带来显著的经济效益，JIT 采购模式已经引起了越来越多企业的了解和重视，推广和应用已是企业发展的必然需要。企业要开展 JIT 采购，要了解和探索 JIT 采购的原理和方法，从基础工作抓起，逐步创造条件，才能达到事半功倍的效果，早日为企业创造经济效益，提高企业的竞争能力。

1. 准时采购的应用环境

JIT 采购是基于供应链管理环境下的采购方式，是客观存在的。任何一个企业都不能孤立的存在，它需要原材料等的供应，也需要使用其产品的企业或客户；它需要市场，需要各种企业的支持。这些市场和企业联系到一起，形成了一条长长的供应链，每一个环节都含有“供”和“需”两个方面。供和需总是相对而言、相伴而生的，它们相互转换，周而复始。它把整个供应链看成一个实体，用系统的观点进行优化，以提高整个供应链的竞争优势。

在供应链管理环境中的采购活动是以订单驱动方式进行的，制造订单的产生是在用户需求订单的驱动下产生的。制造订单驱动采购订单，采购订单再驱动供应商。这种准时化的订单驱动模式，使供应链系统得以准时响应用户的需求。订单驱动使供需双方都围绕订单运作，也就实现了准时化、同步化运作。

2. 实施准时化采购法的原则

通过分析 JIT 采购法的特性，从中可以看到，企业要实施 JIT 采购模式，一是看板管理，JIT 采购中最有效的使用手段；二是企业要选择最佳的供应商，并对供应商进行有效管理，JIT 采购成功的基石；三是供应商与用户紧密合作是 JIT 采购成功的“钥匙”；四是卓有成效的采购过程，严格的质量控制是 JIT 采购成功的保证。此外 JIT 采购还必须遵循一定的科学实施步骤。

3. 有效地实施准时采购方法

1) 创建准时化采购班组

世界一流企业的专业采购人员有三个责任：寻找货源；商定价格；发展与供应商的协作关系并不断改进。同时，专业化的高素质采购队伍对实施 JIT 采购至关重要。成立两个负责 JIT 采购班组：一个专门处理供应商事务的班组，该班组的任务是认定和评估供应商的信誉、能力，或与供应商谈判签订 JIT 订货合同，向供应商发放免检签证等，同时要负责供应商的培训与教育；另外一个班组专门从事消除采购过程中的浪费。

2) 制订计划，确保准时化采购策略有计划、有步骤的实施

要制订采购策略，改进当前的采购方式，减少供应商的数量、正确评估供应商、向供应商发放签证等内容。要与供应商一起商定 JIT 采购的目标和有关措施，保持密切的信息沟通。

3) 精选少数供应商，建立合作伙伴关系

选择供应商应从几个方面考虑：产品质量、供货情况、应变能力、地理位置、企业规模、财务状况、技术能力、价格、与其他供应商的可替代性等。

4) 进行试点工作

先从某种产品或某条生产线试点开始，进行零部件或原材料的 JIT 供应。在试点过程中，取得企业各个部门的支持是很重要的，特别是生产部门的支持。通过试点，总结经验，为正式实施 JIT 采购打下基础。

5) 搞好供应商的培训，确定共同目标

JIT 采购是供需双方共同的业务活动，单靠采购部门的努力是不够的，需要供应商的配合。

6) 向供应商颁发产品免检合格证书

JIT 采购和传统的采购方式的不同之处在于买方不需要对采购产品进行较多的检验手续。要做到这一点，需要供应商做到提供百分之百的合格产品，当其做到这一要求时，即向供应商颁发产品免检合格证书。

7) 实现配合准时化生产的交货方式

JIT 采购的最终目标是实现企业的生产准时化，为此，要实现从预测的交货方式向准时化交货方式转变。

8) 继续改进，扩大成果

JIT 采购是一个不断完善和改进的过程，需要在实施过程中不断总结经验教训，从降低运输成本、提高交货的准确性和产品的质量、降低供应商库存等各个方面进行改进，不断提高 JIT 采购的运作绩效。

4.3 供应链合作伙伴关系

4.3.1 供应链合作伙伴的含义

供应链合作关系(Supply Chain Partnership，SCP)一般是指在供应链内部两个或两个以上独立的成员之间形成的一种协调关系，以保证实现某个特定的目标或效益，在一定时期内的共享信息、共担风险、共同获利的协议关系。

建立供应链合作伙伴关系的目的在于通过提高信息共享水平，减少整个供应链产品的库存总量、降低成本和提高整个供应链的运作绩效。

供应链合作关系也就是供应商—制造商(Supplier-Manufacturer)关系，或者称为卖主/供应商—买主(Vendor/Supplier-Buyer)关系，或者称为供应商之间关系(Supplier Partnership)。

供应链合作关系的形成原因通常是为了降低供应链总成本、降低库存水平、增强信息共

享、改善相互之间的交流、保持战略伙伴相互之间操作的一致性、产生更大的竞争优势，以实现供应链结点企业的财务状况、质量、产量、交货期、用户满意度和业绩的改善和提高。

供应链合作关系与传统的供应商关系的比较，如表4-1所示。

表4-1　供应链合作关系与传统供应商关系的比较

	传统供应商关系	供应链合作关系
相互交换的主体	物料	物料、服务
供应商选择标准	强调价格	多标准进行考虑(交货的质量和可靠性等)
稳定性	变化频繁	长期、稳定、紧密合作
合同性质	单一	开放合同(长期)
供应批量	小	大
供应商数量	大量	少(少而精，可以长期紧密的合作)
供应商规模	小	大
供应商的定位	当地	国内和国外
信息交流	信息专有	信息共享(电子化连接、共享各种信息)
技术支持	不支持	支持
质量控制	输入检查控制	质量保证(供应商对产品质量负全部责任)
选择范围	投标评体	广泛评估可增值的供应商

显然，战略合作关系必然要求强调合作和信任。实施供应链合作关系就意味着新产品/技术的共同开发、数据和信息的交换、市场机会共享和风险共担。在供应链合作关系环境下，制造商选择供应商不再是只考虑价格，而是更注重选择能在优质服务、技术革新、产品设计等方面进行良好合作的供应商。供应商为制造企业的生产和经营供应各种生产要素(原材料、能源、机器设备、零部件、工具、技术和劳务服务等)。供应者所提供要素的数量、价格直接影响到制造企业生产的好坏、成本的高低和产品质量的优劣。

4.3.2　建立供应链合作伙伴关系的动力与意义

1. 建立供应链合作伙伴关系的动力

(1) 核心竞争力。建立在企业核心资源的基础之上，企业技术、产品、管理、文化的综合优势在市场上的反映。一个组织内部具有的一系列互补的技能和知识的结合，既有一项或多项业务达到竞争领域一流水平的能力又有为顾客提供某种特殊的利益的能力。

(2) 不断变化的顾客期望。企业通过建立合作伙伴关系满足客户的期望，包括个性化的产品设计、广阔的产品选择范围、优异的质量和可靠性、快速满足顾客要求、高水平的顾客服务。

(3) 外包战略。外包的好处包括成本优势、质量优势、柔性优势、专业优势、核心竞争力优势。

2. 建立供应链合作伙伴关系的意义

(1) 减小不确定因素，降低库存。面对供需关系的不确定因素可以通过相互之间的合作消除。通过合作，共享需求与供给信息，能使许多不确定因素明确。

(2) 快速响应市场。集中力量于自身的核心竞争优势，能充分发挥各方的优势，并能迅速开展新产品的设计和制造，从而使新产品响应市场的时间明显缩短。

(3) 加强企业的核心竞争力。以战略合作关系为基础的供应链管理，能发挥企业的核心竞争优势，获得竞争地位。

(4) 用户满意度增加。在产品设计、制造过程、售后服务等方面不断满足用户的需求。制造商帮助供应商更新生产和配送设备，加大对技术改造的投入，提高产品和服务质量，增加用户满意度。

3. 供应链总周期时间的意义

从供应链合作关系在缩短供应链总周期时间中的地位可以看出它对于供应链管理企业的重要意义，如图 4.3 所示。

速度是企业赢得竞争的关键所在，供应链中制造商要求供应商加快生产运作速度，通过缩短供应链总周期时间，达到降低成本和提高质量的目的。从图 4.3 中可以看出，要缩短总周期，主要依靠缩短采购时间、内向(Inbound)运输时间、外向(Outbound)运输时间和设计制造时间(制造商与供应商共同参与)，显然加强供应链合作关系的意义重大。

通过建立供应商与制造商之间的战略合作关系，可以达到以下目标。

1) 对于制造商/买主

(1) 降低成本(降低合同成本)。

(2) 实现数量折扣、稳定而有竞争力的价格。

(3) 提高产品质量和降低库存水平。

(4) 改善时间管理。

(5) 交货提前期的缩短和可靠性的提高。

(6) 提高面向工艺的企业规划。

(7) 更好的产品设计和对产品变化更快的反应速度。

(8) 强化数据信息的获取和管理控制。

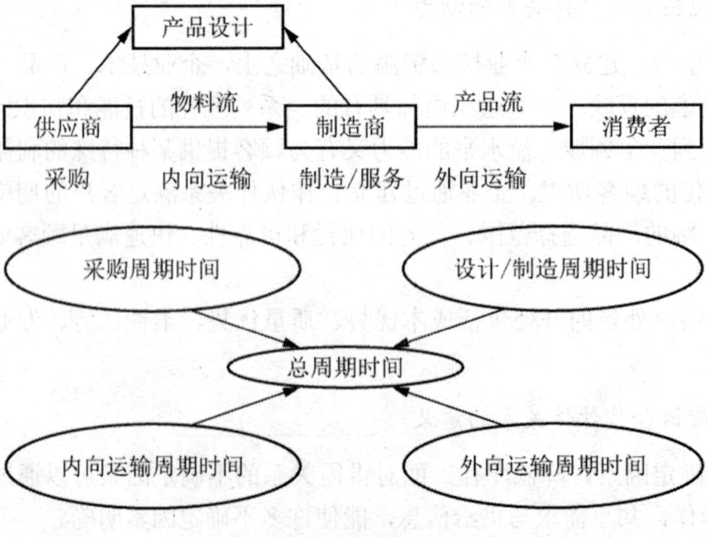

图 4.3 供应链总周期时间

2) 对于供应商/卖主

(1) 保证有稳定的市场需求。

(2) 对用户需求更好地了解/理解。

(3) 提高运作质量。

(4) 提高零部件生产质量。

(5) 降低生产成本。

(6) 提高对买主交货期改变的反应速度和柔性。

(7) 获得更高的(比非战略合作关系的供应商)利润。

3) 对于双方

(1) 改善相互之间的交流。

(2) 实现共同的期望和目标。

(3) 共担风险和共享利益。

(4) 共同参与产品和工艺开发，实现相互之间的工艺集成、技术和物理集成。

(5) 减少外在因素的影响及其造成的风险。

(6) 降低投机思想和投机几率。

(7) 增强解决矛盾冲突能力。

(8) 订单、生产、运输上实现规模效益以降低成本。

(9) 减少管理成本。

(10) 提高资产利用率。

虽然有这些利益的存在，仍然存在许多潜在的风险会影响供应链战略合作关系的参与者，因此，企业必须对传统合作关系和战略合作关系策略作出正确对比，再作出合适的决策。

4.3.3 供应链战略合作伙伴关系的形成

从近年来企业关系发展的历史来看，企业关系的演变过程大致经历了四个发展阶段，如图4.4所示。

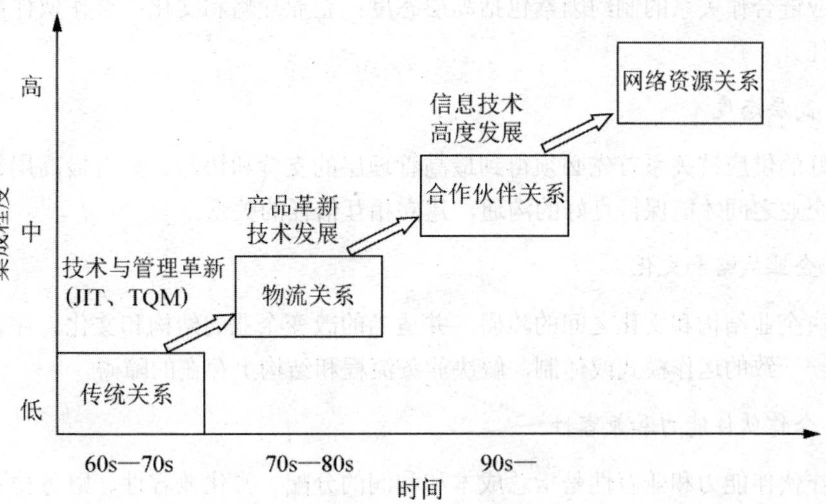

图4.4　供应链合作关系发展的过程

1. 传统关系

以传统的产品买卖为特征的短期合同关系。买卖关系是基于价格的关系，买方在卖方之间引起价格的竞争并在卖方之间分配采购数量来对卖方加以控制。从传统的以生产为中心的企业关系模式向物流关系模式转化，JIT 和 TQM 等管理思想起着催化剂的作用。

2. 物流关系

以加强基于产品质量和服务的物流关系为特征，物料从供应链上游到下游的转换过程进行集成，注重服务的质量和可靠性，供应商在产品组、柔性、准时等方面的要求较高。在信息共享(透明性)、服务支持(协作性)、并行工程(同步性)、群体决策(集智性)、柔性与敏捷性等方面都不能很好地适应越来越剧烈的市场竞争的需要，企业需要更高层次的合作与集成，于是产生了基于战略伙伴关系的企业模型。

3. 合作伙伴关系

企业与其合作伙伴在信息共享、服务支持、并行工程、群体决策等方面合作，强调基于时间(Time-based)和基于价值(Value-based)的供应链管理。

4. 网络资源关系

具有战略合作伙伴关系的企业体现了企业内外资源集成与优化利用的思想。基于这种企业运作环境的产品制造过程，从产品的研究开发到投放市场，周期大大地缩短了，而且顾客导向化(Customization)程度更高，模块化、简单化产品、标准化组件的生产模式使企业在多变的市场中柔性和敏捷性显著增强，虚拟制造与动态联盟加强了业务外包策略的利用以实现集成化战略合作伙伴关系和以信息共享的网络资源关系为特征。信息技术高度发展以及在供应链结点企业间的高度集成，供应链结点企业间的合作关系最终集成为网络资源关系。

4.3.4 供应链合作关系的制约因素

供应链合作关系的制约因素包括高层态度；企业战略和文化；合作伙伴能力和兼容性以及信任。

1. 高层态度

良好的供应链关系首先必须得到最高管理层的支持和协商。只有最高层领导赞同合作伙伴，企业之间才能保持良好的沟通，建立相互信任的关系。

2. 企业战略和文化

解决企业结构和文化之间的障碍，并适当的改变企业的结构和文化。在合作伙伴之间建立统一一致的运作模式或体制，解决业务流程和结构上存在的障碍。

3. 合作伙伴能力和兼容性

合作伙伴能力和兼容性是指总成本和利润的分配、文化兼容性、财务稳定性、合作伙伴的能力和定位、自然地理位置分布、管理的兼容性等。

4. 信任

在供应链战略合作关系建立的实质阶段，需要进行期望和需求分析，相互之间需要紧密合作，加强信息共享，相互进行技术交流和提供设计支持。在实施阶段，相互之间的信任更为重要。

4.3.5 供应链企业间合作的理论基础

交易成本理论和代理理论是现代企业理论的两个主要分支。交易成本理论的重点是研究企业与市场的关系；代理理论侧重于分析企业内部组织结构及企业成员之间的代理关系，又可分为代理成本理论和委托—代理理论。

1. 合作协商与委托—代理机制(供应链形成的基础)

在加盟某个供应链时，企业都会从各自的自身利益出发，展开合作对策研究，在委托与承包企业间形成一个合作协商机制和委托代理机制。

2. 发挥群体协商机制的作用

发挥群体协商机制的作用包括以下几个方面。

(1) 企业联盟中信任(Confidence)：面临企业间如何建立信任关系的问题。

(2) 沟通(Communication)：面临通过沟通解决企业间信息不对称的问题。

(3) 交易成本问题：面临如何降低协商，委托—代理成本的问题。

注：交易成本(Transaction Costs)又称交易费用，最早由美国经济学家罗纳德·科斯提出。他在《企业的性质》一文中认为交易成本是“通过价格机制组织生产的，最明显的成本，就是所有发现相对价格的成本”、“市场上发生的每一笔交易的谈判和签约的费用”及“利用价格机制存在的其他方面的成本”。交易成本包括：①达成双方满意的协议的成本；②使协议适应预期不到的突发事件的成本；③实施协议条件的成本；④中止协议的成本。

3. 委托—代理关系中的问题

在委托—代理(Principle-Agent)关系中，一个参与人(称为委托人)想使另一个参与人(称为代理人)按照前者的利益选择行动，但委托人不能直接观测到代理人选择了什么行动，能观测到的只是一些变量，这些变量由代理人的行动和其他的外生的随机因素共同决定，因而充其量只是代理人行动的不完全信息。委托人的问题是如何根据这些观测到的信息来奖惩代理人，以激励其选择对委托人最有利的行动。委托人与代理人之间的契约如何安排，委托人如何监督和控制代理人需要选择合适的方法。

因此，其间存在两种必须面对的代理问题：相对于委托人而言的信息非对称性带来的悖逆选择(Adverse Selection)和相对于代理人而言的败德行为(Moral Hazard)。

注1：信号传递机制(Spence)模型。如虽然雇主在录用雇员之前并不直接知道雇员的能力，但却可以通过雇员的受教育程度判断其能力的大小。在这里，受教育程度具有强信号的性质，承担了有效信息传递的职能；而其他一些信号，如雇员应聘时的着装，由于与雇员的工作能力关系不大，属于弱信号，无法担当起有效信息传递的职能。

在供应链合作伙伴选择的信号传递机制中，对于高质量的潜在合作伙伴而言，有必要借助各种信号向委托人传递自己的质量优势；对于委托人而言，要善于对接收到的各种信号进行判断和分析，首先区分出哪些信号属于强信号，哪些信号属于弱信号，借助各种强信号判断各潜在合作伙伴的属性，以便择优选择出供应链合作伙伴。而强信号包括质量承诺、企业声誉、第三方认可、被优秀供应链接纳等。

注 2：败德行为(对代理人而言)。由于当代理人的行为与其结果具有不确定性，而委托人既难以观测到代理人的隐藏行动又难以从结果精确地推断代理人的实际行为，从而给代理人以偷懒之机。委托人采取以下对策。

1) 有效激励

弱化道德风险发生的动机。在供应链协议设计过程中，委托人必须贯彻激励兼容原则，即委托人希望各合作伙伴所采取的行动只能通过使各合作伙伴利益最大化的行动来实现，使各合作伙伴有足够的激励按照委托人的意愿去行动。

2) 信息共享

弱化道德风险发生的信息非对称基础。在供应链管理环境下，可以通过建立和完善供应链结点企业之间的信息共享机制，以减少供应链结点企业之间的信息非对称现象，动摇道德风险发生的基础。

4.3.6 选择合适的供应链合作伙伴

合作伙伴的评价选择是供应链合作关系运行的基础。合作伙伴的业绩对制造企业的影响越来越大，在交货、产品质量、提前期、库存水平、产品设计等方面都影响着制造商的成功与否。传统的供应关系已不再适应激烈的全球竞争和产品需求日新月异的环境，为了实现低成本、高质量、柔性生产、快速反应的目标，企业的业务重构就必须包括对供应商的评价选择。合作伙伴的评价、选择对于企业来说是多目标的，包含许多可见和不可见的多层次因素。

1．选择供应链合作伙伴的原则

在进行供应链合作伙伴选择的时候，首先要考虑合作伙伴是否拥有各自的核心竞争力和拥有相同的价值观和战略思想。同时考虑包括如工艺与技术的连贯性；企业的业绩和经营状况；有效的交流和信息共享；合作伙伴不要求过多，而在于精等。

美国供应链专家经过对来自世界上 11 个不同地区的 37 家厂商经理的 500 多次访问后，将建立供应商合作关系目标模式的特点概括“8 个 I”。

(1) 个体优秀(Individual Excellence)。合伙双方都是有实力的，并且都有一些有价值的东西贡献给这种关系。卷入这种关系的动机是积极的(追寻未来的机会)，而不是消极的(遮盖弱点或逃避困境)。

(2) 重要性(Important)。这种关系适合合伙人的主要战略目标，所以要想使它起作用。合伙人有着长期的目标，其中这种关系扮演着关键的角色。

(3) 相互依赖 (Interdependence)。合伙人彼此需要，拥有互补的资源和技术，任何一方都无法单独完成双方一起才能完成的事情。

(4) 投资 (Investment)。合伙人彼此投资(例如，通过等值交换、交叉物权，或相互提供服务等)，以显示其彼此关系中相应下的筹码，通过把金融和其他资源投入这种关系显示出长期承诺迹象。

(5) 信息(Information)。交流是合理公开的，合伙人分享使关系起作用的信息，其中包括目标、技术数据、冲突的知识、麻烦的点或变化情况等。

(6) 一体化(Integration)。合伙人发展了作业的联结和分享利益的方法，以便能顺利地一起工作。合伙人在许多组织层次的许多人之间建立了广泛联系。合伙人既成为老师，又成为学习者。

(7) 制度化 (Institutionalization)。这种关系具有明确的责任和精确的过程，它超越了形成这种关系的特定的人，不能凭借一时的冲动而遭到破坏。

(8) 完整性(Integrity)。合伙人彼此间的行为采用使人尊敬的方式，以证明和强化相互间的信任，他们不滥用所得到的信息，彼此间也不搞破坏。

2. 供应链合作伙伴选择的方法

选择合作伙伴，是对企业输入物资的适当品质、适当期限、适当数量与适当价格的总体进行选择的起点与归宿。选择合作伙伴的方法较多，一般要根据企业的多少、对供应企业的了解程度以及对物资需要的时间是否紧迫等要求来确定。目前国内外较常用的方法综述如下。

(1) 主观经验法，包括直观判断法(常用于选择企业非主要原材料的合作伙伴)；招标法(当订购数量大、合作伙伴竞争激烈时，可采用招标法来选择适当的合作伙伴)；协商选择法(在供货方较多、企业难以抉择时，也可以采用协商选择的方法，即由企业先选出供应条件较为有利的几个合作伙伴，同他们分别进行协商，再确定适当的合作伙伴)等。

(2) 数学计算方法，包括采购成本比较法(对质量和交货期都能满足要求的合作伙伴，则需要通过计算采购成本来进行比较分析)；ABC 成本法(用于分析企业因采购活动而产生的直接和间接的成本的大小，选择成本值最小的合作伙伴)；线性权重法；层次分析法；模糊评价法等。

(3) 软件职能法，包括神经网络算法(应用于供应链管理环境下合作伙伴的综合评价选择，意在建立更加接近于人类思维模式的定性与定量相结合的综合评价选择模型)；遗传算法等。

3. 供应链合作伙伴选择的步骤

合作伙伴的综合评价选择可以归纳为以下几个步骤，如图 4.5 所示。其中包括合作伙伴的粗筛选，从企业战略的角度来检验是否需要建立供应商合作关系，以及建立哪个层次的供应商合作关系。合作伙伴的细筛选，确定挑选合作伙伴的准则，评估潜在的候选企业。合作伙伴的精炼和确认，正式建立合作伙伴关系。合作伙伴的跟踪评价，维持和精炼合作伙伴关系，包括增强彼此间的合作关系或解除合作伙伴关系。同时在建立供应链合作伙伴关系中也要注意几个问题：相互信任；信息共享；权责明确；解决合作伙伴之间问题的方法和态度等。

4. 集成化供应链管理环境下合作伙伴的类型

在集成化供应链管理环境下，供应链合作关系的运作需要减少供应源的数量(短期成本最小化的需要，但是供应链合作关系并不意味着单一的供应源)，相互的联结变得更专有(紧密合作的需要)，并且制造商会在全球市场范围内寻找最杰出的合作伙伴。

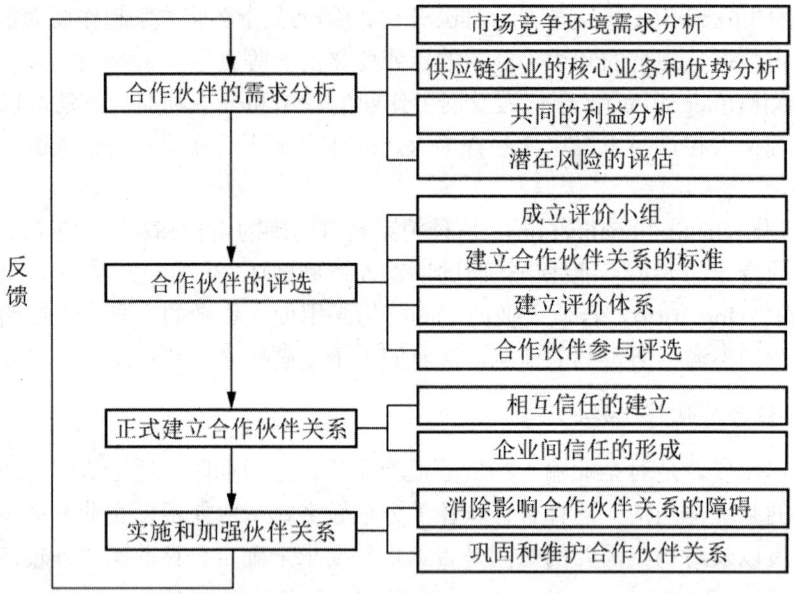

图 4.5　供应链合作伙伴的选择步骤

这样可以把合作伙伴分为两个层次：重要合作伙伴和次要合作伙伴。

重要合作伙伴是少而精的、与制造商关系密切的合作伙伴；而次要合作伙伴是相对多的、与制造商关系不很密切的合作伙伴。供应链合作关系的变化主要影响重要合作伙伴，而对次要合作伙伴的影响较小。根据合作伙伴在供应链中的增值作用和他的竞争实力，可将合作伙伴分成不同的类别，分类矩阵如图 4.6 所示。

纵轴代表的是合作伙伴在供应链中增值的作用，对于一个合作伙伴来说，如果不能对增值作出贡献，对供应链的其他企业就没有吸引力。横轴代表某个合作伙伴与其他合作伙伴之间的区别，主要是设计能力、特殊工艺能力、柔性、项目管理能力等方面的竞争力的区别。

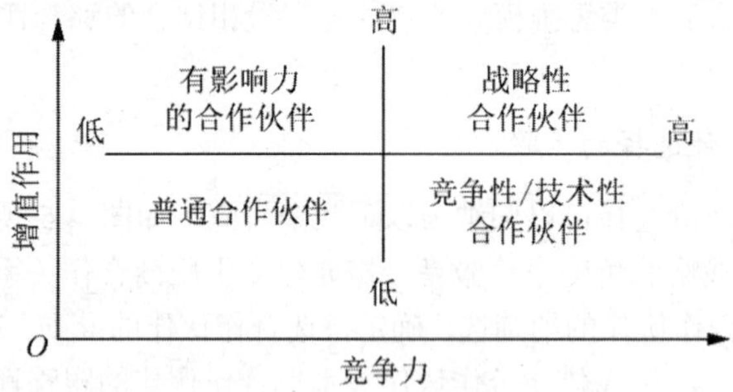

图 4.6　合作伙伴分类矩阵

在实际运作中，应根据不同的目标选择不同类型的合作伙伴。对于长期需求而言，要求合作伙伴能保持较高的竞争力和增值率，因此最好选择战略性合作伙伴；对于短期或某一短暂市场需求而言，只需选择普通合作伙伴满足需求则可，以保证成本最小化；对于中期需求而言，可根据竞争力和增值率对供应链的重要程度的不同，选择不同类型的合作伙伴(有影响力的或竞争性/技术性的合作伙伴)。

4.4　供应商管理与供应商关系管理

4.4.1　供应商管理

1. 供应商管理

供应商是指向买方提供产品或服务并相应收取货币作为报酬的实体，是可以为企业生产提供原材料、设备、工具及其他资源的企业。供应商管理(Supplier Management)是指对供应商的了解、选择、开发、使用和控制等综合性管理工作的总称。

2. 供应商管理的目标

(1) 获得符合企业质量和数量要求的产品或服务。
(2) 以最低的成本获得产品或服务。
(3) 确保供应商提供最优的服务和及时的送货。
(4) 发展和维持良好的供应商关系。
(5) 开发潜在的供应商。

3. 供应商管理的策略与方法

1) 选择供应商的步骤

在电子制造企业中，标准的采购流程可以划分为战略采购和订单协调两个环节，战略采购包括供应商的开发和管理，订单协调则主要负责材料采购计划，重复订单以及交货付款方面的事务。这种组织结构与销售体系非常类似，很多销售型公司也建立了专业的销售支持部门处理大量的重复性订单。

供应商的开发和管理是整个采购体系的核心，其表现也关系到整个采购部门的业绩。一般来说，供应商开发包括的内容有供应市场竞争分析、寻找合格供应商、潜在供应商的评估、询价和报价、合同条款的谈判、最终供应商的选择。

在大多数的跨国公司中，供应商开发的基本准则是“QCDS”(Quality, Cost, Delivery, Service)原则，也就是质量，成本，交付与服务并重的原则。

在这四者中，质量因素是最重要的，首先要确认供应商是否建立有一套稳定有效的质量保证体系，然后确认供应商是否具有生产所需特定产品的设备和工艺能力。其次是成本与价格，要运用价值工程的方法对所涉及的产品进行成本分析，并通过双赢的价格谈判实现成本节约。在交付方面，要确定供应商是否拥有足够的生产能力，人力资源是否充足，有没有扩大产能的潜力。最后一点，也是非常重要的是供应商的售前、售后服务的纪录。

在供应商开发的流程中，首先要对特定的分类市场进行竞争分析，要了解谁是市场的领导者，目前市场的发展趋势是怎样的，各大供应商在市场中的定位是怎样的，从而对潜在供应商有一个大概的了解。

下一个步骤就是寻找潜在供应商了。经过对市场的仔细分析，你可以通过各种公开信息和公开的渠道得到供应商的联系方式。这些渠道包括供应商的主动问询和介绍，专业媒体广告，互联网搜索等方式。在这个步骤，最重要的是对供应商做出初步的筛选。建议使用统一标准的供应商情况登记表，来管理供应商提供的信息。这些信息应包括供应商的注册地、注册资金、主要股东结构、生产场地、设备、人员、主要产品、主要客户、生产能力等。通过分析这些信息，可以评估其工艺能力、供应的稳定性、资源的可靠性以及其综合竞争能力。在这些供应商中，剔除明显不适合进一步合作的供应商后，就能得出一个供应商考察名录。

接着，要安排对供应商的实地考察，这一步骤至关重要。必要时在审核团队方面，可以邀请质量部门和工艺工程师一起参与，不仅会带来专业的知识与经验，共同审核的经历也会有助于公司内部的沟通和协调。在实地考察中，应该使用统一的评分卡进行评估，并着重对其管理体系进行审核，如作业指导书等文件，质量记录等，要求面面俱到，不能遗漏。比较重要的有以下几个项目。

(1) 销售合同评审，要求销售部门对每个合同评估，并确认是否可按时完成。

(2) 供应商管理，要求建立许可供应商清单，并具备有效的控制程序。

(3) 培训管理，对关键岗位人员有完善的培训考核制度，并有详细的记录。

(4) 设备管理，对设备的维护调整，有完善的控制制度，并有完整记录。

(5) 计量管理，仪器的计量要有完整的传递体系，这是非常重要的。

在考察中要及时与团队成员沟通，总结供应商的优点和不足之处，并听取供应商的解释。如果供应商有改进意向，可要求供应商提供改进措施报告，做进一步评估。

在供应商审核完成后，对合格供应商发出询价文件，一般包括图纸和规格、样品、数量、大致采购周期、要求交付日期等细节，并要求供应商在指定的日期内完成报价。在收到报价后，要对其条款仔细分析，对其中的疑问要彻底澄清，而且要求用书面方式作为记录，包括传真、电子邮件等。

后续工作是报价分析，报价中包含有大量的信息，如果可能的话，要求供应商进行成本清单报价，要求其列出材料成本、人工、管理费用等，并将利润率明示。比较不同供应商的报价，会对其合理性有初步的了解。

在价格谈判之前，一定要有充分的准备，设定合理的目标价格。对小批量产品，其谈判的核心是交货期，要求其提供快速的反应能力；对流水线、连续生产的产品，核心是价格。但一定要保证供应商有合理的利润空间。同时，价格谈判是一个持续的过程，每个供应商都有其对应的学习曲线，在供货一段时间后，其成本会持续下降。与表现优秀的供应商达成策略联盟，促进供应商提出改进方案，以最大限度节约成本。

实际上，每个供应商都是所在领域的专家，多听取供应商的建议往往会有意外的收获。曾有供应商主动推荐替代的原材料，如用韩国的钢材代替瑞士产品，其成本节约高达 50%，而且性能完全满足要求，这是单纯依靠谈判所无法达到的降价幅度。通过策略联盟，参与设计，供应商可以有效帮助我们降低成本。

还有非常重要的一个方面是隐性成本。采购周期、库存、运输等都是看不到的成本，要把有条件的供应商纳入适时送货系统，尽量减少存货，降低公司的总成本。

2) 选择供应商的原则与标准

选择供应商建立战略伙伴关系、控制双方关系风险和制订动态的供应商评价体系是中国采购商普遍关心的几个问题。随着采购额占销售收入比例的不断增长，采购逐渐成为决定电子制造商成败的关键因素。供应商的评估与选择作为供应链正常运行的基础和前提条件，正成为企业间最热门的话题。

不同企业的不同发展阶段，对供应商的选择和评价指标也不尽相同。通过量化的指标来客观地评价和选择供应商的基本思路是阶段性连续评价、网络化管理、关键点控制和动态学习过程。这些思路体现在供应商评价体系的建立、运行和维护上。

(1) 关键点控制包括四项原则。即门当户对原则、半数比例原则、供应源数量控制原则和供应链战略原则。

门当户对原则体现的是一种对等管理思想。在非垄断性货源的供应市场上，由于供应商的管理水平和供应链管理实施的深入程度不同，应该优先考虑规模、层次相当的供应商。如果双方规模差异过大，采购比例在供应商总产值中比例过小，则采购商往往在生产排期、售后服务、弹性和谈判力量对比等方面不尽如人意。

从供应商风险评估的角度，半数原则要求购买数量不能超过供应商产能的 50%。如果仅由一家供应商负责 100%的供货和 100%成本分摊，则采购商风险较大，因为一旦该供应商出现问题，按照“蝴蝶效应”的发展，势必影响整个供应链的正常运行。不仅如此，采购商在对某些供应材料或产品有依赖性时，还要考虑地域风险。

供应源数量控制原则指实际供货的供应商数量不应该太多，同类物料的供应商数量最好保持在 2～3 家，有主次供应商之分。这样可以降低管理成本和提高管理效果，保证供应的稳定性。

采购商与供应商建立信任、合作、开放性交流的供应链长期合作关系，必须首先分析市场竞争环境。通过分析现在的产品需求、产品的类型和特征，确认是否有建立供应链合作关系的必要。对于公开和充分竞争的供应商市场，可以采取多家比价，控制数量和择优入围的原则。而在只有几家供应商可供选择的有限竞争的市场和垄断货源的独家供应市场，采购商则需要采取战略合作的原则，以获得更好的品质、更紧密的伙伴关系、更好的排程、更低的成本和更多的支持。

对于实施战略性长期伙伴关系的供应商，可以签订“一揽子”协议/合同。在建立供应链合作关系之后，还要根据需求的变化确认供应链合作关系是否也要相应地变化。一旦发现某个供应商出现问题，应及时调整供应链战略。

供应链战略管理还体现在仔细分析和处理近期和长期目标、短期和长远利益的关系。采购商从长远目标和长远利益出发，可能会选择表面上看似苛刻、价格昂贵的供应商，但实际上这是放弃了短期利益，主动选择了一个由优秀元素组成的供应链。

(2) 建立和使用一个全面的供应商综合评价指标体系，对供应商做出全面、具体、客观的评价。综合考虑供应商的业绩、设备管理、人力资源开发、质量控制、成本控制、技术开发、用户满意度、交货协议等方面可能影响供应链合作关系的方面。

供应商选择有以下 9 项原则。

① 系统全面性原则：全面系统评价体系的建立和使用。

② 简明科学性原则：供应商评价和选择步骤、选择过程透明化、制度化和科学化。

③ 稳定可比性原则：评估体系应该稳定运作，标准统一，减少主观因素。

④ 灵活可操作性原则：不同行业、企业、产品需求、不同环境下的供应商评价应是不一样的，保持一定的灵活操作性。

⑤ 门当户对原则：供应商的规模和层次和采购商相当。

⑥ 半数比例原则：购买数量不超过供应商产能的50%，反对全额供货的供应商。

⑦ 供应源数量控制原则：同类物料的供应商数量约2～3家，有主次供应商之分。

⑧ 供应链战略原则：与重要供应商发展供应链战略合作关系。

⑨ 学习更新原则：评估的指标、标杆对比的对象以及评估的工具与技术都需要不断的更新。

4. 供应链管理环境下的供应商管理

供应链是指围绕核心企业，通过对信息流、物流、资金流的控制，从采购原材料开始，制成中间产品以及最终产品，最后由销售网络把产品送到消费者手中的将供应商、制造商、分销商、零售商、直到最终用户连成一个整体的功能网链结构模式。供应链管理就是对供应链中的物流、信息流、资金流、价值流以及工作流进行计划、组织、协调与控制，寻求建立供、产、销企业以及客户间的战略合作伙伴关系，最大程度地减少内耗与浪费，实现供应链整体效率和效益的最优化。在供应链管理的集成化链条中，供应商管理处在极为重要的位置，特别是以制造业为核心的供应链环境下，供应商是否有优异的业绩表现直接关系到整个供应链的竞争力。因此，供应商管理也就自然成为供应链管理的核心工作之一。

5. 核心企业与供应商之间存在的问题

1) 供应商所提供的供货周期不够稳定

不论是采用何种生产运作管理模式，对于核心企业来说，供应商不能提供稳定、可靠的供货周期必将在一定程度上影响需求商的生产运作计划，有时这种影响的危害是非常严重的。其危害的后果主要表现在以下几个方面。

(1) 需求商的生产排程计划受到冲击，对于任何一个在制品的生产加工过程，部分物料的短缺必然导致在制品作业计划的中断与延迟，导致产品完工期(或交货期)的延误，企业生产与交货期计划受到冲击。

(2) 为减少供货周期不稳定带来的生产中断，制造商将不得不对这类原材料、零部件制订安全库存，库存量由此上升，引起库存成本的增加，最终将增加产成品的总成本，产品的竞争力受到削弱。

2) 供应商产品质量问题

供应商供货质量存在缺陷对制造企业有着更为严重的威胁，作为制造商一旦收到供应商的货物，如果质检不合格通常采用下述两种方法处理：一是整批退货，其结果通常是以中断生产、延期交货为代价；二是采用全检，从中筛选出质量合格的物品，这将导致制造方投入大量的人力、物力和时间。

3) 大批量的订单与分批送货之间的冲突

制造企业有时候对一些物料的需求量很大，这些物料要么体积大，要么质量大，存放时需要占用大量库容。企业为了满足生产制造供应的要求，通常一次订货量都很大，但为了减少库容的大量占用，往往要求供应方进行分批送货，将短期存货的成本转移给供应方，有时供需双方的一些冲突就是由这种状况引起。

4) 信用意识薄弱

具体表现的内容可分成以下两类。

(1) 是在供应商方面，主要有以下几个问题。

① 对需求商提供产品的采购提前期不确定，带有随意性。

② 提供产品的质量稳定性差。

③ 经常性地出现送达的货物品种、规格、数量与合同不一致。

④ 承诺的服务不到位。

(2) 在需求商(制造商)方面，主要有以下几个问题。

① 不遵守合同承诺的付款方式，经常性地发生拖欠款现象。

② 经常更改合同，对已签订的订货合同在执行过程中时不时要求供应方改变货物品种、规格、数量等。

③ 对供应方送达的货品采取不合理的压制、挑剔等手段，以图获得暂时的利益。

5) 频繁更换供应商造成供应链成本增加

对制造商而言，更换供应商是要付出代价的，一方面，终止与某供应商的合作关系，可能对自身的生产、供货计划带来冲击，增加管理费用和延误交货所带来的隐性损失。另一方面，重新物色供应商，制造商需要对供应商作大量的认证工作，同时还要投入大量的时间，在人力、物力和时间的耗费上将不可小视。

6. 实施供应商管理的策略

1) 用供应链管理新思维重新定位与供应商关系

具体做法可以从以下几方面进行。

(1) 建立有效的供应链组织机制。

(2) 建立公正、合理的供应链协议。

(3) 立足于长期的合作关系。

2) 建立利益共享机制

在供应链的利益共享机制中，直接的点对点企业之间合理的利益分配机制是供应链企业利益共享机制的基础。问题是点与点之间企业的利益分配很容易失衡，交易双方中一方利益的过度获取必然是另一方的过度付出，付出方的成本加重将损害其竞争力，由此将引起整体供应链竞争力的波动。解决的方法是供应商与需求商之间建立共同的利益获取与约束机制，在共性层面上，将以供应链协议的利益分享机制为基础，在点的层面上，需求商与供应商之间的利益分配可以采取灵活的协商方式，确保双方能够共赢。

3) 建立有效的双向激励机制

供应商激励在方法上可以有以下几种。

(1) 订单激励，对于表现优秀的供应商，需方可以通过加大订单的方式进行激励，这是供应商最乐于见到的，也是需方最为有效的对供应商进行激励的手段。

(2) 付款方式的激励，通过提供更有诱惑力的付款方式来激励优秀的供应商。

(3) 开辟免检通道，对所供应物品长期保持优异质量的供应商，需方给予免检待遇，这对供应商具有长期、广泛的外部影响，特别是对竞争对手具有强大的震撼作用。

(4) 商誉激励，需方对表现优秀的供应商，可通过供应链信息平台进行发布，以获取广告效应。

4) 建立良好的沟通渠道

信息在现代社会中已上升为企业的最重要的资源，谁掌握更新、更快、更准确、更全面的信息，谁就争得了更为有利的竞争地位。在供应链平台上，企业之间信息的沟通主要是通过可共享的信息在供应链信息网络的发布而获得，这是获得关联企业之间信息的主要渠道。除此渠道之外，还应努力地开发其他沟通渠道，尤其是具有感情效应的关联企业之间的中高层人员的互访，是核心企业与供应商之间建立互信机制的重要基础。

5) 建立共同的质量观念

这里的质量是一个广义的概念，是围绕客户需求而展开的有形产品质量和无形服务质量。供应链要保持有效的运作，必须建立在共同认可的质量观的基础上才有保证，具体而言可以归纳为以下质量诉求。

(1) 供应商要向需求商提供质量优良的产品。

(2) 准时、按量供货，不出差错。

(3) 运输、装卸、仓储、流通加工各环节必须维持或提升产品质量。

(4) 供应商要强化服务质量，以保证供需双方接触界面的人员共同的满意。

(5) 供应商要努力提升产品创新能力以满足需方不断增长的新需求，需方必须提供必要的帮助与合作。

(6) 供需双方都要向对方提供可靠的信用保证并持之以恒。

7. 供应商管理的七大指标体系

供应商管理指标体系包括七个方面：质量(quality)、成本(cost)、交货(delivery)、服务(service)、技术(technology)、资产(asset)、员工与流程(people and process)，统称 QCDSTAP。前三个指标各行各业通用，相对易于统计，属硬性指标，是供应商管理绩效的直接表现；后三个指标相对难于量化，是软性指标，但却是保证前三个指标的根本。服务指标介于中间，是供应商增加价值的重要表现。

(1) 质量指标，常用的是百万次品率。优点是简单易行，缺点是一个螺钉与一个价值 10 000 元的发动机的比例一样，质量问题出在哪里都算一个次品。供应商可以通过操纵简单、低值产品的合格率来提高总体合格率。在不同行业，标准大不相同。例如在采购品种很多、采购量很小的多种少量行业，百万次品率能达到 3 000 就是世界水平；但在大批量加工行业的零缺陷标准下，这样质量水平的供应商属于淘汰对象。

质量领域还有很多指标，如样品首次通过率、质量问题重发率(对那些积习难改的供应商)等。

(2) 成本指标，常用的有年度降价。要注意的是采购单价差与降价总量结合使用。例如年度降价 5%，总成本节省 200 万。

(3) 按时交货率，按时交货率与质量、成本并重。

对于供应商管理的库存(Vendor Managed Inventory，VMI)，因为有最低与最高库存点，按时交货可通过相对库存水平来衡量。例如库存为零，风险很高；库存低于最低点，风险相当高；库存高于最高点，断货风险很小但过期库存风险升高。这样，统计上述各种情况可以衡量供应商的交货表现。根据未来物料需求和供应商的供货计划，还可以预测库存点在未来的走势。值得注意的是，成本、质量和按时交货应综合考虑。

(4) 服务指标，服务是供应商的价值的重要一环。服务是无形的，在不同的公司、行业侧重点也会有不同。但共性是，服务都涉及人，可调查用户满意度来统计。

(5) 技术指标，对于技术要求高的行业，供应商增加价值的关键是因为有独到的技术。供应管理部门的任务之一是协助开发部门制订技术发展蓝图，寻找合适的供应商。

(6) 资产管理，供应管理直接影响公司的资产管理，如库存周转率、现金流等。供应管理部门可通过供应商管理库存(VMI)转移库存给供应商，但更重要的是通过改善预测机制和采购流程，降低整条供应链的库存。例如在美国半导体设备制造行业，由于行业的周期性太强，过度预测、过度生产非常普遍，大公司动辄注销几千万美金的库存。到最后，整个行业看上去赚了很多钱，但扣除过期库存，所剩无几。有些公司通过提高预测和采购机制，成功地降低了库存，因而成为行业的佼佼者。所以，供应管理部门的绩效指标应该包括库存周转率，这样也可避免因价格优惠而超量采购。

在供应商方面，资产管理体现供应商的总体管理水平，它包括固定资产、流动资产、长期负债、短期负债等，并敦促现有供应商整改达标达到双赢的做法。

(7) 员工与流程，对供应管理部门来说，员工素质直接影响整个部门的绩效，也是获得其他部门尊重的关键。学校教育、专业培训、工作经历、岗位轮换等都是提高员工素质的方法。

流程管理是优化与供应商有关的业务流程，比如预测、补货、计划、签约、库存控制、信息沟通等。供应商的绩效很大程度上受采购方的流程制约。例如预测流程中，如何确定最低库存、最高库存，按照什么频率更新、传递给供应商，直接影响供应商的产能规划和按时交货能力。再如补货，不同种类的产品，按照什么频率补货，补货点是多少，采购前置期是多少，不但影响到公司的库存管理，也影响到供应商的生产规划。

4.4.2 供应商关系管理

1. 供应商关系管理概述

供应商关系管理(Supplier Relationship Management，SRM)，正如当今流行的CRM是用来改善与客户的关系一样，SRM 是用来改善与供应链上游供应商的关系的，是一种致力于实现与供应商建立和维持长久、紧密伙伴关系的管理思想和软件技术的解决方案，旨在改善企业与供应商之间关系的新型管理机制，是与围绕企业采购业务相关的领域。

其目标是通过与供应商建立长期、紧密的业务关系，并通过对双方资源和竞争优势的整合来共同开拓市场，扩大市场需求和份额，降低产品前期的高额成本，实现双赢的企业管理模式；同时它又是以多种信息技术为支持和手段的一套先进的管理软件和技术，它将先进的电子商务、数据挖掘、协同技术等信息技术紧密集成在一起，为企业产品的策略性设计、资源的策略性获取、合同的有效洽谈、产品内容的统一管理等过程提供了一个优化的解决方案。

实际上，供应商关系管理是一种以“扩展协作互助的伙伴关系、共同开拓和扩大市场份额、实现双赢”为导向的企业资源获取管理的系统工程。

2. 从 CRM 到 SRM

企业业务对外的两个最重要的出口就是广义的“买”和“卖”。

在“卖”的方面，企业为了使自己的产品和服务赢得市场、赢得客户，更为重视这方面的管理和投入。随着这种趋势的发展，从 20 世纪 90 年代中期开始，管理软件供应商纷纷推出了 CRM 产品，企业也开始利用这种管理思想和这一工具来更好地开拓市场、提高客户的忠诚度，争取新客户和维护老客户。

在“买”的方面，与供应商的关系方面，却一直未能引起企业的重视，也许是由于买方市场的原因，买家认为只要我有购买需求，就会有卖家找上门来，就会有人为我提供服务，企业无须下太多的功夫去关心与供应商之间的关系。然而，在 21 世纪，随着资源在全球化范围内调配，企业间业务联盟的进一步发展，供应链业务紧密连接趋势越来越强等，企业与供应商之间的关系变得越来越重要，当企业发现彼此的贡献可以融合成一种新能力和产生综合效益时，使得顾客的忠诚度得以重新建立起来，这隐含着与供应商共享合作与创新。这种与供应商合作创造的市场价值，是业务伙伴合作中的一个重要的问题，就像与客户之间的伙伴关系一样，与供应链上供应商之间的关系也将转变为企业间彼此合作的伙伴关系。

在 20 世纪 80 年代末的西方市场，服装行业与食品行业的供应链也在一些运作模式上共谋合作，如快速反应 QR(Quick Response)和有效客户响应 ECR(Efficient Customers Response)完全改进了整个供应链的响应能力和服务质量。现在，就像与客户之间的伙伴关系一样，与供应商之间的伙伴关系转变成为彼此合作的方式，这种合作的成果足以影响整个社会。

例如，当微软与英特尔结合力量共同发展微电脑晶片与作业系统时，一起改写了个人计算机行业的版图；许多零售商和分销商以及制造商紧密地高效率、运用高科技的伙伴关系，使得诸如从剪羊毛到挂到衣架上的成衣这样的业务过程只需尽量少的步骤和尽量短的时间，消除了原先整个过程中的不必要的程序，并减少了金钱的损失。

3. 关注供应商关系的三大理由

随着全球经济一体化进程的加速、互联网在全球范围内的蓬勃发展以及推广应用，供应链上的成员为了市场价值而加入彼此联手合作的潮流。

对许多企业而言，与其供应商之间的伙伴关系已然成为它们对资源的获取、供应链上产品与服务传送的主要模式。至少有 3 个强烈的理由支持这种模式。

1) 效率与规模经济

供应商可以通过与同行业的伙伴关系，运用科技的力量合力削减成本与改善效率，这在零售业中尤其盛行，如 J.C.Penny 服饰公司把其存货控制与产品补充系统与其他供应商整合在一起，这样供应链上的企业可以利用其各自的能力与资源，节省重叠的成本。

不论是通过科技让整个供给过程更为精简，或是达到研发上的规模经济，供应商之间共结伙伴关系的最重要理由是，追求更大效率与更佳生产效率的需要。

2) 新市场价值

在某些产业中，供应链上的企业之间的伙伴关系进入了一个更新的层次，通过相互结合力量创造更多的市场价值，为整个市场创造全新的贡献。也就是说，企业之间结合彼此的核心能力，研发新的产品或推出新的方案，在最高的层次中，这种核心能力的结合甚至会扭转整个产业的方向。从日常运营层面来看，经由合作共同创造的新的市场价值，更为结为伙伴的厂商带来强有力的竞争优势。

例如苹果电脑、IBM与摩托罗拉之间合作共同创造Power PC以及其他产品。从日常营运层面来看，经由合作所创造的新市场价值，更为结为伙伴的厂商带来强而有力的竞争优势。

3) 客户需求

改变和创新整个产业策略最强而有力的理由在于满足客户的期望与需求。企业之间的携手合作渐渐地成为客户的基本要求与期盼，特别是在高科技产业中这种合作尤为突出。这是由于客户所寻找的不仅仅是能提供产品与服务的供应商，更要求供应商能切入整个供给项目并有能力与他人共谋合作，客户还要求强力的伙伴关系为他们带来完整的解决方案，以及提供最优良的产品和服务。

本章小结

本章主要从供应链采购管理与传统采购的差异分析，论述了供应链环境下的采购新模式——准时制采购基本理论，分析了供应链管理环境下的合作伙伴关系发展内涵，研究了供应链合作伙伴关系构建的战略意义，讨论了供应链合作关系的建立步骤及其制约因素，并对合作伙伴的选择作了具体阐述，最后结合供应商管理理论分析了供应商关系管理是一种以“扩展协作互助的伙伴关系、共同开拓和扩大市场份额、实现双赢”为导向的企业资源获取管理的系统工程。

知识链接

早期供应商参与策略

1. 早期供应商参与

早期供应商参与(Early Supplier Involvement，ESI)是指在产品设计初期，选择建立了伙伴关系的供应商参与新产品开发小组。通过让供应商早期参与到新产品开发及持续改进中，供需双方都可以从中受益。一方面，供应商可以很好地了解制造商的需求、企业文化及决策方式，这些都能够帮助更有效地达到制造商的预期需求。另一方面，制造商也可以比较清楚了解供应商的质量、技术发展蓝图、适宜的库存管理计划等，从而更容易抵御供应链的不确定性。这些战略帮助企业彼此很好地进行沟通，实现知识共享，改善决策水平并提高双方的绩效水平。新产品设计中的早期供应商参与使得制造商可以开发多种解决方案并从中选出最合适的部件、材料和技术并从设计评估中接受帮助。

随着市场竞争的日益激烈，传统的产品开发方式不断受到挑战，企业为提高产品开发的竞争力，在设计阶段就开始发挥供应商的技术优势，并将产品设计纳入供应链管理体系。其中比较典型的是采用通用件和标准件，利用供应商的技术设计制造有关的模具及设备等。如今，许多企业不仅满足于此，他们在产品开发的定义阶段，甚至概念阶段就通过采购将伙伴供应商联系起来，让他们共同参与产品的设计，充分利用他们的专业知识和技术。这就是早期供应商参与。

2. 早期供应商参与的优点

早期供应商参与不仅有利于企业，也有利于供应商，为他们建立长期稳定的合作关系创造了条件。

1) 企业的优点

从企业的角度来看，早期供应商参与至少具有以下优点。

(1) 缩短产品开发周期。统计结果表明，早期供应商参与的产品开发项目，开发时间平均可以缩短30%～50%。

(2) 降低开发成本。一方面供应商的专业优势，可以为产品开发提供性能更好、成本更低或通用性更强的设计；另一方面由于供应商的参与，还可以简化产品的整体设计。

(3) 提高产品质量。供应商参与设计从根本上改变了产品质量。一是供应商的专业化水平提供了更可靠的零部件，能够改进整个产品的性能；二是由于零部件可靠性的增加，避免了随后可能产生的设计变更而导致的质量不稳定。

2) 供应商的优点

早期供应商参与也有利于供应商，主要表现在以下两个方面。

(1) 竞争的优越性。早期参与开发的供应商，凭借其作业技术的优势，自然比其他同类供应商更能得到客户的认可。

(2) 研发的有效性。早期参与客户的产品开发，能使具有技术优势的供应商进一步提高自己的开发水平，从而保持领先地位或独特的优势。同时，也使自己的研发成果直接获得效益和效果。

3. 早期供应商参与的层次

根据供应商参与的程度和深度的不同，可以将早期供应商参与分为五个层次。

第一层：提供信息。这是早期供应商参与顾客产品开发的最低层次。通常只是根据企业的要求提供共享所必需的信息资料，如设备产能等信息供企业参考。

第二层：设计反馈。针对企业的产品设计和开发情况，供应商会提出有关成本、质量、规格和生产工艺等方面的改进意见和建议。

第三层：零部件开发。供应商根据企业提出来的零部件要求，深入参与或独自承担相关零部件的设计和开发工作。

第四层：部件或组件整体开发。在这一层次，供应商承担企业产品中较重要的部件或组件设计和开发的全部工作。

第五层：系统开发。这是早期供应商参与顾客产品开发的最高层次。供应商必须根据企业产品的整体要求，完全承担整个系统的开发工作。早期供应商必须拥有产品开发的专业技巧或技能，允许顾客独家享有并用于产品开发，并对顾客产品设计和开发过程中所涉及的问题承担责任。

统计结果表明，在发达国家有60%左右的供应商在早期供应商参与过程中停留在第一层次或第二层次，只有40%的供应商处于第三层次到第五层次。较高层次的供应商，大部分都是技术水平领先、国际合作能力强的生产制造企业。

复习思考题

1. 选择题

(1) 在现代采购技术中，JIT采购是指(　　)。

A. 订货点采购　　B. 准时制采购

C. 供应链采购　　D. 电子商务采购

(2) 供应链管理环境下降低物资采购风险的对策是(　　)。

A．准时制采购　　B．强调质量

C．供应商管理　　D．缩短交货期

(3) 供应链环境下采购管理的核心内容是做到数量、时间、地点、价格和(　　)的五个准确。

A．来源　　B．交货期　　C．合作伙伴关系　　D．服务

(4) 供应链合作关系的制约因素是(　　)。

A．企业战略和文化　　B．经济环境

C．科技水平　　D．生产能力

(5) 在选择供应商时，关键点控制包括门当户对原则、(　　)、供应源数量控制原则和供应链战略原则

A．半数比例原则　　B．风险互担原则

C．互利互赢原则　　D．协商协调原则

2. 简答题

(1) 简述供应链管理下采购模式的转变。

(2) 什么是准时制采购？它的基本思想是什么？

(3) 准时制采购的特性是什么？准时采购与传统采购的区别是什么？

(4) 什么是供应链合作关系？供应链合作关系与传统的供应商关系的差异比较。

(5) 建立供应链合作伙伴关系的意义是什么？

3. 判断题

(1) 供应链采购在如何和供应商进行商业交易的活动上，一般考虑供应商的价格、质量和交货期。(　　)

(2) 准时制采购就是实现零库存的基础，实施的是单一供应商。(　　)

(3) 战略合作关系是强调合作、信任和风险共担。(　　)

(4) 供应商开发的基本准则是质量，成本，交付，服务与参与并重的原则。(　　)

(5) 在加盟某个供应链时，企业都会从各自的自身利益出发，展开合作对策研究，在委托与承包企业间形成一个合作协商机制。(　　)

4. 思考题

(1) 怎样理解建立供应商合作关系目标模式的特点？

(2) 详述供应商选择的流程。

(3) 论述重要合作伙伴和次要合作伙伴在选择合适的供应链合作伙伴中如何对待。

(4) 如何理解从 CRM 到 SRM？

案例分析

采购之透视沃尔玛的秘密

在 2002 年 2 月 1 日之前，沃尔玛并没有自己从海外直接采购商品，所有海外商品都由代理商代为采购。沃尔玛要求刚刚加盟的沃尔玛全球副总裁兼全球采购办公室总裁崔仁辅利用半年时间做好准备，在 2 月 1 日这一天接过支撑 2 000 亿美元营业额的全球采购业务。结果，他不但在紧张的时间里在全世界成立 20 多个负责采购的分公司，如期完成了全世界同步作业的任务，而且使全球采购业务在一年之后增长了 20%，超过了整个沃尔玛营业额 12%的增长率。那么沃尔玛全球采购业务的秘密在哪里呢？

1. 全球采购的组织

在沃尔玛，全球采购是指某个国家的沃尔玛店铺通过全球采购网络从其他国家的供应商进口商品，而从该国供应商进货则由该国沃尔玛公司的采购部门负责采购。如沃尔玛在中国的店铺从中国供应商进货，是沃尔玛中国公司的采购部门工作，这是本地采购；沃尔玛在其他国家的店铺从中国供应商采购货品，就要通过崔仁辅领导的全球采购网络进行，这才是全球采购。这样的全球采购要求在组织形式上做出与之相适应的安排。

企业活动的全球布局，当今比较成熟的组织形式有两种：一是按地理布局，二是按业务类别布局。区域事业部制有助于公司充分利用该区域的经济、文化、法制、市场等外部环境的机会，不利之处在于各业务在同一区域要实现“深耕细作”需要付出很大的成本。而业务事业部的利弊则刚好相反。

崔仁辅的全球采购网络首先由大中华及北亚区、东南亚及印度次大陆区、美洲区、欧洲中东及非洲区等四个区域所组成。其次在每个区域内按照不同国家设立国别分公司，其下再设立卫星分公司。国别分公司是具体采购操作的中坚单位，拥有工厂认证、质量检验、商品采集、运输以及人事、行政管理等关系采购业务的全面功能。卫星分公司则根据商品采集量的多少来决定拥有其中一项或几项功能。

2. 全球采购的流程

在沃尔玛的全球采购流程中，其全球采购网络就像是一个独立的公司，在沃尔玛的全球店铺买家和全球供应商之间架起买卖之间的桥梁。

“我们的全球采购办公室并不买任何东西。”崔仁辅解释说，全球采购网络相当于一个“内部服务公司”，为沃尔玛在各个零售市场上的店铺买家服务——只要买家提出对商品的需求，全球采购网络就尽可能在全球范围搜索到最好的供应商和最适当的商品。全球采购网络为店铺买家服务还体现在主动向买家推荐新商品。沃尔玛全球采购的流程分为重复采购和新产品采购两种。所谓新产品，就是买家没有进口过的产品。对于这类产品，沃尔玛没有现成的供应商，就需要全球采购网络的业务人员通过参加展会、介绍等途径找到新的供应商和产品。由于沃尔玛的知名度很高，许多厂商也会毛遂自荐，把它们的新产品提供给全球采购网络。然后，全球采购网络就会把这些信息提供给买家。

3. 供应商伙伴关系

在全球采购中，全球采购网络不仅要服务好国外的买家，还要在供应商的选择和建立伙伴关系上投入。“不管是哪个国家的厂商，我们挑选供应商的标准都是一样的。”崔仁辅介绍说，第一个标准是物美价廉，产品价格要有竞争力，质量要好，要能够准时交货。

第二个要求是供应商要遵纪守法。“沃尔玛非常重视社会责任，所以我们希望供应商能够像我们一样守法，我们要确定他们按照法律的要求向工人提供加班费、福利等应有的保障。”

还有一点就是供应商要达到一定规模。“我们有一个原则，就是我们的采购不要超过任何一个供应商50%的生意。”崔仁辅解释说，虽然从同一个供应商采购的量越大，关于价格的谈判能力就越强，但是供应商对采购商过分信赖也不完全是好事。如果供应商能够持续管理和经营，那还可以；如果供应商在管理和经营上出现波动，那就不仅仅是采购商货源短缺的问题。一旦采购商终止向该供应商采购，该供应商就会面临倒闭的危险，由此也会产生较大的社会问题。

思考题：

结合供应链采购管理理论，分析大型零售业全球采购的秘籍。

第5章　供应链库存管理

【学习目标】

➢ 知识点
- 供应链库存策略
- 供应商管理库存(VMI)
- 联合库存管理(JMI)
- 供应链协同式库存管理(CPFR)

➢ 难点
- 供应商的库存策略的选择
- 订货点、订货周期和订货量的确认

➢ 要求

熟练掌握的内容
- VMI、JMI和CPFR的基本内涵
- VMI的运作方式

了解理解的内容
- 了解JMI的策略
- 了解CPFR的实施策略与应用

导入案例

詹姆(JAM)电子是一家生产诸如工业继电器等产品的韩国制造企业。公司在远东地区的5个国家拥有5家制造工厂，公司总部在首尔。

美国詹姆公司是詹姆电子的一个子公司，专门为美国国内提供配送和服务功能。公司在芝加哥设有一个中心仓库，为两类顾客提供服务，即分销商和原始设备制造商。分销商一般持有詹姆公司产品的库存，根据顾客需要供应产品。原始设备制造商使用詹姆公司的产品来生产各种类型的产品，如自动化车库的开门装置等。

詹姆电子大约生产2 500种不同的产品，所有这些产品都是在远东制造的，产成品储存在韩国的一个中心仓库，然后从这里运往不同的国家。在美国销售的产品是通过海运运到芝加哥仓库的。

近年来，美国詹姆公司感到竞争大大加剧，并感受到来自顾客要求提高服务水平和降低成本的巨大压力。不幸的是，正如库存经理艾尔所说："目前的服务水平处于历史最低水平，只有大约70%的订单能够准时交货。另外，很多没有需求的产品占用了大量库存。"

在一次有美国詹姆公司总裁和总经理及韩国总部代表参加的会议中，艾尔指出了服务水平低下的几个原因：①预测顾客需求存在很大的困难；②供应链存在很长的提前期，美国仓库发出的订单一般要6～7周后才能交货。存在这么长的提前期主要因为韩国的中央配送中心需要一周来处理订单，并且海上运输时间比较长；③公司有大量的库存，如前所述，美国公司要向顾客配送2 500种不同的产品；④总部给予美国子公司较低的优先权，美国的订单的提前期一般要比其他地方的订单早一周左右。

为了说明预测顾客需求的难度，艾尔向大家提供了某种产品的月需求量信息。但是总经理很不同意艾尔的观点，他指出可以通过用空运的方式来缩短提前期，这样运输成本肯定会提高，但是怎么节约成本呢？最终，公司决定建立一个特别小组解决这个问题。

【思考】对詹姆公司来讲，什么是有效的库存管理策略？

5.1 库存策略

库存在英语里面有两种表达方式：Inventory和Stock，表示用于将来目的的资源暂时处于闲置状态。一般情况下，人们设置库存的目的是防止短缺，就像水库里储存的水一样。另外，它还具有保持生产过程连续性、分摊订货费用、快速满足用户订货需求的作用。

在库存理论中，人们一般根据物品需求的重复程度分为单周期库存和多周期库存。单周期需求也称为一次性订货，这种需求的特征是偶发性强和物品生命周期短，因而很少重复订货，如报纸，没有人会订过期的报纸来看，人们也不会在农历八月十六预订中秋月饼，这些都是单周期需求。多周期需求是需求在长时间内反复发生，库存需要不断补充，在实际生活中，这种需求现象较为多见。

多周期需求又分为独立需求库存与相关需求库存两种属性。独立需求是指对一种物料的需求，在数量上和时间上与对其他物料的需求无关，只取决于市场和顾客的需求。比如，电冰箱的需求与烤面包机的需求不相关，这是独立需求。相关需求(从属需求、非独立需求)是指对一种物料的需求，在数量上和时间上直接依赖于对其他物料的需求。通常，该物资是其高层次物料的一个部分。例如，某汽车公司计划每天生产500辆汽车，显然，它每天需要 2 000 个轮子和轮胎(在不考虑备胎的情况下)。对零部件和原材料的需求就是相关需求。相关需求可以是垂直方向的，也可以是水平方向的。产品与其零部件之间垂直相关，与其附件和包装物之间则水平相关。

独立需求的库存控制与相关需求的库存控制原理是不相同的。独立需求对一定的库存控制系统来说，是一种外生变量(Exogenous Variable)，相关需求则是控制系统的内生变量(Endogenous Variable)。不管是独立需求库存控制还是相关需求库存控制，都要回答这些问题：①如何优化库存成本？②怎样平衡生产与销售计划来满足一定的交货要求？③怎样避免浪费，避免不必要的库存？④怎样避免需求损失和利润损失？归根结底，库存控制要解决 3 个主要问题：①确定库存检查周期；②确定订货量；③确定订货点(何时订货)。下面针对独立需求库存和相关需求库存控制问题的特点，简要介绍各种基本库存控制方法。

5.1.1 库存补给策略

因为独立需求库存控制采用的是订货点控制策略，因此首先介绍一下几种常见的库存补给策略。

订货点法库存管理的策略有很多，最基本的策略有 4 种：①连续性检查的固定订货量、固定订货点策略，即(Q, R)策略；②连续性检查的固定订货点、最大库存策略，即(R, S)策略；③周期性检查策略，即(t, S)策略；④综合库存策略，即(t, R, S)策略。

在这 4 种基本的库存策略基础上，又延伸出很多种库存策略，本章重点介绍 4 种基本的库存策略。

1. (Q, R)策略

图 5.1 为(Q, R)策略的示意图。该策略的基本思想是对库存进行连续性检查，当库存降低到订货点水平 R 时，即发出一个订货，每次的订货量保持不变，都为固定值 Q。该策略适用于需求量大、缺货费用较高、需求波动性很大的情形。

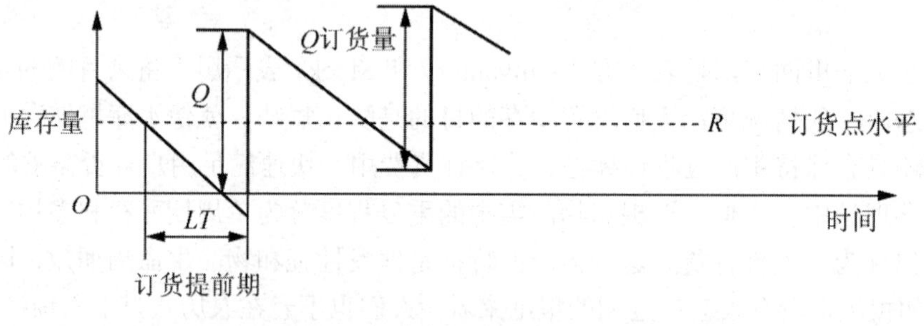

图 5.1 连续性检查(Q, R)策略

2. (R, S)策略

该策略和(Q, R)策略一样，都是连续性检查类型的策略，也就是要随时检查库存状态，当发现库存降低到订货点水平 R 时，开始订货，订货后使最大库存保持不变，即为常量 S。若发出订单时库存量为 I，则其订货量即为 $S-I$。该策略和(Q, R)策略的不同之处在于其订货量是按实际库存而定，因而订货量是可变的。

3. (t, S)策略

该策略是每隔一定时期检查一次库存，并发出一次订货，把现有库存补充到最大库存

水平 S。如果检查时库存量为 I，则订货量为 $S-I$。如图 5.2 所示，经过固定的检查期 t，发出订货，这时库存量为 I_1，订货量为 $S-I_1$。经过一定的时间 LT，库存补充 $S-I_1$，库存到达 A 点。再经过一个固定的检查时期 t，又发出一次订货，订货量为 $S-I_2$，经过一定的时间 LT(订货提前期，可以为随机变量)，库存又达到新的水平 B。如此周期性检查库存，不断补给。该策略不设订货点，只设固定检查周期和最大库存量。该策略适用于一些不是很重要的、或使用量不大的物资。

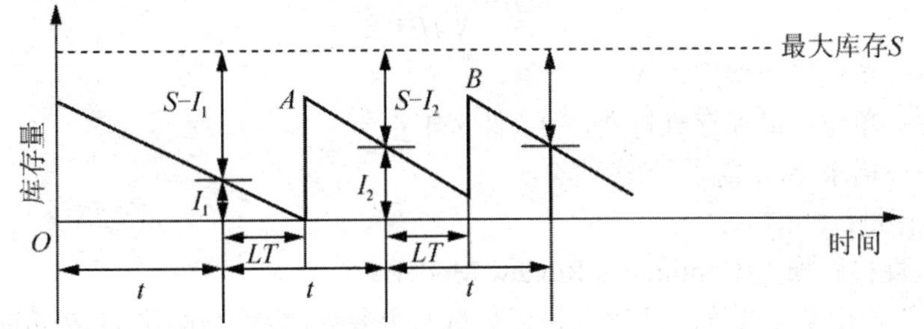

图 5.2 (t, S)策略

4. (t, R, S)策略

该策略是策略(t, S)和策略(R, S)的综合。这种补给策略有一个固定的检查周期 t、最大库存量 S、固定订货点水平 R。当经过一定的检查周期 t 后，若库存低于订货点，则发出订货，否则不订货。订货量的大小等于最大库存量减去检查时的库存量。

如图 5.3 所示，当经过固定的检查时期到达 A 点时，此时库存已降低到订货点水平线 R 之下，因而应发出一次订货，订货量等于最大库存量 S 与当时的库存量 I_1 的差($S-I_1$)。

经过一定的订货提前期后，在 B 点订货到达，库存补充到 C 点，在第二个检查期到来时，此时库存位置在 D，比订货点水平位置线高，无须订货。第三个检查期到来时，库存点在 E，等于订货点，又发出一次订货，订货量为 $S-I_3$，如此进行下去，实现周期性库存补给。

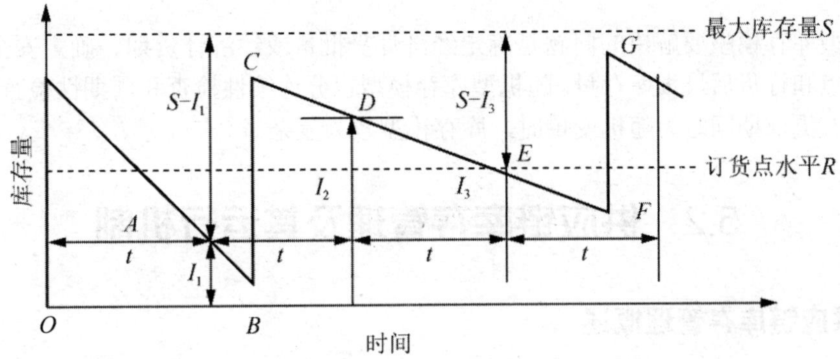

图 5.3 (t, R, S)策略

5.1.2 常见库存控制模型

常见的独立需求库存控制模型根据其主要的参数，如需求量与提前期是否为确定值，分为确定型库存模型和随机型库存模型。

1. 确定型库存模型

1) 周期性检查模型(Periodic Review Model)

此类模型有 6 种，分不允许缺货、允许缺货、实行补货 3 种情况。每种情况又分瞬时到货、延时到货两种情形。

最常用的模型是不允许缺货、瞬时到货型。其最佳订货周期为

$$T=\sqrt{\frac{2C_R}{HD}}$$

式中：C_R——单位订货费用，元；

H——单位产品库存维持费，元/(件·年)；

D——需求率(年需求量)，件/年。

最大库存量：$S=T\times D$。

2) 连续性检查模型(Continuous Review Model)

连续性检查模型需要确定订货点和订货量两个参数，也就是解决(Q, R)策略的两个参数的设定问题。连续性库存检查模型分 6 种：不允许缺货、瞬时到货型；不允许缺货、延时到货型；允许缺货、瞬时到货型；允许缺货、延时到货型；补货、瞬时到货型；补货、延时到货型。

最常见的连续性检查模型是不允许缺货、瞬时到货型。最经典的经济订货批量模型(EOQ)属于此类。

最佳订货批量为$Q^*=\sqrt{\dfrac{2DC_R}{H}}$；订货点为$R=LT\times D$。

式中：C_R——单位订货费用，元；

H——单位库存维持费，元/(件·年)；

D——需求率(年需求量)，件/年；

LT——订货提前期。

2. 随机型库存模型

随机型库存模型要解决的问题是确定经济订货批量或经济订货期、确定安全库存量、确定订货点和订货后最大库存量。随机型库存模型也分连续性检查和周期性检查两种情形。当需求量、提前期同时为随机变量时，库存模型较为复杂。

5.2 供应链库存管理及其运行机制

5.2.1 供应链库存管理概述

供应链库存管理是指将库存管理置于供应链之中，以降低库存成本和提高企业市场反应能力为目的，从点到链、从链到面的库存管理方法。

供应链库存管理的特点是供应链库存管理的目标服从整条供应链的目标，通过对整条供应链上的库存进行计划、组织、控制和协调，将各阶段库存控制在最小限度，从而削减库存管理成本，减少资源闲置与浪费，使供应链上的整体库存成本降至最低。

与传统库存管理相比，供应链库存管理不再是作为维持生产和销售的措施，而是作为一种供应链的平衡机制。通过供应链管理，消除企业管理中的薄弱环节，实现供应链的总体平衡。供应链管理理论是对现代管理思想的发展，其特点主要表现为以下几个方面。

(1) 管理集成化。供应链管理将供应链上的所有结点看成一个有机的整体，以供应链流程为基础，物流、信息流、价值流、资金流、工作流贯穿于供应链的全过程。因此，供应链管理是一种集成化管理。

(2) 资源范围扩大。在传统库存管理模式下，管理者只需考虑企业内部资源的有效利用。导入供应链管理模式后，企业资源管理的范围扩大，要求管理者将整条供应链上各结点企业的资源全部纳入考虑范围，使供应链上的资源得到最佳利用。

(3) 企业间关系伙伴化。供应链管理以最终客户为中心，将客户服务、客户满意与客户成功作为管理的出发点，并贯穿于供应链管理的全过程。由于企业主动关注整条供应链的管理，供应链上各成员企业间的伙伴关系得到加强，企业间由原先的竞争关系转变为双赢关系。供应链的形成使供应链上各企业间建立起战略合作关系，通过对市场的快速反应，共同致力于降低供应链总体库存。

因此，库存管理不仅是保证企业正常生产经营的措施，而且是使供应链管理平衡的机制。

5.2.2 供应链库存管理模型

1. 供应商管理库存(Vendor Managed Inventory，VMI)

零售商有自己的库存，批发商有自己的库存，供应商也有自己的库存，供应链各个环节都有自己的库存控制策略。由于各自的库存控制策略不同且相互封闭，因此不可避免地产生需求扭曲的现象，从而放大需求变异，无法使供应商准确了解下游客户的需求。供应商管理库存这种库存管理策略打破了传统的各自为政的库存管理模式，体现了供应链的集成化管理思想，适应市场变化的要求，是一种新的有代表性的库存管理思想。

VMI 策略的关键措施主要体现在以下几个原则中。

(1) 合作精神。在实施该策略时，相互信任与信息透明是很重要的，供应商和客户(零售商)都要有较好的合作精神，才能够保持较好的合作。

(2) 双方成本最小。VMI 不是关于成本如何分配或谁来支付的问题，而是通过实施该策略以减少整个供应链上的库存成本，使双方都能获益。

(3) 目标一致性原则。双方都明白各自的责任，观念上达成一致的目标。如库存放在哪里、什么时候支付、是否要管理费、要花费多少等问题都需要双方达成一致。

(4) 连续改进原则。供需双方共同努力，逐渐消除浪费。

2. 联合库存管理(Jointly Managed Inventory，JMI)

联合库存管理的思想可以从分销中心的联合库存功能谈起。地区分销中心体现了一种简单的联合库存管理的思想。采用分销中心的销售方式后，各个销售商只需要少量的库存，大量的库存由地区分销中心储备，也就是各个销售商把其库存的一部分交给地区分销中心负责，从而减轻了各个销售商的库存压力，分销中心就起到了联合库存管理的功能。

从分销中心的功能得到启发，对现有的供应链库存管理模式进行新的拓展和重构，提出联合库存管理新模式——基于协调中心的联合库存管理系统。

联合库存管理体现了战略供应商联盟的新型企业合作关系。联合库存管理是解决供应链系统中由于各结点企业的相互独立库存运作模式导致的需求放大现象，提高供应链的同步化程度的一种有效方法。

联合库存管理和供应商管理客户库存不同，它强调双方同时参与，共同制订库存计划，供应链过程中的每个库存管理者(供应商、制造商、分销商)都从相互之间的协调性考虑，使供应链相邻的两个结点之间的库存管理者对需求的预期保持一致，从而消除了需求变异放大现象。任何相邻结点需求的确定都是供需双方协调的结果，库存管理不再是各自为政的独立运作过程，而是变成供需连接的纽带和协调中心。

VMI 是一种供应链集成化运作的决策代理模式，它把客户的库存决策权代理给供应商，由供应商代理分销商或批发商行使库存决策的权力。JMI 是一种风险分担的库存管理模式。风险分担表明如果把各地的需求集合起来处理，可以降低需求的变动性，因而当把不同地点的需求汇集起来时，一个顾客的高需求很可能被另一个顾客的低需求抵消。需求变动性的降低能够降低安全库存。

3. 共同预测、计划与补给(Collaborative，Planning，Forecasting and Replenishment，CPFR)

通过对 VMI 和 JMI 两种模式进行分析可得出结论：VMI 就是以系统的、集成的管理思想进行库存管理，使供应链系统能够获得同步化的优化运行。通过几年的实施，VMI 和 JMI 被证明是比较先进的库存管理办法，但 VMI 和 JMI 也有以下缺点：①VMI 是单行的过程，决策过程中缺乏协商，难免造成失误；②决策数据不准确，决策失误较多；③财务计划在销售和生产预测之前完成，风险较大；④供应链没有实现真正的集成，使得库存水平较高，订单落实速度慢；⑤促销和库存补给项目没有协调起来；⑥当发现供应出现问题(如产品短缺)时，留给供应商进行解决的时间非常有限；⑦VMI 过度地以客户为中心，使得供应链的建立和维护费用都很高。

随着现代科学技术和管理技术的不断提升，VMI 和 JMI 中出现的种种弊端也得到改进，提出了新的供应链库存管理技术——CPFR。CPFR 有效地解决了 VMI 和 JMI 的不足，成为现代库存管理新技术。

CPFR 是一种协同式的供应链库存管理技术，它能同时降低销售商的存货量，增加供应商的销售量。

CPFR 最大的优势是能及时准确地预测由各项促销措施或异常变化带来的销售高峰和波动，从而使销售商和供应商都能做好充分的准备，赢得主动权。同时，CPFR 采取了双赢的原则，始终从全局的观点出发，制定统一的管理目标以及方案实施办法，以库存管理为核心，兼顾供应链上其他方面的管理。因此，CPFR 能实现伙伴间更广泛深入的合作，主要体现了以下几种思想。

(1) 合作伙伴构成的框架及其运行规则主要基于消费者的需求和整个价值链的增值。由于供应链上各企业的运作过程、竞争能力、信息来源等不一致，在 CFPR 中就设计了若干运作方案供各合作方选择，一个企业可选择多个方案，各方案都确定了核心企业来承担产品的主要生产任务。

(2) 供应链上企业的生产计划应是基于同一销售预测报告。销售商和制造商对市场有不同的认识，在不泄露各自商业机密的前提下，销售商和制造商可交换他们的信息和数据，来改善他们的市场预测能力，使最终的预测报告更为准确、可信。供应链上的各公司则根据这个预测报告来制订各自的生产计划，从而使供应链的管理得到集成。

(3) 消除供应过程的约束限制。这个限制主要就是企业的生产柔性不够。一般来说，销售商的订单所规定的交货日期比制造商生产这些产品的时间要短。在这种情况下，制造商不得不保持一定的产品库存，但是如果能延长订单周期，使之与制造商的生产周期相一致，那么生产商就可真正做到按订单生产及零库存管理。这样制造商就可减少甚至去掉库存，大大提高企业的经济效益。

随着经济的发展、社会的进步，供应链也得到更进一步的发展，原有的库存管理模式也逐渐显示出其缺点和不足。在充分认识原有库存管理技术弊端的同时，有针对性地提出相关的改进措施，不断完善和改进供应链中的库存管理技术。

CPFR 模式弥补了 VMI 和 JMI 的不足，成为新的库存管理技术。当然 CPFR 模式也不是在任何场合都可以使用的，它的建立和运行离不开现代信息技术的支持。CPFR 信息应用系统的形式有多种，但应遵循以下设计原则：现行的信息标准尽量不变，信息系统尽量做到具有可缩放性、安全性、开放性、易管理和维护、容错性、鲁棒性等特点。

5.2.3 供应链库存管理的运行机制

供应链库存管理强调各结点企业的长期合作，需要一种明确的制度安排来强化各结点企业合作的持久性，以抑制各结点企业的机会主义行为。诺思曾经证明，当交易成本为正时，制度是重要的。建立合理的供应链库存管理机制，是保持供应链库存管理系统稳定健康运行的重要措施。供应链库存管理机制的建立应主要从以下 3 个层次着手。

(1) 建立供需计划协调管理机制，包括建立共同合作目标、库存优化计划和协调控制方法、信息沟通渠道，建立利益分配和激励约束机制、风险分担机制，以保证信息在供应链上传递的准确性和及时性。

(2) 建立供应链库存运行机制，主要包括制定合同规则、协作交易规则、库存信息共享规则、订单处理规则以及应收、应付账款财务结算规则等与供应链中库存物流运作相关的各种规则章程，以保证供应链上各结点企业相互合作的良性循环和生产经营的顺利进行。

(3) 建立供应链库存管理绩效评价体系。如运用财务指标、内部流程评价指标考核企业间的合作程度与经营状况。通过对考核结果进行分析比较，发现库存管理中存在的问题，及时采取改进措施。

5.3 供应商管理库存

阅读案例

美的空调在 2002 年度的销售中，便悄悄导入 VMI 模式，开始实践“用信息替代库存”这一经营思想。美的空调作为供应链里面的“链主”，通常也称为核心企业，供应商则追求 JIT 供货。以出口为例，美的出口机型都在顺德生产，美的空调在顺德总部建立了很多仓库，把仓库分成很多片。对运输距离长的外地供应商，运货时间为 3～5 天的，一般会租赁一个片区，仓库所有权归美的，并把零配件放到片区里面储备。美的空调要用这些零配件时则通知供应商进行资金划拨并取货，零配件的产权由供应商转移到美的。

美的空调供应商有300多家。零配件出口、内销种类加起来有三万多。60%的供货商在顺德周围，还有部分供应商是在车程3天以内的地方，如广东的清远一带。

因此，只要15%的供应商在美的周围租赁仓库就可以了。实现供应商管理库存的难度并不大。此外，美的空调在Oracle公司的ERP基础上经二次开发与供应商建立了直接的交货平台。供应商在自己的办公地点能看到美的的订单内容，包括品种、型号、数量和交货时间。供应商不用装这种系统，而是通过Web的方式登录到美的的页面上面。原来供应商与美的空调进行采购交易，要签订的协议非常多，而现在程序大为简化。年初确定供货商时签订一个总协议，价格定下来后，美的就在网上发布采购信息，然后由供应商确认信息，一张采购订单就已经合法化。

实行供应商管理库存以后，美的零部件库存周转率在2002年达到7 080次左右，零部件库存由原来的平均保存5～7天，现在减少为3天，而且这3天的库存也是由供应商管理。周转率提高后，占用资金少了，资金利用效率提高，资金风险下降，库存成本下降。

在供应链管理环境下，供应链的各个环节的活动都应该是同步进行的，而传统的库存控制方法无法满足这一要求。

例如，供应商用库存来应付不可预测的或用户(这里的用户不是指最终用户，而是分销商或批发商)不稳定的需求，用户也设立库存来应付不稳定的内部需求或供应链的不确定性。虽然供应链中每一个组织独立地寻求保护其各自在供应链的利益不受意外干扰是可以理解的，但不可取，因为这样做的结果影响了供应链的优化运行。供应链的各个不同组织根据各自的需要独立运作，导致重复建立库存，因而无法达到供应链全局的最低成本，整个供应链系统的库存会随着供应链长度的增加而发生需求扭曲。VMI库存管理系统就能够突破传统的条块分割的库存管理模式，以系统的、集成的管理思想进行库存管理，使供应链系统能够获得同步化的运作。

5.3.1 供应商管理库存的概念

供应商管理库存是一种在供应链环境下的库存运作模式，它本质上是将多级供应链问题变成单级库存管理问题，相对于按照传统用户发出订单进行补货的传统做法，VMI是以实际或预测的消费需求和库存量作为市场需求预测和库存补货的解决方法，即由销售资料得到消费需求信息，供货商可以更有效地计划、更快速地反映市场变化和消费需求。

VMI是一种战略伙伴之间的合作性策略，在这种库存控制策略下，允许上游组织对下游组织的库存策略、订货策略进行管理，以用户和供应商双方都获得最低成本为目的，在一个共同的协议下由供应商管理库存，并不断监督协议执行情况和修正协议内容，使库存管理得到持续地改进的合作性策略。

这种库存管理策略打破了传统的各自为政的库存管理模式，供应商与客户企业之间实现信息交换、信息共享后，信息代替了库存，拥有最佳信息可以达到最小库存，大大降低缺货率，更好地改善客户满意度和销售情况。VMI体现了供应链的系统化、集成化管理思想，使供应链系统同步优化运行，适应市场变化的要求，是一种新的、有代表性的库存管理思想。

5.3.2 供应商管理库存的基本思想

1. VMI思想的体现

VMI的主要思想是供应商在用户的允许下设立库存，确定库存水平和补给策略，拥有库存控制权。精心设计与开发的 VMI 系统不仅可以降低供应链的库存水平，降低成本，而且用户还可获得高水平的服务，改善资金流，与供应商共享需求变化的透明性和获得更高的用户信任度。

对于供应商管理的库存，因为有最低与最高库存点，按时交货可通过相对库存水平来衡量。例如库存为零，风险很高；库存低于最低点，风险相当高；库存高于最高点，断货风险很小但过期库存风险升高。这样，统计上述各种情况可以衡量供应商的交货表现。根据未来物料需求和供应商的供货计划，还可以预测库存点在未来的走势。

VMI 管理模式是从 QR(Quick Response，快速响应)和 ECR(Efficient Customer Response，高效客户响应)基础上发展而来，其核心思想是供应商通过共享用户企业的当前库存和实际耗用数据，按照实际的消耗模型、消耗趋势和补货策略进行有实际根据的补货。由此，交易双方都变革了传统的独立预测模式，尽最大可能地减少由于独立预测的不确定性导致的商流、物流和信息流的浪费，降低了供应链的总成本。

2. VMI 的优势

实施 VMI，一方面可以共享信息，零售商帮助供应商更有效地做出计划，供应商从零售商处获得销售点数据并使用该数据来协调其生产、库存活动及零售商的实际销售活动。另一方面，供应商完全管理和拥有库存，直到零售商将其售出为止，但是零售商对库存有看管义务，并对库存物品的损伤或损坏负责。实施 VMI 有以下优点。

(1) 供应商拥有库存，对于零售商来说，可以省去多余的订货部门，使人工任务自动化，可以从过程中去除不必要的控制步骤，使库存成本更低，服务水平更高。

(2) 供应商拥有库存，供应商会对库存考虑更多，并尽可能进行更为有效的管理，通过协调生产与配送，进一步降低总成本。

(3) 供应商能按照销售点的数据，对需求做出预测，能更准确地确定客货批量，减少预测的不确定性，从而减少安全库存量，使存储与供货成本更小。同时，供应商能更快响应用户需求，提高服务水平，使得用户的库存水平也降低。

此外，实施 VMI 应注意以下几个问题。

(1) 信任问题。这种合作需要一定的信任，否则就会失败。零售商要信任供应商，不要干预供应商对发货的监控，供应商也要多做工作，使零售商相信他们不仅能管好自己的库存，也能管好零售商的库存。只有相互信任，通过交流和合作才能解决存在的问题。

(2) 技术问题。只有采用先进的信息技术，才能保证数据传递的及时性和准确性，而这些技术往往价格昂贵，利用网络技术将销售点信息和配送信息分别传输给供应商和零售商，利用条码技术和扫描技术来确保数据的准确性，并且库存与产品的控制和计划系统都必须是在线的、准确的。

(3) 存货所有权问题。做出由谁来进行补充库存的决策以前，零售商收到货物时，所有权也同时转移了，现在变为寄售关系，供应商拥有库存直到货物被售出。同时，由于供应商管理责任增大，成本增加了，双方要对条款进行洽谈，使零售商与供应商共享系统整体库存下降。

(4) 资金支付问题。过去，零售商通常在收到货物一至三个月以后才支付货款，现在可能不得不在货物售出后就要支付货款，付款期限缩短了，零售商要适应这种变化。

实施 VMI 使得供应链上相关的成员得到利益，具体表现在以下几个方面。

(1) 供应商受益表现在：①通过销售点(POS)数据透明化，简化了配送预测工作；②结合当前存货情况，使促销工作易于实施；③减少分销商的订货偏差，减少退货；④需求拉动透明化、提高配送效率——以有效补货避免缺货；⑤有效的预测使生产商能更好地安排生产计划。

(2) 分销商和消费者受益表现在：①提高了供货速度；②减少了缺货；③降低了库存；④将计划和订货工作转移给供应商，降低了运营费用；⑤在恰当的时间适量补货——提升了总体物流绩效；⑥供应商更专注地提升物流服务水平。

(3) 共同的利益表现在：①通过计算机互联通信，减少了数据差错；②提高了整体供应链的处理速度；③从各自角度出发，各方更专注于提供更优质的用户服务；避免缺货，使所有供应链成员受益；真正意义上的供应链合作伙伴关系得以确立；④长期利益包括更有效的促销运作、更有效的新品导入和增加终端销售量等。

5.3.3 供应商管理库存的运作方式

供应商管理库存是供应链管理理念要求的产物。它要求供应商对下游企业库存策略、订货策略以及配送策略进行计划和管理。所以，不同环境下采用什么模式运作 VMI 就成了当前要解决的问题。

1. 推动 VMI 运行的先决条件

企业在实施 VMI 前，应该对自己所处的环境和自身的条件加以分析与比较。主要考虑的因素如下几个方面。

1) 企业在供应链中的地位

即是否为核心企业或者是否为供应链中至关重要的企业。它要求实施企业必须拥有具备较高管理水平的人才和专门的用户管理职能部门，用以处理供应商与用户之间的订货业务、供应商对用户的库存控制等其他业务；必须有强大的实力推动 VMI，使供应链中的企业都按照它的要求来实行补货、配送、共享信息等目标框架协议。

VMI 一般适合于零售业与制造业，如沃尔玛的 VMI 系统，宝洁公司将货品放在沃尔玛出售，但所有权归宝洁公司，货物的补充供应由宝洁公司负责，实质是供应商宝洁公司在替沃尔玛管理存货。目前，VMI 已延伸到生产制造业，如在厦门设厂的戴尔，其自身并没有零部件仓库和成品仓库，零部件实行 VMI，成品则完全是订单式的，用户下单，戴尔就组织送货，由于以 VMI、CRM 等信息技术为基础的订单制的确立，在库存管理方面，戴尔实现了完全的零库存，这意味着在流通活动中，信息替代库存的效果得到了确认。美的空调在 2002 年度的销售中便导入 VMI 模式，开始实践“用信息替代库存”这一经营思想。美的空调作为供应链里面的核心企业，供应商则追求 JIT 供货。它们有一个共同的特点，就是在供应链中所处的位置都很接近最终消费者，即处在供应链的末端。其中有一个主要原因就是 VMI 可以消除“牛鞭效应”的影响(详见第 7 章)。

2) 信誉良好的合作伙伴

在实施 VMI 过程中要求零售商(在制造业为生产商)提供销售数据，而供应商要按时准确地将货物送到客户指定的地方，生产商对这一点的要求尤其高。

3) VMI 系统的供应链结构

由于核心企业在供应链中所处的位置不同，形态也有所不同。一般按核心企业的位置不同分为两类：①供应链下游为核心企业；②供应链上游为核心企业。

核心企业在 VMI 系统中所处的位置不同，导致核心企业与其合作伙伴的合作方式不同，如核心企业在上游时它们一般选择自营物流，而在下游时可以选择自营物流，也可以选择外包物流，这会导致 VMI 运行结构的变化。下面将分别针对以上两种情况提出相应的运行模式。

2. VMI 的运行模式

VMI 是由供应商替代需求方履行对需求方库存进行管理的职责。企业从根据计划实施生产转变为根据订单实施生产之后，运营流程表现为需求方根据需求向供应商发出订单，供应商(如制造商)根据订单组织采购、生产和交货。在 VMI 中，供应商不再根据订单交货，而是根据销售分析和需求方库存情况组织发货。两者区别如图 5.4 所示。

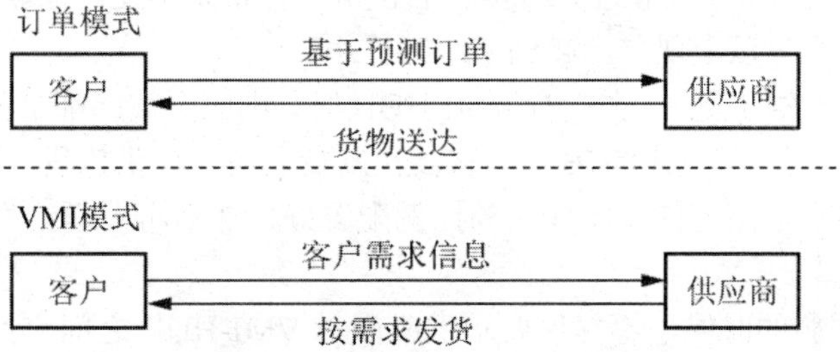

图 5.4 订单模式和 VMI 模式比较

VMI 模式一方面节约了需求方库存管理成本，另一方面使供应商能更好地掌握市场需求动向并根据实际的或预测的消费需求进行及时补货，因此体现了供需双方的一种合作性策略。在 VMI 中，供需双方共享销售和库存信息，对未来市场需求进行预测，增强了预测的准确性，在安全库存基础上减少了库存和运输风险，同时也缩短了基于订单的货物供给滞后时间。

在 VMI 系统中，核心企业既可以在供应链的上游，也可以在供应链的下游，当它在下游时既可以是供应链的中间环节，也可以在供应链的末端。显然，不同情况下 VMI 的运作模式都是不相同的，主要有 3 种情况：供应商—制造商(核)、供应商—零售商(核)、核心企业(一般为制造商)—分销商(或零售商)。这里主要讨论前两种运作模式，对后一种模式只在前两种模式的基础上做一些补充。

1) 供应商——制造商 VMI 运作模式

在这种运作模式中，制造商除了要为核心企业以外，一般还有如下特点。

生产规模比较大，制造商的生产一般比较稳定，即每天对零配件或原材料的需求量变化不是很大；要求供应商每次供货数量比较小，一般满足 1 天的零配件需求即可，有的甚至是几个小时；供货频率要求较高，有时甚至要求一天两到三次的供货频率；为了保持连续的生产，一般不允许发生缺货现象，即服务水平要求达到 99%以上。

由于这种模式中的制造商必定有几十家甚至上百家的供应商为其供应零配件或原材料，如果让每一个供应商都要在制造商的附近建立仓库的话，显然是不经济的。因此，可以在制造商的附近建立一个 VMI-HUB，如图 5.5 所示。

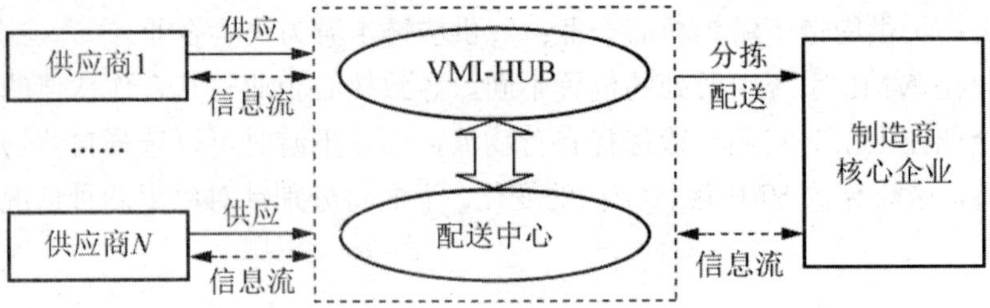

图 5.5 供应商—制造商 VMI 运作模式

加入 VMI-HUB 具有以下几个方面的效果。

(1) 缓冲作用。由于一个客户要对应 N 个供应商，假如客户对供货频率要求较高，那么在可能会出现多个供应商同时将货物送达的情况下，由于事先没有安排势必会出现混乱的卸货场面，严重的影响生产秩序，给企业的正常工作带来不便。有了 VMI-HUB，可以采用专业的配送方式避免以上现象，起到了缓冲作用。

(2) 增加了深层次的服务。在没有 VMI-HUB 时，供应商彼此都是独立的，送达的货物都是彼此分开的，当有了 VMI-HUB 后，它会在发货之前先提供拣货的服务，VMI-HUB 会按照生产企业的要求把零配件按照成品的比例配置好，然后再发送给生产商，这样就提高了生产商的生产效率。

VMI 在正常实施的时候，不仅仅要求供应商与 VMI-HUB 之间交换库存信息，还包括生产计划、需求计划、采购计划、历史消耗、补货计划、运输计划、库存情况等信息。从图 5.5 可以进一步看出，生产商与 VMI-HUB 之间的信息交换是完全地、实时地、自动地。

当发生需求突然变化时，如由于生产商的销售突增，VMI-HUB 中的库存不能及时满足生产商的需求时，这时 VMI 的实施结构做出了相应的改变，如图 5.6 所示。VMI-HUB 直接把补货计划发给供应商的信息系统，这时供应商直接向生产商进行补货，从而节约了时间与成本。把供应商这种不经过 VMI-HUB 而直接向生产商进行补货的行为称为越库直拨(Cross-Docking)。

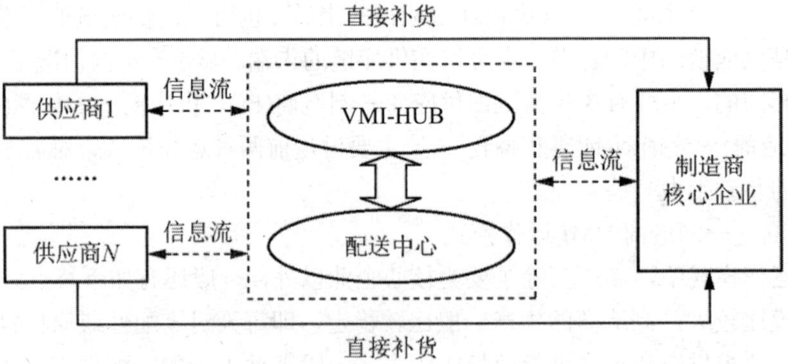

图 5.6 供应商—制造商 VMI 运作模式：越库直拨

2) 供应商—零售商 VMI 运作模式

当零售商把销售等相关信息通过 EDI 传输给供应商后(通常是一个补货周期的数据，如 3 天，甚至 1 天)，供应商根据接收到的信息对需求进行预测，然后将预测的信息输入物料需求计划系统(MRP)，并根据现有的企业内的库存量和零售商仓库的库存量，生产补货订单，安排生产计划，进行生产。生产出的成品经过仓储、分拣、包装、运送给零售商。

供应商—零售商 VMI 运行模式与供应商—制造商运作模式有以下区别。

在面对比较大的零售商时，并不一定有第三方物流企业的参与，当“接收货物”后，就产生了应付账款。大的零售商(如沃尔玛)通常要求，只有当供应商的货物真正被销售以后才向供应商付款，否则不产生“应付账款”。

这种模式一般不需要建造 VMI-HUB 这个中枢环节。因为对零售商来说，两个供应商所供应的产品是相互独立的，在同一段时间内它们不是同时需要的，不像生产商需要零部件或原材料对生成一个产品来说是必须同时获得的。

3) 第三方物流企业的参与模式

在实际实施过程中，有时需要第三方物流服务提供商的参与，原因有以下几个方面。

在供应商—生产商模式中，不论对生产商还是供应商来说，其核心竞争力主要是体现在其生产制造上，而不是物流配送上。显然，让供应商或者生产商去管理 VMI-HUB 是不经济的。

在供应商—零售商模式下，由于零售商的零售品范围比较广，供应商和零售商的地理位置相距较远，直接从供应商处向零售商补货的提前期较长，不利于进行准确的需求预测和应付突发状况。解决这一问题的折中方案就是供应商在零售商附近租用或建造仓库，由这个仓库负责直接向零售商供货。

基于上述原因，让一家专业化程度较高的企业来管理这 VMI-HUB 或仓库是最合适不过了，而这时最理想的对象就是第三方物流企业，如图 5.7 所示。况且供应链管理强调的是在供应链上的各个企业应该充分发挥自己的核心竞争力，这对第三方物流企业来说正好适应这种库存运作模式的要求，充分发挥其特点与优势。

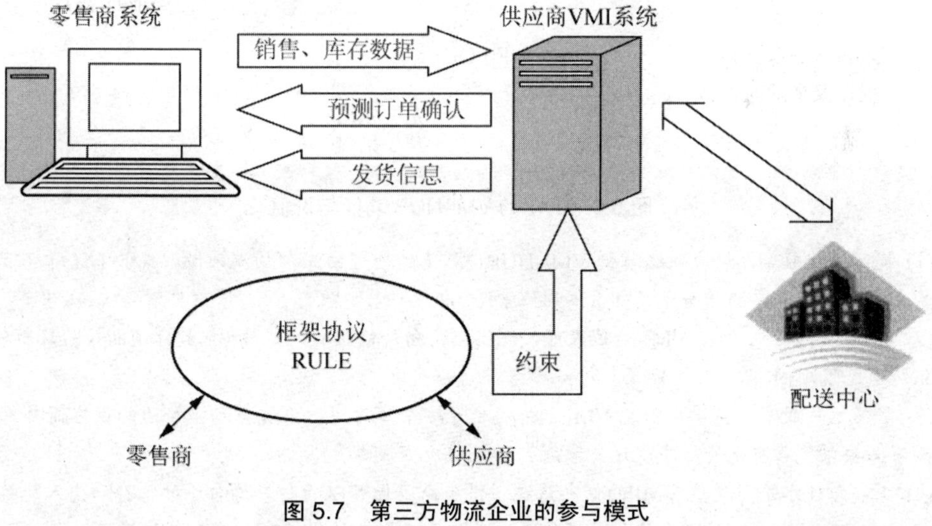

图 5.7 第三方物流企业的参与模式

4) 核心企业—分销商模式

这种模式由核心企业充当 VMI 中的供应商角色，它的运作模式与前两种大致相同，由核心企业收集各个分销商的销售信息并进行预测，然后按照预测结果对分销商的库存统一管理与配送。由于这种模式下的供应商只有一个，所以不存在要在分销商附近建立仓库的问题。核心企业可以根据与各个分销商之间的实际情况，统一安排对各个分销商的配送问题，并且可以保证每批次都是以经济批量的方式发货，每次配送的路线都可以调整为最佳配送路线。

阅读案例

VMI-HUB是海尔物流为了集中管理供应商的库存而建立的原材料中转集散中心，供应商大批量、少批次入库，需求方小批量、多频率订单采购出库，集中物流配送既减少供应商的供货成本又提高供货及时率，既减少需求方仓库面积又提高其生产灵活性。VMI-HUB给海尔供应商带来的好处如图5.8所示。

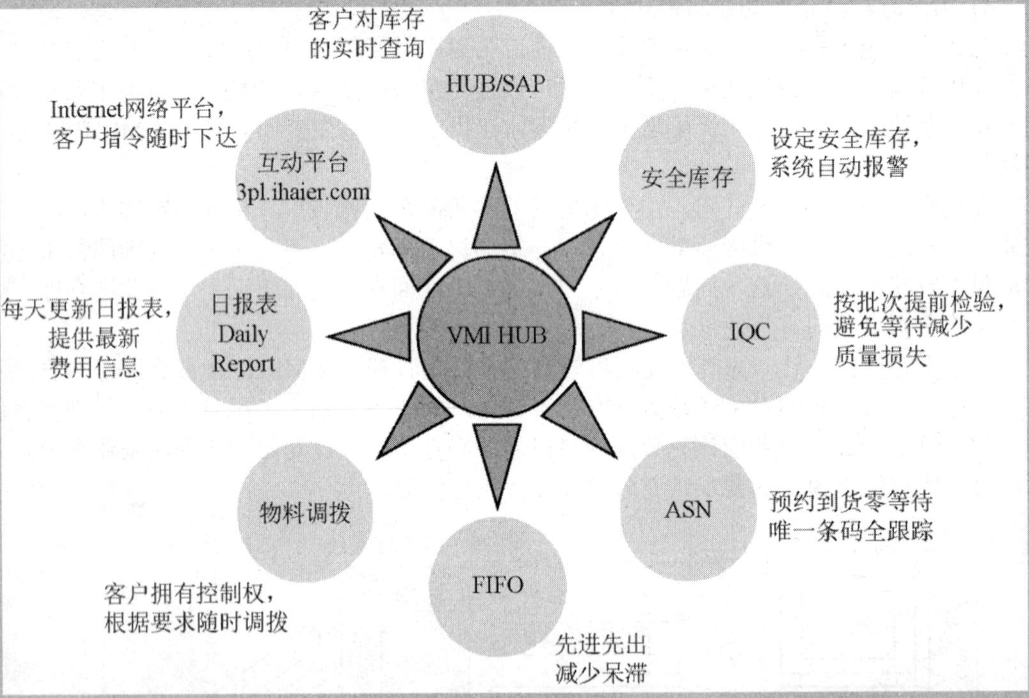

图5.8　海尔的VMI-HUB功能与价值

(1) 提高运作效率。供应商送货到VMI-HUB，剩下的全部由海尔物流来做，减少了送货环节、实现送货零等待，更重要的是避免了T-1不到位索赔。

(2) 减少运作环节。物流VMI是独家可代理供应商向外检报验的机构，把最麻烦的报验环节外包，省却供应商无限烦恼。

(3) 降低运作成本。当供应商在VMI的库存低于安全库存时，系统自动报警通知供应商补货，按批次而不必按订单集中送货，减少送货频次，降低供应商成本。

(4) 提高管理水平。通过VMI的信息系统，供应商不但可以随时查询自己的库存和出入库情况，同时实现了JIT一直要求的T-2备货共享信息，成为真正合格的供应商。海尔物流根据海尔集团流程再造的经验可以提供整个供应链管理专家咨询及服务，包含诸如物流网络策略、运输设计、仓储设计和模拟，以及作业改进和库存分析等。通过IT系统形成简单快捷、自动化的流程。

增值服务。海尔物流可以根据客户需求提供打码、再包装、扫描等业务，设计业务流程规避风险，保险、货单抵押、再加工等增值服务，使物流服务升级实现精细化物流的目标。

5.3.4　供应商管理库存的实施方法步骤

实施VMI策略，首先要改变订单的处理方式，建立基于标准的托付订单处理模式。首先，供应商和批发商一起确定供应商的订单业务处理过程所需要的信息和库存控制参数，然后建立一种标准的订单处理模式，如 EDI 标准报文，最后把订货、交货和票据处理各个业务功能集成在供应商一边。库存状态透明性(对供应商)是实施供应商管理用户库存的关键。供应商能够随时跟踪和检查到销售商的库存状态，从而快速地响应市场的需求变化，对企业的生产(供应)状态做出相应的调整。为此需要建立一种能够使供应商和用户(分销、批发商)的库存信息系统透明连接的方法。

供应商管理库存的策略可以分以下几个步骤实施。

(1) 建立顾客情报信息系统。要有效地管理销售库存，供应商必须能够获得顾客的有关信息。通过建立顾客的信息库，供应商能够掌握需求变化的有关情况，把由批发商(分销商)进行的需求预测与分析功能集成到供应商的系统中来。

(2) 建立销售网络管理系统。供应商要很好地管理库存，必须建立起完善的销售网络管理系统，保证自己的产品需求信息和物流畅通。为此，必须做到：①保证自己产品条码的可读性和唯一性；②解决产品分类、编码的标准化问题；③解决商品存储运输过程中的识别问题。目前已有许多企业开始采用 MRP Ⅱ或 ERP 企业资源计划系统，这些软件系统都集成了销售管理的功能。通过对这些功能的扩展，可以建立完善的销售网络管理系统。

(3) 建立供应商与分销商(批发商)的合作框架协议。供应商和销售商(批发商)一起通过协商，确定处理订单的业务流程以及控制库存的有关参数(如再订货点、最低库存水平等)、库存信息的传递方式(如 EDI 或 Internet)等。

(4) 组织机构的变革。这一点也很重要，因为 VMI 策略改变了供应商的组织模式。过去一般由会计经理处理与用户有关的事情，引入 VMI 策略后，在订货部门产生了一个新的职能负责用户库存的控制、库存补给和服务水平。

一般来说，适合实施 VMI 策略的为零售商或批发商没有 IT 系统或基础设施来有效管理库存；制造商实力雄厚并且比零售商市场信息量大；有较高的直接存储交货水平，因而制造商能够有效规划运输。

常见的供应商管理库存的方式包括以下几种形式。

(1) 供应商提供包括所有产品的软件进行存货决策，用户使用软件执行存货决策，用户拥有存货所有权、管理存货。

(2) 供应商在用户的所在地代表用户执行存货决策、管理存货，但是存货的所有权归用户。

(3) 供应商在用户的所在地代表用户执行存货决策、管理存货，拥有存货所有权。

(4) 供应商不在用户的所在地，但定期派人代表用户执行存货决策、管理存货，拥有存货所有权。

5.3.5 供应商管理库存实施的价值

供应商管理库存实施的价值有以下几个表现。

(1) 要货有货——制造商通过 EDI 的方式向 VMI 系统发出 13 周(1 个季度)的物料需求预测，然后通过 Min/Max 系统自动换算，得出目前应在 VMI 仓内放置的适当库存水准。供应商通过网站、每日报告或用 E-mail 等方式获取信息，掌控补货时间与数量，持续保持安全库存水准，从而实现“要货有货”，增强制造商的弹性能力。

(2) 不要货零库存——制造商只要将 Ex Works(工厂交货)、FOB(船边交货)、CIF(到岸价格)、DDU(未完税价格)等交货条件进一步转化为 VMI 仓的交货条件，即 Ex Hub(线边仓交货)。当制造商无需求时，物料存放在 VMI 仓内，其所有权仍属于供应商；对制造商而言即为“零库存”，因此大大降低了采购物料的周转资金。

(3) 送料到线边仓——当制造商通过 EDI 或 E-mail 向 VMI 仓发出物料需求时，VMI 仓在规定的时间内完成做账、备料、发料、派车配送到线边仓交接点，交接完成信息流回复 VMI 仓，大大减少了制造商面对众多供应商、供应商面对制造商内部各个事业单位的多次物流活动，实现物料来源整合，统一安排运输、统一储存，节省了众多人力。

(4) 使用后付款——VMI 仓账务人员得到制造商收货确认回复单后，更新 VMI 仓系统，并以日报告的形式发给供应商，开立发票，向制造商做相应的收款作业。VMI 仓的实施也给制造商带来了许多附加价值，使制造商内部各个事业单位相同物料的调拨便利，弹性应变能力增强；进 VMI 仓的所有物料先经过检验合格后入仓，以确保制造商购买的物料的品质，减少了残次物料处理作业流程，实现了“买前先验”。

(5) 在 VMI 仓 e 化的系统作业方面，通过扫描入库与扫描出库和标准条码，确保库存进出信息的准确性，系统的防呆措施确保物料出仓始终遵守先进先出原则，便于制造商工程变更物料的及时掌控。在物流与事务方面，供应商出货通知上传 VMI 仓 e 化系统即时网站，VMI 仓的物流人员即时掌控物料在途，可以集中物料统一运输，货到之前即可进行报关作业，降低了事务物流作业成本，加速了货物通关入仓的过程。

(6) 除了正常的物料需求管控和原物料进厂管控外，VMI 仓还可以有更多的附加价值。例如新产品导入、产品终结物料的管控、制造商成品管理与配送功能、采购结报应付账款功能等。

VMI 的推进优化了制造商与供应商之间的伙伴关系，在推动时应注意以下几个方面。

(1) 对供应商的选择策略来说，采购不仅仅是看供应商的产品，还要看其支持 VMI 推动的能力。

(2) 不要把所有的供应商全盘纳入 VMI 管理，物料必须进行分级分类。包装材料不纳入 VMI 管制，此类物料单价低、体积大、供应商资源多，取得容易，大部分都在附近，应该采用 JIT 供料。

(3) 对于 50km 范围内的厂商，刚好在 1～2 小时车程范围内，建议库存建在供应商处，采取 JIT 供料管制。

5.4 联合库存管理

VMI 是一种供应链集成化运作的决策代理模式，它把用户的库存决策权代理给供应商，由供应商代理分销商或批发商行使库存决策的权力。联合库存管理则是一种风险分担的库存管理模式。

传统的分销模式是分销商根据市场需求直接向工厂订货，如汽车分销商(或批发商)根据用户对车型、款式、颜色、价格等的不同需求向汽车制造厂订的货需要经过一段较长时间才能拿到，但顾客不想等待这么久的时间，因此各个分销商不得不进行库存备货，这样大量的库存使分销商难以承受，以致破产。

据估计，在美国，通用汽车公司销售 500 万辆轿车和卡车，平均价格是 18 500 美元，分销商维持 60 天的库存，库存费是车价值的 22%，一年的总库存费用达到 3.4 亿美元。而采用地区分销中心可以大大减少库存浪费的现象。图 5.9 所示为传统的分销模式，每个销售商直接向工厂订货，每个销售商都有自己的库存；而图 5.10 所示为采用分销中心后的销售方式，各个销售商只需要少量的库存，大量的库存由地区分销中心储备，也就是各个销售商把其库存的一部分交给地区分销中心负责，从而减轻了各个销售商的库存压力。分销中心就起到了联合库存管理的功能，分销中心既是一个商品的联合库存中心，同时也是需求信息的交流与传递枢纽。

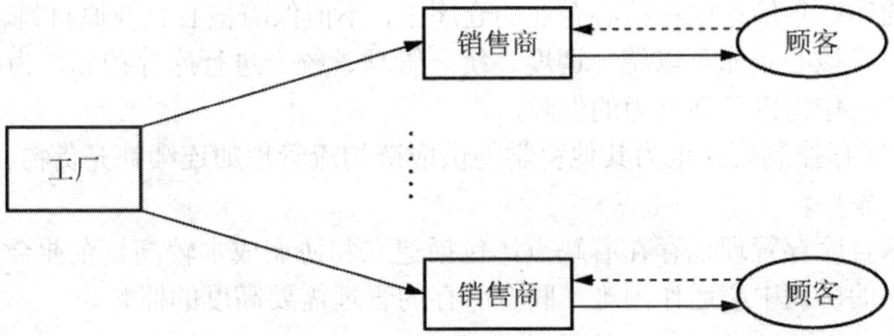

图 5.9 传统销售模式

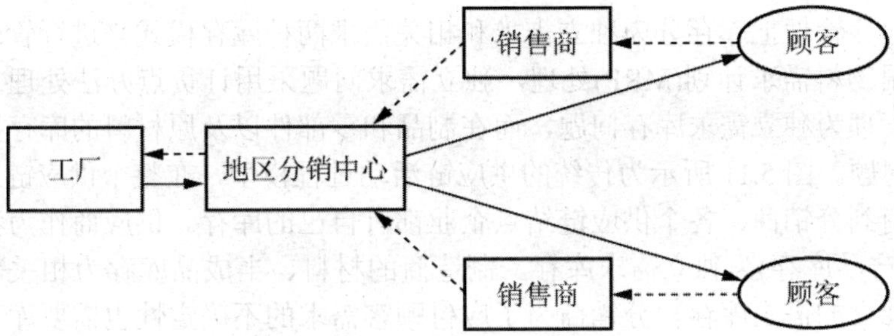

图 5.10 有销售中心的销售模式

注：——► 表示物流；- - - -► 表示资金流。

从分销中心的功能得到启发，对现有的供应链库存管理模式进行了新的拓展和重构，提出了联合库存管理新模式——基于协调中心的联合库存管理系统。

联合库存管理是一种在 VMI 的基础上发展起来的上游企业和下游企业权利责任平衡和风险共担的库存管理模式。联合库存管理强调供应链中各个结点同时参与，共同制订库存计划，使供应链过程中的每个库存管理者都考虑相互之间的协调性，保持供应链各个结点之间的库存管理者对需求的预期保持一致，从而消除了需求变异放大现象。

5.4.1 联合库存管理的优点

联合库存管理的优点包括以下几个方面。

(1) 由于联合库存管理将传统的多级别、多库存点的库存管理模式转化成对核心制造企业的库存管理，核心企业通过对各种原材料和产成品实施有效控制，就能达到对整个供应链库存的优化管理，简化了供应链库存管理运作程序。

(2) 联合库存管理在减少物流环节、降低物流成本的同时，提高了供应链的整体工作效率。联合库存可使供应链库存层次简化和运输路线得到优化。在传统的库存管理模式下，供应链上各企业都设立自己的库存，随着核心企业的分厂数目的增加，库存物资的运输路线将呈几何级数增加，而且重复交错，这显然会使物资的运输距离和在途车辆数目增加，其运输成本也会大大增加。

(3) 联合库存管理系统把供应链系统管理进一步集成为上游和下游两个协调管理中心，从而部分消除了由于供应链环节之间不确定性和需求信息扭曲现象导致的库存波动。通过协调管理中心，供需双方共享需求信息，因而提高了供应链的稳定性。

从供应链整体来看，联合库存管理减少了库存点和相应的库存设立费及仓储作业费，从而降低了供应链系统总的库存费用。

供应商的库存直接存放在核心企业的仓库中，不但保障核心企业原材料、零部件供应、取用方便，而且核心企业可以统一调度、统一管理、统一进行库存控制，为核心企业的快速高效地生产运作提供了强有力的保障。

(4) 这种库存控制模式也为其他科学的供应链物流管理如连续补充货物、快速反应、JIT供货等创造了条件。

然而，联合库存管理也存在着缺点，包括建立和协调成本较高、企业合作联盟的建立较困难、建立的协调中心运作困难、联合库存的管理需要高度的监督。

5.4.2 联合库存管理的基本思想

传统的库存管理把库存分为独立需求和相关需求两种库存模式来进行管理。相关需求库存问题采用物料需求计划(MRP)处理，独立需求问题采用订货点办法处理。一般来说，产成品库存管理为独立需求库存问题，而在制品和零部件以及原材料的库存控制问题为相关需求库存问题。图 5.11 所示为传统的供应链活动过程模型，在整个供应链过程中，从供应商、制造商到分销商，各个供应链结点企业都有自己的库存。供应商作为独立的企业，其库存(即其产品库存)为独立需求库存。制造商的材料、半成品库存为相关需求库存，而产品库存为独立的需求库存。分销商为了应付顾客需求的不确定性也需要库存，其库存也为独立需求库存。

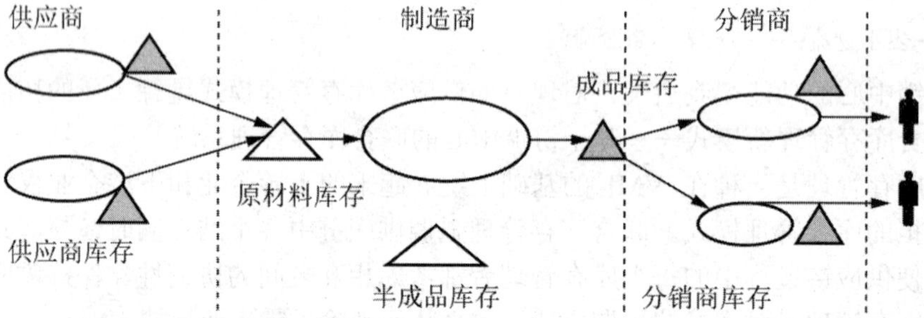

图 5.11 供应链活动过程模型

注：▲表示独立需求库存；△表示相关需求库存。

图 5.12 所示为基于协调中心联合库存管理的供应链系统模型。基于协调中心的库存管理和传统的库存管理模式相比，有以下几个方面的优点。

(1) 为实现供应链的同步化运作提供了条件和保证。

(2) 减少了供应链中的需求扭曲现象，降低了库存的不确定性，提高了供应链的稳定性。

(3) 库存作为供需双方的信息交流和协调的纽带，可以暴露供应链管理中的缺陷，为改进供应链管理水平提供依据。

(4) 为实现零库存管理、JIT 采购以及精细供应链管理创造了条件。

(5) 进一步体现了供应链管理的资源共享和风险分担的原则。

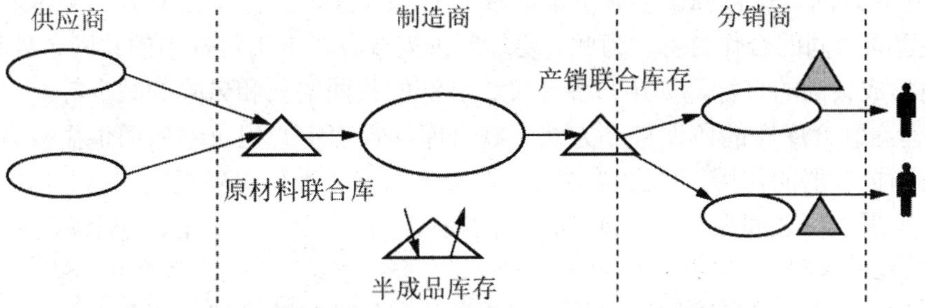

图 5.12　基于协调中心联合库存管理的供应链系统模型

5.4.3　联合库存管理的实施策略

1. 建立供需协调管理机制

为了发挥联合库存管理的作用，供需双方应本着合作的精神，建立供需协调管理的机制，明确各自的目标和责任，建立合作沟通的渠道，为供应链的联合库存管理提供有效的机制，图 5.13 所示为供应商与分销商协调管理机制模型。没有一个协调的管理机制，就不可能进行有效的联合库存管理。建立供需协调管理机制，要从以下几个方面着手。

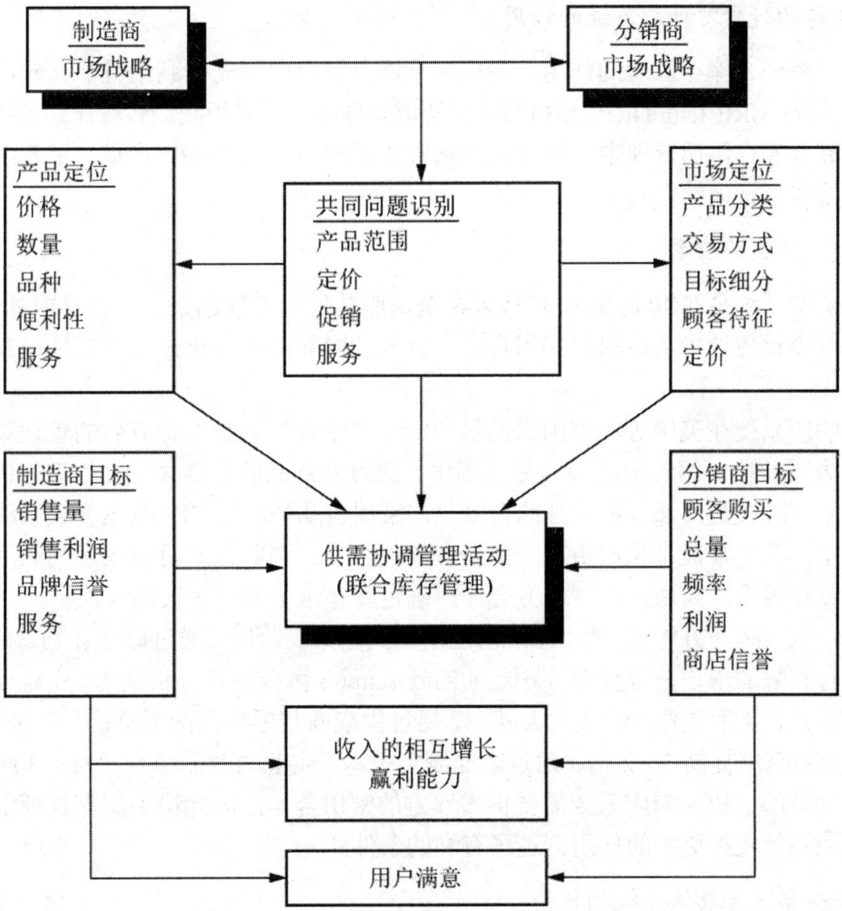

图 5.13　供应商与分销商的协调管理机制

(1) 建立共同合作目标。要建立联合库存管理模式，首先供需双方必须本着互惠互利的原则，建立共同的合作目标。为此，要理解供需双方在市场目标中的共同之处和冲突点，通过协商形成共同的目标，如用户满意度、利润的共同增长和风险的减少等。

(2) 建立联合库存的协调控制方法。联合库存管理中心担负着协调供需双方利益的角色，起协调控制器的作用，因此需要对库存优化的方法进行明确规定。这些内容包括库存如何在多个需求商之间调节与分配，库存的最大量和最低库存水平、安全库存的确定，需求的预测等。

(3) 建立一种信息沟通的渠道或系统信息共享是供应链管理的特色之一。为了提高整个供应链的需求信息的一致性和稳定性，减少由于多重预测导致的需求信息扭曲，应增加供应链各方对需求信息获得的及时性和透明性。为此应建立一种信息沟通的渠道或系统，以保证需求信息在供应链中的畅通和准确性。要将条码技术、扫描技术、POS 系统和 EDI 集成起来，并且充分利用互联网的优势，在供需双方之间建立一个畅通的信息沟通桥梁和联系纽带。

(4) 建立利益的分配、激励机制。要有效运行基于协调中心的库存管理，必须建立一种公平的利益分配制度，并对参与协调库存管理中心的各个企业(供应商、制造商、分销商或批发商)进行有效的激励，防止机会主义行为，增加协作性和协调性。

2. 发挥两种资源计划系统的作用

为了发挥联合库存管理的作用，在供应链库存管理中应充分利用目前比较成熟的两种资源管理系统：MRP Ⅱ和 DRP。原材料库存协调管理中心应采用制造资源计划系统 MRP Ⅱ，而在产品联合库存协调管理中心则应采用物资资源配送计划 DRP。在供应链系统中把两种资源计划系统很好地结合起来。

3. 建立快速响应系统

快速响应系统是在 20 世纪 80 年代末在美国服装行业发展起来的一种供应链管理策略，目的在于减少供应链中从原材料到用户这一过程的时间和库存，最大限度地提高供应链的运作效率(详见第 7 章)。

快速响应系统在美国等西方国家的供应链管理中被认为是一种有效的管理策略，它经历了 3 个发展阶段。第一阶段为商品条码化，通过对商品的标准化识别处理加快订单的传输速度；第二阶段是内部业务处理的自动化，采用自动补库与 EDI 数据交换系统提高业务自动化水平；第三阶段是采用更有效的企业间的合作，消除供应链组织之间的障碍，提高供应链的整体效率，如通过供需双方合作，确定库存水平和销售策略等。

目前在欧美等西方国家，QR 系统的应用已到达第三阶段，通过联合计划、预测与补货等策略进行有效的用户需求反应。美国的 Kurt Salmon 协会调查分析认为，实施快速响应系统后供应链效率大有提高：缺货大大减少，通过供应商与零售商的联合协作保证 24 小时供货；库存周转速度提高 1～2 倍；通过敏捷制造技术，企业的产品中有 20%～30%是根据用户的需求制造的。快速响应系统需要供需双方的密切合作，因此协调库存管理中心的建立为快速响应系统发挥更大的作用创造了有利的条件。

4. 发挥第三方物流系统的作用

第三方物流(Third-Party Logistics，3PL 或 TPL)系统是供应链集成的一种技术手段。TPL

也称物流服务提供者(Logistics Service Provider，LSP)，它为用户提供各种服务，如产品运输、订单选择、库存管理等。第三方物流系统的产生是由一些大的公共仓储公司通过提供更多的附加服务演变而来的，或者是由一些制造企业的运输和分销部门演变而来的。

5.5 供应链协同式的库存管理

当今世界，激烈的市场竞争和快速多变的市场需求使企业面临不断缩短交货期、提高质量、降低成本和改进服务的压力，供应商、制造商、分销商和零售商被迫走向合作。因此，供应链作为包括供应商、制造商、分销商和零售商的“由物料获取并加工成中间件或成品，再将成品送到用户手中的一些企业和部门构成的网络”，成了学术界和企业界研究和实践的热点。但供应链是错综复杂的，供应链的业务活动不仅要跨越供应链通道(供应商、制造商、分销商、零售商和其他合作伙伴)的范畴，而且要跨越功能、文化和人员的范畴，在努力降低成本、增加效率和获得竞争的过程中，不得不重新构思、重新定义和重新组织供应链合作伙伴关系和模式。为了建立新型合作伙伴关系，CPFR 应运而生，并逐渐成为供应链管理中一个热门的研究问题。

5.5.1 CPFR 的产生

CPFR 的形成始于沃尔玛所推动的 CFAR，CFAR(Collaborative，Forecast And Replenishment)是利用互联网通过零售企业与生产企业的合作，共同做出商品预测，并在此基础上实行连续补货的系统。后来，在沃尔玛的不断推动之下，基于信息共享的 CFAR 系统又向 CPFR 发展，CPFR(Collaborative，Planning，Forecasting and Replenishment)是在 CFAR 共同预测和补货的基础上，进一步推动共同计划的制订，即不仅合作企业实行共同预测和补货，同时将原来属于各企业内部事务的计划工作(如生产计划、库存计划、配送计划、销售规划等)也由供应链各企业共同参与。

1995 年，由沃尔玛与其供应商 Warner-Lambert、管理信息系统供应商 SAP、供应链软件商 Manugistics、美国咨询公司 Benchmarking Partners 5 家公司联合成立了工作小组，对 CPFR 进行研究和探索。1998 年，美国召开零售系统大会时又加以倡导，导致实验的零售企业有沃尔玛、凯马特和威克曼斯，生产企业有宝洁、金佰利、HP 等 7 家企业，可以说，这是目前供应链管理在信息共享方面的最新发展。

从 CPFR 实施后的绩效看，Warner-Lambert 公司的零售商品满足率从 87%提高到 98%，新增销售收入 800 万美元。在 CPFR 取得初步成功后，组成了由零售商、制造商和方案提供商等 30 多个实体参加的 CPFR 委员会，与 VICS(Voluntary Interindustry Commerce Standards)协会一起致力于 CPFR 的研究、标准制定、软件开发和推广应用工作。美国商业部资料表明，1997 年美国零售商品供应链中的库存价值约 1 万亿美元，CPFR 理事会估计，通过全面成功实施 CPFR 可以减少 15%～25%的库存，即 1 500～2 500 亿美元。由于 CPFR 巨大的潜在效益和市场前景，一些著名的企业软件商如 SAP、Manugistics、i2 等正在开发 CPFR 软件系统和从事相关服务。

5.5.2 CPFR 的特点

1. 协同

从 CPFR 的基本思想看，供应链上下游企业只有确立起共同的目标，才能使双方的绩效都得到提升，取得中和性的效益。CPFR 这种新型的合作关系要求双方长期承诺公开沟通、信息分享，从而确定其协调性的经营战略，尽管这种战略的实施必须建立在信任和承诺的基础上，但是这是买卖双方取得长远发展和良好绩效的唯一途径。正是因为如此，所以协同的第一步就是保密协议的签署、纠纷机制的建立、供应链积分卡的确立以及共同激励目标的形成(如不仅包括销量，也同时确立双方的赢利率)。应当注意的是，在确立这种协同性目标时，不仅要建立起双方的效益目标，更要确立协同的赢利驱动性目标，只有这样，才能使协同性能体现在流程控制和价值创造的基础之上。

2. 规划

1995 年，沃尔玛与 Warner-Lambert 的 CPFR 为消费品行业推动双赢的供应链管理奠定了基础，此后当 VICS 协会定义项目公共标准时，认为需要在已有的结构上增加“P”，即合作规划(品类、品牌、分类、关键品等)以及合作财务(销量、订单满足率、定价、库存、安全库存、毛利等)。此外，为了实现共同目标，还需要双方协同制订促销计划、库存政策变化计划、产品导入和中止计划以及仓储分类计划。

3. 预测

任何一个企业或者双方都能做出预测，但是 CPFR 强调买卖双方必须做出最终的协同预测，像季节因素和趋势管理等无论是对服装或相关品类的供应方还是销售方都是十分重要的，基于这类信息的共同预测能大大减少整个价值链体系的低效率、死库存，促进更好的产品销售、节约使用整个供应链的资源。与此同时，最终实现协同促销计划是实现预测精度提高的关键。CPFR 所推动的协同预测还有一个特点是它不仅关注供应链双方共同做出最终预测，同时也强调双方都应参与预测反馈信息的处理和预测模型的制定和修正，特别是如何处理预测数据的波动等问题，只有把数据集成、预测和处理的所有方面都考虑清楚，才有可能真正实现共同的目标，使协同预测落到实处。

4. 补货

销售预测必须利用时间序列预测和需求规划系统转化为订单预测，并且供应方约束条件，如订单处理周期、前置时间、订单最小量、商品单元以及零售方长期形成的购买习惯等都需要供应链双方加以协商解决。根据 VICS 的 CPFR 指导原则，协同运输计划也被认为是补货的主要因素，此外，例外状况的出现需要转化为存货的百分比、预测精度、安全库存水准、订单实现的比例、前置时间以及订单批准的比例，所有这些都需要在双方公认的积分卡基础上定期协同审核。潜在的分歧，如基本供应量、过度承诺等双方事先应及时加以解决。

5.5.3 CPFR 的实施

1. CPFR 的实施构架

CPFR 从总体上可分为三部分，即策略面、流程面与技术面，如图 5.14 所示。在策略面，企业由指导原则开始，与合作伙伴进行双方的流程描绘，考虑企业间的情境关系，选定用以评估绩效的关键指标、激活修正规划或预测的例外事件与双方必须分享的信息。流程面将 CPFR 的核心业务流程分为 9 个运行步骤，3 个阶段：计划阶段、预测阶段和补货阶段。技术面可比较灵活，但应保证现行的信息标准尽量不变，信息系统尽量做到具有可缩放性、安全性、开放性、易管理和维护、兼容性等特点。

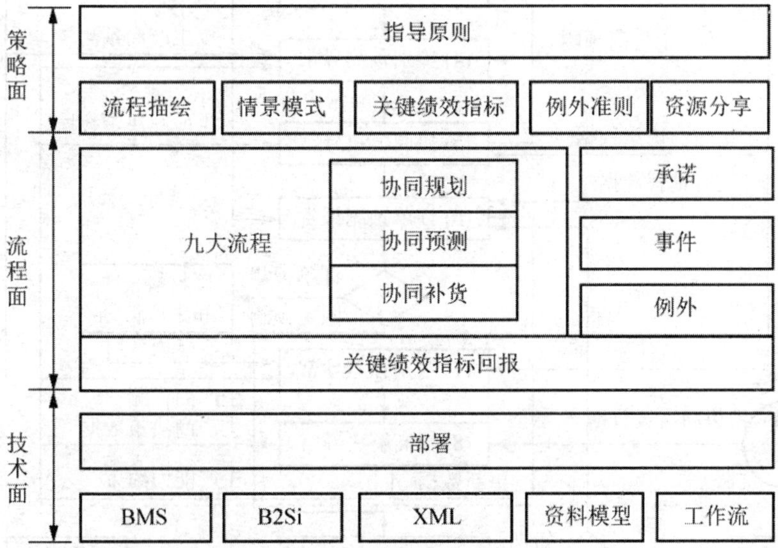

图 5.14　CPFR 总体架构

CPFR 的业务流程实施包括以下 9 个步骤。计划阶段包括第 1～2 步，预测阶段包括 3～8 步，补货阶段是第 9 步，如图 5.15 所示。

(1) 制定框架协议。框架协议是要建立合作的关系，协议内容主要包括各方的期望值以及为保证成功所需的行动和资源，合作的目的，保密协议，资源使用的授权等，它是所有业务的总纲领。

(2) 协同商务计划。根据共同的发展战略，由合作方基于共享业务信息制定共同的商务发展计划。合作方首先要建立战略合作关系，确定好部门责任、目标以及策略。商务发展计划包括营运计划、共同定义的品项角色、品项销售目标、达成目标的战术等。项目管理方面则包括品项订单的最小值(最少出货订单量)、交货提前时间、安全存量等。

(3) 建立销售预测。销售商或制造商根据实时销售数据、预计的事务等信息来制定销售预测报告，然后将此报告同另一方进行协商，双方也可各提出一份报告进行协商。

(4) 鉴别预测异常。辨别销售预测可能出现问题的例外品项。根据框架协议中规定的异常标准，对预测报告中的每一项目进行审核，最后得到异常项目表。

(5) 协商解决异常。通过查询共享信息、电子邮件、电话交谈记录、会议记录等来解决异常项目，并对预测报告作相应变更。这种解决办法不但使预测报告更加准确，减少了风险，而且还加强了合作伙伴间的交流。

(6) 建立订单预测。综合实时及历史销售数据(POS)、库存信息及其它信息来生成具体的订单预测报告，订单实际数量要随时间而变，并反映库存情况。报告的短期部分用来产生生产指令，长期部分则用来规划。

(7) 鉴别预测异常。列出订单预测可能出现问题的例外品项。确定哪些项目的预测超出了框架协议中规定的预测极限。

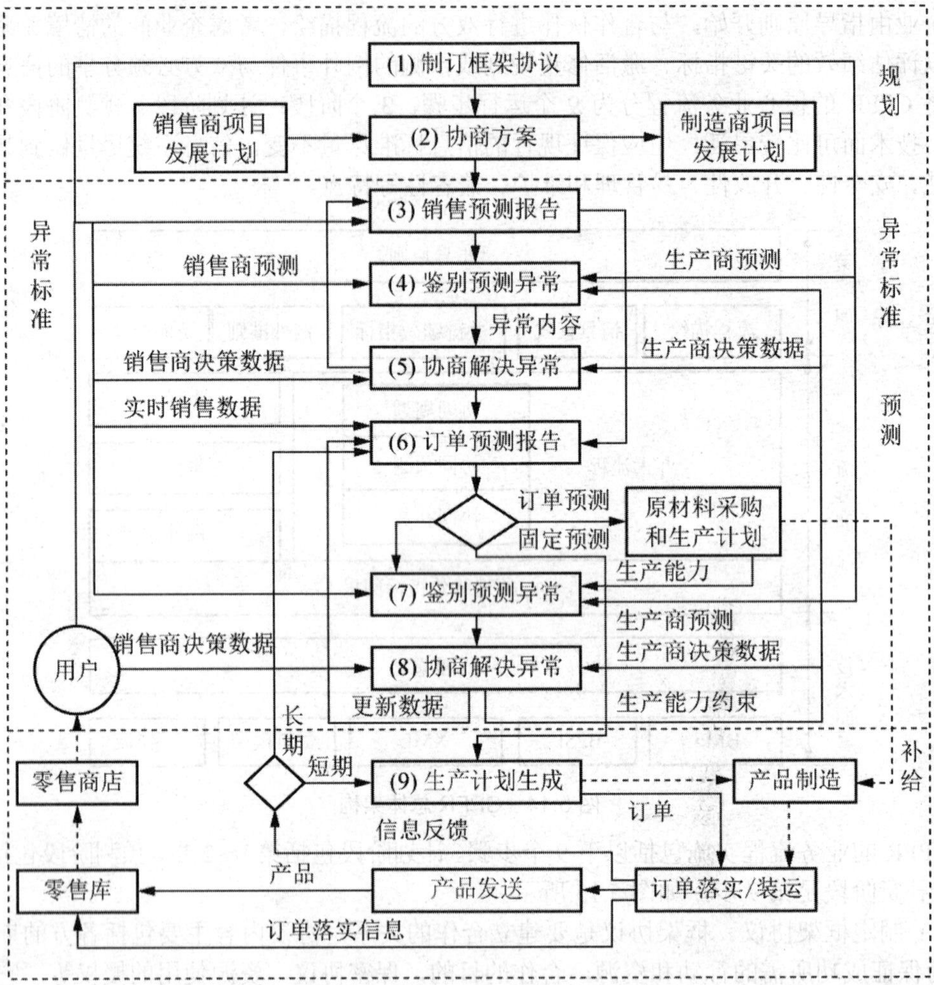

图 5.15　基于 CPFR 的供应链运营模型

(8) 协商解决预测异常。协商解决预测例外品项。解决办法和第(5)步类似。

(9) 生产计划生成。将预测的订单转化为具体的生产指令，对库存进行补给，指令生成可由制造商完成，也可由分销商完成，取决于他们的能力，资源等情况。

2. 实施 CPFR 中的关键因素

在 CPFR 的实施过程中，获得成功的关键因素有以下几个方面。

(1) 以"赢利/赢利"的态度看待合作伙伴和供应链的相互作用。企业必须了解整个供应链过程以发现自己的信息和能力在何处有助于供应链，进而有异于最终消费者和供应链合作伙伴。换句话说，基于 CPFR 的供应链成功的一个关键是从"赢利/损失"的传统企业关系到"赢利/赢利"合作关系的转变。

(2) 为供应链成功运作提供持续保证并共同承担责任。这是基于 CPFR 的供应链成功运作所必需的企业价值观。每个合作伙伴对供应链的保证、权限和能力不同，合作伙伴能够调整其业务活动以适应这些不同。无论在哪个职责层，合作伙伴坚持其保证和责任将是供应链成功运作的关键。

(3) 抵御转向机会。由于产品转向会较大地抑制合作伙伴协调需求和供应计划能力，因此不能与 CPFR 共存。抵御转向机会的一个关键是了解其短期效益和建立一个良好计划、低库存供应链的长期效益的差别，这也是对 CPFR 必要的信心和承诺的检验。

(4) 实现跨企业、面向团队的供应链。团队不是一个新概念，建立跨企业的团队造成一个新问题：团队成员可能参与其他团队，并与他们合作伙伴的竞争对手合作。这些竞争对手有"赢利/损失"关系，团队联合的深度和交换信息的类型可能造成多个 CPFR 团队中人员的冲突。在这种情况下，必须有效地构建支持完整团队和个体关系的公司价值系统。

(5) 制定和维护行业标准。公司价值系统的另一个重要组成部分是对行业标准的支持。每个公司有一个单独开发过程，这会影响公司与合作伙伴的联合。行业标准必须制定以便于实行的一致性，又允许公司间的不同，这样才能被有效的应用。开发和评价这些标准，有利于合作伙伴的信息共享和合作。

3．CPFR 的业务模型

CPFR 模型中的业务活动可划分为协同计划、协同预测和协同补货 3 个阶段，如图 5.16 所示。

主要流程包括以下几个方面。

(1) 全面协议：参与各方签署协作协议，就可能发生的一系列问题制定解决框架。

(2) 联合商业计划：包括各个项目小组对销售、库存、零售网点分布和产品类型款式的不同类型款式在未来变化的决策。

(3) 销售预测协作：零售商和供应商共享信息来预测，比较和甄别各自预测曲线的不协调点，进而找出问题所在并修改计划。

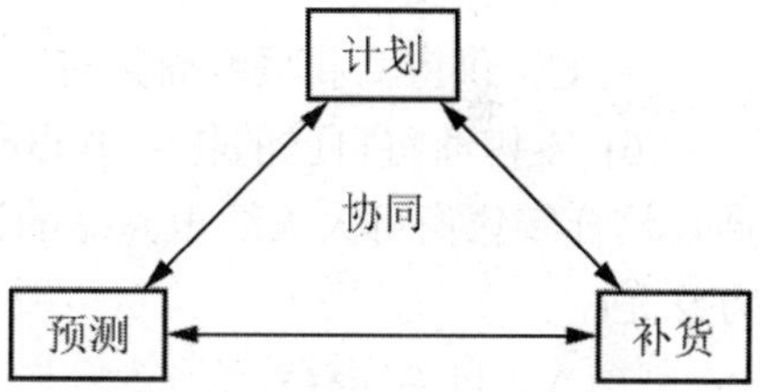

图 5.16 CPFR 的业务活动模型

(4) 订单预测协作：零售商和供应商共享补货计划，甄别不协调点并解决问题。

(5) 订单生成交货/执行：所谓结果数据共享，包括销售地点、订单、运货班期、现有库存等。甄别预测准确得出偏差、库存状况以及执行过程中的问题并加以解决。

以上整个过程的核心就是供应链上各方企业通过联合计划来管理日常的运营，包括制造、交货和销售，并且经常相互交换和共享有关市场条件和物流支持变化的信息。

本 章 小 结

本章以库存管理与控制的基本理论为基础，论述供应链库存管理的运作策略，结合供应链库存管理的特点，深入分析了 VMI、JMI 和 CPFR 的产生背景、基本内涵、特点与实施。

复习思考题

1．选择题

(1) 在 VMI 库存控制策略下，允许(　　)的库存策略、订货策略进行计划和管理。

A．下游组织对上游组织　　B．上游组织对下游组织

C．串行　　D．并行

(2) VMI 是拥有最佳的(　　)就可以达到最小的库存，大大降低缺货的概率，更好地改善客户满意度和销售情况。

A．容量　　B．信息　　C．预测　　D．最小库存

(3) VMI 组织发货是根据(　　)和需求方库存的情况来确定的。

A．销售分析　　B．运输能力

C．客户订单　　D．经验数据

(4) 供应商管理库存的策略可以分几个步骤实施，建立网络管理系统的下一步是(　　)。

A．建立顾客情报信息系统

B．建立供应商与分销商(批发商)的合作框架协议

C．组织机构的变革

D．建立虚拟企业合作框架协议

(5) 在制造商管理库存法中，仓库的所有权属于(　　)。

A．制造商　　B．供应商

C．供应商和采购商共有　　D．零售商

(6) 零售商将自己的物流中心或仓库的管理权由制造商代为实施，但所有权仍为零售商，这样零售商可大大缩短商品的订货、进货、检验等业务流程的时间，这种库存管理的方法是(　　)。

A．自动库存补给法　　B．共同库存管理法

C．供应商管理库存法　　D．制造商管理库存法

(7) (　　)的主要思想是供应商在用户允许下设立库存，确定库存水平和补给策略，拥有库存控制权。

A．自动库存补给法　　B．共同库存管理法

C．联合库存法　　D．VMI

2. 简答题

(1) 什么是供应商管理库存？

(2) 对订单模式和 VMI 模式进行比较分析。

(3) 论述推动 VMI 运行的先决条件。

(4) 什么是联合库存管理模式？

(5) 供应链协同式库存管理的特点是什么？

3. 判断题

(1) 联合库存管理是一种风险分担的库存管理模式。　(　　)

(2) 超过实际需要量的库存称为缓冲库存。　(　　)

(3) 在供应链环境下，企业库存管理侧重于优化单一的库存成本，从存储成本和订货成本出发确定经济订货量和订货点。　(　　)

(4) VMI 的主要思想是供应商在用户允许下设立库存，确定库存水平和补给策略，但不拥有库存控制权。　(　　)

(5) 实施供应商管理用户库存的关键是库存状态透明性。　(　　)

(6) 基于协调中心的联合库存管理是对供应链的全局性优化和控制。　(　　)

4. 思考题

(1) 怎样理解 VMI 的运作方式？

(2) 实施 VMI 应注意哪些问题？

(3) 论述联合库存管理的实施策略。

(4) 简述 CPFR 的产生背景。

(5) 结合实例，说明 VMI-HUB 在供应链库存管理中的意义。

案例分析

“尿布”传奇演绎供应链管理四字箴言

1980 年，美国宝洁公司接到密苏里州圣路易市一家超级市场的询问，说能不能自动补充架子上的 Pampel 牌尿布，不必每次再经过订货的手续，只要架子上的货售完，新货就到，可以每月付一笔货款。宝洁的经理 DLianeweeks 经过筹划，把两家公司的计算机连起来，做出一个自动补充纸尿布的系统雏形，结果试用良好，两家公司不必再为“尿布”发愁了。自动化的供应链管理从此开始。

1987 年，宝洁副总裁 Ralph Drayer 把“尿布”系统扩大，向他们下游的经销商和日用品销售商推销这个系统，让双方获利。

当时，有两家大型百货零售连锁店试用，一家是沃尔玛，一家是凯马特。沃尔玛在 1988 年买了宝洁的“尿布”系统，然后充分利用系统的优点，使企业发展到今天，已经成为拥有 4 400 家大卖场的全球最大的百货零售企业。而另一家 Kmart，在试用了宝洁的系统以后，就没再继续使用，企业已申请破产保护。

现在，宝洁的产品占了沃尔玛商品的 17%，而且还在继续增长，而宝洁这套系统理念也就成了供应链管理的准则。宝洁为推广这个概念，告诉下游的经销商“由我来管理你的存货”，这自然不是一件容易的事。当时，上下游的厂商仅有买卖关系，从未坐下来谈过大家如何联手加强为顾客服务的话题。联手加强为顾客服务，大家都欢迎。

但是如何联手呢？宝洁就提出来一起来定价、促销、追踪服务，彼此交流双方信息。

要做到这一点，最重要的是双方要有诚意合作，如果相互猜忌、敌对，那就走不下去。

1. 从“连续补充”开始

用过就扔掉的婴儿纸尿布在二三十年前是创新，尤其以宝洁制造的 Pamper 品牌最出名。创建于 1960 年的沃尔玛的创始人山姆·沃尔顿(Sam Walton)是一个很有眼光的人。他说大家做事的方法太复杂了，“你应该自动送给我 Pamper 尿布，我一个月送给你一张支票”。宝洁当时与一家下游的零售商店做自动送货已有一段时间了，知道沃尔玛有同样的想法，就试着合作，当然也是先从自动送货开始，“连续补充”(continuous replenishment)的概念就因此产生了。

“连续补充”虽然只是工作流程上的一个技术问题，但是由此建立了相互信赖的关系。两家的计算机连接在一起，沃尔玛销售宝洁产品的情况随时会被传送到宝洁的工厂，用来安排生产、包装和运送的时间；沃尔玛也同样可以通过计算机联网，了解下一批产品的情况。双方信息的通畅，使服务质量大为改善，存货量也大为降低，建立了双方进一步合作的基础，也促使沃尔玛迈向“把最好的价值带给顾客”的成功之路。现在，这句话成了沃尔玛的座右铭。

怎么想到从“连续补充”做起呢？据宝洁副总裁 Rolph Drayer 说，零售业上下游买卖的手续过于繁琐，尤其是多家、多样商品的买卖，不但复杂，而且费时耗力，要付出很高的成本。宝洁与沃尔玛这两家最大的卖主与买主就想到换一种有效率的做法，来降低存货、运费和其他不确定的因素。这件事所面临的第一个挑战就是宝洁告诉沃尔玛和其他零售商“由我供货商来管理零售商的存货，会比你自己管理得更好”。零售商起初都不以为然，以后一步步合作，事实证实了这个想法是正确的。货物的运输是“连续补充”的重要一环，必须重新考虑。沃尔玛的大型零售场所以前停满了尚未卸货的卡车，但现在没有了，卡车一到就要立即卸货，因为没有仓储、没有存货；而在供应商方面，不论是制造或包装，工厂的生产程序也要改变。这都缘自于 JIT 的运作模式。

Drayer 这样解释“连续补充”：就好像一根水管，水可以不断地流出，即使没有储水池，也不会出现浪费现象。“连续补充”的成功使上下游的厂商可以发展进一步的合作，彼此开放更多的信息，共同规划促销活动、预测销售、创造利润。

2. CPFR 四字箴言

宝洁与沃尔玛的合作改变了两家企业的营运模式，实现了双赢。与此同时，他们合作的 4 个理念，也演变成供应链管理的标准。这 4 个理念可以用 C、P、F、R 4 个字母代表。

1) C——Collaboration(合作)

它不是指两家企业普通买卖关系的合作，而是为同一目标、创造双赢的合作。零售商店不存货，而把存货推给供货商、增加供货商的成本，就不叫合作，而零售商与供货商共同以零售店顾客的满意为最高目标来通力合作，就可让双方都成为赢家。这样的合作是长期的、开放的，而且要共享彼此的信息，双方不但在策略上合作，在营运的执行上也要合作。双方要达成对对方信息保密的协议，制定解决争端的机制，设定营运的监控方法以及利润分配政策。合作双方的目标是：在让销售获得最大利润的同时缩减成本与开销。

2) P——Planning(规划)

供应链管理源于日用品的零售。当初并没有 P，后来因为有别的行业应用，才认为有把 P 纳入的必要。两家企业合作，要规划的事有很多。在营运上有产品的类别、品牌、项目；在财务上有销售、价格策略、存货、安全存量、毛利等。双方在这些问题上的规划，可以保证共同目标的实现。另外，双方可以对产品促销、存货、新产品上架、旧产品下架等一些事情进行共同规划。

3) F——Forecasting(预测)

对销售的预测，双方可能有不同的看法、不同的资料。供货商可能对某类商品预测准确，而零售商店可以根据实际销售对某项商品进行准确预测，但双方最后必须制定出大家都同意的预测方式。系统可依据原始信息，自动做基础性的预测，但是季节性、时尚性的变化以及促销活动、顾客的反应，都会使实际情况发生变化。双方预先要制定好规则，来研讨并解决预测可能产生的差异。

4) R——Replenishment(补充)

补充是供应链管理的重要程序。销售预测可以换算成为订单预测，而供货商的接单处理时间、待料时间、最小订货量等因素，都需要列入考虑范围之内。货物的运送也要由双方合作进行。零售商订货应包括存货比率、预测的准确程度、安全存量、交货时间等因素，而且双方要经常评估这些因素。在补充程序上，双方要维持一种弹性空间，以共同应对突发事件。成功的补充程序，是供货商经常以少量的货品供给零售商，用细水长流的方式，减小双方存货的压力。

3. 走向沃尔玛王国

供应链管理的高度运用，使沃尔玛快速成长，即使是在经济不景气时期，它仍能立于不败之地。有历史学者认为，自从 19 世纪标准石油公司以来，沃尔玛是影响美国经济最大的一家企业，它持续维持低价的日用品，对稳定美国通货膨胀起到了一定的积极作用。沃尔玛几乎什么都卖。截止到 2002 年年底，沃尔玛在美国有 3 244 家大卖场和会员制商店，在美国以外的 9 个国家有 1 080 家连锁商店，包括在中国的 19 家，每周的顾客流量达 1 亿人次。

沃尔玛的上游有3万多家供货商，货品的供应、卖场与总公司联系等复杂的运作，全靠一套计算机系统。这套系统在设计之初定了3个原则：集中式信息管理；采用市面上通用的系统平台；业务第一、技术第二。在这3个原则下，全球各卖场的系统基本上相同，而且自行开发软件，使系统的成本大幅度下降。沃尔玛有自己的卫星，计算机系统庞大。供货商可以联机实时查看销售情况，以为连续补充货品做准备。沃尔玛总部Bentiville虽然是一座小城，却有450家供货商在此设有办公室，以方便商品的推销。

思考题：

结合供应链管理的四字箴言，论述供应商与零售商之间是如何通过协同合作实现双赢的。

第 6 章　供应链生产管理

【学习目标】

➢ 知识点

- 供应链管理环境下的生产计划与控制的特点以及影响因素
- 供应链管理环境下的生产计划与协调机制的概念、模式
- 供应链管理环境下的生产计划与控制总体模型及特点
- 延迟制造的概念、分界点、实施条件
- 延迟策略内涵和形式

➢ 难点

- 延迟策略的形式、延迟制造的核心思想以及分界点

➢ 要求

熟练掌握的内容

- 延迟策略的几种形式
- 延迟制造的核心思想
- 延迟制造分界点的含义

了解理解的内容

- 了解供应链管理环境下的生产计划与控制特点以及影响因素
- 了解供应链管理环境下的生产计划协调机制的概念、模式
- 理解供应链管理环境下的生产计划与控制总体模型及特点

导入案例

希捷供应链运作

当前，越来越多的企业将供应链管理视为企业发展的根基，希捷也不例外，在业务运作中追求供应链优化，再优化. 在全球企业中，希捷的供应链管理居于相当高的水平，成为希捷的核心竞争力之一。希捷之所以在硬盘行业占据首位，很大程度上要归功于出色的供应链管理与强大的物流能力。在整个供应链管理中，希捷非常注重物流的平稳性，即首先要保障整个业务流程的平稳运行，在此前提下控制成本，降低成本。

希捷在制造和上市发货方面的高效率很大程度上要归功于它所采用的世界级单一、整合的信息系统。由全球知名软件公司为希捷无锡工厂提供了全部软件系统，包括财务系统、MRP、ERP、供应链管理系统等，各系统之间实现了无缝连接，尽可能避免了信息传输的延误，真正做到实时交换信息。同时，希捷与 3PL 也实现了信息系统的实时连接。

作为制造企业的大脑，ERP 系统将希捷内部的市场预测、销售计划、产品生产、成品发货、财务结算等业务流程的管理，与企业供应链管理所涉及的生产计划、原材料采购、供应商管理、产品销售、服务等过程进行了有机结合，实现了生产库存、仓储库存、在运库存、退货、回收(主要是供应商的包装材料，可使用 3～5 次，要退还给供应商)等环节的统一管理。

在生产管理中，希捷实施滚动计划体制，向供应商与客户提供 13 周滚动计划：前 4 周是固定计划；后 9 周是机动的，为供应商制订生产计划所用。每个星期希捷都要提供新的滚动计划。遇到特殊时期，如圣诞节等则另行安排生产计划。

此外，希捷公司采用六西格玛方法使公司获得很大改进，包括消除低效率、获取世界级的制造水平、缩短产品上市时间等。

【思考】从希捷公司的供应链运作中，体会信息集成在企业协调管理中的重要性。

6.1 供应链管理环境下的企业生产计划和控制

6.1.1 供应链管理环境下生产计划编制的影响因素

在供应链管理中，编制生产计划应考虑各种影响因素或约束条件，应重视以下 3 个方面的因素。

1. 柔性约束

为了减少市场环境的不确定性和供应链本身的不确定性所带来的不利影响，管理者一般要采取多方面的对策来获得供应链柔性。供应链的柔性是指供应链快速而经济地处理生产经营活动的环境或由环境引起的不确定性的能力。

从流程的角度看，供应链柔性包括供应系统柔性、制造和物流系统柔性以及相应的信息系统柔性；从经营管理方面考虑，供应链柔性包括合作关系柔性、利益分配柔性、合同柔性和人力资源柔性等。增加供应链柔性会给供应链管理带来许多影响，如增加生产计划的编制与实施的复杂性和难度等。

因此，在制订生产计划时应充分考虑到供应链中各种柔性的约束条件。在实际的供需合同中，柔性一般由双方共同确认，对于需方而言，它代表着对未来变化的预期；而对供方而言，它是对自身所能承受的需求波动的估计。

故此，供应链生产计划的制定应根据合同的柔性采取相应的策略。面对下游企业的柔性，上游企业计划产量的确定要根据下游企业的需求预期变化在库存费用与缺货费用之间寻找平衡点。而下游企业在制订生产计划时应尽可能使需求接近合同的规定，帮助供应企业达到最优产量。

2. 生产进度

生产进度是企业检查生产计划执行状况的重要依据，也是滚动制订生产计划过程中修正原有计划和制订新计划的重要信息。在供应链管理环境下，生产进度计划属于可共享的信息。这一信息的作用在于以下两个方面。

(1) 供应链上游企业通过了解对方的生产进度情况实现准时供应。企业的生产计划是在对未来需求做出预测的基础上制订的，它与生产过程的实际进度一般是不同的，生产计划信息不可能实时反映物流的运动状态。供应链企业可以借助现代网络技术，使实时的生产进度信息能为合作方所共享。上游企业可以通过网络和双方通用的软件了解下游企业真实需求信息，并准时提供物资。在这种情况下，下游企业可以避免不必要的库存，而上游企业可以灵活主动地安排生产和调拨物资。

(2) 原材料和零部件的供应是企业进行生产的首要条件之一，供应链上游企业修正原有计划时应该考虑到下游企业的生产状况。在供应链管理下，企业可以了解到上游企业的生产进度，然后适当调节生产计划，使供应链上的各个环节紧密地衔接在一起。其意义在于可以避免企业与企业之间出现供需脱节的现象，从而保证了供应链上的整体利益。

3. 生产能力

供应链管理要求整条链上有关企业的生产能力相互衔接并相互匹配，所以每个企业以及整个供应链的生产能力大小将直接影响并制约供应链的生产规模与水平，当然也制约企业生产计划的制订，对于单个企业来说，在编制生产计划时一方面必须考虑到上下游企业生产能力上的约束，另一方面也可以借助外部资源，利用上下游企业的生产能力，弥补自己资源和生产能力的不足。

6.1.2 供应链管理环境下生产计划的特点

供应链管理中的企业生产计划与传统的企业生产计划差距很大，具体特点表现在以下两个方面。

1. 生产计划的信息组织与决策

供应链管理中生产计划的信息组织与决策表现出以下特征。

(1) 开放性。企业生产计划信息跨越了单个企业组织的界限，形成开放性的信息系统。

(2) 动态性。生产计划与控制的信息因市场需求的不断变化而变化。

(3) 集成性。企业生产计划信息是不同信息源的信息集成，包括了供应商、分销商、消费者甚至是竞争对手的信息。

(4) 群体性。企业生产计划决策过程是依赖整个供应链中的信息，考虑所有合作企业的需求与利益而进行的群体协商决策过程。

(5) 分散性。供应链企业的信息来源分散于不同部门和企业，甚至不同国家。

2. 生产计划编制过程

1) 计划编制过程具有纵向和横向的信息集成特点

纵向信息集成是指供应链由下游向上游的信息集成。在生产计划过程中上游企业的生产能力信息在生产计划的能力分析中独立发挥作用。通过在主生产计划和投入产出计划中分别进行的粗、细能力平衡，上游企业承接订单的能力和意愿都反映到了下游企业的生产计划中。同时，上游企业的生产进度信息也和下游企业的生产进度信息一同作为滚动编制计划的依据，其目的在于保持上下游企业间生产活动的同步进行。

横向信息集成是指生产相同或类似产品的企业之间的信息共享。外包决策和外包生产进度分析是集中体现供应链横向集成的环节。外包所涉及的企业都能够生产相同或类似的产品，或者说在供应链网络上是属于同一产品级别的企业。企业在编制主生产计划时所面临的订单，在两种情况下可能转向外包：一是企业本身或其上游企业的生产能力无法承受需求波动所带来的负荷；二是所承接的订单通过外包所获得利润大于企业自己进行生产的利润。无论在何种情况下，都需要承接外包的企业的基本数据来支持企业的获利分析，以确定是否外包。同时，由于企业对订单的客户有直接责任，因此也需要承接外包企业的生产进度信息来确保对客户的供应环节。

2) 丰富了能力平衡在计划中的作用

在传统的生产计划制订中，能力平衡只是一种分析生产任务与生产能力之间差距的手段，其结果是对计划进行修正的数据。在供应链管理下制订生产计划的过程中，能力平衡发挥了以下作用。

(1) 为修正主生产计划和投入产出计划提供依据。

(2) 为外包决策和零部件(原材料)急件外购提供决策依据。

(3) 反映上游企业在合作中所具备的生产能力，为供应链管理的高效运作提供保证。

(4) 实时更新本企业和上游企业的能力状态，使生产计划具有较高的可行性。

3) 计划的编制、实施及其信息流的循环过程突破了企业边界的限制

在传统的生产计划制订过程中，计划的编制、实施及其信息流都呈闭环形式在独立的企业内部循环。在供应链管理环境下，计划就必须要考虑合作企业、外包企业的能力需求分析及工程生产进度等，信息流的循环跨越了企业边界。例如，企业的主生产计划和投入产出计划等会涉及供应链内部相关企业甚至供应链之外的外包企业与协作企业等。

6.1.3 供应链管理环境下生产控制的特点

供应链环境下的企业生产控制和传统的企业生产控制模式不同。前者需要更多的协调机制(企业内部和企业之间的协调)，体现了供应链的战略伙伴关系原则。供应链环境下的生产协调控制包括以下几个方面的内容。

1. 生产进度控制难度增大

生产进度控制的目的在于依据生产作业计划，检查零部件的投入和产出数量、产出时间和配套性，保证产品能准时装配出厂。供应链环境下的进度控制与传统生产模式的进度控制不同，这是因为许多产品是通过协作或转包业务而进行生产制造的，这些与传统的企

业内部进度控制相比较，其控制的难度更大，必须建立一种有效的跟踪机制进行生产进度信息的跟踪和反馈。生产进度控制在供应链管理中有重要作用，因此必须研究解决供应链企业之间的信息跟踪机制和快速反应机制。

2. 供应链的生产节奏控制更为严格

供应链的同步化计划需要解决供应链企业之间的生产同步化问题，只有各供应链企业之间以及企业内部各部门之间保持步调一致时，供应链的同步化才能实现。供应链形成的准时生产系统，要求上游企业准时为下游企业提供必需的零部件。如果供应链中任何一个企业不能准时交货，都会导致供应链不稳或中断，从而导致供应链对用户的响应性下降，因此严格控制供应链的节奏对供应链的敏捷性是十分重要的。

3. 提前期管理影响更大

基于时间的竞争是 20 世纪 90 年代一种新的竞争策略，具体到企业的运作层，主要体现为提前期的管理，这是实现 QR、ECR 策略的重要内容。供应链环境下的生产控制中，提前期管理是实现快速响应用户需求的有效途径。缩小提前期，提高交货期的准时性是保证供应链获得柔性和敏捷性的关键。缺乏对供应商不确定性的有效控制是供应链提前期管理中的一大难点问题，因此，建立有效的供应提前期的管理模式和交货期的设置系统是供应链提前期管理中值得研究的问题。

4. 采用库存控制和在制品管理新模式

库存在应付需求不确定性时有着积极的作用，但是库存又是一种资源的浪费。在供应链管理模式下，实施多级、多点、多方管理库存的策略，对提高供应链环境下的库存管理水平、降低制造成本有着重要意义。这种库存管理模式涉及的部门不仅仅是企业内部。基于 JIT 的供应与采购、供应商管理库存(VMI)、联合管理库存(JMI)等都是供应链库存管理的新方法，对降低库存都有重要作用。因此，建立供应链管理环境下的库存控制体系和运作模式对提高供应链的库存管理水平有重要作用，是供应链企业生产控制的重要手段。

5. 信息实时反馈

通过信息的实时反馈，供应链中的企业可以在生产计划与控制过程中对自己的订单进行全面监督、协调检查、跟踪监控，保证上下游企业计划的执行与修正，确保生产计划的有效性，消除不确定性对供应链的影响，使上下游企业生产协调一致。

6. 各方协同合作程度更高

供应链管理基于“竞争—合作—协调”机制，以分布式企业集成合作和协调为保证。供应链上各个企业既相互独立又相互依存，在上述的生产进度与节奏控制、库存控制、提前期管理和信息的有效传递等方面都需要更为有效的协同合作，以协调各方利益，实现生产系统的有效控制。使整个供应链能以顾客的需求为中心，而且保持步调一致，能够快速响应市场需求的变化。

6.2 供应链管理环境下生产系统的协调机制

6.2.1 供应链的协调控制机制

要实现供应链的同步化运作，需要建立一种供应链的协调机制。协调供应链的目的在于使信息能无缝地、顺畅地在供应链中传递，减少因信息失真而导致过量生产、过量库存现象的发生，使整个供应链能根据顾客的需求而步调一致，也就是使供应链同步化响应市场需求变化。

供应链的协调机制有两种划分方法。根据协调的职能可划分为两类：一是不同职能活动之间的协调与集成，如生产—供应协调、生产—销售协调、库存—销售协调等协调关系；另一类是根据同一职能不同层次活动的协调，如多个工厂之间的生产协调。根据协调的内容划分，供应链的协调机制可分为信息协调和非信息协调。

6.2.2 供应链的协调控制模式

供应链的协调控制模式分为集中协调、分散协调和混合式协调三种。

(1) 集中协调即中心化协调控制模式是把供应链作为一个整体纳入一个系统，采用集中方式决策，因而忽视了代理的自主性，也容易导致组合约束“爆炸”，对不确定性的反应比较迟缓，很难适应市场需求的变化。

(2) 分散协调控制过分强调代理模块的独立性，对资源的共享程度低，缺乏通信与交流，很难做到供应链的同步化。

(3) 比较好的控制模式是分散与集中相结合的混合模式。在这种模式下，各个代理一方面保持各自的独立性运作，另一方面参与整个供应链的同步化运作体系，保持了独立性与协调性的统一。

6.2.3 供应链的信息跟踪机制

供应链各个代理之间的关系是服务与被服务的关系，服务信号的跟踪和反馈机制可使企业生产与供应关系同步进行，消除不确定性对供应链的影响。因此，应该在供应链系统中建立服务跟踪机制以降低不确定性对供应链同步化的影响。

供应链的服务跟踪机制提供供应链两方面的协调辅助：信息协调和非信息协调。非信息协调主要指完善供应链运作的实物供需条件，采用 JIT 生产与采购、运输调度等；信息协调主要通过企业之间的生产进度的跟踪与反馈来协调各个企业的生产进度，保证按时完成用户的订单，及时交货。

供应链企业在生产系统中使用跟踪机制的根本目的是保证对下游企业的服务质量。只有在企业集成化管理的条件下，跟踪机制才能够发挥其最大的作用。跟踪机制在企业内部表现为客户(上游企业)的相关信息在企业生产系统中的渗透。其中，客户的需求信息(订单)成为贯穿企业生产系统的一条线索，成为生产计划、生产控制、物资供应相互衔接、协调的手段。

1. 跟踪机制的外部运行环境

跟踪机制的提出是与对供应链管理的深入研究密不可分的。供应链管理下企业间的信息集成从以下 3 个部门展开。

1) 采购部门与销售部门

采购部门与销售部门是企业间传递需求信息的主要环节。需求信息总是沿着供应链从下游传至上游，从一个企业的采购部门传向另一个企业的销售部门。由于现在讨论的是供应链管理下的销售与采购环节，稳定而长期的供应关系是必备的前提，所以可将注意力集中在需求信息的传递上。

一般来说，企业的销售部门应该对产品交货的全过程负责，即从订单下达到企业开始，直到交货完毕的全过程。然而，在供应链管理下的战略伙伴关系建立以后，销售部门的职能简化了。销售部门在供应链上下游企业间的作用仅仅是一个信息的接口。它负责接收和管理有关下游企业需求的一切信息。除了单纯意义上的订单外，还有下游企业对产品的个性化要求，如质量、规格、交货渠道、交货方式等。这些信息是企业其他部门工作所必需的。

同销售部门一样，采购部门的职责也得以简化。采购部门原有的工作是保证生产所需的物资供应。它不仅要下达采购订单，还要确保采购物资保质保量按时入库。在供应链管理下，采购部门的主要工作是将生产计划系统的采购计划转换为需求信息，以电子订单的形式传达给上游企业。同时，它还要从销售部门获取与所采购的零部件和原材料相关的客户个性化要求，并传达给上游企业。

2) 制造部门

制造部门的任务不仅仅是生产，还包括对采购物资的接收以及按计划对下游企业配套件的供应。在这里，制造部门实际上兼具运输服务和仓储管理两项辅助功能。制造部门能够完成如此复杂的工作，原因在于生产计划部门对上下游企业的信息集成，同时也依赖于战略伙伴关系中的质量保证体系。

此外，制造部门还担负着在制造过程中实时收集订单的生产进度信息，经过分析后提供给生产计划部门。

3) 生产计划部门

在集成化管理中企业的生产计划部门肩负着大量的工作，集成了来自上下游生产计划部门、企业自身的销售部门和制造部门的信息。其主要功能有以下几个方面。

(1) 滚动编制生产计划。来自销售部门的新增订单信息，来自企业制造部门的订单生产进度信息和来自上游企业的外购物资的生产计划信息，以及来自上游企业的需求变动信息，这四部分信息共同构成了企业滚动编制生产计划的信息支柱。

(2) 保证对下游企业的产品供应。下游企业的订单并非一成不变，从订单到达时起，供方和需方的内外环境就一直不断变化着，最终的供应时间实际上是双方不断协调的结果，其协调的工具就是双方不断滚动更新的生产计划。生产计划部门按照最终的协议指示制造部门对下游企业进行供应。这种供应是与下游企业生产计划相匹配的准时供应。由于生产出来的产品不断发往下游企业，制造部门不会有过多的在制品和成品库存压力。

(3) 保证上游企业对本企业的供应。这一功能是与上一功能相对应的。生产计划部门在制造部门提供的实时生产进度分析的基础上结合上游企业传来的生产计划(生产进度分析)信息，与上游企业协商确定各批订单的准确供货时间。上游企业将按照约定的时间将物资发送到本企业。采购零部件和原材料的准时供应降低了制造部门的库存压力。图 6.1 为以上几点论述的示意图。

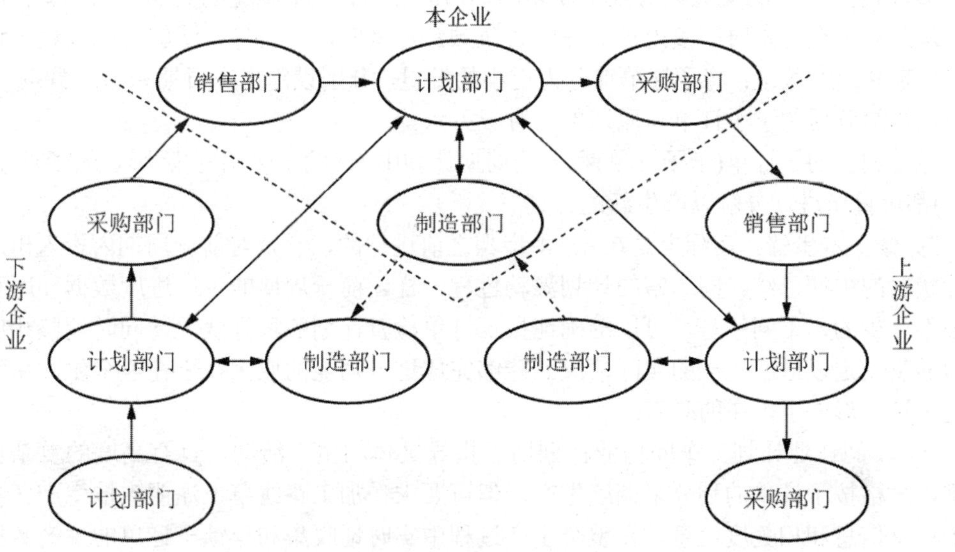

图 6.1 跟踪机制运行环境

注：——→表示信息流；- - - - →表示物流。

2. 生产计划中的跟踪机制

(1) 在接到下游企业的订单后，建立针对上游企业的订单档案，其中包含了用户对产品的个性化要求，如对规格、质量、交货期、交货方式等具体内容。

(2) 主生产计划进行外包分析，将订单分解为外包子订单和自制件子订单。订单与子订单的关系在于订单通常是一个用户提出的订货要求，在同一个用户提出的要求中，可能有多个订货项，可以将同一订单中不同的订货项定义为子订单，如表 6-1 所示订单包含了 3 个子订单。

表 6-1 某订单的 3 个子订单

产品编号	出产日期	数 量	……
TJ96000	2010-10-15	200	……
TJ96001	2010-10-20	300	……
TJ96002	2010-12-9	150	……

(3) 主生产计划对子订单进行规划，改变子订单在日期与数量上的设定，但保持了子订单与订单的对应关系。

(4) 投入出产计划中涉及跟踪机制的步骤。

① 子订单的分解。结合产品结构文件和工艺文件以及提前期数据，倒排编制生产计划。对不同的子订单独立计算，即不允许进行跨子订单的计划记录合并。

② 库存的分配。本步骤与第一步是同时进行的，将计划期内可利用的库存分配给不同的子订单。在库存分配记录上注明子订单信息，保证专货专用。

③ 能力占用。结合工艺文件和设备组文件计算各子订单计划周期内的能力占用。这一步骤使单独评价子订单对生产负荷的影响成为可能。在调整子订单时也无需重新计算整个计划所有记录的能力占用数据，仅需调整子订单的相关能力数据。

④ 调整。结合历史数据对整个计划周期内的能力占用状况进行评价和分析，找出可能的瓶颈。对于在一定时间段内形成的能力瓶颈，可采取以下两种办法解决：调整子订单的出产日期和出产数量；将子订单细分为更小的批量，分别设定出产日期和出产数量。当然，必须保持细分后的子子订单与原订单的对应关系。

经过调整的子订单(子子订单)和上一周期计划中未对生产产生实际影响的子订单(子子订单)都可重新进行分解以产生新的计划。

⑤ 修正本步骤。实际上是在 1～4 步骤之前进行的，它是对前一周期内投入出产计划执行状况的中期总结。同通常的计划滚动过程一样，前一周期的生产进度数据和库存数据是必不可少的，不同的是，可以准确地按子订单检查计划的执行状况，同时调整相应子订单的期量设定以适应生产的实际情况。能够完成这一功能的原因在于在整个生产系统中都通过子订单形成了内在的联系。

(5) 车间作业计划。车间作业计划用于指导具体的生产活动，具有高度的复杂性，一般难以严格按子订单的划分来调度生产，但可要求在加工路线单上注明本批生产任务的相关子订单信息和相关度信息。在整个生产过程中实时地收集和反馈子订单的生产数据，为跟踪机制的运行提供来自基层的数据。

(6) 采购计划。采购部门接收的是按子订单下达的采购信息，他们可以使用不同的采购策略来完成采购计划。子订单的作用主要体现在以下几个方面。

① 将采购部门与销售部门联系起来。下游企业在需求上的个性化要求可能涉及原材料和零部件的采购，采购部门可以利用子订单查询这一信息，并提供给各上游企业。

② 建立需求与生产间的联系。采购部门的重要任务之一就是建立上游企业的生产过程与本企业子订单的对应关系。在这一条件下，企业可以了解到子订单生产所需要的物资在上游企业中的生产情况，还可以提供给上游企业准确的供货时间。

3. 生产进度控制中的跟踪机制

生产控制是生产管理的重要职能，是实现生产计划和生产作业管理的重要手段。虽然生产计划和生产作业计划对生产活动已作了比较周密而具体的安排，但随着时间的推移，市场需求往往会发生变化。此外，由于各种生产准备工作不周全或生产现场偶然因素的影响，也会使计划产量和实际产量之间产生差异。因此，必须及时对生产过程进行监督和检查，发现偏差，进行调节和校正工作，以保证计划目标的实现。

本部分主要讨论内嵌于生产控制中的跟踪机制以及作用。生产控制有许多具体的内容，仅以具有普遍意义的生产进度控制作为讨论的对象。

生产进度控制的主要任务是依照预先制订的作业计划，检查各种零部件的投入和产出时间、数量以及配套性，保证产品能准时产出，按照订单上承诺的交货期将产品准时送到用户手中。

由于建立了生产计划中的跟踪机制，生产进度控制中的相应工作就是在加工路线单中保留子订单信息。此外，在生产进度控制中运用了多种分析方法，如在生产预计分析中的差额推算法，生产均衡性控制中的均衡系数法，生产成套性控制中的甘特图等。这些方法同样可以运用到跟踪机制中，只不过分析的目标不再仅是计划的执行状况，还包括了对各子订单的分析。

在没有跟踪机制的生产系统中，由于生产计划中隐去了子订单信息，生产控制系统无法识别生产过程与子订单的关系，也无法将不同的子订单区别开来，因此仅能控制产品的按计划投入和产出。使用跟踪机制的作用在于对子订单的生产实施控制，保证对客户的服务质量。

1) 按优先级保证对客户的产品供应

子订单是订单的细化，只有保证子订单的准时完工才能保证订单的准时完工，这也就意味着对客户服务质量的保证。在一个企业中不同的子订单总是有大量的相同或类似的零部件同时进行加工。在车间生产的复杂情况下，由于生产实际与生产计划的偏差，在制品未能按时到位的情况经常发生。在产品结构树中低层的零部件的缺件破坏了生产的成套性，必将导致高层零部件的生产计划无法执行，这是一个逐层向上的恶性循环。

较好的办法是将这种可能的生产混乱限制在优先级较低的子订单内，保证高优先级的子订单的生产成套性。在发生意外情况时，总是认为意外发生在低优先级别的子订单内，高优先级的子订单能够获得物资上的保证。在低优先级订单的优先级不断上升的情况下，总是优先保证高优先级的订单，必然能够保证对客户的服务质量。相反，在不能区分子订单的条件下就无法采用这种办法。拆东墙补西墙式的生产调度，会导致在同一时间加工却要在不同时间使用的零部件互相挤占，给后续生产造成隐患。

2) 保证在企业间集成化管理的条件下下游企业所需要的实时计划信息

对于本企业而言，这一要求就意味着使用精确实时的生产进度数据修正预订单项对应的每一个子订单的相关计划记录，保持生产计划的有效性。在没有相应的跟踪机制的情况下，同一个生产计划、同一批半成品都可能对应着多份订单，实际上无法度量具体订单的生产进度。可见，生产控制系统必须建立跟踪机制才能实现面向订单的数据搜集，生产计划系统才能够获得必要的信息以实现面向用户的实时计划修正。

6.3　供应链管理环境下的生产计划与控制系统总体模型

6.3.1　供应链管理环境下新的生产计划与控制总体模型

供应链的生产计划与控制跟传统的生产计划与控制相比，其制订十分复杂。传统的企业生产计划是以企业的物料需求为中心展开的，缺乏与供应商之间的协调，企业的计划制订没有考虑供应商以及分销商的实际情况，不确定性对库存和服务水平影响较大，库存控制策略也难以发挥作用。而在供应链环境下，一个企业的生产计划和控制涉及位于供应链中的多家企业，不仅要考虑企业内部，更要从供应链的整体出发，进行全面的优化控制，跳出以企业物料需求为中心的生产管理界限，充分了解用户需求并与供应商在经营上协调一致，实现信息的共享与集成，以面向客户的需求驱动面向客户的生产计划，获得柔性敏捷的市场响应能力。由于企业之间比企业内部协调的难度大，因此在进行计划制订和实施控制时不能按照传统的信息模式来集成，需要在整体考虑供应链上各企业特征的基础上，围绕客户的需求进行信息集成。同时，为了保证生产的同步性和实时响应性，还应有一套生产协调机制和控制系统对供应链上的各企业进行实时跟踪和信息反馈。

因此，建立适应供应链管理环境下的生产计划与控制总体模型(见图 6.2)是适应全球化制造环境下的全球供应链管理企业生产管理模式的要求。

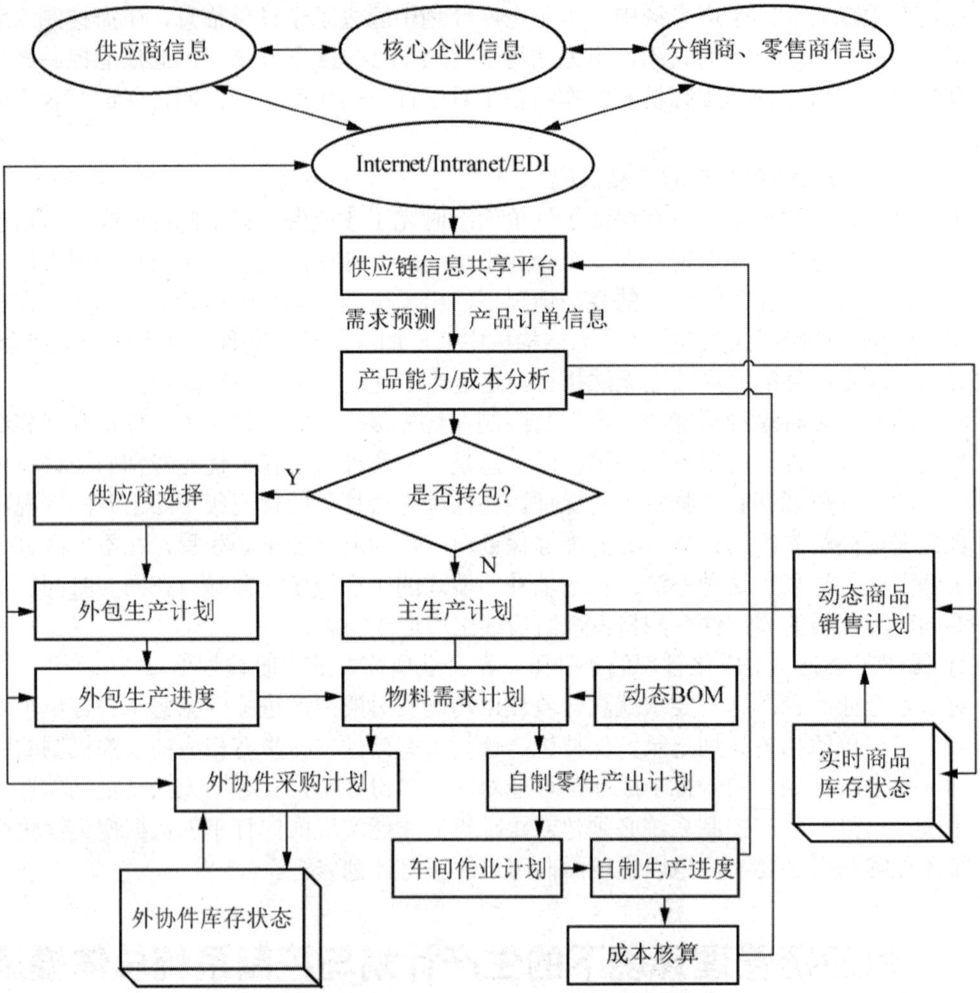

图 6.2　供应链管理环境下的生产计划与控制总体模型

该模型体现了将供应链上供应商、零售商和分销商信息以及核心企业信息集成起来，共同作用于企业生产计划与控制。

核心企业与供应商、零售商和分销商通过 Internet/Intranet/EDI 进行信息共享、集成和数据交换。企业可自行生产，否则或外包给合适的供应商生产。或者外包企业将其生产计划和生产进度反馈到供应链的信息共享平台上，传递给核心企业。

当企业决定自行生产时，企业应根据自身的能力状态，生成自己的主生产计划。再由主生产计划、外协件生产进度和动态的物料清单制订企业物料需求计划，再据此生成企业的车间作业计划，并进行成本核算，将得到的信息返回到成本分析处；自制生产进度的信息将反馈到供应链的共享信息平台，供上下游企业共享。

外协件的采购计划是由物料需求计划、外协件的库存状态共同制订的，并反馈给外协件供应商，供应商据此修改外协件的生产进度。

实时的商品库存状态生成动态的产品销售计划，将这些实时的信息集成到供应链的集成信息平台中，进行生产的监控与调整，并将其最快地反映到企业的生产计划中去。

该模型将上下游企业的信息深入到计划的每一个环节，将这些信息有效地应用于企业的生产计划中去，实时监控供应与需求之间的差异，减少两者之间的波动幅度，从而减少整个供应链上的波动幅度。企业的供应商的供货能力对企业生产计划的制订有影响，企业需要根据供应商的生产能力制订自己的生产计划，而当企业的客户需求变动时，企业需要及时做出响应，减少需求变动带来的波动扩大化，并且需要马上反映给上游的供应商，在这种情况下，实时的监控与调整是不能少的。在信息化的基础上，这种实时的监控和调整能够实现，使生产计划与控制系统更能适应以客户为导向的复杂多变的市场需要。生产计划与控制更加灵活，有效地适应供应链管理环境下的生产。

6.3.2 生产控制模式的特点

1. 订货决策与订单分解控制

在对用户订货与订单分解控制决策方面，模型设立了订单控制系统，用户订单进入该系统后，要进行 3 个决策过程：①价格/成本比较分析；②交货期比较分析；③能力比较分析。

最后进行订单的分解决策，分解出两种订单(如在管理软件中用不同的工程号表示)：外包订单和自制订单。图 6.3 为订货决策与订单分解控制示意图。

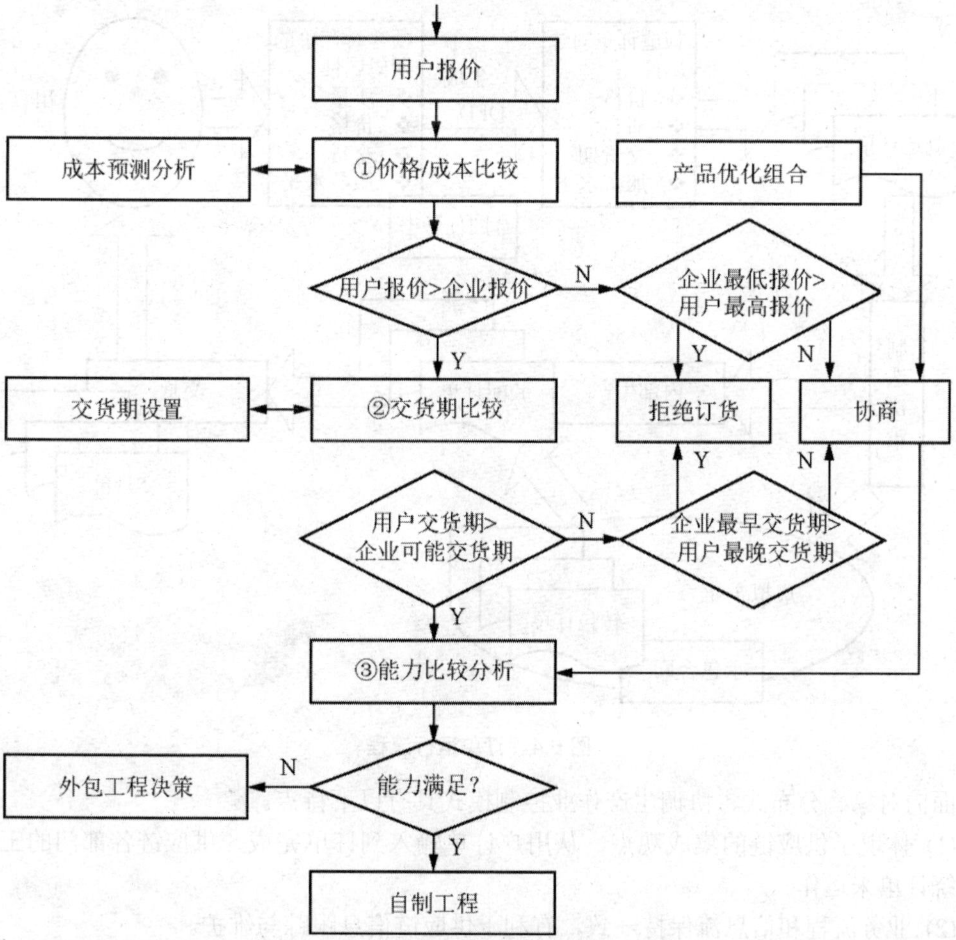

图 6.3 订货决策与订单分解流程图

2. 面向对象的、分布式、协调生产作业控制模式

从宏观上讲，企业是这样的对象体：既是信息流、物流、资金流的始点，也是三者的终点。对生产型企业进一步分析可知，企业对象由产品、设备、材料、人员、订单、发票、合同等各种对象组成，企业之间最重要的联系纽带是订单，企业内部及企业间的一切经营活动都是围绕着订单而运作，通过订单驱动其他企业活动，如采购部门围绕采购订单运作，制造部门围绕制造订单而运作，装配部门围绕装配订单而运作，这就是供应链的订单驱动原理。

面向对象的生产作业控制模式从订单概念的形成开始，就考虑了物流系统各目标之间的关系，形成面向订单对象的控制系统。

订单在控制过程中，主要完成以下几个方面的作用和任务。

(1) 对整个供应链过程(产供销)进行面向订单的监督和协调检查。

(2) 规划一个订单工程的计划完成日期和完成工作量指标。

(3) 对订单工程对象的运行状态进行跟踪监控。

(4) 分析订单工程完成情况，与计划进行比较分析。

(5) 根据顾客需求变化和订单工程完成情况提出切实可行的改进措施。

订单控制过程可以用订单运行图简要说明(见图 6.4)。

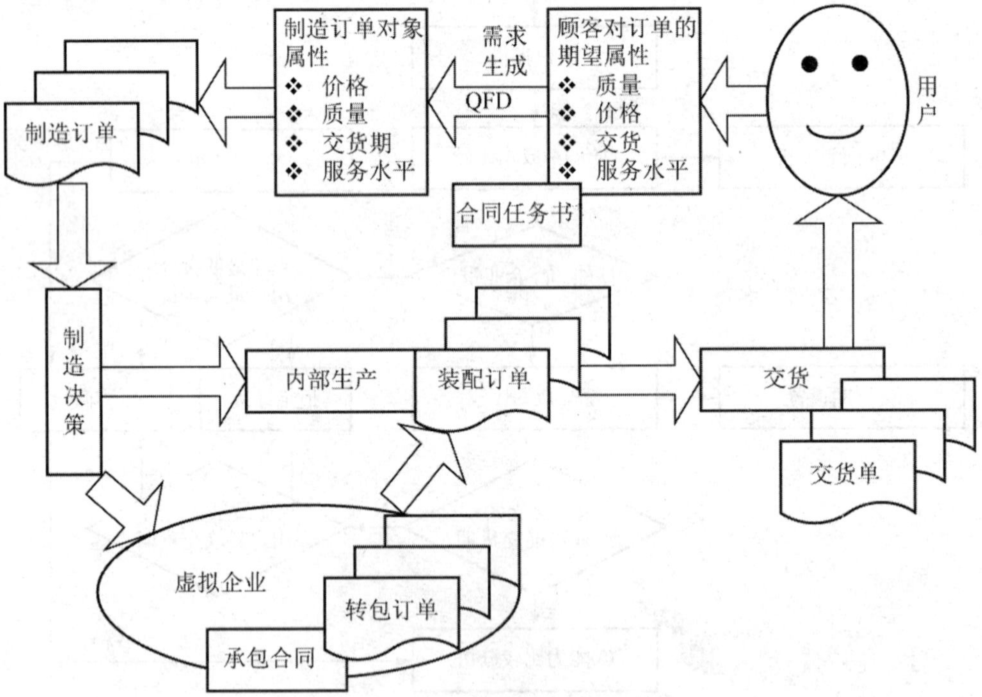

图 6.4　订单运行流程

面向对象、分布式、协调生产作业控制模式具有以下特点。

(1) 体现了供应链的集成观点，从用户订单输入到订单完成，供应链各部门的工作紧紧围绕订单来运作。

(2) 业务流程和信息流保持一致，有利于供应链信息跟踪与维护。

(3) 资源的配置原则更为明确统一，有利于资源的合理利用和管理。

(4) 供应链环境下这种分布式、面向对象的、协调生产作业控制模式，最主要的特点是信息的相互沟通与共享。建立供应链信息集成平台(协调信息的发布与接收)，及时反馈生产进度有关数据，修正生产计划，以保持供应链各企业都能同步执行。

6.4　供应链管理环境下的生产组织策略——延迟制造

6.4.1　延迟策略的产生背景

关于延迟策略(Postponement Strategy)产生的背景有两个方面，一方面，市场全球化、多样化的客户需求和技术更新加速是产品种类激增的根本原因。这种激增带来多重消极影响。

首先，对预测者而言，预测多个版本的需求简直就是天方夜谭。对于诸如计算机及其外设等高技术产品的预测错误常常超过400%。预测错误导致对一些版本的产品过多预测，而对另一些版本则过少预测，其结果就是一些产品库存过多而另一些则缺货。

其次，在保持一定的客户服务水平的高压之下，许多运作管理人员仅仅选择了一种简单方法予以应对——尽其所能多存储产成品以备不时之需。由于技术更新相当迅猛，每年由于陈旧过时而核销作废的库存常以千万甚至亿元计。

此外，由产品种类激增带给运作的另一负面影响是，由于企业必须管理大量的产品供货，需要有高额的行政管理开支。产品供货的高复杂度也意味着较高的制造成本，这是由于需要有较专业化的工艺、物料、准备转换手段和质量保证方法。同时，由于不同的产品需要有不同的现场支持物料和技术，因而要保持有效的总体产品支持或高水准的客户现场服务将更加困难。

为了解决上述运作问题，企业投入大量资源以提高供应链效率。这些投资包括：建立可减少因处理订单而使信息延误的信息网络；使用包括特殊运载工具的快速运输手段；重新设厂以更接近客户；使用更尖端的预测技术；建立复杂供应链库存管理系统；使用各种高效的物料转运和加工的工厂自动化设备。采用这些措施取得了不同程度的成功。

近些年来，重新设计产品和工艺以使产品种类的负面影响得到改善的趋势在增加，作为一种行之有效的大规模定制手段。Child 等人(1991)发现，制造成本的80%、质量的50%、加工时间的50%和业务复杂程度均受到产品和工艺设计的影响。由此，一种重新设计产品和工艺以使流程中形成多个产品的差异点尽可能向后延迟的策略，即延迟策略应运而生。实施恰当的延迟策略，可提升供应链的柔性，降低成本，提高效益，改进顾客服务水平。

另一方面，在全球市场中，由于不同国家和地区客户的偏好、语言、环境以及所遵行的政府法规的不同，单一产品常常需要有多个型号和版本来满足各自特定地区客户的特定要求。例如，售往不同国家的计算机，其电源模件为适应当地电压、频率和插头型式而会有所不同；键盘和说明书必须适合当地语言；通讯产品由于支持它的通讯协议不同，也会有所差异。在有些情况下，一种产品的本地化版本的要求是由于政府干预而产生的。对于运作管理人员而言，迎接存在于大多数产品中的和大量产品种类相关的挑战日益迫切。

即使在同一地区，由于产品的不同功能和能力，一个产品族也会有多个产品型号。这些不同型号的产品反映了不同市场细分的不同需求，如商务、教育、个人或政府部门的不同需求。因此，在一个产品族里产品数量极其众多并不少见。此外，随着技术更新速度的加快，企业必须生产多个版本以应对不同的升级需求，这些因素都促成了对大规模定制(Mass Customization，MC)的迫切需要。

大规模定制生产方式包括了诸如时间的竞争、精益生产和微观销售等管理思想的精华。其方法模式得到了现代生产、管理、组织、信息、营销等技术平台的支持，因而就有超过以往生产模式的优势，更能适应网络经济和经济技术国际一体化的竞争局面。

大规模定制的基本思想在于通过产品结构和制造流程的重构，运用现代化的信息技术、新材料技术、柔性制造技术等一系列高新技术，把产品的定制生产问题全部或者部分转化为批量生产，以大规模生产的成本和速度，为单个客户或小批量多品种市场定制任意数量的产品。

有效实施大规模定制的途径就是采用延迟策略，作为一种进行有效的大规模定制的手段，运用产品设计和供应链重建的思想。其思想就是要设计产品并且重组制造活动和供应链中的分发配送活动，从而使得产生多种产品的定制化步骤发生在供应链中最有效率的环节，同时使得供应链总成本降到最低。供应链总成本降到最低的同时使得供应链效率最优化的产品和流程设计的最根本的原则就是延迟。延迟就是要推迟关键流程的时间，在这些关键性的流程中，最终产品将形成他们特定的功能、特点、标志，或者说是个性特色。

6.4.2 延迟的概念及形式

1. 延迟策略的概念

延迟(postponement)概念最初是由 Alderson(1950)在《营销效率和延迟原理》一文中引入的，他将延迟定义为一种营销战略，即将形式和特征的变化尽可能向后推迟。这一概念在实践中被广泛运用于物流和配送业务。消费品行业也在运用这一理念对顾客订单实施快速响应。延迟实质上是为了更快速地对市场需求做出反应，即通过定制需求或个性化需求在时间和空间上的延迟，实现供应链的低生产成本、高反应速度和高顾客价值。

所谓供应链管理的延迟策略是指：尽量延迟产品的生产和最终产品的组装时间，也就是尽量延长产品的一般性，推迟其个性实现的时间。这种技术基于这样一个事实：一般情况下，随着预测点与需求发生点的接近，对需求量的预测就会越准确。这是因为，随着时间的延迟，可以获得更多关于实际需求的信息，从而降低不确定性，提高预测准确度，减少不必要的库存积压和缺货。

延迟战略也可以减少物流预测的风险。在传统的物流运作安排中，运输和储存是通过对未来业务量的预测来进行的，如果将产品的最后制造和配送延迟到收到客户订单后再进行，那么，由于预测风险带来的库存就可以减少甚至消除。但是在用户需求多样化的今天，如果想满足用户的需求，就必须采用产品多样化策略，而产品的多样化，必然带来库存的增加。在过去的物流管理系统中，分销中心的任务是仓储和分销。当增加产品品种时，库存也随之增加，这对企业来说是一笔很大的投资，物流成本增加可能会削弱产品多样化策略的优势，为此，人们提出了延迟策略。在延迟策略中，地区性顾客化产品是到达用户所在地之后以模块化方式组装的，分销中心没有必要储备所有的顾客化产品，只储备产品的通用组件，库存成本大为降低，因此，分销中心的功能也发生了转变。为实现延迟策略，物流系统中运输方式也必须跟着发生变化，如采用比较有代表性的通过式(cross docking)运输方式，通过式运输是将仓库或分销中心接到的货物不作为存货，而是为紧接着的下一次货物发送做准备的一种分销系统。

2. 实现延迟策略的条件

1) 零部件标准化

将产品的零部件标准化，使产品生产时得以使用共同的零部件。其优点是降低生产系统的复杂程度，增加在制品库存的弹性并改善顾客的服务水平。

2) 模块化设计

将产品分成几个子模块，使其可以容易地组装在一起，这使得制造商可以延迟特定产品的组装，进而达到产品差异点的延迟。

3) 流程再造

将产品的所有制造流程分解成共同流程与差异化流程两部分，并将差异化流程延迟至下游的分销点进行生产。

延迟策略在戴尔，松下、福特、惠普、耐克等公司得到了广泛的应用。例如，惠普公司在台式打印机的供应链管理中实施延迟策略，将台式打印机的最后组装延迟至各地的分销中心进行，取得了显著的效益：安全库存周期减少为5周，从而减少了18%的库存总投资，仅这一项改进每年便可节省3 000万美元的存储费用。由于通用打印机的价格低于同类客户化产品，因此又进一步节省了运输、关税等费用。除了降低成本，客户化延迟使得产品在企业内的生命周期缩短，从而对需求预测不准确或外界的需求变化都具有很好的适应性，一旦发现决策错误，可以在不影响顾客利益的情况下，以较小的损失较快地加以纠正。

3. 延迟策略实施的关键

供应链运作中的延迟策略，就是在供应链中将产品的生产过程分为通用化阶段与差异化阶段，生产企业事先只生产中间产品或可模块化的部件，尽可能延迟产品差异化的业务，等待最终用户对产品的外观、功能与数量提出要求后才完成产品的差异化业务。

在延迟策略中，把推式流程与拉式流程的分界点成作为顾客需求的切入点(the Customer Order Decoupling Point，CODP)，是供应链中产品的生产从基于预测转向响应顾客需求的转折点。通过延迟CODP，可以降低制造过程的复杂程度，减少供应链的不确定性，以及降低成品库存，缩短定制时间。

CODP的位置影响包括以下两个方面。

(1) 若CODP过于偏向供应链的上游，那么通用化阶段就无法产生相应的规模经济。

(2) 若CODP过于偏向供应链的下游，那么差异化阶段也无法获得多样化的优势。

在推拉模式供应链组合战略中，CODP会出现在供应链中的五个位置上。即订单销售(Sale-to-Order，STO)、订单装配(Assemble-to-Order，ATO)、订单制造(Make-to-Order，MTO)、订单采购(Buy-to-Order, BTO)和订单设计(Engineer-to-Order，ETO)，如图6.5所示。

(1) 按订单销售(STO)又可称为按库存生产(make-to-stock)。CODP处于装配与发运之间，这是一种大批量生产方式。在这种生产方式中，装配及其上游的所有生产业务均已按通用化阶段要求生产，只有销售活动是由客户订货驱动的。此时产品已经被制造出来，顾客只能在其中选购。企业通过CODP位置往后移动而减少现有产品的成品库存，常见于日常生活用品、家用电器等产品生产模式中。

(2) 按订单装配(ATO)。CODP处于加工与装配之间，这是一种常见的定位，是指企业接到客户订单后，将企业中已有的零部件经过再配置后向客户提供定制产品的生产方式，也是实现大规模定制最常用的手段，在这种生产方式中，装配活动及其下游的活动是由客户订货驱动的，企业通过 CODP 位置往后移动而减少现有产品零部件和模块库存。常见于汽车、计算机等产品生产中。

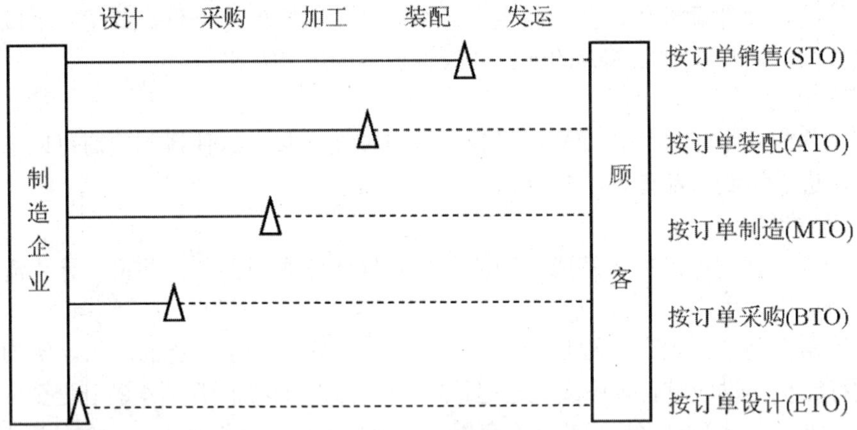

图 6.5　CODP 的位置

注：△表示CODP；——— 表示推式流程；------- 表示拉式流程。

(3) 按订单制造(MTO)。CODP 处于原材料采购与零部件加工之间，是指接到客户订单后，在已有零部件的基础上进行变型设计、制造和装配，最终向客户提供定制产品的生产方式，大部分机械产品的生产属于此类生产方式。在这种生产方式中，客户订单分离点(CODP)位于产品的生产阶段，变型设计及其下游的活动是由客户订货驱动的。常见于机械产品、一些软件系统如 ERP、MRP 等产品生产中。

(4) 按订单采购(BTO)。CODP 处于产品设计与采购之间，顾客对产品的原材料、加工装配工艺有特殊要求。

(5) 按订单设计(ETO)。CODP 位于产品开发设计之前。是指根据客户订单中的特殊需求，重新设计能满足特殊需求的新零部件或整个产品。较少的通用原材料和零部件不受客户订单的影响，产品的开发设计及原材料供应、生产、运输都由客户订单驱动。企业在接到客户订单后，按照订单的具体要求，设计能够满足客户特殊要求的定制化产品，从供应商的选择、原材料的要求、设计过程、制造过程以及成品交付等等都由客户订单决定。常见于大型机电设备和船舶等产品的生产以及建筑行业中。

4. 延迟策略的形式

1) 在产品种类激增的背景下采取的延迟策略

在产品种类激增的背景下，延迟作为推迟产品差异的策略有两种形式：时间延迟和形式延迟。

(1) 时间延迟。时间延迟是指将产品差异的任务，包括制造、集成、定制、本地化和包装尽可能在时间上向后推迟。时间延迟使备货生产模式向订货生产模式转化成为可能。时间延迟和地点延迟，合起来被称为物流延迟。在实施时间延迟中，存在一个重要的机遇，这一机遇是和实施差异化任务的地理位置相关的。一般而言，差异化任务可在制造厂、地区配送中心、经销渠道，甚至于客户处实施。极早延迟是指所有差异化任务都在工厂实施，而极晚延迟是指所有差异化任务都在顾客处实施。在全球市场中，对于多数传统上在工厂制造和装配的高技术和复杂化产品，时间延迟(即在制造厂完成差异化任务)的机遇是把某些差异化任务转移到地区配送中心。由于从工厂到配送中心海运时间需要数周，从而使产品发生差异的时间延迟了数周，最终节约了大量由于预测错误造成的库存积压和缺货成本。

(2) 形式延迟。形式延迟也称延迟制造，是指企业延迟制造、装配、甚至将设计活动延迟到实际接到顾客订单才开始，其本质是尽可能地延迟产品物理特征的差异性。目的在于尽可能在上游阶段实施标准化。这一过程同时伴有零部件的标准化。在形式延迟中，既可能是产品形式延迟也可能是工艺形式延迟。同时，两种形式延迟还可能同时存在，形成不同的组合。这样，产品的差异点就会被有效地延迟。目前，模块化和部件标准化程度的不断提高，使得作出延迟差异的设计更为可行。例如，在惠普打印机装配中，两个在集成阶段使用的关键部件使产品分为黑白和彩色打印机。如果对关键部件实行标准化，两种打印机将不会在集成阶段产生差异，因而促成延迟。简言之，形式延迟可被看做是打破原有产品种类树的分支，使其分支较少的过程。为延迟而设计即为这样一种理念，它要求重新设计产品和工艺以使时间延迟或形式延迟可通过一种低成本、高效益的方式达到。

2) 在响应客户需求的前提下采取的延迟策略

在响应客户需求的前提下，供应链中的生产过程与物流过程也产生延迟策略，即生产延迟和物流延迟。

(1) 生产延迟。全球化竞争迫切要求企业具有能增加灵活性而保持成本及质量不变的新的生产技术。灵活生产的思想产生于对客户反应的重视，以反应为基础的生产能力将重点放在适应客户要求的灵活性上。生产延迟主张根据订单安排生产，在获知客户的精确要求和购买意向之前，不做任何准备工作或采购部件。

按照订单生产的想法并不是新的，其新颖之处在于，灵活的生产能够适应客户要求而不牺牲效率。技术如能满足按市场要求进行灵活生产战略的要求，企业将可以摆脱物流对销售预测的依赖。

在现实情况中，生产批量的经济性是不能忽视的，其挑战在于采购、生产及物流之间的定量交换成本，预估生产和由于引入柔性程序而失去规模经济之间的成本和风险的利益互换。生产批量的大小要求流水线结构以及相关的采购费用与之相配，在有关产成品库存的堆积中找到成本与风险的平衡点。在传统的职能管理中，生产计划用来实现最低的单位生产成本，从综合的角度看，是以最低总成本达到客户期望的满意度，这就要求延迟生产促使整个企业更有效率。

生产延迟的目标在于，尽量使产品保持中性及非委托状态，理想的延迟是制造相当数量的标准产品或基础产品以实现规模化经济，而将最后的要求，如颜色等，推迟到收到客户的订单以后实现。在受延迟驱动的生产中，物流流程中的节约主要体现在以标准产品或基础产品去适应不同客户的独特需要。

生产延迟有一个相同之处，就是在保留大批量生产的规模经济效益的同时，减少了存货数量，直到产品被最后确定，具有向许多不同客户服务的潜力。

生产延迟的影响有两个方面。首先，销售预估的不同产品的种类可以减少，物流故障的风险较低。其次，更多的使用物流设施和渠道关系来进行简单生产和最后的集中组装。在某种程度上，专门化的或者高度限制的规模经济并不存在于制造生产中，产品的客户化最好在最接近客户终点市场的地方被授权和完成。在某些行业中，传统物流库存的使命正在迅速地被改变以适应生产延迟。

(2) 物流延迟。物流延迟和生产延迟正好相反。物流延迟的基本观念是在一个或多个战略地点对全部货品进行预估，而进一步将库存部署延迟到收到客户订单后。一旦物流程序被启动，所有的工作都将被用来尽快将产品直接向客户方向移动，在这种概念上，配送的预估性质就被彻底的删除，而同时保留着大生产的规模经济。

物流延迟的应用包括服务供给部分，关键是将高成本的部件保存在中央库存内以确保所有潜在用户的使用。当某一种部件的需求发生时，订单通过电子通信传送到中央库存系统，使用快速、可靠的运输方式直接装运到服务设施，结果是以较少的总的库存投资改进了服务。

物流延迟的潜力随着加工和传送能力的增长，以及具有高度精确性和快速的订单发送而得到提高。物流延迟以快速的订单和发送代替在当地市场仓库里预估库存的部署。与生产延迟不同，系统利用物流延迟，在保持完全的生产规模经济的同时，使用直接装运的能力来满足客户服务要求。

生产及物流延迟共同提供了用不同方法从制订预期生产与市场的承诺，到收到客户订单为止，两者均服务于减少商务的预估性质。然而，这两种延迟模式以不同的方式减少了风险。生产延迟集中于产品，在物流系统中移动无差别部件并根据客户在发送时间前的特殊要求修改。物流延迟集中于时间，在中央地区储存不同产品，当收到客户订单时做出快速反应。集中库存减少了用来满足所有市场区域高水平使用而需要的存货数量，倾向于哪种形式的延迟取决于数量、价值、竞争主动性、规模经济，以及客户期望的发送速度和一致性。在某些情况下，两种不同类型的延迟能够结合于一个物流战略中，两种形式一起代表着对于传统预估物流实践的有力挑战。

3) 供应链环境下采用的延迟模式

供应链环境下采用的延迟模式包括拉动式延迟、物流式延迟和结构式延迟。

(1) 拉动式延迟。现代生产存在两个极端，一个是在建立库存的环境下把产品存储起来卖给消费者。由于生产是在顾客发出订单之前就已经发生了，这种建立存货的计划完全是建立在预测基础上的。另一个极端是，企业等顾客下订单，然后运用订单的完全特定的信息，启动整个供应链流程来生产和配送产品。这样就不可能生产出不恰当的产品，但是这是以顾客长时间的等待为代价的。大多数企业是在建立存货的生产和按订单生产之间的某一个点上进行运作的。一些供应链中，早期的步骤是在预测的基础上进行的，然后生产出的中间产品被存储起来。剩下的定制化步骤仅仅是在收到客户订单后才进行。根据预测生产的模式(推的模式)向根据订单生产的模式(拉的模式)转换的临界点被称为是推拉边界，或者说是去耦点。拉动式延迟就是要使去耦点尽早地在流程中出现。根据预测生产的步骤越少，则半成品的存货量就越少，按照顾客订单的确切要求而实施的步骤就会越多。通过这种方式，更多的流程步骤被延迟到了下了订单之后。

例如，作为一个主要的服装制造商，过去贝纳通(Benetton)公司在生产其产品的时候，往往先把纱线染成各种各样的颜色，然后把这些染好颜色的纱线编织成最终产品。颜色各异的服装存货的估计失误导致代价昂贵的季末大减价。现在，公司主席创造性地通过调换染色和编织这两个过程来改变了供应链。漂白的纱线先编织成各式各样的型号，然后在季节流行颜色更加清楚的时候再将这些最终产品染色。这种情况下，染色这一程序就是定制化，是按照根据订单生产的模式进行的。

(2) 物流式延迟。第二个延迟战略之所以称之为物流式延迟策略，是因为这种延迟是建立在改变定制化步骤发生地点基础上的，要求重新设计供应链流程所包含的任务和模块，以便于定制化步骤可以在靠近顾客的下游进行。比如，传统的方法是所有的步骤都是在远离消费者的工厂进行，而运用设计改变的方法可以使得那些下游的步骤在配送中心完成，通常用在地理位置上比较靠近主要的消费市场的方法。事实上，有一些步骤是在零售和分销渠道这些更加靠近消费者的地方进行的。最后，产品设计改变还能使得产品最终由消费者自己组装成为可能。

为了确保物流式延迟战略的成功实施，企业必须采取有效措施保证下游实施定制化而不会导致质量降低，并且保证下游位置有能力完成这些任务而不带来成本和时间的额外增加，同时还要有获得定制化所必需的零部件和模块的能力。另外，企业还要确保工程团队能够并且愿意设计出产品和流程，来使得定制化步骤能被有效地推迟到下游位置。

(3) 结构式延迟。第三个延迟策略要求彻底改变产品结构，使用能够使零部件和流程步骤标准化的设计。如果早期的步骤能够标准化，使这些步骤产生的结果无差别，那么产生产品差异的点就会有效地得以推迟。称之为结构式延迟是因为延迟是通过产品结构形式的改变而得以实现的。

过去，在日本生产组装的打印机主机有两种电源和熔断器装置，一种是面向北美市场的 110 伏电压的；另一种是面向欧洲市场的 220 伏电压的。当时订货至交货的时间很长，并且很难预测在北美和欧洲的需求量，这就可能导致一个洲的产品大量积压，而另一个洲的产品又供货不足出现脱销。但是，如果重新设计一下主机，使之具有通用的电源和熔断器装置，那么产品在送达最终客户之前就不需要进行差异化设计。采用通用的电源装置还有一个附加的好处，就是无论什么时候，只要产品的供求不平衡，产品就可以顺畅地由一个洲运往另一个洲。这样，在日本的主机产量就是全球所需打印机数量的总和，而不用再像以前使用有差异的电源时那样，需要预测 110 伏和 220 伏的裸机应该各自生产多少。这就是一个典型的结构式延迟的例子，电源和熔断器装置被标准化了，从而改变了产品的结构。

6.4.3 延迟制造

1. 延迟制造的思想

延迟制造的核心思想是制造商只生产通用化、模块化的产品，尽量使产品保持中间状态，以实现规模化生产，并且通过集中库存减少库存成本，从而缩短提前期，使顾客化活动更接近顾客，增强了应对个性化需求的灵活性，其目标是使恰当的产品在恰当的时间送到恰当的位置。

延迟制造是由制造商事先只生产中间产品或模块化部件，在最终用户对产品的功能、外观、数量等提出具体要求后才完成生产与包装的最后环节。例如，IBM 公司事先生产出不同型号的硬盘、键盘等各种电脑配件，在接到订单后再按客户要求进行装配。在很多企业，最终的制造活动被放在离顾客很近的地方进行，如由配送中心或第三方物流中心完成，在时间和地点上都与大规模的中间产品或部件相分离，这样企业就能以最快的响应速度来满足顾客的要求。

延迟制造可以分为成型延迟、时间延迟和地点延迟。成型延迟是指推迟形成最终产品的过程，在获知客户的精确需求和购买意向之前，仅制造基础产品或模块化的部件，在收到客户的订单后，才按客户的具体要求从事具体产品的生产。时间延迟指的是最终制造和处理过程被推迟到收到顾客订单以后进行。地点延迟是指推迟产品向供应链下游的位置移动，接到订单后再以供应链的操作中心为起点进行进一步的位移与加工处理。延迟制造是三种延迟的综合运用。

2. 延迟制造的分界点

通常将供应链结构划分为推动式和拉动式两种(第2章有详细叙述)。推动式供应链企业根据对顾客需求的预测进行生产，然后将产品推向下游经销商，再由经销商逐级推向市场。在推动式供应链，分销商和零售商处于被动接受的地位，企业间信息沟通少，协调性差，提前期长，快速响应市场的能力弱，库存量大，且往往会产生供应链中的存货数量逐级放大的牛鞭效应，但推动式供应链能利用制造和运输的规模效应为供应链上的企业带来规模经济的效益，还能利用库存来平衡供需之间的不平衡现象。制造商推动的供应链如图6.6所示。

图6.6 制造商推动的供应链

拉动式供应链模式通常按订单进行生产，由顾客需求来激发最终产品的供给，使制造部门可以根据用户时间需求来生产定制化的产品，降低了库存量，缩短了提前期，能更好地满足顾客的个性化需求，可有效的提高服务水平和市场占有率，但缺点是生产批量小，作业更换频繁，设备的利用率不高，管理复杂程度高，难以获得规模经济。顾客拉动的供应链如图6.7所示。

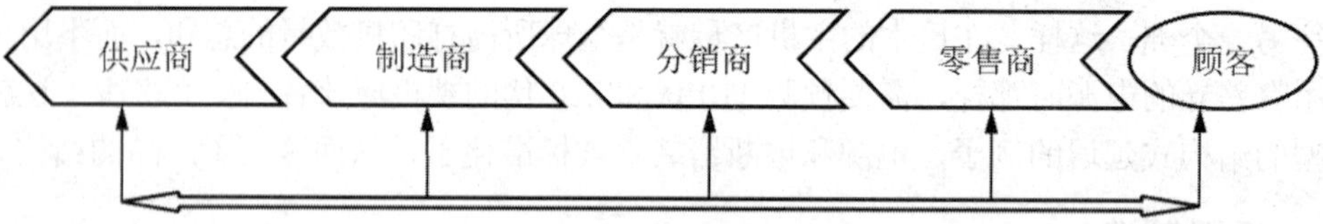

图6.7 顾客拉动的供应链

延迟制造是上述两种供应链模式的整合，通过两种模式的结合使用，达到扬长避短的好处。运用延迟制造的生产过程可分为推动阶段和拉动阶段，通过对产品的设计与生产采用标准化、模块化和通用化的技术，产品可以由具有兼容性和统一性的不同模块组合而成。在推动阶段，制造商根据预测大规模生产半成品或通用化的各种模块，获得大量生产的规模效应。在拉动阶段，产品才能实现差别化，制造商根据订单需要，将各种模块进行有效的组合，或将通用化的半成品根据要求进行进一步加工，从而实现定制化的服务。通常将推动阶段和拉动阶段的分界点作为CODP，如图6.8所示，在CODP之前，是由需求预测驱动的推动式的大规模的活动，一般面向全球性市场，产品标准化、中性化，实行大批量、规模化生产，生产效率高。CODP之后的活动由顾客订单驱动，一般面向地区性市场，且产品具有个性化、柔性化的特点，实行小批量加工处理，单位产品的加工成本较高。

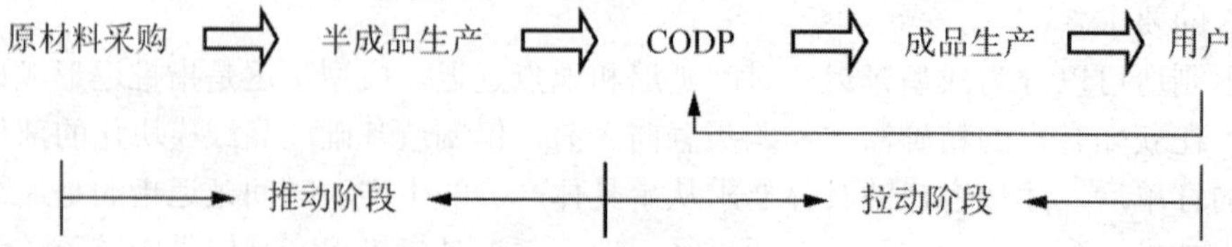

图6.8 分界点的概念

CODP 的定位与延迟活动的规模、延迟类型、顾客化方式均有密切联系，如表 6-2 所示。

表 6-2 CODP 的影响

相关因素 CODP 位置	延迟活动规模	延迟类型	顾客化方式
制造商	大	延迟制造 延迟组装	通用件顾客化
分销商	中	延迟包装	配送服务顾客化
零售商	小	时间延迟	零售渠道调整

从表 6-2 可知，CODP 位置越靠近顾客，延迟活动规模越小，顾客化活动复杂程度越低，因而快速响应能力(在已有的产品品种范围内)越高，但由于顾客化程度低，产品品种较少，企业柔性较小，所以应对个性化需求的能力也不强。然而，在需求多样化趋势明显增强的今天，产品柔性是决定企业生存和发展的关键因素，因此，CODP 及延迟化策略定位必须把企业柔性放在极其重要的位置，如图 6.9 所示。

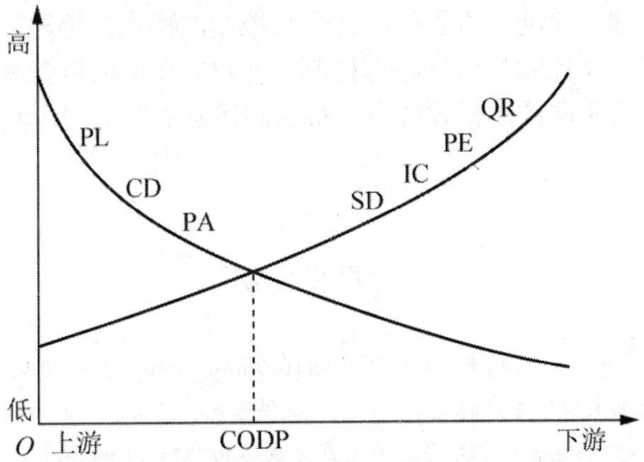

图 6.9 CODP 位置的影响

注：CODP 为分界点位置；PL 为延迟水平(即延迟活动的规模)；CD 为顾客化程度；PA 为产品柔性；SD 为标准化程度；IC 为库存成本；PE 为生产效率；QR 为快速响应能力。

3. 延迟制造的实施条件

延迟制造生产模式虽然有诸多优势，但它并不适用于所有行业，有些产品的生产过程决定了它不可能采用延迟制造这种生产模式，还有些产品的特点使得采用延迟制造带来的收益不能弥补生产过程复杂化所增加的成本。一般来说，生产与制造过程应当具有以下条件。

(1) 可分离性。制造过程被分离为中间产品生产和最终产品加工两个阶段，这样才有可能将最终产品的加工阶段进行延迟。

(2) 可模块化。产品应能够分解为有限的模块，这些模块组合后能形成多样化的最终产品，或产品由通用化的基础产品构成，基础产品经过加工，能够提供给顾客更多的选择。

(3) 最终加工过程的易执行性。延迟制造将最终产品生产和中间产品生产分离，最终产品的生产很可能被放在离顾客很近的地方进行，这就需要最终的加工过程的技术复杂性和加工范围应当有限，易于执行，加工时间短，无须耗费过多的人力。

(4) 产品的重量、体积和品种在最终加工中的增加程度大。延迟制造会增加产品的制造成本，除非延迟制造的收益能弥补增加的成本，延迟制造没有执行的必要。如果产品的重量、体积和品种在最终加工中增加很多，推迟最终的产品加工成型工作能节省大量的运输成本和减少库存产品的成本，简化管理工作，降低物流成本，有利于延迟制造的进行。

(5) 适当的交货提前期。通常来说，过短的提前期不利于延迟制造，因为延迟制造要求给最终的生产与加工过程留有一定的时间余地，过长的提前期则无需延迟制造。

(6) 市场的不确定程度高。市场的不确定程度高，细分市场多，顾客的需求难以预测，产品的销售、配置、规格、包装尺寸不能确定，采用延迟制造有利于减少市场风险。

本章小结

本章从供应链管理的角度分析了生产计划和控制的特点，论述了供应链管理下生产协同的协调机制，包括协调控制与信息跟踪机制，并建立在供应链管理环境下新的生产计划与控制总体模型，分析生产控制模式特点，最后阐述延迟制造的内涵。

知识链接

大规模定制

1970 年美国未来学家阿尔文·托夫(Alvin Toffler)在 *Future Shock* 一书中提出了一种全新的生产方式的设想：以类似于标准化和大规模生产的成本和时间，提供客户特定需求的产品和服务。1987 年，斯坦·戴维斯(Start Davis)在 *Future Perfect* 中首次将这种生产方式称为“Mass Customization”，即大规模定制(MC)。1993 年 B·约瑟夫·派恩(B Joseph Pine II)在《大规模定制：企业竞争的新前沿》一书中写到：“大规模定制的核心是产品品种的多样化和定制化急剧增加，而不相应增加成本；范畴是个性化定制产品的大规模生产：其最大优点是提供战略优势和经济价值。”MC 的基本思路是基于产品族零部件和产品结构的相似性、通用性，利用标准化模块化等方法降低产品的内部多样性。增加顾客可感知的外部多样性，通过产品和过程重组将产品定制生产转化或部分转化为零部件的批量生产，从而迅速向顾客提供低成本、高质量的定制产品。

大规模定制结合了大规模生产和定制生产两种模式的优势，在不牺牲企业经济效益的前提下，以大规模生产的成本提供定制化的产品，满足客户个性化的需求。因此，大规模定制是在高效率的大规模生产的基础上，通过产品结构和制造过程的重组，运用现代信息技术、新材料技术、柔性技术、供应链管理技术等一系列技术，以接近大规模生产的成本和速度，为单个顾客或小批量多品种市场定制任意数量的产品的一种生产模式。

1. 面向大规模定制的供应链的特点

实施大规模定制模式必须有相应的供应链管理模式的支持。具有以下主要特点。

(1) 在大规模定制中，由于市场需求呈现出个性化、易变性等特点，企业为了抓住市场机遇，会根据自身的核心能力，选择与之有着资源和能力方面互补的供应商结成联盟，共同来满足客户的需求；在面向大规模定制的供应链结构中，稳定是暂时的，不稳定是长期的。

(2) 面向大规模定制的供应链是基于客户需求的拉动为主的供应链。在大规模定制生产中，最终产品的生产和销售是完全根据最终客户的订单来安排的，因此在大规模定制供应链的下游环节，供应链是市场需求拉动型的，而非生产推动型的，从而减少了供应链中由于需求预测所引起的牛鞭效应。因此大规模定制供应链是以需求拉动为主、推拉相结合的供应链。

(3) 面向大规模定制的供应链以提高对客户需求的反应速度为主要目标，是一种敏捷型供应链。

(4) 面向大规模定制的供应链是一种基于 Internet 的信息技术密集型的供应链。大规模定制与电子商务有着紧密的关系，电子商务为客户提出定制要求提供了方便、快速的途径，是定制企业与客户进行一对一对话的有效手段。面向大规模定制的供应链是基于 Internet 的供应链，供应链中的各结点通过 Internet 技术相互连接，加速信息在各结点之间的相互传递和共享，使从客户订单的获取到定制生产的分配能够在短时间内完成，从而提高供应链的敏捷性。

2. 面向大规模定制的供应链的驱动模式

供应链的驱动模式一般分为两类：生产推动型和需求拉动型。需求拉动系统是指控制信息流与物流方向相反的系统；生产推动型系统是指控制信息流与物流方向相同的系统。生产推动型供应链是指供应链中的产品生产是根据市场预测和企业计划来进行的，表现为按库存生产(Make-to-Stock)。这种供应链驱动模式适用于大批量生产的功能型商品，产品的品种、规格比较单一，产品的寿命周期较长。需求拉动型供应链是指供应链中的产品的生产是根据客户订单来进行的，表现为按订单生产(Make-to-Order)。这种供应链驱动模式适用于价值昂贵的定制商品。

大规模定制供应链中存在客户订单分离点(CODP)的理论依据在于：虽然最终客户的需求千差万别，但所有需求中存在着一些共性的成分，通过产品结构和制造过程的重组，可以使定制产品中的共性成分通过大规模生产方式生产出来，而个性化成分则可通过定制方式生产出来。

对于不同的行业、不同的产品以及不同程度的客户个性化需求，客户订单分离点(CODP)在大规模定制供应链中的位置各不相同。一般来说，CODP 越接近于供应链下游结点，大规模定制供应链就可更充分地利用大规模生产的优势，同时又可以对客户的个性需求作出快速反应，从而可以降低大规模定制的成本和提高大规模定制的速度。

复习思考题

1. 填空题

(1) 供应链管理环境下生产计划编制的影响因素包括__________、__________和__________。

(2) 供应链的协调控制根据协调的职能可划分为两类：__________和__________。

(3) 供应链管理中生产计划的信息组织与决策有__________、__________、__________、__________和__________的特征。

(4) 在供应链管理下的跟踪机制的外部运行环境下的企业间的信息集成主要从__________、__________和__________3 个部门展开。

(5) 对主生产计划进行外包分析，可将订单分解为__________和__________。

(6) 在产品种类激增的背景下，延迟作为推迟产品差异的策略有两种形式：__________和__________。

(7) 通常将供应链结构划分为_________和_________两种。

(8) 分离点的定位与__________、__________、_________均有密切关系。

2. 简答题

(1) 简述供应链管理环境下的生产计划3个问题。

(2) 供应链管理环境下的生产控制的特点。

(3) 生产控制模式的特点。

(4) 延迟策略实施的关键问题是什么？

(5) 延迟制造的实施条件。

3. 论述题

(1) 投入出产计划中跟踪机制的步骤是什么？

(2) 论述供应链管理环境下的生产控制的内容。

(3) 论述延迟策略的形式。

(4) 论述延迟策略在大规模定制中的应用。

案例分析

戴尔面向大规模定制供应链管理的应用分析

戴尔公司创立之初是给客户提供电脑组装服务，在研发能力和核心技术方面与业界的IBM、HP等公司有着一定差距，要想在市场竞争中占据一席之地，必须进一步借拆分计算机价值链的机会，依靠管理创新获取成本优势。因此，戴尔在发展过程中虽有业务和营销模式的革新，但把重点放在成本控制和制造流程优化等方面，尤其是创造了直销模式，减少了中间渠道，直接面对最终消费者，达到降低成本的目的，而实施面向大规模定制的供应链管理更加帮助戴尔与供应商有效合作和实现虚拟整合，降低库存周期及成本，从而获取高效率、低成本的优势，这也正是其核心竞争力所在。

1. 戴尔面向大规模定制供应链管理的实施基础

1) 零部件标准化

戴尔产品最大的特点是完全标准化，从戴尔近几年的发展来看，虽然不断扩充自己的产品线，但是所有产品都是标准化的产品。它的主要产品PC、笔记本计算机、服务器，包括以后OEM的EMC的存储系列、Brocade的交换机系列等，都是兼容性、开放性极强的标准化产品。

2) 按订单装配

戴尔公司属于采用按订单装配(Assemble-to-Order)的典型代表。基于以下几个原因，按订单装配的模式特别适合个人计算机：产品更新快和配件价格下降快使得售后库存成本很高；由于PC的模块化设计使得装配十分简单快捷，所以劳动力成本只占PC成本的很小部分；顾客关注的是产品价格和服务，却不太在意等待时间和独特设计。按订单装配的生产模式着眼于满足个性化需求，实现这一宗旨的前提是对市场需求信息的及时、准确地获取、处理。戴尔依托其现代化的信息平台，通过信息资源的共享，增强了供应链中各方获得信息的能力，准确、及时地捕捉需求信息，实现了企业响应能力的提高，使供应链管理成为差别化竞争优势的重要来源。

3) 信息技术和电子工具的广泛应用

随着互联网网络的发展和电子商务的普及，电子商务平台已经部分地取代了分销商和零售商职能。客户通过电子商务平台向主体企业提出定制要求，主体企业通过数据挖掘等技术从中进行信息的采集和整理，而后通过客户关系管理对客户的订单进行分解。分解后的订单信息成为企业进行采购的依据，而通过采购也使主体企业与其供应商和制造商联系在一起。 戴尔电子化的供应链系统为处于链条两端的用户和供应商分别提供了网上交易的虚拟平台。戴尔有 90%以上的采购通过互联网完成。通过与供货商的紧密沟通，工厂只需要保持两小时的库存即可满足生产。除此之外，戴尔还推出一个企业内联网，所有供货商都可以在网站看到专属其公司的材料报告，随时掌握材料品质、绩效评估、成本预算以及制造流程变更等信息。不仅如此，电子化还贯穿了从供应商管理、产品开发、物料采购一直到生产、销售乃至客户关系管理的全过程，成为戴尔面向大规模定制供应链管理的实施基础。

2. 戴尔面向大规模定制的供应链总体模型

为了适应客户驱动生产和企业联盟的需要，戴尔通过电子商务平台和电话的方式直接与客户联系，了解客户需求，并且采用直线销售模式直接把产品送达客户。这种模式的核心是直销背后的一系列采购、生产、配送等环节在内的供应链的快速反应能力，利用先进的信息手段与客户保持信息的畅通和互动，了解每一个顾客的个性化需求。可见，戴尔的直销模式是以直线定购为手段，凭借其高效的供应链管理对市场快速做出反应，为顾客提供多样化的产品和服务。这种模式也使得分销商、零售商的作用不断减弱甚至消失，导致供应链的结构逐渐转变为由原材料供应商、制造商、主体企业和客户组成的开放式的网络结构，如图 6.10 所示。

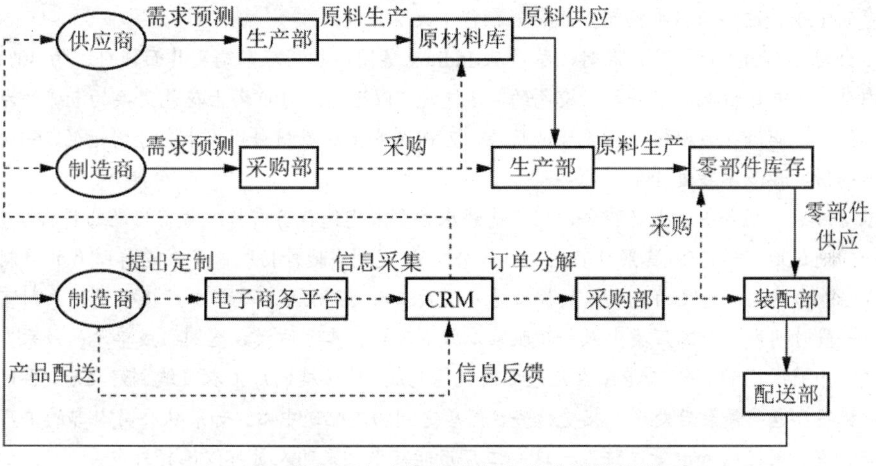

图 6.10 戴尔面向大规模定制的供应链总体模型

注：——► 表示物流；- - - -► 表示信息流。

从图 6.10 中可以看出，客户通过电子商务平台向戴尔提出定制要求，戴尔通过数据挖掘等先进技术从中进行信息采集和整理，而后通过 CRM 对客户订单进行分解。分解后的订单信息成为企业采购的重要依据，而通过采购也使戴尔与零部件制造商和原材料供应商紧密联系在一起。由于供应商和零部件制造商在一开始是以需求预测来决定其库存的，因此戴尔应将通过电子商务平台采集到的客户信息及时传递给供应商和制造商，以使他们的库存尽可能地降低。当戴尔将客户的定制产品送交客户手中后，还应将客户的反馈信息传递到 CRM 系统中，以期更好地与客户进行沟通。

戴尔通过按订单装配的大规模定制生产模式，利用现代化的网络技术将批量生产的低成本优势与个性化定制生产的高附加值优势完美地结合起来，这不仅降低了其库存成本，搜集到了顾客的需求信息，而且还大大提高了顾客的满意度。戴尔通过建立一个高效的供应链和生产流程管理系统，实现了即时生产和零库存，并且与供应商虚拟整合，构建了核心竞争力，而这一切都依赖于标准化的产品零部件设计和先进的信息技术平台。戴尔正在逐步转向全球范围的综合供应链管理，这样各生产工厂和供应商之间就形成了巨大的供应链体系，在全球范围内有效地实现了整合，使资源配置更加高效合理。

思考题：

结合此案例，论述企业实施面向大规模定制的供应链管理必须解决什么问题。

ZARA：向供应链的各环节“挤压”

ZARA 的全程供应链可划分为四大阶段，即产品组织与设计、采购与生产、产品配送、销售和反馈，所有环节都围绕着目标客户运转，整个过程不断滚动循环和优化。以下将介绍 ZARA 采购与生产的相关内容。

确定设计方案并决定投产后，ZARA 会马上开始制作样衣。由于面料和小装饰品等辅料在 ZARA 仓库里都有，所以制作样衣只需要很短的时间。

同时，生产计划和采购人员开始制订原材料采购计划和生产计划。首先是依据产品特点、产品投放时间长短、产品需求的数量和速度、专业技术要求、工厂的生产能力、综合性价比、市场专家的意见等确定各个产品是自己生产还是外包。

如果决定自产，且有现成的面料库存，则直接领用面料开始生产；如果没有现成的面料，则可以选择采购已染色的面料生产，或采购/领用原纱(一般提前 6 个月就向西班牙、印度、远东和摩洛哥等购买原坯布——未染色的织布，放在仓库里面)，然后进行染色和整理，再进行生产。一般内部工厂只安排生产下季预期销量的 15%，这样为当期畅销产品补货预留了大量产能。

ZARA 公司自己的工厂生产产品时，尽量从 Inditex 集团内相关厂家购买其面辅料，约 40%的面料供应来自于内部，其中有 50%的布料是未染色的，这样就可以迅速应对市场上花色变换的潮流。为防止对某个供应商的依赖，同时也鼓励供应商更快地反应，ZARA 剩余的原材料供应来自于附近的 260 家供应商，每家供应商的份额最多不超过 4%。

面料准备好后，则会下达生产指令，用高速裁床按要求迅速裁剪布料。裁剪好的面料及配套的拉链、纽扣等被一同通过地下传送带(其累计长达 200 多公里)运送到当地外协缝制厂，这样所有的缝制工作全部被外包。这些外协缝制厂所雇的绝大多数员工是非正式工人，ZARA 为这些工厂提供了一系列容易执行的指令，一般一段时间内一个工厂集中做一款服装以减少差错。其运作模式达到组成单元的效果，因此在其他公司需要几个月时间的工作 ZARA 在几天之内就能完成。外协缝制厂把衣服缝制好之后，再送回 ZARA 做熨烫、贴标签和包装等最后处理并接受检查，然后送到物流配送中心。如果从公司内部的工厂不能获得满意的价格、有效的运输和质量保证或者这些工厂产能有限，采购人员可以选择外包。

ZARA 公司在西班牙拥有 22 家工厂，约 50%的产品是通过自己的工厂来完成的，其他 50%的产品由 400 余家外协供应商来完成，这些供应商有 70%位于欧洲(集中在西班牙 ZARA 总部加利西亚省和葡萄牙北部)，剩余的主要分布在亚洲。采购与生产的整体流程如图 6.11 所示。

分析发现，在采购与生产阶段，ZARA 与大多数服装企业不同的是：ZARA 的大部分生产是安排在欧洲进行，且很多都是在西班牙总部周围一个很小的辐射范围内；而其他中高档服装公司如 Benetton、Gap、H&M、Nike 等基本上是采用“第一世界的时装在第三世界的工厂里生产”模式，后者最大的优点就是成本低，但缺点也同样明显——速度慢。

ZARA 所在的 Inditex 公司在西班牙拥有资本密集型的制造工厂，而且是一个垂直整合的团体，拥有染色、设计、裁剪和服装加工的一条龙的最新设备。它采用延迟制造的策略，提前买来白坯布，标准化的半成品大大缩短了产品生产周期，且通过保持对染色和加工领域的控制，Inditex 具有按需生产的能力，能为新的款式提供所需的布料；而中国绝大多数服装企业都没有积压面料的习惯，造成大量成品服装库存积压，而成品基本不再具有可变性。

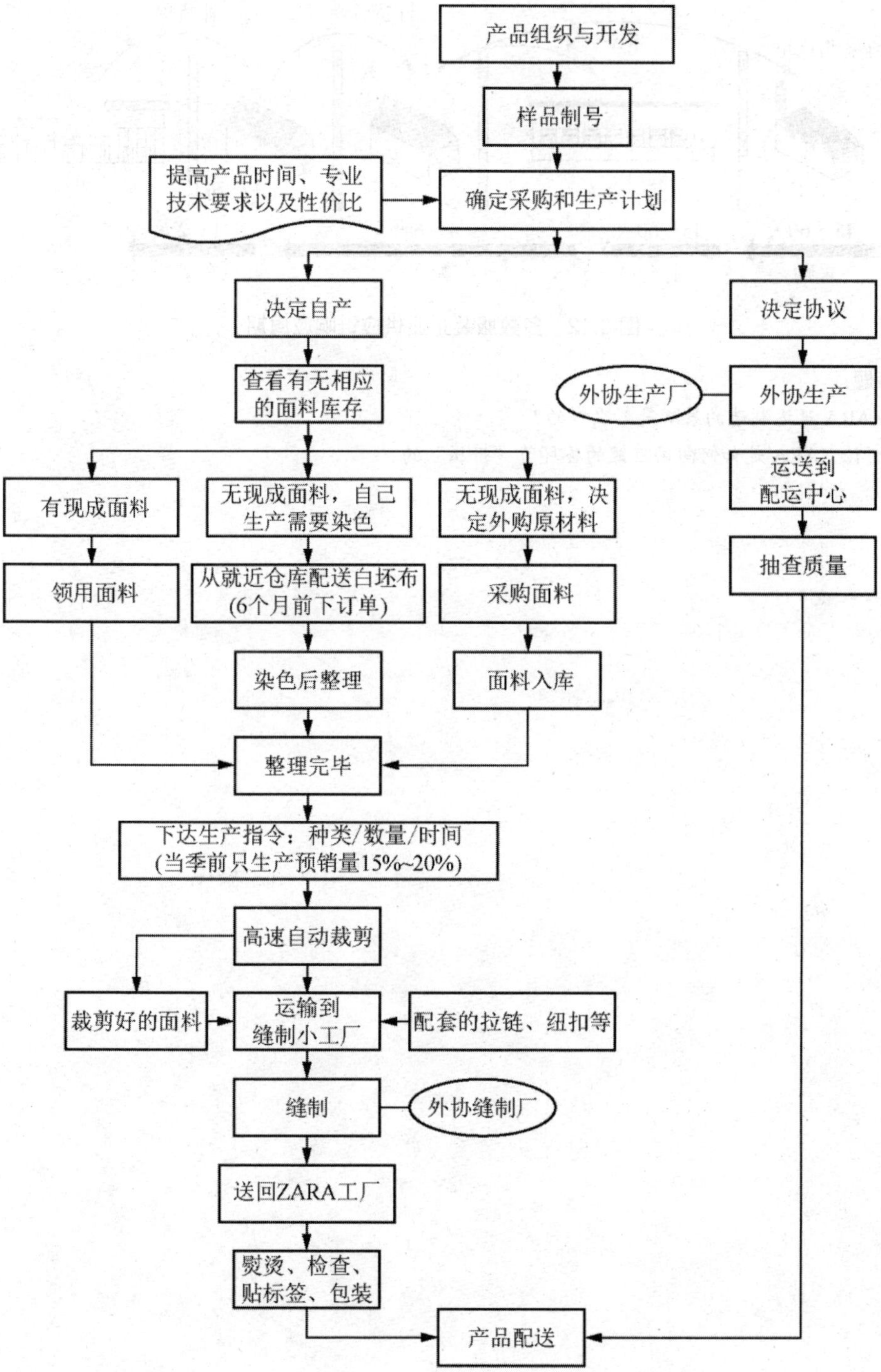

图 6.11　采购与生产流程

ZARA 并不拥有劳动密集型的衣服缝制工厂，而是通过与西班牙和葡萄牙的一些小加工厂签订合同来降低成本，正是这种垂直整合的模式，使得 ZARA 能够以比竞争对手快得多的速度、小得多的批量进行生产(10～15 天即可)；而中国的大型服装企业多采用吊挂流水线，如图 6.12 所示，每批批量都非常大，这样产品的生产周期也就比较长，从采购面料到门店上架至少需 3 个月以上，而且在产能、面料都耗尽的情况下断送了根据市场需求变化进行调整的弹性。

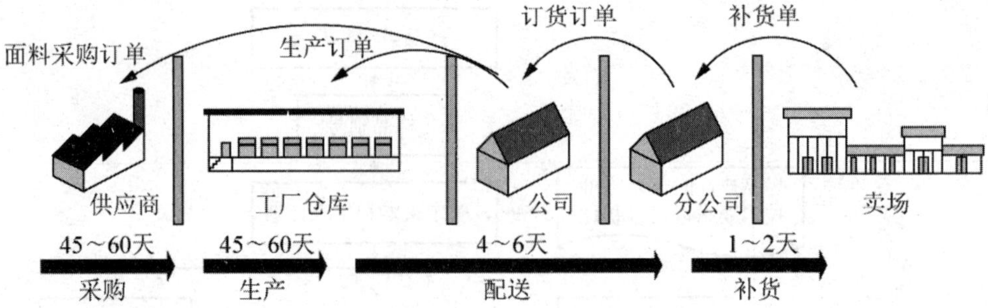

图 6.12　多数服装企业供应链响应周期

思考题：

1. ZARA 延迟制造的策略是怎么样的？
2. 讨论 ZARA 是如何向供应链的各环节“挤压”的。

第7章 供应链信息管理

【学习目标】

➤ 知识点

- 信息技术对供应链管理的影响和供应链管理应用的信息技术及信息系统
- 牛鞭效应和电子商务供应链
- 供应链管理方法
- 供应链信息技术
- 常用的几种供应链管理信息系统

➤ 难点

- 对牛鞭效应的理解
- 供应链管理信息系统的集成关系

➤ 要求

熟练掌握的内容

- 牛鞭效应的含义、原因
- 电子数据交换(EDI)的原理与现状
- 条形码和射频识别技术(RFID)的原理与应用
- APS 功能及与 ERP 的集成
- WMS 功能

了解理解的内容

- 了解供应链信息管理方法 QR、ECR、CPFR 的基本内容
- 理解电子商务供应链的意义
- 了解 EOS、EFT 的概念
- 了解 POS、GIS、GPS 的概念与应用
- 理解 ERP、CRM 的基本功能和不足
- 理解 TMS、DRP 的基本功能

导入案例

来自西班牙的世界知名服装品牌 ZARA 创始于 1975 年，以快速反应著称于流行服饰业界，2004 年度全球营业收入达到 46 亿欧元，利润 4.4 亿欧元，利润率 9.7%，2005 年在欧洲 27 个国家及全世界 55 个国家和地区建立 2 200 家女性服饰连锁店，在全球 40 多个国家拥有 736 多家直销专卖店，并正以每周一家新店的速度向全球扩张。

1. ZARA 独特的商业战略

ZARA 为了更好地实施“买得起的快速时尚”这一战略，采取了快速、少量、多款的产品管理模式，在保持与时尚同步的同时，通过组合开发新款式，快速的推出新产品，而且每种款式在每个专卖店推出的数量都只有几件，人为的造成“缺货”，以实现快速设计、快速生产、快速出售、快速更新，达到专卖店商品每周更新两次的目标。

通过对 ZARA 公司运作模式的研究发现，ZARA 战略的成功得益于公司出色的全程供应链管理，以及支撑供应链快速反应的 IT 系统应用。

2. 全程快速供应链一瞥

ZARA 的战略要求公司在全年中不断地推出大量的各种各样的新产品。连锁店的存货水平非常低，通常每种款式只有几件。由于低库存的方针，一天的销售后经常可以看到空空的货架，连锁店非常依赖有序而又迅速的新产品来补充货源。

ZARA 自己设计所有的产品，在其公司总部有一个 300 人的商业团队，由设计专家、市场分析专家和采购人员组成三位一体的商业团队。他们一起通力合作，每年设计的新产品将近 40 000 款，公司从中选择 10 000 多款投放市场。

ZARA 公司在西班牙拥有 22 家工厂，所有产品的 50%是通过自己的工厂来完成的，但是所有的缝制工作都是转包商完成的。这些工厂都有自己的利润中心，进行独立管理。其他 50%的产品是由 400 余家外部供应商来完成的，ZARA 公司希望这样能够进行有效的管理，保证供应商能对其订单的变化作出迅速的反应，这也是时装能否取得成功的一个关键之处。

ZARA 所有的产品都是通过拉科鲁尼亚的物流中心发送出去的，该中心运用非常成熟的自动化管理软件系统。物流中心的运输卡车依据固定的发车时刻表，不断开往各地。该公司还有两个空运基地，一个在拉科鲁尼亚，另一个大一点的在智利的圣地亚哥。通常，欧洲的连锁店可以在 24 小时以内收到货物，美国的连锁店需要 48 小时，日本则为 48～72 小时。ZARA 特别强调速度的重要性，令人不可思议的是，出货正确率达到了 98.9%，而出错率不足 0.5%。

3. IT 技术是关键

有效的 IT 系统是 ZARA 独特的业务模式得以实现的关键。因此，信息和通信技术成了 ZARA 商业模式的核心，正是在信息方面的表现卓越，才使 ZARA 拥有了惊人的速度。其卓越性体现在以下四个方面。

1) 收集顾客需求的信息

关于时尚潮流趋势的各种信息每天源源不断地从各个 ZARA 商店进入总部办公室的数据库。设计师们一边核对当天的发货数量和每天的销售数量，一边利用新信息来产生新的想法以及改进现有的服装款式。在与生产、运营团队一起决定具体的款式用什么布料、如何剪裁以及如何定价时，设计师必须首先访问数据库中的实时信息。

2) 服装信息的标准化

对一个典型的服装零售商来讲，不同的或不完全相同的尺寸规格，不同产品的有效信息通常需要几个星期才能被添加到它们的产品设计和批准程序中。但是在 ZARA 的仓库中，产品信息都是通用的、标准化的，这使得 ZARA 能快速、准确地准备设计，对裁剪给出清晰生产指令。

3) 产品信息和库存管理

卓越的产品信息和库存管理系统，使得 ZARA 的团队能够管理数以千计的布料，各种规格的装饰品，设计清单和库存商品。ZARA 的团队也能通过这个系统提供的信息，以现存的库存来设计一款服装，而不必去订购原料再等待它的到来。

4) 分销管理

ZARA 在国内分销设施非常先进，运行时需要的人数非常少。大约 20 公里的地下传送带将商品从 ZARA 的工厂运到位于拉科鲁尼亚的货物配送中心。为了确保每一笔订单准时到达它的目的地，ZARA 没有采取浪费时间的人工分拣方法而是借用了光学读取工具，这种工具每小时能挑选并分拣超过 60 000 件的衣服。在 Inditex 总部还设有双车道的高速公路直通配送中心。由于其高速、高效的运作，货物配送中心实际上只是一个服装的周转地，而不是仓库。

4. IT 应用成功的原则

然而，ZARA 的 IT 基础架构不是一年两年就建好的，现在看到的 ZARA 的 IT 成果是多年来 ZARA 不断投资建设的结果，业务需求与 IT 有效结合、积累的产物。

ZARA 将 IT 系统部署到每个门店去，每个店自己有自己的货单，法国店的货单就和意大利店不一样。这是一种非常个性化的做法。而门店经理则负责查看店中的货品销售情况，然后根据下一周的需求向总部订货。总部通过互联网把这些信息汇总，发给西班牙的工厂，以最快的速度生产和发货。门店经理自己决定应该进什么货；ZARA 对门店经理的考核，则是看该店的销售有没有上升，如果出现货品积压，就由门店经理为这些库存买单。ZARA 使用 IT 对其组织形态、业务流程进行了设计，且效果卓著：所有的技术人员有丰富的营销知识，所有的业务人员的技术水平也很高。

虽然 ZARA 卖的是不断改变的产品，但事业运作非常简单：每天传送销售数据、订货、一周两次运送等。有些地方很有弹性，但有些不能改变，如门店经理可以决定要订什么，但是绝对不能更改价格。

ZARA 经营成功可归纳为四个因素：拥有庞大的设计师群；公司本身拥有 9 家成衣厂，从新款策划到生产出厂，最快可在一周内完成；ZARA 的送货速度快；采取多样少量的经营方式，每隔 3 周其服装店内所有商品一定要全部换新。

【思考】什么是 ZARA 供应链的核心竞争力？信息技术是怎样影响 ZARA 供应链的？

7.1 基于信息的供应链管理

信息是强化供应链竞争能力的一个重要因素，供应链管理的效益基于各成员间的协调，而协调的基础又依赖于信息共享。与传统的物流系统相比，供应链管理环境下的物流信息和商流信息具有信息来源广、动态性强和信息量大、种类多的特点。供应链管理环境中的信息管理更为复杂，需要应用专门的信息技术，构建集成化的跨企业管理信息系统，使用信息共享的供应链管理方法。

7.1.1 供应链管理的信息特征

在信息社会中，信息已成为企业生存和发展的重要资源。为了实现企业的目标，必须通过信息的不断传递，一方面进行纵向的上下信息传递，把不同层次的经济行为协调起来；另一方面进行横向的信息传递，把各部门、各岗位的经济行为协调起来，通过信息技术处理人、财、物和产、供、销之间的复杂关系。供应链作为一种“扩展”企业，信息管理同样重要，但其信息流动和获取方式不同于单个企业的情况。由于经济利益的驱使，供应链上各企业间传递的信息在透明度、及时性、准确度方面都存在着不确定性。一个典型的例子就是以订单方式传递的需求信息在供应链中存在失真的现象，即顾客需求信息在由供应链下游企业传递到上游企业的过程中会被有意、无意地逐级放大。这种现象称为“牛鞭效应”，如图 7.1 所示。

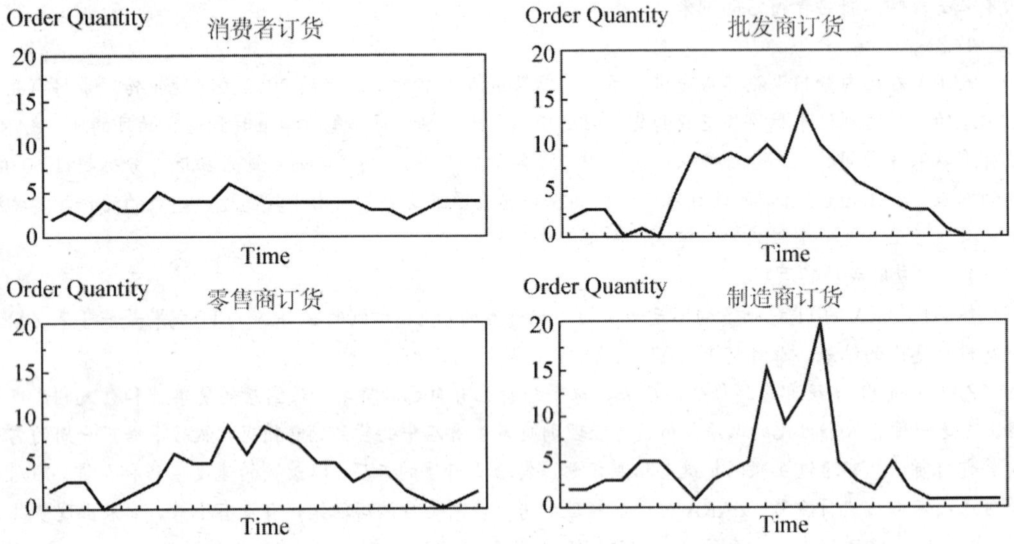

图 7.1　牛鞭效应

最早发现牛鞭效应的是宝洁公司。宝洁公司的物流主管对他们最热销的产品 Pamper 牌尿布进行了一次订货模式的调查，发现 Pamper 在零售商店的销量虽有波动变化，但波动并不算大，可是分销商在向宝洁订货时，订货量的变化幅度变大了，且与零售量波动的差别较大。他们又进一步调查了宝洁供应商发出的物料订单，发现这一次的订货波动更大。在该例子中的顾客方——婴儿是以一种稳定的速度消费 Pamper 尿布的，可是需求订货的不平稳性还是随着供应链的向上延伸被一级一级地放大。

美国斯坦福大学的李效良(Hau Lee)教授将这种需求信息扭曲在供应链中传递的现象称为“需求变异加速放大原理”，并指出了影响供应链牛鞭效应的 6 个具体原因。

1. 需求预测修正

需求预测修正是指供应链各结点企业根据下游企业订单来确定需求信息，并以此对未来一个时期的需求作出预测，最终设定企业的安全库存和订货批量。在这个过程中，供应链系统出现了市场需求预测被重复处理的问题，其结果就是上游企业的订单是下游企业订单加上额外的增加量即自身的安全库存，预测波动伴随着层级的增加而不断放大，牛鞭效应也就随之而产生。

2. 批量订购

出于对订货成本和运输成本的考虑，目前大多数企业还不能采取零库存策略，而是通过定期订购或者批量订购的方式，对一个时期内的市场需求量进行预测累计，再统一订货。这种订货策略将市场需求预测的扭曲放大了。

3. 价格波动

造成价格波动的因素很多，诸如环境变动、季节交替、厂商的价格优惠、数量折扣、市场供求的变化、通货膨胀、社会动荡、自然灾害等。当价格向下波动时，许多零售商和推销人员就会向厂商发出大于实际的市场需求量的订购量，只要库存成本小于从价格折扣所获得的收益，订购者就愿意预先购买。所以，超前订货方式导致生产企业无法确定真实的市场消费需求，如果把订购需求增加等同于市场需求增加，那么需求信息就会沿着供应链向上逐级放大，从而加剧牛鞭效应。

4. 短缺博弈

当产品供不应求时，供应商会根据下游企业的订购的数量，依照一定的比例对订购产品进行限量分配，这时订购企业为争取获得更多的紧缺商品，往往会夸大实际需求量。随着供不应求的状况得到缓和，在库存还“盈余”的情况下，下游企业会突然减少订购量，甚至是取消订单。在整个过程中，博弈的结果是导致供应商无法确定市场需求的真实变化，订单需求与市场真实需求相背离，并最终产生牛鞭效应。

5. 库存责任失衡

在营销模式上，通常的做法是供应商先发货，待销售商销售完成后再结算。这种模式导致供应商要承担主要的库存责任，包括外库建设、运费、货物调换、退货等。因此销售商会加大订货并持有，一方面可作为资产使用，另一方面当资金周转不畅时可低价出货，加速资金回笼。

6. 应付环境变异

市场的不确定性增强会促使销售商加大库存持有，并进一步加大订货，将不确定性风险转移给供应商，这样也会导致牛鞭效应。

斯隆管理学院曾通过“啤酒游戏”对牛鞭效应进行了系统动力学解释，将之归结为供应链结构组成层次更多、供需时间延滞和信息共享不足等几大原因。

供应链层次结构问题在委托—代理理论中有众多学者深入研究，基本观点是在传统的供应链结构下，由于上游和下游的委托代理关系是结构内生的，而且委托方和代理商之间、委托方之间和代理商之间的利益又不协调，加之信息的不完善和契约的局限性，缺乏有效的激励机制，导致双方利益目标和博弈结果之间的次优选择，这是产生牛鞭效应的基于结构的经济学原因。随着供应链水平层次和垂直规模的增多，委托代理关系的梯次也就增加，利益目标和博弈决策之间的二次选择也就被多次重复，而每一次重复都意味着次优选择的进一步优化，这是牛鞭效应随供应链长度、宽度增加而逐渐放大的原因，因此，供应链中的成员个数越多，信息被加工的次数越多，其被扭曲的现象也越严重。

信息共享不足是因为供应链上的信息不完全、不对称。为获得更多的利益以及更有利的竞争地位，供应链结点企业往往会保留一些信息，使企业之间的信息沟通并不完全。同时，受供应链结构固有属性的影响，传递信息很难同时同步，从而造成一段时间内的信息不对称。信息共享不足造成信息扭曲随供应链层级增多而放大，形成牛鞭效应。

供应链系统实现高效的信息共享，能够有效地遏制需求信息放大，从而缓解牛鞭效应，有以下几个原因。

(1) 供应链系统实现信息共享后，信息传递线路由单一的线形结构转变为网状结构。也就是说，供应链中的生产企业不仅可以得到下游企业传来的订单需求，同时也能从零售商那里获得最终顾客的市场需求，及时了解其下游企业的订购、销售以及库存情况。供应链各结点企业都可以利用系统中的各种信息对需求进行预测，并决定其订货数量，一定程度上可以避免由于多头预测而引起的信息失真。

(2) 信息共享可以加快信息的传递速度，保证企业的订货信息能够及时有效的送到供应商以及供应商的供应商，提高供应链系统的响应速度，缩短提前期。

(3) 实现信息共享后，供应商能够进一步掌握商品所处的状态，有利于企业制定更加适宜的订货点和订货提前期，实施更快、更有效的订货策略，从而避免库存积压或短缺的尴尬局面。

总结以上供应链信息特点，在供应链管理中，信息管理应具有以下特征。

(1) 供应链管理应该提供完整、正确的各种信息。供应链中的信息往往比较复杂，既包括了商品的数量、质量等物流信息，也包括订货信息、客户信息等商流信息，还包括发票、应收、应付、催款等财务信息。

(2) 供应链信息应该形成一个集成的、开放的系统。在供应链中，信息在上下游各企业之间双向传递，首先要求实现企业内部独立的信息处理系统之间的信息交换，即内部的信息集成，然后通过供应链管理软件把内外部信息集成为一个统一的整体。

(3) 供应链信息传递应该确保实时性、及时性。提高客户反应速度已成为当前市场竞争中的企业所考虑的重点，而整个供应链的运作效率也依赖于信息的及时传递。

(4) 供应链信息应保证安全性。在电子商务条件下，这点尤其突出。

7.1.2 供应链信息管理方法

从 20 世纪 80 年代开始，利用信息技术有效管理供应链信息首先在零售业取得进展，先后提出了 QR、ECR 和 CPFR 等供应链管理方法。

1. 快速反应(Quick Response，QR)

1) QR 产生背景

20 世纪 60 年代和 70 年代，美国的杂货行业面临着国外进口商品的激烈竞争。80 年代早期，美国国产的服装、玩具以及家用电器的市场占有率下降到 20%，而国外进口的服装占据了美国市场的 40%。面对国外商品的激烈竞争，纺织与服装行业在 70 年代和 80 年代采取的主要对策是在寻找法律保护的同时，加大现代化设备的投资。

1985—1986 年，Kurt Salmon 协会对美纺织业供应链进行了分析，结果发现，尽管系统的各个部分具有高运作效率，但整个系统的效率却十分低。于是纤维、纺织、服装以及零售业开始寻找在供应链上导致高成本的原因，结果发现，供应链的长度是影响其高效运作的主要因素。例如，整个服装业供应链，从原材料到消费者购买，时间为 66 周，其中 11 周在制造车间，40 周在仓库或转运，15 周在商店。这样长的供应链不仅各种费用大，更重要的是，建立在不精确需求预测上的生产和分销，因数量过多或过少造成的损失非常大。整个服装业供应链系统的总损失每年可达 25 亿美元，其中 2/3 的损失来自零售或制造商对服装的降价处理以及在零售时的缺货。进一步的调查发现，消费者离开商店而不购买的主要原因是找不到合适的尺寸和颜色的商品。

这项研究导致了快速反应策略的应用和发展。QR 即快速反应，是美国零售商、服装制造商以及纺织品供应商开发的整体业务概念。快速反应是零售商及其供应商密切合作的策略，零售商和供应商建立战略合作伙伴关系，利用 EDI 等信息技术，通过共享 POS 系统信息联合预测未来需求，发现新产品营销机会，用多频度、小数量配送连续补充商品，以缩短交货周期，对消费者的需求作出快速的反应。从运作的角度来讲，零售商和供应商需要用 EDI 来加快信息的流动，并共同重组他们的业务活动，以减少库存，提高供应链运作效率。

2) 实施 QR 收益

实施 QR 可获得巨大效益，主要是以下 3 个方面。

(1) 销售额的大幅度增加。应用 QR 系统，可以降低经营成本，从而降低销售价格、增加销量，伴随着商品库存风险的减少，能避免缺货现象，从而避免销售的机会损失，易于确定畅销商品，能保证畅销品的品种齐全，连续供应，增加销量。以沃尔玛为例，实施 QR 后，休闲裤销售额提高 31%。

(2) 商品周转率的大幅度提高。应用 QR 系统可以减少商品库存量，并保证畅销商品的正常库存量，加快商品周转。商品周转率一般可提高 30%～90%。

(3) 需求预测误差大幅度减少。应用 QR 系统可以及时获得销售信息，把握畅销商品和滞销商品，同时通过多频度小数量送货方式，实现即需型进货(零售店需要的时候才进货)，这样使需求预测误差可减少到 10%左右。

3) QR 实施步骤

实施 QR 需要经过 6 个步骤，如图 7.2 所示，每一步骤都需要以前一个步骤为基础，并比前一个步骤有更高的回报。

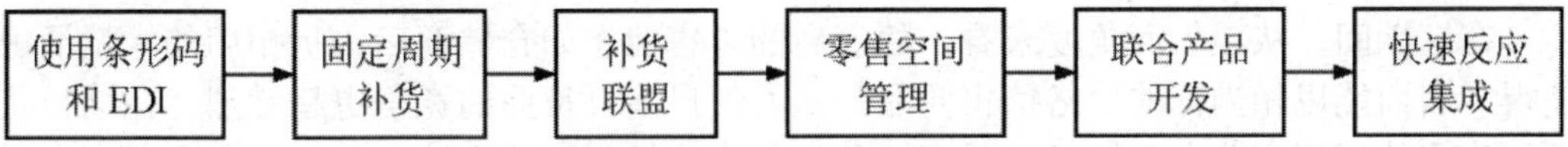

图 7.2 QR 实施步骤

(1) 使用条形码和 EDI。零售商需安装条形码(UPC 码)、POS 扫描和 EDI 系统等技术设备，以加快收款速度、获得更准确的销售数据并使信息沟通更加通畅。

(2) 固定周期补货。QR 使用自动补货，要求供应商更快、更频繁地配送商品，以保证店铺货源充足。自动补货基于过去和目前销售数据，通过软件进行定期预测，同时考虑当前存货和其他因素，确定订货量。

(3) 补货联盟。零售商和制造商联合起来分析销售数据，制订需求计划，实施销售预测，在不断货的基础上降低库存。

(4) 零售空间管理。根据每个店铺的需求模式来规定其经营商品的花色品种和补货业务，制造商也可参与甚至制定决策。

(5) 联合产品开发。对于服装等生命周期很短的商品，制造商和零售商联合开发新品，并进行试销。

(6) 快速反应集成。通过重新设计业务流程，将前 5 步工作与公司的整体业务集成起来，支持公司的整体战略。

4) QR 实施条件

美国学者 Black Burn 在对美国纺织服务业研究的基础上，提出实施 QR 的 5 个条件。

(1) 改变传统的经营方式、经营意识和组织结构。企业应该转变并依靠自身力量来提高经营效率的传统经营意识，要树立与供应链成员建立合作伙伴关系，努力利用成员资源来提高经营效率的现代经营意识。必须改变传统的事务作业的方式，通过利用信息技术实现事务作业的无纸化和自动化。

(2) 开发和应用现代信息处理技术。这些信息技术包括条形码、POS 系统、EDI 系统、电子订货系统、电子资金转账、连续补货等。

(3) 与供应链各方建立战略伙伴关系。通过合作实现削减库存，避免缺货，降低风险，避免大幅度降价，减少作业人员，简化事务性作业等目的。

(4) 开放企业商业信息。包括销售信息、库存信息、生产信息、成本信息等。

(5) 缩短生产周期和降低商品库存。供应商应努力缩短生产周期，实施多品种、小批量生产和多频度小数量配送。

2. *有效客户响应*(Efficient Consumer Response，ECR)

1) ECR 产生背景

在 20 世纪 60 年代和 70 年代，美国日杂百货业的竞争主要是在生产厂商之间展开，竞争的重心是品牌、商品、经销渠道和大量的广告和促销，在零售商和生产厂家的交易关系中生产厂家占据支配地位。进入 80 年代，特别是到了 90 年代以后，在零售商和生产厂家的交易关系中，零售商开始占据主导地位。竞争的重心转向流通中心、商家自有品牌、供应链效率和 POS 系统。在供应链内部，零售商和生产厂家之间为取得供应链的主导权，商家和厂家品牌在零售店铺货架占据的空间份额展开激烈的竞争，这种竞争使得在供应链的各个环节间的成本不断转移，导致供应链整体成本的上升，而且容易牺牲力量较弱一方的利益。

在这期间，从零售商角度来看，随着新的零售业态如仓储商店、折扣店的大量涌现，使得零售商能以相当低的价格销售商品，从而使日杂百货业的竞争更趋激烈。在这种状况下，许多传统超市业者开始寻找适应这种竞争方式的新管理方法。从生产厂家角度来看，由于日杂百货商品的技术含量不高，大量无实质性差别的新商品被投入市场，使生产厂家之间的竞争日趋同化。生产厂家为了获得销售渠道，通常采用直接或间接的降价方式作为向零售商促销的主要手段，这种方式往往会大量牺牲厂家自身的利益。所以，如果生产商能与供应链中的零售商结成更为紧密的联盟，将不仅有利于零售业的发展，同时也符合生产厂家自身的利益。

在上述背景下，美国食品市场营销协会联合包括可口可乐、宝洁等 6 家企业与 Kurt Salmon 公司一起组成研究小组，对食品业的供应链进行调查、总结、分析，于 1993 年 1 月提出了改进该行业供应链管理的详细报告。在该报告中系统地提出 ECR 的概念体系。经过美国食品市场营销协会的大力宣传，ECR 概念被零售商和制造商所接纳并被广泛地应用于实践。

ECR 是在食品杂货业分销系统中，分销商和供应商为消除系统中不必要的成本和费用，给客户带来更大效益而进行密切合作的一种供应链管理方法。

ECR 的最终目标是建立一个具有高效反应能力和以客户需求为基础的系统，使零售商及供应商以业务伙伴方式合作，提高整个食品杂货业供应链的效率，从而大大降低整个系统的成本、库存和物资储备，同时为客户提供更好的服务。

要实施有效客户响应，首先应联合整个供应链所涉及的供应商、分销商以及零售商，改善供应链中的业务流程，使其合理有效。然后再以较低的成本，使这些业务流程自动化，以进一步降低供应链的成本和时间。实施 ECR 需要将条形码、扫描技术、POS 系统和 EDI 集成起来，在供应链(由生产线直至付款柜台)之间建立一个无纸系统，以确保产品能不间断地由供应商流向最终客户，同时信息流能够在开放的供应链中循环流动。

2) 实施 ECR 的原则

(1) 以较少的成本，不断致力于向食品杂货供应链客户提供更优的产品、更高的质量、更好的分类、更好的库存服务以及更多的便利服务。

(2) ECR 必须由相关的商业带头人启动，商业带头人应决心使代表共同利益的商业联盟取代旧式的贸易关系，从而达到获利之目的。

(3) 必须利用准确、适时的信息支持有效的市场、生产及后勤决策。这些信息将以 EDI 的方式在贸易伙伴间自由流动，增加系统信息的有效利用。

(4) 产品在供应链过程中必须可控，从生产至包装，直至最终客户的购物篮中，确保客户能随时获得所需产品。

(5) 必须建立共同的成果评价体系。评价体系要注重整个系统的有效性(即通过降低成本与库存以及更好的资产利用，实现更优价值)，清晰地标志出潜在的回报(即增加的总价值和利润)，促进对回报的公平分享。

3) 实施 ECR 的 4 个要素

(1) 有效产品开发。通过采集和分享供应链伙伴间高时效性、高准确性的销售数据，提高新产品销售的成功率。

(2) 有效商店管理。通过有效地利用店铺的空间和店内布局，来最大限度地提高商品的获利能力，如建立空间管理系统、有效的商品品种管理等。

(3) 有效促销。通过简化分销商和供应商的贸易关系，使贸易和促销的系统效率最高，如消费者广告(优惠券、货架上标明促销)、贸易促销(远期购买、转移购买)等。

(4) 有效补货。从生产线到收款台，通过 EDI，以需求为导向的自动连续补货和计算机辅助订货等技术手段，使补货系统的时间和成本最优化，从而降低商品的售价。

4) ECR 效益分析

ECR 经济效益包括商品损耗降低，制造费用降低，包装费用降低，促销费用降低，产品导入失败可能性减小，使用自动订货，店铺单位面积的销售额更高，更有效地利用了仓库和卡车，仓库空间要求降低，现场和总部的销售和采购费用降低，简化了管理。除这些有形的利益以外，ECR 还有着重要的不可量化的无形利益。

对客户而言，增加选择和购物便利，减少无库存货品，货品更新鲜。对分销商而言，提高信誉，更加了解客户情况，改善与供应商的关系。对供应商而言，减少缺货现象，加强品牌的完整性，改善与分销商的关系。

5) ECR 的构建

ECR 作为一个供应链管理系统，需要把市场营销、物流管理、信息技术和组织革新技术有机结合起来作为一个整体使用，以实现 ECR 的目标，如图 7.3 所示。

(1) 营销技术。在 ECR 系统中采用的营销技术主要是商品类别管理(Category Management)和店铺货架空间管理(Store Management)。

商品类别管理是企业对经营的所有商品进行分类，确定或评价每一个类别商品的功能、作用、收益性、成长性等指标，在此基础上，结合考虑各类商品的库存水平和货架展示等因素，制订商品品种计划，对整个商品类别进行管理，以便在提高消费者服务水平的同时增加企业的销售额和收益水平。

店铺空间管理是对店铺的空间安排、各类商品的展示比例、商品在货架上的布置等进行最优化管理。

(2) 物流技术。ECR 系统要求及时配送和顺畅流动，实现这一要求的方法有连续补货(Continuous Replenishment Program，CRP)、自动订货(Computer Assisted Ordering，CAO)、预先发货通知(Advanced Shipping Notice，ASN)、供应商管理库存(Vendor Management

Inventory，VMI)、交叉配送(Cross-Docking)、店铺直送(Direct Store Delivery，DSD)等。

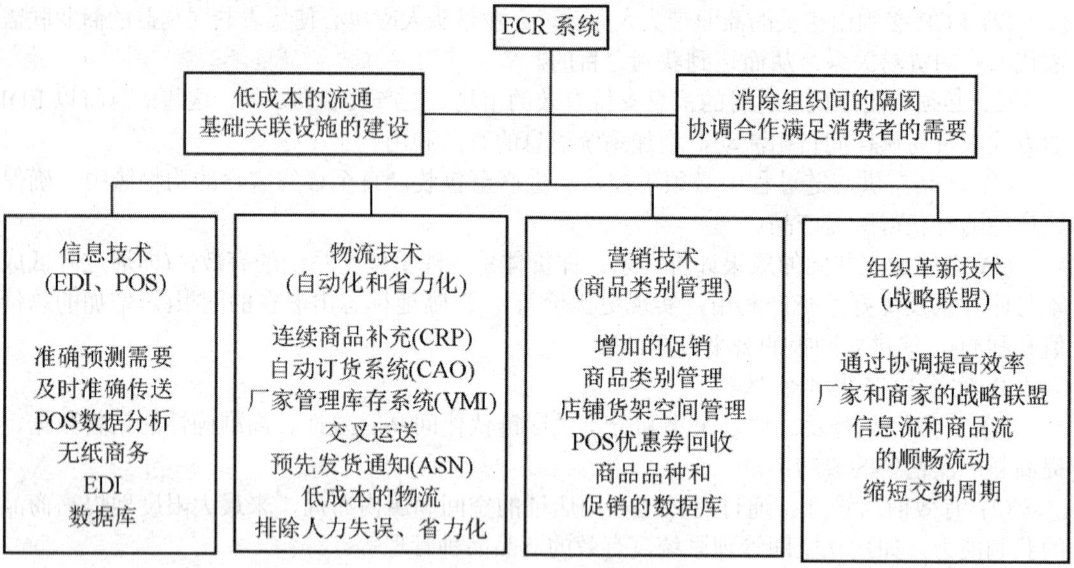

图 7.3　ECR系统构建技术

CAO是基于库存和需要信息利用计算机进行自动订货的系统。

ASN是生产厂家或批发商在发货时利用电子通讯网络提前向零售商传送货物的明细清单。这样零售商事前可以做好进货准备工作，同时可以省去货物数据的输入工作，使商品检验作业效率化。

交叉配送是在零售商的流通中心，把来自各个供应商的货物按发送店铺迅速进行分拣装车，向各个店铺发货。在交叉配送的情况下，流通中心仅是一个具有分拣装运功能的通过型中心，有利于交付周期的缩短、减少库存、提高库存周转率，从而能节约成本。

DSD方式是指商品不经过流通中心，直接由生产厂家运送到店铺的运送方式。采用店铺直送方式可以保持商品的新鲜度、减少商品的运输破损、缩短商品交货周期和时间。

(3) 信息技术。ECR系统应用的主要信息技术有电子数据交换(Electronic Data Interchange，EDI)和销售时点系统(Point of Sale，POS)。

(4) 组织革新技术。成功地应用ECR需要企业的组织体系进行革新。在企业内部的组织革新方面，需要把采购、生产、物流、销售等按职能划分的组织形式改变为以商品流程为基本职能的一体化的组织形式。在组成供应链的企业间需要建立双赢的合作伙伴关系。

6) ECR实施方法

(1) 为变革创造氛围。对大多数组织来说，改变对供应商或客户的内部认知过程，即从敌对态度转变为将其视为同盟的过程，将比实施ECR的其他相关步骤更困难，时间花费更长。创造ECR的最佳氛围首先需要进行内部教育以及通信技术和设施的改善，同时也需要采取新的工作措施和回报系统，但企业或组织必须首先具备言行一致的强有力的高层组织领导。

(2) 选择初期ECR同盟伙伴。对于大多数刚刚实施ECR的企业来说，建议成立2～4个伙伴的初期同盟。同盟应首先召开一次会议，来自各个职能区域的高级同盟代表对ECR及怎样启动ECR进行讨论，成立2～3个联合任务组，专门致力于已证明可取得巨大效益的项目，如提高货车的装卸效率、减少损毁、由卖方控制的连续补库等。

以上计划的成功将增强企业实施ECR的信心。经验证明，往往要花上9～12个月的努力，才能赢得足够的信任和信心，以至于在开放的非敌对的环境中探讨许多重要问题。

(3) 开发信息技术投资项目，支持 ECR。虽然在信息技术投资不大的情况下就可获得 ECR 的许多利益，但是具有很强的信息技术能力的企业要比其他企业更具竞争优势。商业信息系统既可降低成本，又可使人们专注于其他管理以及产品、服务和系统的创造性开发，这种信息系统的投资开发对于支持 ECR 的成功实施具有重要意义。

7.1.3 电子商务供应链

电子商务(Electronic Commerce，EC)即通过网络进行生产、营销、销售和流通活动，它不仅指基于 Internet 上的交易，还指所有利用电子信息技术来解决问题、降低成本、增加价值和创造高级的商务活动，包括通过网络实现从原材料查询、采购、产品展示、订货到出品、储运以及电子支付等一系列的贸易活动。

企业建立自己的内部网络，再将其扩展到企业外部，与供应商和客户联结就可以从事电子商务。供应链管理与电子商务相互结合，产生了供应链管理领域新的研究热点——电子商务环境下的供应链管理，其实质就是利用电子商务技术，以中心制造厂商为核心，将供应商、经销商、物流企业结合为一体，构成一个面向最终顾客的完整电子商务供应链，降低企业整体成本，提高企业对市场和最终顾客需求的响应速度，从而提高企业的市场竞争力。

电子商务使整个交易过程实现电子化、数字化、网络化。电子商务系统包含三个关键组成要素，信息网、金融网和运输网，与其对应的信息流、资金流、物流交换的质量和效率是实施供应链管理的关键。三者之间的动态联系，为建立基于供应链管理的虚拟企业提供了前提和基础。供应链管理的运作在很大程度上依赖于网链上的信息交换质量，电子商务的运用为实施供应链管理提供了信息处理的有效手段，极大提高了信息传递的效率和准确率。

在电子商务时代里，企业供应链利用网络技术实现企业内部和企业之间的信息集成和信息协作，利用 Internet 上国际市场进行信息与资金流的交换，其中企业内部的信息流和资金流的交换利用 Intranet 实现，企业之间的信息流和资金流的交换通过 Internet 利用 EDI 方式实现交换。在这些信息技术的全力支持下，供应链上各成员需要围绕物流和资金流进行信息共享和经营协调，实现柔性的和稳定的供需关系，具体如图 7.4 所示。

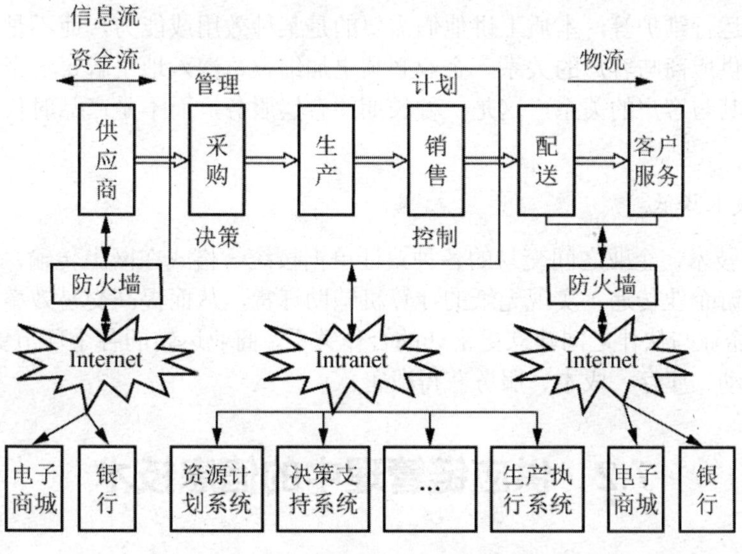

图 7.4 电子商务环境下的供应链管理体系结构

电子商务对企业供应链的影响包括以下几个方面。

1. 企业内部供应链成为基础

企业内部通过 Intranet 自动处理商务操作及工作流，增加对重要系统和关键数据的存取，共享经验，共同解决客户问题，并保持组织之间的联系。因而可以提高商务活动的敏捷性，对市场变化作出更快反应，更好为客户提供服务。

电子商务模式的有效实施，关键是供应链在企业内外是否有效衔接、企业内部供应链的信息系统是否与企业内部的业务系统如 ERP、CRM 等有机结合在一起。如果没有好的 ERP，企业就无法及时掌握自己各类原材料和成品的库存情况以及采购到货情况，网上订单就得不到自动确认；如果没有好的 CRM，客户要求和个性化服务就无法得到有效及时的处理，这些必然影响企业对市场的响应速度。要解决这个问题就必须对企业进行各个层次的流程再造。

2. 链式供应链变为网式供应链

供应链伙伴之间的信息传递由原来的线形结构变为网状结构。分销商和制造商都可以方便地查看零售商的库存情况，了解更准确的需求信息，有效地避免了由于多重预测所带来的信息失真。供应链下游成员同样可以通过互联网了解到上游成员的生产能力和库存信息，有效缓解客户的焦虑，避免夸大订单所带来的波动。信息的畅通有利于合作伙伴之间高度信息共享，共同为整体供应链提供增值服务。

电子商务促进了供应链向动态的、虚拟的、全球网络化的方向发展。

3. 客户关系发生变革

企业与客户企业开设网上商店，使客户与企业提供双向交互通信，节省了客户和企业双方的时间和空间，提高了交易效率。更为重要的是 Internet 和电子商务也将使供应商与客户的关系发生重大的改变，其关系将不再仅仅局限于产品的销售，更多的将是以服务的方式满足客户的需求来替代将产品卖给客户。

越来越多的客户不仅以购买产品的方式来实现其需求，而是更看重未来应用的规划与实施、系统的运行维护等，本质上讲他们需要的是某种效用或能力，而不是产品本身，这将极大地改变供应商与客户的关系。企业必须更加细致、深入地了解每一个客户的特殊要求，才能巩固其与客户的关系，这是一种长期的有偿服务，而不是产品时代的一次或多次性的购买。

4. 商流成本降低

借助 EDI 技术，企业之间交易的各种票证单据按统一格式在网上传输，能够快速地将需求信息向上游企业传递，实现无纸的计算机辅助订货，从而提高交易效率、降低成本。同时，EDI 使企业与伙伴之间建立更密切的合作关系，商业运转的各个环节更加协调一致，从而使资金流动、库存、成本、服务获得改善。

7.2 供应链管理中的信息技术

现代信息技术的内容十分广泛，它包括微电子技术、光电子技术、通信技术、网络技术、感测技术、控制技术、显示技术等。在21世纪，企业管理的核心是围绕信息管理来进行的。最近几年，技术创新成为企业改革的最主要形式，而信息技术的发展直接影响企业改革和管理的成败。现代供应链管理同样以信息技术为基础，不管是电子数据交换(EDI)、网络技术、通信技术、数据库技术，还是自动识别技术，信息技术的革新都已经成为供应链管理发展和创新的主要途径。

7.2.1　供应链商流信息技术

供应链商流以订单、商品交易、资金为主要处理对象，目前主要使用的信息技术有电子自动订货系统(EOS)、电子数据交换(EDI)和电子资金转账(EFT)。

1. 电子自动订货系统(Electronic Ordering system，EOS)

EOS系统是指企业间利用通信网络(VAN或Internet)和终端设备以在线方式进行订货作业和订货信息交换的系统。相对于传统的订货方式，EOS系统可以缩短从接到订单到发出订货的时间，缩短订货商品的交货期，减少商品订单的出错率，有利于降低企业的库存水平，提高企业的库存管理效率。对于生产厂家和批发商来说，通过分析零售商的商品订货信息，能准确判断畅销商品和滞销商品，有利于调整商品生产和销售计划。

EOS系统按应用范围可分为企业内的EOS系统，零售商与批发商之间的EOS系统，零售商、批发商和生产商之间的EOS系统。

EOS系统包括订货系统、通信网络系统和接单计算机系统。零售点只要配备了订货终端机和货价卡(或订货簿)，再配上电话和数据机，就完成了电子订货配置。供应商只要能接收零售点通过数据机的订货信息，并可利用终端机设备系统直接做订单处理，打印出货单和检货单，就具备了EOS系统的功能。任何形式的EOS系统，都以零售点订货系统的配置为基础。

零售点订货系统配置包括硬件设备配置与电子订货方式选择两部分构成。硬件设备一般由3个部分组成。

(1) 电子订货终端机。其功能是将所需订货的商品条码及数量，以扫描和输入的方式，暂时储存起来。当订货操作完毕时，再将终端机与后台计算机连接，取出储存的订货资料，存入电话主机。

(2) 数据机。它是传递订货方与接单方计算机信息的主要通信装置。其功能是将计算机内的数据转换成线性脉冲资料，通过专用数据线路，将订货信息从零售点传递给商品供方，供方以此为依据来发送商品。

(3) 其他设备。如个人计算机、价格标签及店内码的印制设备等。

零售点订货系统的电子订货方式选择包括以下几个方面。

(1) 电子订货簿。电子订货簿是记录包括商品代码/名称、供应商代号/名称、进/售价等商品信息的书面表示。

(2) 电子订货簿与货架卡并用。货架卡是装设在货架槽上的一张商品信息记录卡，记录商品名称、代码、条码、售价、最高订量、最低订量、厂商名称等。

(3) 低于安全库存量订货法。即将每次进货数量输入计算机，销售量由计算机自动从库存中扣减。当库存量低于安全存量时，会自动打印订货单或直接传输出去。

2. 电子数据交换(Electronic Data Interchange，EDI)

国际标准化组织 ISO 将 EDI 描述为将商业或行政事务处理，按照一个公认的标准，形成结构化的事务处理或信息数据格式，从计算机到计算机的数据传输方式。EDI 实施的目的是通过建立企业间的数据交换网来实现票据处理、数据加工等事务作业的自动化、及时化和正确化，同时通过有关销售信息和库存信息的共享来实现经营活动的效率化。

1) EDI 的发展历程

20 世纪 60 年代，EDI 开始出现，一般由大企业以自己独自设计的数据格式和系统构造建立以本企业为中心的 EDI 系统，通过在业务往来频繁的企业设置 EDI 终端来处理和交换有关订货、库存、销售时点数据、需求预测以及运输日程通知等方面的信息。对于大企业来说，为了获得和维持竞争优势地位，需要建立自己的 EDI 系统，对于有频繁业务关系的企业来说，利用 EDI 系统不仅可以减轻票据处理、数据输入输出等事务性作业，而且可以减少库存、缩短订货时间。这个阶段的 EDI 往往由一个大企业主导，建立该企业和其他多个企业间的信息及时交换的 EDI 系统，缺乏统一的 EDI 标准格式。

20 世纪 70 年代，随着业务范围的扩大和竞争的需要，主导 EDI 系统的大企业扩大了 EDI 的使用对象，同时许多企业由于与多个大企业有频繁的业务关系，必须利用不同的 EDI 系统。EDI 使用范围的扩大使更多的企业通过 EDI 连接在一起交换信息、共享资源。但是使用者必须对应多个不同数据格式和不同代码的 EDI 系统，不得不增加投资添置计算机终端，同时必须对应不同 EDI 系统进行重复输入数据，增加事务作业成本。从行业范围来看，由于存在多个不统一的 EDI 系统，造成重复投资、增加成本。

20 世纪 80 年代，为了克服 EDI 标准不统一所带来的问题，需要 EDI 的各方达成广泛的共识，建立统一的 EDI 标准，避免重复投资，节约成本，提高 EDI 运用效率。特别是对物流行业来说，由于业务涉及许多其他行业，在建立本行业统一的 EDI 标准(如与计算机终端的接续方法、数据格式、系统结构等)之时，必须考虑兼容其他行业的 EDI 标准。为了推进 EDI 的标准化工作，联合国欧洲经济理事会(UN/ECE)在 1987 年公布了一套名为 UN/EDIFACT 的 EDI 的国际标准。UN/EDIFACT 是一种用于行政、商务和运输业的电子数据交换的标准文书数据格式，国际标准化组织 ISO 为该标准配套制定了一套程序规则(ISO 9735)，目前，UN/EDIFACT 标准已经发展成了全球 EDI 标准的主流模式。

进入 20 世纪 90 年代之后，随着 Internet 的发展，越来越多的企业开始抛弃专用网络，转向使用 Internet 作为 EDI 的数据传输基础，同时 EDI 的标准报文格式也受到了电子商务的冲击。

2) EDI 的关键技术

(1)数据通信网络。目前 EDI 的主要网络架构方式是使用价值增值网络(Value-Added Network，VAN)，它是第三方网络，在这个系统中，所有的顾客、供货商信息都经过第三方系统，如图 7.5 所示。

第三方系统相比以往由大企业独立建构的系统有相当大的优势。第三方向用户提供了一些易学易用的应用系统，相比复杂的 EDI 标准而言，可以降低用户的启动费用，减少培训费用。用户选择面广，在第三方系统中，有许多供货商或客户以供选择。第三方系统包含单对多，即一个顾客多个供货商系统一样可以通过 VAN 来完成，而且用户不必花费大量资金管理维护 EDI 系统。

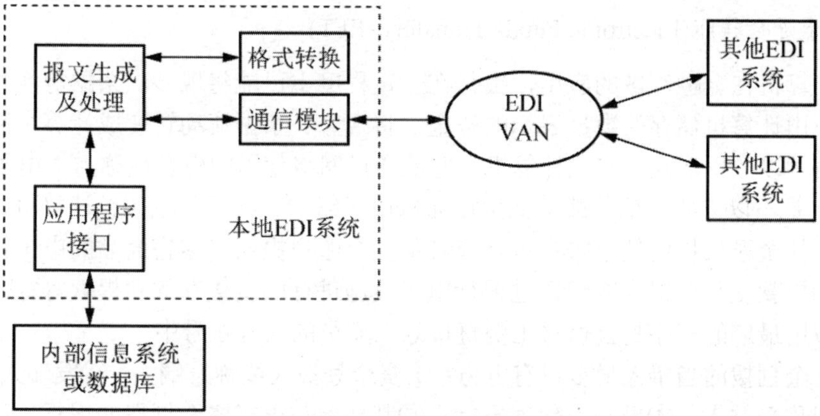

图 7.5 VAN 网络示意

(2) 数据标准化。标准化是实现 EDI 互通互联的前提和基础，EDI 标准包括 4 类：①通信标准，即通信协议；②报文标准，包括报文类型、格式、数据元编码、语法规则、报表生成语言等；③处理标准，即报文与其他管理信息系统、数据库的接口标准；④各行业的数据交换标准。

3) 物流 EDI

物流 EDI 是指货主、承运业主以及其他相关的单位之间，通过 EDI 系统进行物流数据交换，并以此为基础实施物流作业活动的方法。其架构如图 7.6 所示。

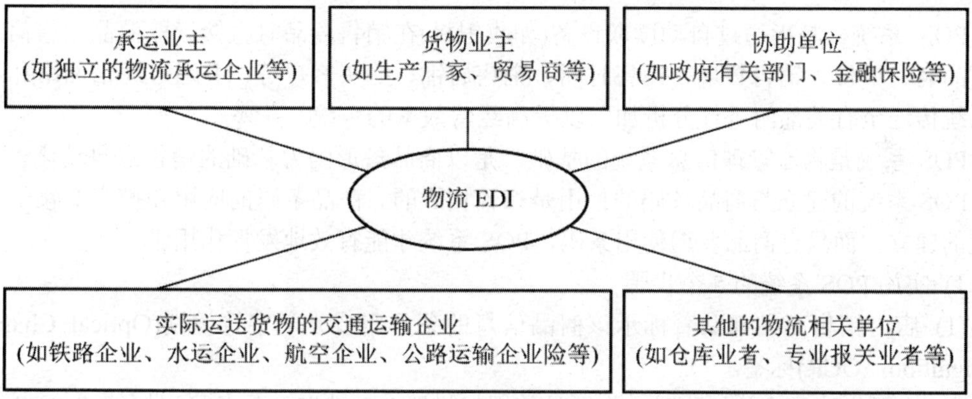

图 7.6 物流 EDI 架构

物流 EDI 参与单位有货主(如生产厂家、贸易商、批发商、零售商等)、承运业主(如独立的物流承运企业等)、实际运送货物的交通运输企业(铁路企业、水运企业、航空企业、公路运输企业等)、协助单位(政府有关部门、金融企业等)和其他的物流相关单位(如仓库业务、专业报关员等)。

4) 实施问题

实施 EDI 存在的最大问题是启动费用和运营费用偏高，建立 EDI 系统需要巨大的资金，运行 EDI 需要专线连接，文件格式是专门的标准文件格式，因此过去仅仅大企业因得益于规模经济能从利用 EDI 中得到利益，这一切都不利于 EDI 的发展。近年来，信息技术和互联网的发展为 EDI 带来新的发展机遇，为供应链信息共享提供了快速、简便、廉价的通信方式。

3. 电子资金转账(Electronic Funds Transfer，EFT)

随着计算机在金融领域的应用，银行在一定程度上已能将现钞、票据等实物表示的资金，转变成由计算机储存的数据表示的资金，将现金、票据流动转变成计算机网络中的数据流动。这种以数据形式存储在计算机中并能通过网络使用的资金被称为“电子货币”。

EFT 就是不以支票、期票或类似票据而以电子终端、电话、电传、计算机、磁盘等命令指示或委托金融机构向某个账户付款或者从某个账户提款、零售商品的电子销售安排、银行的自动提款交易、银行客户通过银行电子设施进行的直接存款和提款等行为。电子资金转账中应用最广的程序是公司将工资直接划入雇员的银行账号中。

电子资金划拨的当事人最多可有五方：①资金划拨人或称发端人；②发端人代理银行；③收款人或称受益人；④受益人代理银行；⑤其他参与电子资金划拨的银行，称为中介银行。在美国，银行通过连接美国全国范围内各金融机构的自动清算(ACH)网络系统及安全转账系统完成 EFT 交易。支付时，账户资金通常可在预定支付日期后的一天内电子划拨至结算公司的银行。

7.2.2 供应链物流信息技术

供应链物流在最近 20 年发展迅速，所使用的信息技术也还处于变化中，主要有 POS、条形码、RFID、GIS、GPS 等。

1. 销售时点系统(Point Of Sale，POS)

POS 系统，是指通过自动读取设备(如收银机)在销售商品时直接读取商品销售信息，如商品名、单价、销售数量、销售时间、销售店铺、购买客户等，并通过通信网络和计算机系统传送至有关部门进行分析加工以提高经营效率的系统。

POS 系统是物流管理信息系统的基础，是以商品条形码为基础的销售点自动化管理系统。POS 系统的建立与商品条码的使用是相辅相成的。商品条码的应用和推广有赖于 POS 系统的建立，而只有商品普遍使用条码，POS 系统才能有效地发挥作用。

1) 实施 POS 系统的 5 个步骤

(1) 店内销售商品都贴着标示该商品信息的条形码或光学字符识别(Optical Character Recognition，OCR)标签。

(2) 在顾客购买商品结账时，收银员使用扫描器自动读取商品条形码标签或 OCR 标签上的信息。

(3) 各个店铺的销售时点信息通过 VAN 以在线连接方式即时传送给总部或物流中心。

(4) 在总部，物流中心和店铺利用销售时点信息来进行库存调整、配送管理、商品订货等作业。

(5) 在零售商与供应链的上游企业结成战略联盟的条件下，零售商利用 VAN 以在线连接的方式把销售时点信息即时传送给上游企业。

2) 建立 POS 系统的两个阶段

(1) 成立 POS 系统推行小组。要明确工作内容和人员组成，为建立 POS 系统做准备。

(2) 对 POS 系统进行整体配置，并对试验进行整体测试。测试一般要进行 3 个月甚至半年。在全部完成整体测试后，方能正式开放。其工作内容主要包括现金收款机、自动扫描器、计算机的合理配置，线路的安装，现场单机测试。

2. 自动识别技术

自动识别技术近几十年在全球范围内得到了迅猛发展，初步形成了一个包括条码技术、磁条技术、光学字符识别、系统集成化、射频技术、声音识别及视觉识别等集计算机、光、机电、通信技术为一体的高新技术学科。

1) 条形码(Bar Code)

条形码是由一组按特定规则排列的条、空及其对应字符组成的表示一定信息的符号。条形码中的条、空分别由深浅不同且满足一定光学对比度要求的两种颜色(通常为黑、白色)表示。条为深色，空呈浅色。这组条、空和相应的字符代表相同的信息。前者用于机器识读，后者供人直接识读或通过键盘向计算机输入数据使用。这种用条、空组成的数据编码很容易译成二进制和十进制数。条和空可以有各种不同的组合方法，从而构成不同的图形符号，即各种符号体系，也称码制，适用于不同的场合。

目前，国际广泛使用的条码种类有EAN码、UPC码、Code39码、交叉25码(ITF25)、Codebar码、Code93码、GS1-128码等。其中，EAN码是当今世界上广为使用的商品条码，用于在世界范围内唯一标志一种商品，已成为EDI的基础；UPC码也是商品条码，主要在美国和加拿大使用；ITF25码在物流管理中应用较多。在各类条码应用系统中，Code93码因其可采用数字与字母共同组成的方式而在各行业内部管理上被广泛使用。在血库、图书馆和照相馆的业务中，Codebar码也被广泛使用。GS1-128码即原来的EAN/UCC-128码，是由国际物品编码协会和美国统一代码委员会(UCC)联合开发、共同采用的一种特定的条码符号。它是一种连续型、非定长、有含义的高密度代码，用以表示生产日期、批号、数量、规格、保质期、收货地等更多的商品信息。

条形码分为商品条码和物流条码。商品条码的代码是按照国际货物编码协会(EAN)统一规定的规则编制的，主要是进行商品识别，使用标准有EAN码、UPC码、Code39码和Codebar码。物流条码不仅要识别货品，还要对货品进行质量、交易追踪，承载信息要高于商品条码，使用标准有EAN-13码、ITF25码和GS1-128码。

条形码主要特点有以下几个方面。

(1) 简单、易于制作，可印刷。

(2) 信息采集速度快。普通计算机的键盘录入速度是每分钟200字符，而利用条码扫描录入信息的速度是键盘录入的20倍。

(3) 采集信息量大。利用条码扫描一次可以采集十几位字符的信息。

(4) 可靠性高。键盘录入数据，误码率为三百分之一，利用光学字符识别技术，误码率约为万分之一，而采用条码扫描录入方式，误码率仅有百万分之一，首读率可达98%以上。

(5) 设备结构简单、成本低。

(6) 灵活、实用，自由度大。

由于条码应用领域的不断拓展，对一定面积上的条码信息密度和信息量提出了更高的要求。为了更好地满足这种需求，一种新的条码编码形式——二维条码便应运而生了。二维条码(2-D bar code)是用某种特定的几何图形按一定规律在平面(二维方向上)分布的黑白相间的图形记录数据符号信息的；在代码编制上巧妙地利用构成计算机内部“0”、“1”比特流的概念，使用若干个与二进制相对应的几何形体来表示文字数值信息，通过图像输入设备或光电扫描设备自动识读以实现信息自动处理。二维条码能够在横向和纵向两个方位同时表达信息，因此能在很小的面积内表达大量的信息，如图7.7所示。

图 7.7 堆积式二维条码(PDF 417)和矩阵式二维条码(QR)

2) 磁条(卡)技术

磁条技术应用了物理学和磁力学的基本原理。对自动识别制造商来说，磁条就是一层薄薄的由定向排列的铁性氧化粒子组成的材料(也称为涂料)，用树脂黏合在一起并黏在诸如纸或塑料这样的非磁性基片上。

磁条技术的优点是数据可读写，即具有现场改造数据的能力，数据存储量能满足大多数需求，便于使用，成本低廉，还具有一定的数据安全性，能黏附于许多不同规格和形式的基材上。这些优点，使之在很多领域得到广泛应用，如信用卡、银行卡、机票、公共汽车票、自动售货卡、会员卡、现金卡(如电话磁卡)等。

3. 射频识别技术和物联网

RFID 也属于自动识别技术之一，近年来发展迅速，并将成为下一代主要的供应链物流信息技术。

1) 射频识别技术(Radio Frequency Identification，RFID)

RFID 是从 20 世纪 90 年代兴起的一项自动识别技术。它利用无线射频方式进行非接触双向通信，以达到识别目的并交换数据。与磁卡、IC 卡等接触式识别技术不同，RFID 系统的电子标签和读写器之间无须物理接触就可完成识别，具有非接触、工作距离长、适于恶劣环境、可识别运动目标等优点，因此完成识别工作时无须人工干预，适于实现自动化且不易损坏，可以识别高速运动物体并可同时识别多个射频卡，操作快捷方便。射频卡不怕油渍、灰尘污染等恶劣的环境，短距离的射频卡可以在这样的环境中代替条形码，长距离的产品多用于交通上，可达几十米。

RFID 系统的传送距离由许多因素决定，如传送频率、天线设计等。射频识别的距离可达几十厘米至几米，且根据其读写的方式，可以输入数千字节的信息，同时，还具有极高的保密性。

射频识别系统在具体的应用过程中，根据不同的应用目的和应用环境，系统的组成会有所不同，但从射频识别系统的工作原理来看，系统一般都由信号发射机、信号接收机、发射接收天线几部分组成，如图 7.8 所示。

(1) 信号发射机。在射频识别系统中，信号发射机为了不同的应用目的，会以不同的形式存在，典型的形式是标签(TAG)。标签相当于条码技术中的条码符号，用来存储需要识别传输的信息，另外，与条形码不同的是，标签必须能够自动或在外力的作用下，把存储的信息主动发射出去。标签一般是带有线圈、天线、存储器与控制系统的集成电路。

(2) 信号接收机。在射频识别系统中，信号接收机一般称作阅读器。根据支持的标签不同与完成的功能不同，阅读器的复杂程度也不同。阅读器基本功能就是提供与标签进行数据传输的途径。另外，阅读器还提供相当复杂的信号状态控制、奇偶错误校验与更正等。

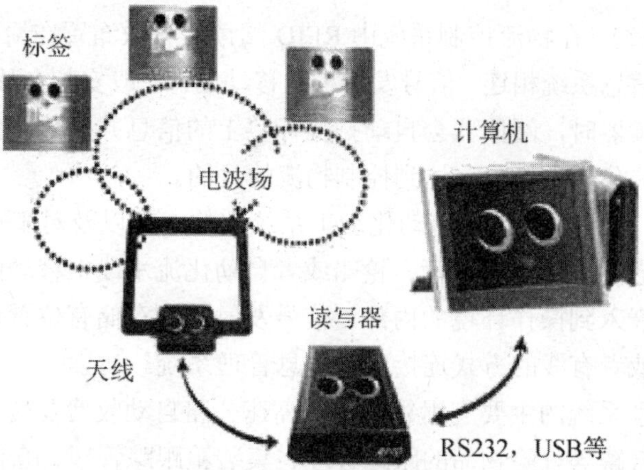

图 7.8 RFID 系统组成

(3) 编程器。具有可读可写标签的系统才需要编程器。编程器是向标签写入数据的装置。编程器写入数据一般来说是离线完成的，也就是预先在标签中写入数据，等到开始应用时直接把标签粘附在被标志项目上。也有一些 RFID 应用系统，写数据是在线完成的，尤其是在生产环境中作为交互式便携式数据文件来处理时。

(4) 天线。天线是标签与阅读器之间数据传输的发射和接收装置。在实际应用中，除了系统功率外，天线的形状和相对位置也会影响数据的发射和接收，需要专业人员对系统的天线进行设计、安装。

(5) 智能控制设备。智能控制设备完成 RFID 信号的控制、处理、显示和传输，它由计算机和自动控制单元组成，既有计算机的功能，也有自动控制功能。在不同的应用中，可以按指令控制不同的外部设备(如电动栏杆、红绿灯、报警器、摄像机、显示牌等)的动作。

2) RFID 的分类与应用

根据应用环境和射频系统完成的功能不同，可以粗略地把射频系统分成以下类型：EAS 系统、便携式数据采集系统、物流网络系统、定位系统等。

(1) EAS 系统。商品电子防盗系统(Electronic Article Surveillance，EAS)是一种设置在需要控制物品的门口的 RFID 技术，这种技术的典型应用场合是商店、图书馆、数据中心等地方。

(2) 便携式数据采集系统。使用带有 RFID 阅读器的手持式数据采集器采集 RFID 标签上的数据，这种系统具有比较大的灵活性，适用于不宜安装固定式 RFID 系统的应用环境，如图 7.9 所示。

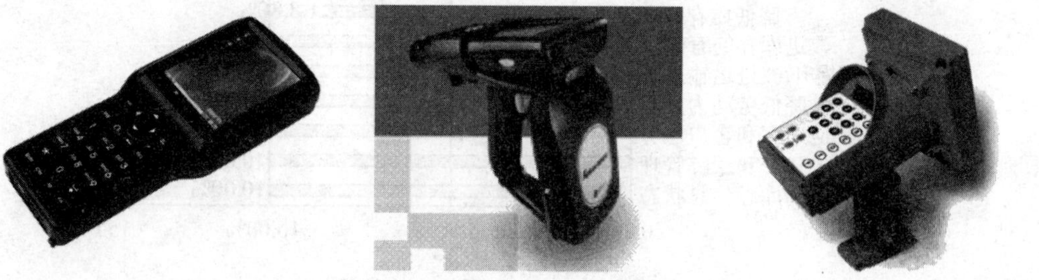

图 7.9 几种手持移动式 RFID 读写器

(3) 物流控制系统。在物流控制系统中 RFID 阅读器分散布置在给定的区域，并且阅读器直接与数据管理信息系统相连，信号发射机是移动的，一般安装在移动的物体或人上面。当物体、人流经阅读器时，阅读器会自动扫描标签上的信息并把数据信息输入数据管理信息系统以进行存储、分析、处理，达到控制物流的目的。

(4) 定位系统。定位系统用于自动化加工系统中的定位以及对车辆、轮船等进行运行定位支持。阅读器放置在移动的车辆、轮船或者自动化流水线中移动的物料、半成品、成品上，信号发射机嵌入到操作环境的内部。信号发射机上存储有位置识别信息，阅读器一般通过无线的方式或者有线的方式连接到主信息管理系统。

目前，射频识别系统的主要应用领域包括高速公路自动收费及交通管理、门禁保安、生产线自动化、煤气罐等危险物品的跟踪管理、集装箱跟踪管理、仓储管理等。

3) RFID 的效益和实施问题

在现实的企业运作当中，RFID 能够应用和发挥效应有以下几个主要方面。

(1) 节省人工成本。在物流中心各项活动中，有 40%～50%的人力在做分拣的工作，RFID 可以取代人工分拣的大部分工作。

(2) 提高工作精确性。RFID 可以免除传统的检查、查账作业，不需要逐一清点货品的数量、存放位置，从而提升物流管理的准确性。

(3) 确保产品质量。在仓储物流过程中可以有效控制产品的生产日期，有效日期以及相关的货品质量。

(4) 加快处理速度。RFID 可以有效加速相关作业的处理速度，使货品在客户要求期限内交付。例如物流中心使用 RFID 可以节省从卸货到入库的时间，分拣人员不需要逐个扫描货物的条码，进而加快了整个作业处理的程序。使用 RFID 可以让分拣人员将装着货物的栈板直接装运，除去检验和装货人员的重复工作，增加产出，减少周转区域的拥挤。

(5) 有效跟踪物流动态。RFID 可以增加货物流通过程的可视度，减少存货持有的成本和搬运成本，使产品需求预测更为精确，存货管理更加方便，避免含有 RFID 标签的货物被偷窃，从而减少损失，如图 7.10 所示。

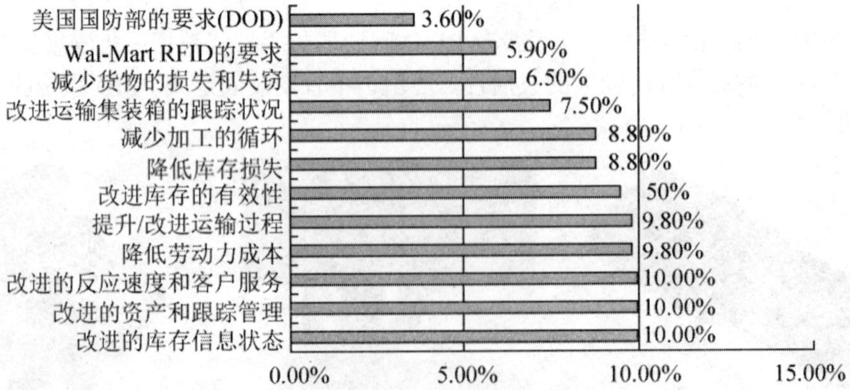

图 7.10　RFID 系统实施效益

目前RFID系统的广泛应用还有一定困难，包括以下几个方面。

(1) RFID标签成本严重制约其在商品流通领域广泛应用。相对于目前广泛使用的条形码技术，RFID在成本上并不占优势，大规模推广RFID要求芯片价格至少降到5美分以下。

(2) 难以统一的标准体系限制了RFID全球化应用。目前，ISO/IEC 18 000、美国EPC Global、日本的Ubiquitous ID都在分别制定和推动自己的标准。

(3) 信息安全制约RFID的应用。RFID当初的设计是完全开放的，信息安全隐患会出现在RFID标签、网络和数据等各个环节。

(4) 不成熟的应用技术环境是制约RFID普及的又一重要因素，RFID标签的识别距离和正确识别率尚不能满足零售商品的管理需要。目前低频段RFID标签的识别距离相当有限，高频段的RFID标签有效距离仅为1米左右，超高频860～930MHz的有效距离为3～6m。沃尔玛部署的RFID系统正确读取率约为60%，这与目前广泛使用的光电阅读器99.9%的正确读取率相差甚远。

4) 物联网

物联网(Internet of Things)最早于1999年由麻省理工学院的Auto-ID中心提出，是指在计算机互联网基础上，利用电子产品代码(Electronic Product Code，EPC)、射频识别、无线数据通信等技术，构造的一个覆盖世界范围的实物互联系统。

物联网最初的设想是应用于物流和零售领域，架构设计者包括Auto-ID中心、沃尔玛、惠普以及其他在供应链中使用RFID和电子产品条码EPC的公司。其基本组成有三部分：①传感网络，即以二维码、RFID、传感器为主，实现物的识别；②传输网络，即通过现有的互联网、广电网、通信网或者下一代互联网，实现数据的传输和计算；③应用网络，即输入输出控制终端，包括手机等终端。

2005年国际电信联盟把物联网定义为一个4A网络，即任何时间、任何地点、任何人及任何物的联网，通过在数量众多的日常物体中内置的短波移动传感器，为人和物体及物体之间创造了一种新型的网络。2009年欧盟在其物联网行动纲领中的描述把物联网看做互联网发展的下一步，即把书箱、汽车、家电甚至食物等物体连接到互联网上，加上互联网的知识，进一步演化成为物联网。

2008年年底，IBM公司开始推广"智慧地球"的概念，其基本思想即以物联网为基础，将感应器嵌入和装备到电网、铁路、建筑、大坝、油气管道等各种物体中，形成物物相连，然后通过超级计算机和云计算将其整合，实现社会与物理世界融合。"智慧地球"的基本思想是三个"i"，即物联化、互联化和智能化。通过在基础设施和制造业上大量设立传感器，捕捉运行过程中的各种信息，然后通过传感网，进入互联网，通过计算机分析处理发出智慧指令，再反馈回去，到传感器，到基础设施和制造业上，极大提高效率，产生更大的效益。

4. 地理信息系统(Geographic Information System，GIS)

地理信息系统萌芽于20世纪60年代初，是用于采集、模拟、处理、检索、分析和表达地理空间数据的计算机信息系统。它是有关空间数据管理和空间信息分析的计算机系统，通过对地理数据的继承、存储检索、操作和分析，生成并输入各种地理信息，从而为土地利用、资源管理、环境监测、交通运输、经济建设、城市规划以及政府各部门行政管理提供新的知识，为工程设计和规划、决策服务。

一个典型的 GIS 应包括 3 个部分：计算机系统(硬件、软件)、地理数据库系统、应用人员与组织机构。

GIS 应用于物流分析，主要是指利用 GIS 强大的地理数据功能来完善物流分析技术。国际上已经开发出利用 GIS 为物流分析提供专门的分析工具软件。完整的 GIS 物流分析软件集成了车辆路线模型、最短路径模型、网络物流模型、分配集合模型和设施定位模型等。

(1) 车辆路线模型用于解决一个起始点、多个终点的货物运输中，如何降低物流作业费用，并保证服务质量的问题。包括决定使用多少辆车、每辆车的行驶路线等。

(2) 网络物流模型用于解决寻求最有效的货物分配问题，也就是物流网点的布局问题。如将货物从 N 个仓库运往到 M 个商店，每个商店都有固定的需求量，因此需要确定由哪个仓库提货送给哪个商店，而总的运输代价最小。

(3) 分配集合模型可以根据各个要素的相似点把同一层上的所有或部分要素分为几个组，用以解决确定服务范围和销售市场范围等问题。

(4) 设施定位模型用于一个或多个设施的选址。在物流系统中，工厂、销售点、仓库和运输线共同组成了物流网络，工厂、销售点、仓库处于网络的结点上，结点决定着线路。设施定位模型用于如何根据供求的实际需要，以最低运输和建设成本确定一个或多个设施的位置。

5. 全球卫星定位系统(Global Positioning System，GPS)

全球卫星定位系统是美国 1973 年开始研制的第二代被动式无线电导航系统，1994 年完成。GPS 由三大子系统构成：空间卫星系统、地面监控系统、用户接收系统。空间卫星系统由均匀分布在 6 个轨道平面上的 24 颗高轨道工作卫星构成。地面监控系统由均匀分布在美国本土和三大洋的美军基地上的 5 个监测站、1 个主控站和 3 个注入站构成。用户接收系统主要由以无线电传感和计算机技术支撑的 GPS 卫星接收机和 GPS 数据处理软件构成。其他卫星定位系统还有俄罗斯的 GLONASS 系统、欧盟的“伽利略”卫星导航系统和中国的北斗卫星导航系统等。

GPS 系统与其他导航系统相比，主要具有以下特点。

(1) 全球地面连续覆盖。由于 GPS 卫星数目较多且分布合理，所以在地球上任何地点均可连续同步地观测到至少 4 颗卫星，从而保障了全球、全天候连续实时导航与定位的需要。

(2) 功能多、精度高。GPS 可为各类用户连续地提供高精度的三维位置、三维速度和时间信息。

(3) 实时定位速度快。目前 GPS 接收机的一次定位和测速工作在 1 秒甚至更少的时间内便可完成，这对高动态用户来讲尤其重要。

(4) 抗干扰性能好、保密性强。由于 GPS 系统采用伪码扩频技术，因而 GPS 卫星所发送的信号具有良好的抗干扰性和保密性。

GPS 作为目前最先进的导航与定位系统，将会越来越普遍地应用到各个领域中去。以下是 GPS 目前的主要应用领域。

(1) 用于汽车自定位、跟踪调度、陆地救援，结合 GIS 和现代通信技术的车载监控和导航系统是未来全球卫星定位系统应用的主要领域之一，如图 7.11 所示。

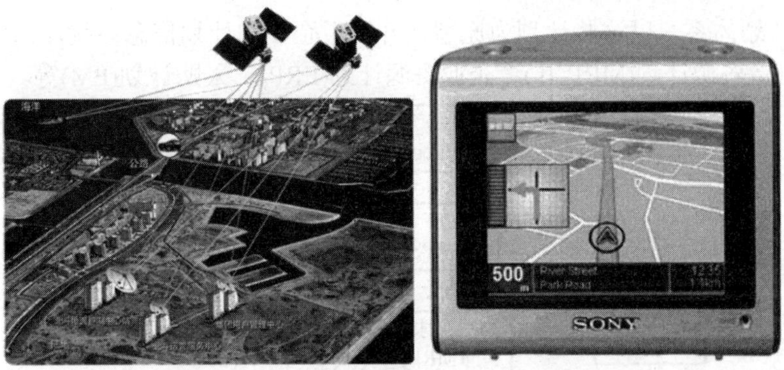

图 7.11　北斗卫星导航系统和 GPS 车载系统

(2) 用于内河及远洋船队航线的测定、航向的调度、监测及水上救援。

(3) 用于空中交通管理、机场着陆、航路导航和监视。

(4) 用于铁路运输管理。铁路部门运用这项技术后，可以大大提高其路网及运营的透明度，为货主提供更高质量的服务。

(5) 货物跟踪管理。

7.3　供应链管理信息系统

供应链管理信息系统(Supply Chain Information System，SCIS)是按照流程进行供应链组织间的计划、安排进度表和供应链计划的执行与控制，着重于整个供应链和供应网络的优化以及整个供应链计划的实现。

供应链管理信息系统一般可分为供应链计划系统(Supply Chain Planning，SCP)和供应链执行系统(Supply Chain Execution，SCE)两类。

供应链计划系统一般由 5 个主要的模块组成。

(1) 需求计划模块。用统计工具、因果要素和层次分析等手段进行更为精确的预测，用包括 Internet 和协同引擎在内的通信技术帮助生成企业间的最新和实时的协作预测。

(2) 生产计划和排序模块。分析企业内部和供应商生产设施的物料和能力的约束，编制满足物料和能力约束的生产进度计划，并且还可以按照给定条件进行优化。

(3) 分销计划模块。帮助管理分销中心并保证产品可订货、可赢利、能力可用。分销计划还可帮助企业分析原始信息，确定如何优化分销成本或者根据生产能力和成本提高客户服务水平。

(4) 运输计划模块。帮助确定将产品送达客户的最好途径，并充分利用运输能力。

(5) 企业或供应链分析。一般是企业或供应链的图示模型，帮助企业从战略功能上对工厂和销售中心进行调整。

供应链执行系统用于实现供应链各个部分的自动化，主要是生产和物流的信息系统，包括生产调配系统、仓储管理系统(WMS)、运输管理系统(TMS)、分销系统等。

7.3.1　供应链计划系统

供应链计划系统一般是建立在供应链核心企业的计划系统上的。图 7.12 所示是以生产为主的企业计划体系。以这些计划为原型，开发了企业的计划信息系统，包括物料需求计划(MRP)、制造资源计划(MRP Ⅱ)、企业资源计划(ERP)、采购计划(PM)等。

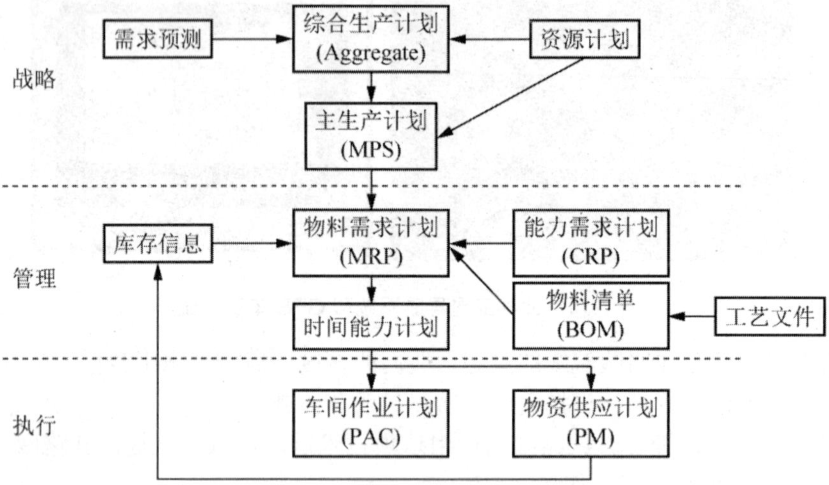

图 7.12　企业的计划体系

在企业的计划信息系统的基础上，考虑战略管理与决策、管理协调与控制、生产与物流运作，可构成企业整体的信息系统体系，如图 7.13 所示。在这个体系中，将信息系统划分为战略、管理、运作 3 个层面，每个层面均包含计划和执行信息系统。

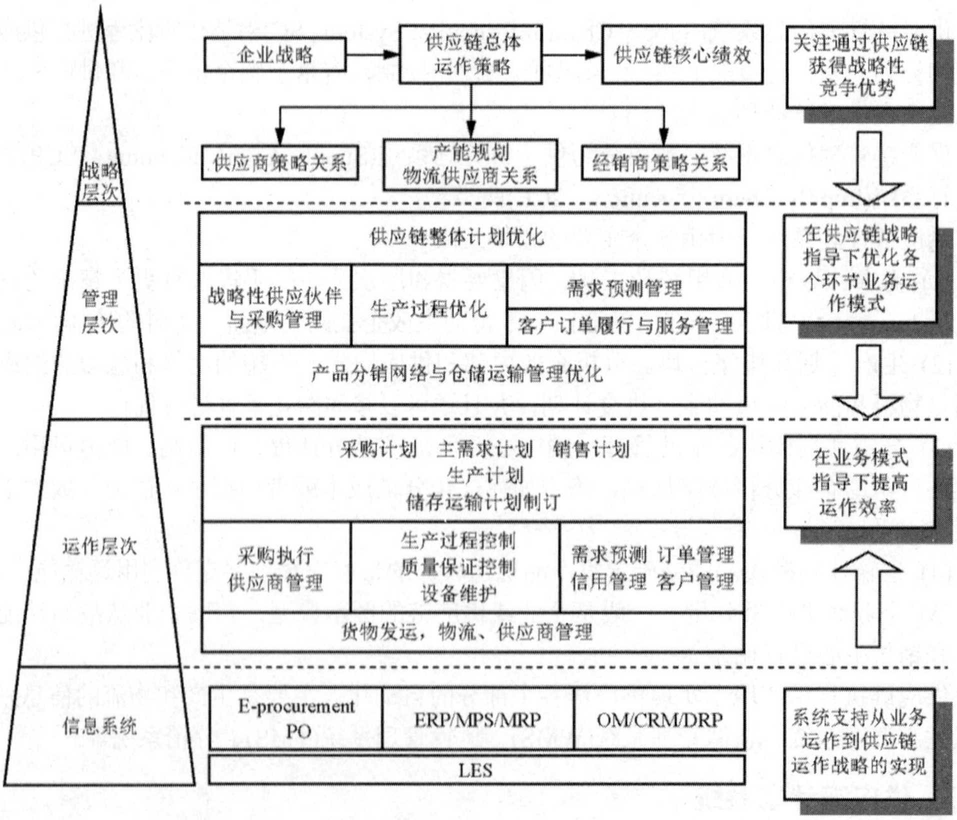

图 7.13　企业信息系统体系

由图 7.13 可以看出供应链计划系统的五个模块主要都包含在企业管理、运作层面上，属于 ERP 中的子模块。在战略层面上，近年来客户关系管理(CRM)对于企业分销、供应链推进越来越关键，高级供应链计划(APS)对于改进供应链成本、发展供应商关系管理十分重要。

小贴士 供应链高级计划与排程(Advanced Planning and Scheduling，APS)

APS 是一种基于供应链管理和约束理论的先进计划与排产工具，包含了大量的数学模型、优化及模拟技术，其功能优势在于实时基于约束的重计划与报警功能。APS 将企业内外的资源与能力都囊括在考虑范围内，用复杂的智能化运算法则，得到计划与排程。

1. APS 的发展历史

APS 的发展是建立在线性规划、计算机科学、人工智能、决策支持系统、工业工程、物流管理、约束理论等研究成果的基础上的。APS 的一些主要思想在 20 世纪 50 年代以前就已经出现了，主要以甘特图和数学规划模型解决计划问题为代表，这些思想和方法对于 APS 的萌芽起到了奠基性的作用。在 50 年代后期和 60 年代初期，大公司开始配置计算机，用来观察计划有问题的部分，优化少数关键性的材料来平衡对产品的需求，并且开始考虑能力需求。从 60 年代中期到 70 年代，一些跨国公司为了解决越来越复杂的制造业问题，开始在公司内部开发产品来解决线性规划计划，以 MRP 为代表。到 80 年代，最优生产技术(OPT，又称“约束理论”)、制造资源计划(MPR Ⅱ)、人工智能和专家系统等进一步扩宽了 APS 的技术领域。

20 世纪 80 年代后期，随着市场竞争加剧，技术创新加快，消费者需求个性化日趋明显，越来越多的企业意识到，单靠企业自身生产过程的优化以及改进企业内部的管理所获得的收效变得越来越有限。为寻求克服传统 ERP 的不足，在 20 世纪 90 年代中期，出现了 APS。

2. APS 的模块组成

APS 对所有资源进行同步、实时且具有约束能力的模拟。物料、机器设备、人员、供应、客户需求、运输这些因素都影响着计划。同时，APS 对短期以及长期计划进行优化、对比以及可行性研究。它是基于内存的计算结构，所以计算处理可以持续地进行。当每一次改变出现时，APS 就会同时检查能力约束、原料约束、需求约束、运输约束、资金约束，保证了供应链计划在任何时候都是有效的。APS 采用的算法是基因算法技术，它模仿生物进化过程来选取最优解决方案。

APS 软件对计划制订进行了发展，将限制条件考虑进来平衡了冲突，并且向计划者展示了最佳计划。在实际应用中，这些冲突会在电脑上显示出来。计划者可以通过屏幕显示来解决这些限制或者调整生产参数和优先级来解决这些冲突。因此，在运行正常的情况下，计划员能够迅速地用 APS 得到最佳的折中计划。APS 的标准模型如图 7.14 所示。

一般 APS 软件由四个主要的模块组成：需求计划模块、供应链计划模块、生产计划模块、排产计划模块。部分 APS 软件包含了分销计划和运输计划的功能。

(1) 需求计划模块。用统计工具和层次分析等手段对供应链市场数据进行更为精确的预测，形成需求计划。

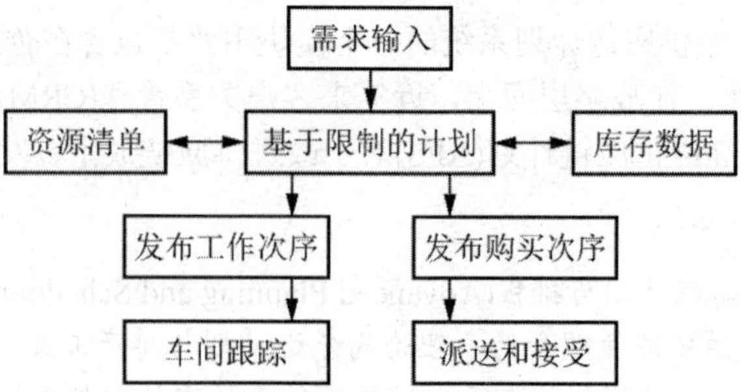

图 7.14　APS 标准模块

(2) 供应链计划模块。分析企业内部和供应商生产设施的物料和能力的约束，编制满足物料和能力约束的主生产计划。

(3) 生产计划模块。根据已有数据与 ERP 的 MRP 通过生产订单反复交互论证，得出将要生产排产的生产任务单。

(4) 排产计划模块。按照给定条件对排产进行优化，得到详细的生产排单。

3. APS 的功能

APS 在以下几方面帮助企业达到供应链同步、优化。

(1) 最大化满足客户和消费者需求。APS 可通过供应链的具体物理位置，如分销中心、客户、供应商的具体地点，以及物料清单、分销路径、提前期、安全库存、订购批量等，计算每一个供应链经营或资源的成本。APS 不断比较需求信息和存在的约束，实时平衡优化供应链需求、供应。这种实时报警和基于约束的实时重计划，使公司处于“零等待”状态，能最大化满足客户需求。

(2) 通过 APS，供应链进行成本和服务的优化。

(3) 与供应商集成，将服务需求和需求信息以最小的变形，传递给上游并共享。

(4) 促进供应链能力的提高。

APS 涉及物流管理能力、制造管理能力、销售预测、客户响应能力等，供应链不确定造成的每一次计划改变，都是对供应链各结点企业能力的考验，需要企业不断优化供应地点或分销地、运输线路，避免库存超储。

4. APS 与 ERP 的集成

APS 是对 ERP 计划系统的补充和优化，集成主要集中在与 ERP 计划系统的交互层次上，如图 7.15 所示。首先，APS 的需求计划模块从 ERP 的订单输入中获得客户的实际需求，然后需求计划模块再结合外部数据中预测需求通过 APS 算法计算得出预测生产计划，同时再通过 APS 中的供应链计划模块中的约束条件，得到指导 MRP 的约束主生产计划，传回 ERP 的主生产计划模块。APS 的制造计划模块与 ERP 的 MRP 通过制造订单，结合 BOM、库存信息以及采购信息等数据综合考虑，反复交互论证，得出将要生产排产的生产任务单。该生产任务单包含的信息为所要加工产品的数量及需求日期。APS 的排产计划模块则会根据算法而得到工作中心的生产排产单以及在制品的排队序列。同时接受对车间活动的监测数据，实现对车间变化信息的动态反应。

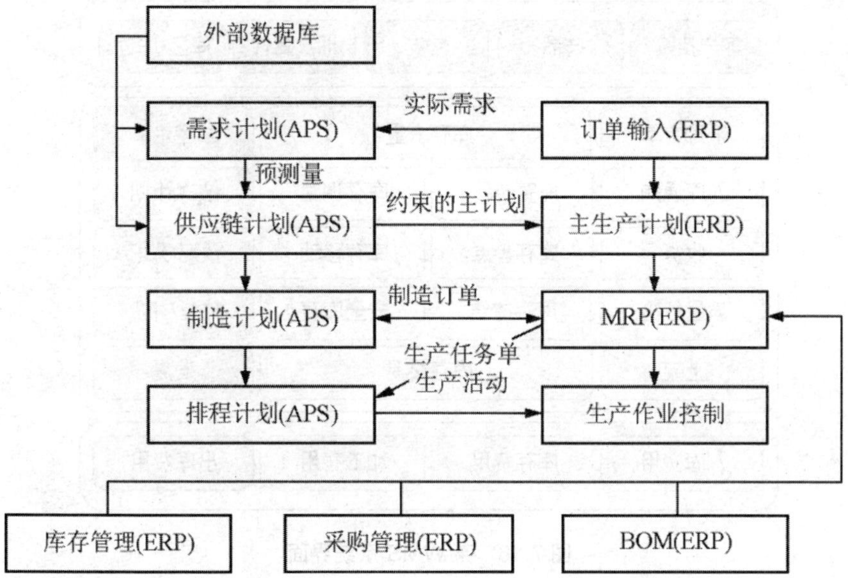

图 7.15 APS 与 ERP 的集成

7.3.2 供应链执行系统

供应链执行系统主要是物流管理信息系统。物流管理信息系统是一个对物流企业或其他组织中物流系统的活动进行系统化管理的人机结合系统，是供应链一体化的基础，综合运用了计算机技术、网络通信技术、物流管理和决策方法，辅助管理人员进行物流数据管理和决策。物流信息系统主要包括仓储管理系统(WMS)、运输管理系统(TMS)、分销配送系统(DRP)，部分商用软件中还包括集装箱堆场管理系统(CYMS)、配送中心管理信息系统(DCMS)、物流采购决策支持系统等。

1. 仓储管理系统(Warehouse Management System，WMS)

WMS 指集成了条码、无线通信(Radio Frequency Communication)、循环盘点等仓储技术以促进货品流动和仓库空间利用的软件与硬件的集合。它是实现物流仓储信息化和自动化的途径，是 ERP 在仓储管理的延伸，通过对仓库进行入出库单据管理和货位管理，实现仓库作业的信息流与工作流的协同。

WMS 与一般的进销存储软件的区别在于面向作业的特点。一个好的 WMS 系统不仅具备面向业务人员的单据管理，更重要的针对一线操作工人的作业管理，将一线的操作人员实时地连接到信息系统中，把客户的要求通过系统自动分解为若干个操作任务，并动态地分配到一线工人手中，业务人员通过一线工人的操作情况实时汇总并调节业务流量，实现配送中心的有序、高效地运转，如图 7.16 所示。

各种物流设备的应用是现代物流的一大特征。自动化立体仓库(AS/RS)、PDA、电子标签、自动分拣机都是其中的代表。AS/RS 使货物的上架、下架作业自动化，PDA 保证了物流单元作业与 WMS 的信息处理同时进行，保证了实时性，电子标签被证明是适合拆零小商品的理想拣货方式，自动分拣机使配货作业实现自动化。这些物流设备及建立其上的软件系统都需要在 WMS 的统一管理之下，互相配合，才能组成一个有机的物流系统。

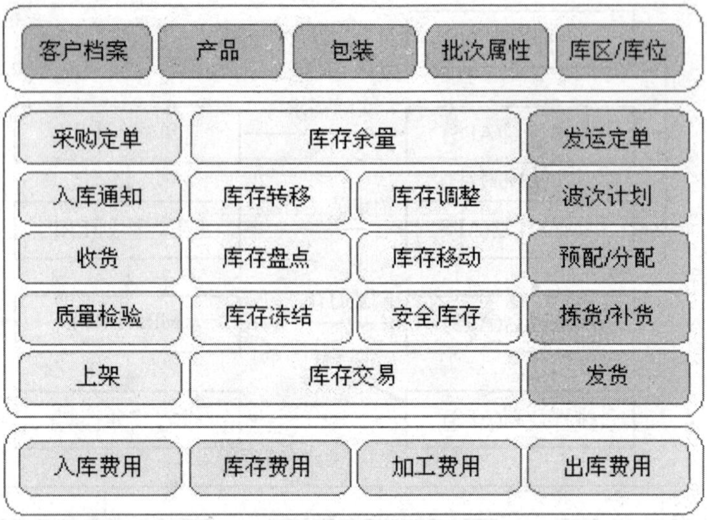

图 7.16　某 WMS 系统界面

仓储管理系统一般包含如下几个功能模块：入库作业、存货管理、出库作业、查询报表、财务结算等。功能齐全的 WMS 软件一般还包括储位优化、补货管理等功能。

入库作业功能包括任务计划安排、ASN/预期收货、按接收重量收货、可配置的收货策略、保留和例外情况管理、区域保质期和日期代码等多种属性跟踪、为栈板和物流中转箱编码并生成打印条码、预先可设定收货允许误差量、退货处理程序、批号追踪、计划外收货处理等。

存货管理功能包括多种灵活的存储策略、系统根据定义的商品信息和货位信息建议储位并支持人工变更储位、总体库位定义维护变更、多仓管理、仓库分区域计划、随机的库位划分以及指定的库位、分段运输和暂存库位、存储容量优化避免蜂窝化、库区管理等。

出库作业功能包括 ASN/EDI 详细资料、批量拣选、货箱优化/尺寸建议、创建标签和文档、可配置的订单类型、可配置的拣选规则、动态拣选跟踪、订货装运及拣选分装、拣选和订单状况查询、按批次保留类型和存货类型拣选、通过 RF 无线终端标签和拣选单拣选、每批订单和每次拣选的计划等。

补货管理功能包括自动补货、可配置的补货规则、最小/最优/最大库存量、基于订单/需求的补货、支持库位指定、追踪仓库和库位类型容量、满足用户要求的补货等。

2. 运输管理信息系统(Transfer Management System，TMS)

TMS 包括运输管理和配送管理。

运输管理的主要功能包括：①资源管理；②客户委托；③外包管理；④运输调度；⑤费用控制。运输管理模块不仅仅是一个车辆调度系统，还包含了运输计划、配载、资源分配等。在运输管理过程中，常常涉及到货物跟踪、车辆管理、配车配载等功能。

配送管理的主要功能包括商品集中、分类、车辆调度、车辆配装、配送路线规划及配送途中的跟踪管理等功能。

在先进的 TMS 中能做到以实时方式追踪每次运货订单及明细项目，同时考虑优化整个企业的运货要求，能根据顾客的要求和成本以动态方式选择接驳式运输和联运地点，考虑关税影响管理和优化国际的多段路程运货，执行过程采用了EDI和互联网技术实现全面自动化，如图7.17所示。

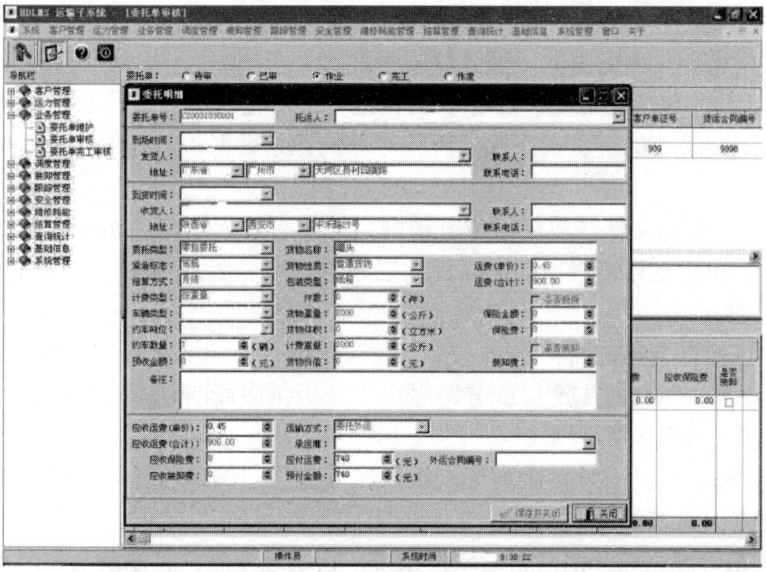

图7.17　某TMS系统界面

3. 分销资源计划(Distribution Resource Planning，DRP)

DRP是流通领域中的一种物流技术，是MRP和MRP Ⅱ在流通领域应用的直接结果。DRP的发展有两个阶段：分销需求计划DRP I(Distribution Requirements Planning)和分销资源计划DRP Ⅱ(Distribution Resource Planning)。

DRP I主要解决分销物资的供应计划和调度问题，合理进行分销物资和资源配置，达到既保证有效地满足市场需要，又使得配置费用最省的目的。它基本上是一种库存控制技术。DRP Ⅱ，也就是目前所指的DRP，是从DRP I的基础上发展起来的，其思想实际上是一种JIT供应的思想，而JIT供应的实现是以大范围的物流系统实时控制为基础，是计算机集成物流系统中决策支持系统的主要方法和原则之一。DRP Ⅱ除拥有DRP I的功能外还增加了需求计划和运输规划功能，是流通领域进行全面管理的企业级物流计划系统。

从工作原理方面看，DRP包括输入、输出及处理3个部分，其原理图如图7.18所示。

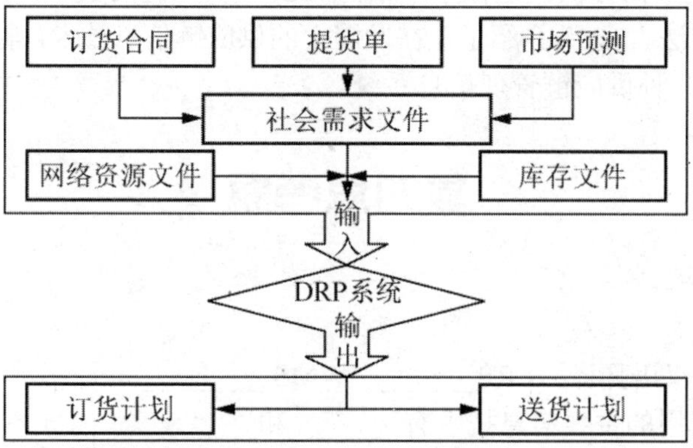

图7.18　DRP的工作原理

1) 输入文件

输入文件包括以下几方面。

(1) 社会需求文件，包括企业直接客户、下属分销网点、独立子公司等的订货合同、提货单以及根据市场预测确定的一部分需求量。

(2) 库存文件，包括企业生产库存以及各地分销库存状态并进行必要的统计，以便针对社会需求量确定必要的进货量。此外还有库存的计划数据：安全库存、订货提前期、订货量等数据。

(3) 分销网络资源文件，包括组成分销网络的所有层次结构，相互联系以及各结点部门的相关信息，用于制订销售计划、订货计划等。

2) 输出文件

输出文件包括以下几方面。

(1) 订货计划，包括对生产厂或分销渠道上一级供应商的订货计划，往往综合考虑订货提前期、仓库安全库存等因素。

(2) 送货计划，包括对分销渠道下一级供应商或客户的送货计划，往往综合考虑送货提前期、送贷方式等因素。

DRP 系统是管理企业分销网络的软件系统，它通过互联网将制造商与分销部门有机的联系在一起，形成以分销流程优化为基础，以销售与库存综合控制管理为核心的集采购、库存、销售、促销管理、财务以及企业决策分析功能于一体的高度智能化的企业分销业务解决方案，是针对生产企业强化供应链后端管理的高效工具。相关管理人员可以通过 DRP 系统进行在线订单处理、销售计划制订、计划执行跟踪、财务状况管理、客户档案管理、客户关系维护、出入库管理、相关指令下达与执行跟踪等操作。

本 章 小 结

本章涉及了较多的信息技术和信息系统的内容，并且随着现代网络和计算机技术的发展，这些内容还会发生变化。作为管理人员，不必详细了解这些技术的细节，但应该深入体会其对供应链管理的深远影响。

本章介绍信息技术对供应链管理的影响和供应链管理应用的信息技术及信息系统。7.1 节通过牛鞭效应和电子商务供应链揭示了信息社会中供应链的变革，阐述了几种加强信息管理的供应链管理方法。7.2 节介绍了正在发展中的供应链信息技术，特别是物流信息技术，7.3 节介绍了常用的几种供应链管理信息系统。

复习思考题

1. 填空题

(1) 给出对应的汉语翻译：ERP______、WMS________ 。

(2) ECR 系统应用的主要信息技术有_______和_______。

(3) _______码是当今世界上广为使用的商品条码。

(4) 2005年国际电信联盟把______________定义为一个4A网络，即任何时间、任何地点、任何人及任何物的联网。

2. 选择题

(1) EDI与因特网相比，其实现的关键是(　　)。

A．标准报文格式　　B．增值网(VAN)
C．连接POS系统　　D．无纸交易

(2) GPS卫星数目较多且分布合理，所以在地球上任何地点均可连续同步地观测到至少(　　)颗卫星。

A．3　　B．4　　C．5　　D．6

(3) 客户关系管理软件的功能包含了销售、营销和客户服务与支持及(　　)四大部分。

A．维修　　B．品牌管理　　C．网络促销　　D．商务智能

(4) AS/RS、电子标签、自动分拣机等物流设备只有与(　　)相配合，才能构成有机的物流系统。

A．WMS　　B．TMS　　C．DRP　　D．ERP

(5) QR主要起源于(　　)行业。

A．食品　　B．汽车　　C．纺织与服装　　D．零售业

3. 判断题

(1) GPS是有关空间数据管理和空间信息分析的计算机系统。(　　)
(2) RFID标签成本严重制约其在商品流通领域广泛应用。(　　)
(3) UPC码是物流条码的标准。(　　)
(4) EDI可以直接在Internet上实现。(　　)
(5) 按照Hau Lee的解释，库存责任失衡是影响供应链牛鞭效应的原因之一。(　　)

4. 简答题

(1) 供应链的信息管理具有哪些特征？
(2) 什么是电子商务供应链？
(3) 常用的自动识别技术有哪些？
(4) GIS应用于物流分析，软件中包括哪些常见模型？

5. 论述题

(1) QR与ECR的区别有哪些？
(2) RFID相对于条码有什么优势？
(3) 试论述GPS的应用。
(4) 试论述CRM的作用和导入的必要性。
(5) 试论述APS的功能。

案例分析

沃尔玛公司1983年开始采用POS系统，1985年开始建立EDI系统。1986年与Seminole公司和Milliken公司在服装商品方面开展合作，开始建立垂直型的快速反应(QR)系统。当时合作的领域是订货业务和付款

通知业务。通过EDI系统发出订货明细清单和受理付款通知来提高订货速度和准确性，以及节约相关事务的作业成本。

沃尔玛公司基于行业统一标准设计出POS数据的输送格式，通过EDI系统向供应方传送POS数据。供应方根据沃尔玛传送来的POS信息，可及时了解沃尔玛的商品销售状况、把握商品的需求动向，并及时调整生产计划和材料采购计划。

供应方利用EDI系统在发货之前向沃尔玛传送预先发货通知(ASN)。这样，沃尔玛事前可以做好进货准备工作，同时可以省去货物数据的输入作业，使商品检验作业效率化。沃尔玛在接收货物时，用扫描读取机器读取包装箱上的物流条形码，把扫描读取机器读取的信息与预先储存在计算机内的进货清单ASN进行核对，判断到货和发货清单是否一致，从而简化了检验作业。在此基础上，利用电子支付系统EFT向供应方支付货款。同时只要把ASN数据和POS数据比较，就能迅速知道商品库存的信息。此后，沃尔玛公司开始把QR的应用范围扩大至其他商品和供应商。

沃尔玛把零售店商品的进货和库存管理的职能转移给供应方(生产厂家)，由生产厂家对沃尔玛的流通库存进行管理和控制，即采用VMI方式。供应方对POS信息和ASN信息进行分析，把握商品的销售和沃尔玛的库存动向。在此基础上，决定什么时间、把什么类型商品、以什么方式向什么店铺发货。发货的信息预先以ASN形式传送给沃尔玛，以多频度小数量进行连续库存补充，即采用连续补货方式(CRP)。由于采用VMI和CRP，供应方不仅能减少本企业的库存，还能减少沃尔玛的库存，实现整个供应链的库存水平最小化。对沃尔玛来说，省去了商品进货的业务，节约了成本，同时能集中精力于销售活动。并且，事先能得知供应方的商品促销计划和商品生产计划，能够以较低的价格进货。

思考题：

针对以上案例，谈谈你对“QR是准时化方式(JIT)在零售行业的一种应用”的观点的看法。

第 8 章　供应链绩效管理

【学习目标】

➢ 知识点

- 供应链绩效评价和绩效管理的基本概念
- 供应链绩效评价体系的内容
- SCOR 模型的结构和实施方法
- 供应链成本绩效构成及其管理方法

➢ 难点

- SCOR 的实施方法
- 供应链成本管理方法

➢ 要求

熟练掌握的内容

- 供应链评价方法
- SCOR 的三层结构
- 供应链成本构成
- 目标成本法

了解理解的内容

- 了解供应链评价模型
- 理解 SCOR 的实施方法
- 了解作业成本法
- 理解供应链评价指标体系

导入案例

DaimlerChrysler公司的Mopar零件集团的销售额愈40亿美元，在美国和加拿大地区经营汽车零配件的分销。Mopar有一个极为复杂的供应链，有3 000供应商、30个分销中心和每天来自4 400个北美经销商的225 000个经销商订单。然而，售后零配件销售极难预测，因为它不是直接为生产所驱动，而是由如天气、车辆地点、车辆磨损和破坏，以及顾客对经销商促销的反应等不可预测因素决定。顾客不愿意为替换零件而花费等待的时间，因此零售商不得不寻求可替代的零配件资源以避免顾客不满而失去市场份额。为了保证经销商不使用非OEM零件，汽车公司一般会因订货管理、库存平衡、供应奖励收费等导致高昂的补货成本。Mopar零件公司就面临着这样的困境。

DaimlerChrysler公司意识到他们未来的竞争力在于甄别和理解供应链问题、采取解决行动并防止昂贵服务的能力。因此，他们开始实施供应链绩效管理系统。

Mopar的供应链绩效管理系统通过监测未来需求、库存和与预先确定的目标相关的供应链绩效关键指标来甄别出绩效例外。然后，用户利用该系统探究问题，找到个别的或相互关联的可选方案。导致问题的潜在根本原因包括非季节性天气(或者更好、或者更坏)、竞争性促销、对预测模型的不确定假设。理解问题和可选方案后，系统用户就采取解决问题的行动。Mopar集团通过削减安全库存和不必要的“过期”(不可能被接受)运输每年节约数百万美元的成本。仅仅在第一年，DaimlerChrysler公司就将他们的决策周期从几个月缩短到几天，减少了超额运输成本，将补货率增加一个百分点，还节约了1 500万元存货。DaimlerChrysler从供应链绩效管理中获得了竞争力的巨大提升。

【思考】实施供应链绩效管理的关键是软件系统、成本、计算模型还是例外管理？

8.1 供应链绩效评价概述

1. 供应链绩效评价的简介

根据Longman词典的解释，绩效(performance)是指正在进行的某种活动或者已经完成的某种活动取得的成绩。在管理绩效的评价中，绩效是量化的过程，即对过程和过程中活动的相关效果的量化。

绩效评价(Performance Measurement，PM)是基于目标对运行结果的衡量。管理过程的绩效评价，是指对照统一的标准建立特定指标体系，运用数理统计、运筹学等方法，按照一定程序，通过定性定量对比分析，对一定经营期间的管理过程表现和管理效果作出客观、公正和准确的综合评判。

绩效评价是管理规范化、精细化的必然结果，它可以提供管理措施的反馈信息，为企业决策提供必要的数据支持。绩效评价的过程主要包括绩效指标定义、评价、分析、改进4个部分，4个阶段循环往复，不断提高。

供应链绩效评价是指围绕供应链的目标，基于供应链业务流程，对供应链整体、各环节运营状况以及各环节之间的营运关系等所进行的事前、事中和事后分析评价。

供应链的绩效评价存在于供应链从建立到消亡，从供应商的供应商到顾客的顾客的整个过程，涉及供应链管理的不同层次。迄今为止，供应链绩效评价经历了由内部到外部，由局部到整体的发展过程，主要可以划分为以下3个阶段。

(1) 企业仅仅关注自身内部绩效。主要是采用基于财务指标的绩效评价方法，通过对企业内部各部门和流程的绩效衡量来得到企业整体绩效，其本质是内部供应链绩效评价。

(2) 企业在不断提高自身绩效的同时，开始关注直接相邻的合作伙伴。通过供应商关系管理和客户关系管理系统来管理有直接业务来往的供应商和顾客，对供应商的绩效和客户满意度进行衡量，其本质是局部扩展供应链绩效评价。

(3) 企业将绩效分析评价的对象扩展到整个供应链，进一步关注供应商的供应商和客户的客户等间接业务伙伴的表现，开始寻求使自身利益和供应链整体利益一致的方法，以实现供应链合作伙伴“多赢”的目的，其本质是供应链整体绩效评价。

供应链绩效评价未来的发展向外将扩展到产业链范畴，为行业范围内的供应链管理水平提高和资源的有效配置提供依据；向内将深入到关注供应链成员绩效与供应链整体绩效的关系，建立起个体利益和集体利益的关联，通过合理的协调和有效的激励促进供应链整体水平的提高。

供应链绩效评价在供应链管理中的意义主要体现在以下几个方面。

(1) 通过供应链绩效评价，供应链结点企业有了统一客观的参照体系，能够明确自身在供应链中所处的地位，自身对于供应链所作的贡献，以及在供应链中的运行状况，从而及时调整自身的运行状态来更好地适应供应链的需求。

(2) 通过供应链绩效评价，对供应链结点企业起到激励作用，包括核心企业对非核心企业的激励，也包括供应商、制造商和分销商之间的相互激励。

(3) 通过供应链绩效评价，让供应链决策者适时掌握供应链的运行状态，经过分析与研究，及时调整和改进供应链的业务流程和运行状态，充分发挥供应链管理的作用。

总之，供应链绩效评价是对供应链整体运营状况及供应链结点企业的运营状况进行的综合评价，其最终目的不仅是要获得供应链的状况评价，更重要的是为供应链业务流程优化和供应链管理体系优化提供科学的依据。

2. 供应链绩效评价的特点

传统的企业绩效评价往往侧重局部、微观的考评，不能适应供应链管理的需要。供应链绩效评价指标应以非财务指标为主，包括反映供应链动态运营状况以及上下结点企业之间的运营关系的一系列评价指标。与传统企业绩效评价相比，供应链绩效评价具有以下特点。

1) 评价指标更为集成化，具有多层次性

供应链绩效评价既要从整个供应链的角度分析问题，反映整个供应链的运营情况，又要能反映单个结点的运营情况。

2) 注重绩效管理的前馈性

供应链绩效评价应采用实时分析与评价的方法，把绩效评价范围扩大到能反映供应链实时运营的信息上去，这比传统的事后分析更有价值。

3) 关注业务流程

供应链绩效评价强调实现两个目标之间的有效传递，是基于业务流程的绩效评价。

4) 注重组织的关系性和未来发展性

供应链绩效评价除了对企业内部运作的基本评价之外，还注重对外部链的测控，采用能反映供应商、制造商及用户之间关系的绩效评价指标。考虑到结点企业很可能同时处于几条供应链中，并且一般供应链的建立、运行、解体周期要明显短于企业生命周期，供应链组织的评价相当复杂。

3. 供应链绩效评价的内容

供应链绩效按照评价对象的不同可以分为供应链流程绩效、供应链组织绩效、供应链结点企业绩效和供应链整体绩效。相应地，供应链绩效评价可以从以下3个方面考虑。

1) 内部绩效度量

内部绩效度量主要是对结点企业内部的组织、流程、资源、战略绩效进行评价，具体指标有销售额、利润率、生产成本、产品合格率、组织形式、生产管理、企业战略与供应链战略匹配度等。

2) 外部绩效度量

外部绩效度量主要是对结点企业之间的物流、信息流、资金流、商流运行状况进行评价，具体指标有缺货率、订单完成率、退货率、供应链网络、计划共享、供应链利润分配、企业关系、现金周转周期等。

3) 供应链整体绩效度量

供应链整体绩效度量是对供应链整体表现进行评价，主要从用户满意度、时间、成本、资产、柔性等几个方面展开，具体指标有供应链运作总成本、订单履行率、产需率、供应链响应时间、订单完成提前期、供应库存总天数等。

4. 供应链绩效管理

供应链绩效管理是在供应链战略的指引下，建立供应链战略和供应链绩效之间的关系，通过对供应链绩效的分析评价，采取有效措施不断优化改善供应链状况，达到不断提高供应链管理水平、增强供应链竞争力的目的。

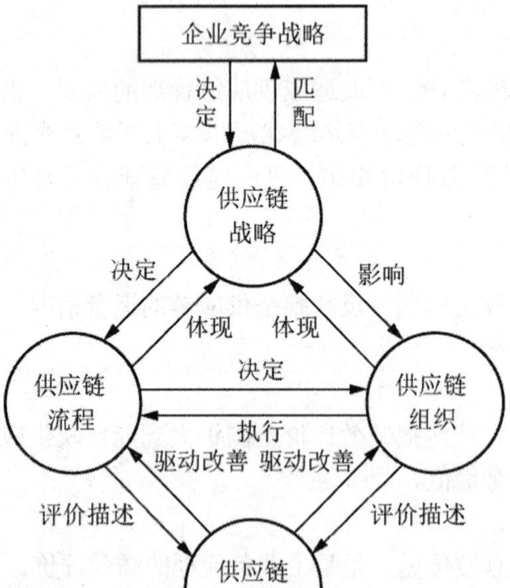

图 8.1 供应链战略、流程、组织和绩效关系示意图

实施供应链战略绩效管理的核心思路就是建立供应链的战略、流程、组织和绩效之间的关系，如图8.1所示。供应链战略是企业在其竞争战略指导下对其供应链资源配置的整体规划。没有明确的供应链战略导向，就不能适当地分配供应链资源、管理供应链业务流程、构建企业内供应链组织结构和正确评价流程及组织的绩效。供应链流程是供应链战略的具体体现，供应链流程可以分为供应链整体流程和企业供应链内部流程两个层次。供应链组织是指企业在供应链战略指导下，为执行企业内部供应链流程而设立的各个职能部门、岗位和人员的总和，是供应链流程的执行者，同时也体现了供应链战略的要求。供应链绩效是对执行效果的描述和评价，反过来也是对流程和组织进行改善的驱动力。

8.2 供应链绩效评价体系

要进行供应链绩效评价，首先要构建一整套方法框架并明确其基本组成要素，回答为什么要评价、分析评价什么、怎么做、依据是什么、如何进行、预期结果怎样等问题，这一整套方法框架构成了供应链绩效评价体系。

8.2.1 供应链绩效评价体系概述

供应链绩效评价体系包括目的、对象、模型、指标、方法、标准、组织和报告 8 个方面。这八大方面构成了一个完整的供应链绩效分析评价框架，它们之间相互联系、相互影响，是供应链绩效评价体系的基本组成部分，如图 8.2 所示。

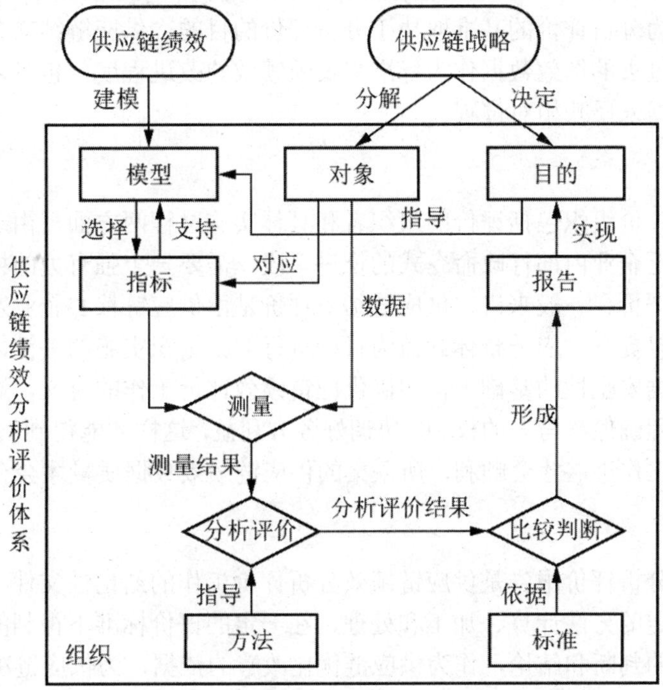

图 8.2 供应链绩效分析评价体系结构

1. 评价目的

供应链绩效分析评价的目的就是衡量供应链战略的执行效果，为优化改善供应链提供依据。

2. 评价对象

由于供应链战略执行效果比较抽象，难以直接衡量，必须对其进行分解、映射，通过分析供应链战略与供应链流程和供应链组织的关系，将战略的执行效果对应到具体的部门活动和流程任务，再对其进行绩效测量、分析和评价，最后得到供应链整体绩效。

3. 评价分析模型

供应链绩效评价分析模型是供应链绩效分析评价的理论基础，体现了分析评价的整体思路，决定了指标体系的设计和分析评价方法的选择。

4. 评价指标体系

在供应链绩效评价模型的指导下，选择具体的关键指标来衡量活动和任务的绩效，所有指标形成一个完整的层次结构即指标体系，是实施供应链绩效分析评价的基础。

5. 评价方法

供应链绩效评价分析方法包括数据的处理方法、指标的合成方法、结果的分析方法、结果的比较方法等。没有科学的分析评价方法对数据进行处理，就得不出正确的结论，分析模型、指标体系和实际的数据也就没有意义。

6. 评价标准

供应链绩效评价标准即判断评价对象绩效优劣的基准，一般被称作“标杆”(benchmark)。选择什么标准作为分析评价的基准取决于分析评价的目的。供应链绩效分析评价标准可以用被评价供应链过去的绩效数据作为标准来反映绩效的改进程度，也可以用同行业竞争者的供应链绩效数据来反映相对位置。

7. 评价组织

供应链绩效评价组织包括评价的组织者和具体实施过程两方面。由于供应链是跨企业的组织，因而缺乏企业内部行政命令式的推进手段，需要一个强有力的权威机构来组织和领导供应链绩效评价。一般来讲，供应链绩效评价是由供应链核心企业发起，邀请其他供应链成员参加，以提高供应链整体利益为目标进行的。组织实施的关键，是要在增强彼此信任度和保证数据安全性的基础上，明确供应链绩效评价工作的意义，通过制定完善的工作制度和实施流程确保参与方的权利，协调好各方利益，这样才能得到供应链成员的认同，供应链绩效评价工作进展才会顺利，所采集的供应链绩效数据质量才会有保证。

8. 评价报告

供应链绩效分析评价报告是供应链绩效分析评价工作的结论性文件。通过对采集的绩效数据，利用一定的方法计算、加工和处理，在一定的评价标准下得到的关于供应链水平优劣和发展趋势的判断和结论，作为供应链优化改善的依据，为供应链决策者提供参考。

供应链绩效分析评价体系的设计过程划分为以下 8 个步骤，如图 8.3 所示。

(1) 根据供应链战略明确供应链绩效分析评价目的。

(2) 分解供应链战略，从组织、流程、活动、任务等不同层次和角度识别供应链绩效分析评价的对象。

(3) 针对供应链绩效分析评价目的，建立供应链绩效分析评价模型。

(4) 对应供应链绩效分析评价对象的识别结果，结合模型所需信息选择合适的指标形成供应链绩效分析评价指标体系。

(5) 确定指标数据的分析评价方法。

(6) 根据实际情况选取供应链绩效分析评价标准。

(7) 制定组织原则和实施步骤。

(8) 准备供应链绩效分析评价报告模板。

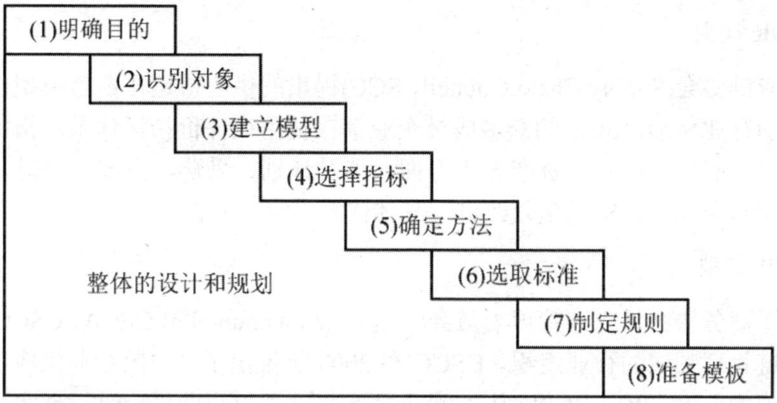

图 8.3　供应链绩效评价体系设计步骤

8.2.2　供应链绩效评价模型

供应链绩效评价模型是供应链绩效分析评价的理论基础，决定了指标体系的设计和分析评价方法的选择。好的供应链绩效评价模型可以全面、客观、准确地反映供应链的现状和未来发展趋势，对把握供应链运作的本质规律具有指导意义。

自供应链理论提出后，就有学者开始探讨供应链绩效评价模型，如 B.M Beamon(1998)将供应链环境下的绩效评价分为成本和客户反映两种。目前国内外主要应用的供应链绩效评价模型有以下几种。

1. Lummus 模型

Lummus R.R.(1998)等人在描述制订战略供应链计划的 7 个步骤的同时，列举了供应链绩效的主要考核指标 KPI，即从供应、转换、配送和需求管理 4 个方面入手确定评价指标，具体内容见表 8-1。每一项指标都有 3 个指标值：理想值、目标值和当前值。

表 8-1　Lummus 模型供应链绩效的主要评价指标

供应 (Supply)	供应商的可靠性(Supplier Reliability) 供应商的提前期(Supplier Lead Time)
转换 (Conversion)	过程可靠性(Process Reliability) 加工时间(Changeover Time) 计划完成时间(Schedule Attainment)
配送 (Deliver)	订单完成率(Perfect Order Completion) 补充提前期(Replenishment Lead Time) 运输天数(Days on Hand)
需求管理 (Demand Management)	供应链总库存成本 (Total Supply Chain Inventory) 总周转时间(Total Cycle Time)

2. Roger 模型

Roger(1999)认为，顾客服务质量是供应链整体绩效的最重要指标，具体地说，应从 10 个方面来衡量，包括有形的外在绩效、可靠性、响应速度、能力、服务态度、可信性、安全性、可接近性、沟通能力、理解顾客能力。

3. SCOR 模型

美国供应链协会(Supply Chain Council，SCC)提出的供应链运作参考模型已经成为供应链管理领域的行业标准，SCC 的众多成员企业都在使用该评价指标体系。指标分供应链可靠性、柔性、反应性、成本、资产 5 个方面，涉及计划、采购、生产、交付、退货 5 种流程，通过行业和企业标杆实现绩效改进。具体内容详见 8.3 节。

4. SCPR 模型

中国电子商务协会供应链管理委员会(supply chain council of CECA，CSCC)是中国目前唯一的供应链管理领域的行业组织。CSCC 在 2003 年推出了“中国企业供应链管理绩效水平评价参考模型”(SCPR)。SCPR 从 5 个方面定量地评价企业供应链管理水平，包括订单反应能力、客户满意度、业务标准协同、结点网络效应和系统适应性。

5. 平衡供应链计分卡(Balanced SCM Scorecards，BSC－SC)

平衡供应链计分卡是借鉴 Kaplan 和 Norton(1991—1996)提出的平衡计分卡，将其应用到供应链管理领域所形成的供应链绩效评价系统工具。平衡供应链计分卡分为 4 个方面，确保组织从系统观的角度反映供应链战略的实施。

(1) 客户方面。供应链思想的核心之一是满足客户需求，客户关心的事情分为四类：时间、质量、性能与服务、成本。因此，客户评价指标包括供应链订单完成提前期、客户保有率、客户价值率、客户销售增长、利润、客户对供应链柔性响应的认同等。

(2) 供应链内部运作方面。优秀的客户绩效来自组织的流程决策与运作，除运营过程外，还需注意产品创新过程。供应链内部运作指标包括新品开发周期、新品在销售额中所占的比例、供应链响应时间、生产柔性、供应链运作总成本、订单完美完成率等。

(3) 未来发展性方面。严峻的全球竞争要求供应链必须不断地改进和创新，发掘整合供应链内、外部资源，提高现有流程、产品服务和开发新品的能力。未来发展性指标包括流程改进率、组织变革等。

(4) 财务价值方面。虽然供应链评价倾向于流程导向和非财务指标，但财务价值仍然是供应链管理的中心。财务价值指标包括供应链资本收益率、现金周转周期、供应链总库存成本、供应链库存周转天数等。

6. 供应链管理成熟度(Supply Chain Management Maturity，SCMM)

供应链管理成熟度是借鉴软件成熟度(CMM)思想，用来评价供应链管理水平和增值能力的模型。在一个管理层次上，供应链管理成熟度应用管理结构、管理策略、管理环境三方面指标来形成一个具有增值能力的指标体系。管理结构包含组织结构、权力结构、工作流活动结构、产品流设施结构、信息流设施结构、风险与回报结构，管理策略包含规划与控制方法、管理方法，管理环境包含文化与态度。

供应链管理成熟度用管理回报率量化管理价值，从不同侧面、多角度反映了供应链管理体系的信息集成、知识集成和过程集成的程度。

8.2.3 供应链绩效评价指标体系

供应链绩效评价指标体系的建立必须遵循以下原则。

(1) 体现企业供应链的战略。供应链的绩效评价应具有战略性观点，通过战略规划、战略实施和战略评价来达到企业内、企业间行动的一致性，从而获得整体效应。

(2) 能对基本的业务流程进行描述，评价结果和绩效驱动相结合。传统的评价许多是基于职能进行的，对实际工作的指导意义不大。基于过程和活动可以体现流程绩效，对流程进行改善。

(3) 以客观度量为主，结合部分主观度量。

(4) 动态度量和静态度量相结合。在衡量供应链绩效时，应尽可能采用实时分析与评价的方法，加强绩效管理前馈性，前期及时控制比事后补救有价值得多。

(5) 指标多层次、多角度。应涵盖供应链整体层、企业整体层、企业流程层，从供应链绩效特性、供应链组织状况和供应链物流状况等不同侧面进行评价。

(6) 可以动态调整。没有一个绩效评价体系能适用于所有供应链、整个供应链，因此较好的做法是建立绩效评价指标池，根据供应链现状进行指标选择、构建评价指标体系。

(7) 指标要合理，便于操作。指标必须是能在实际中使用的，数据应易于采集。

下面以 SCOR 模型指标为基础，结合制造业特点，构建供应链绩效评价指标体系。其基本思想是从流程评价、企业评价和供应链整体评价 3 个层次上进行数据的整合、分析，供应链整体层绩效描述选择时间特性、成本特性、质量特性、组织结构和物流状况等 5 个方面；企业整体层绩效描述选择企业概况、技术水平、人员状况、财务状况、信息化水平和计划水平等 6 个方面；企业流程层绩效描述选择采购、生产、销售、库存和退货等 5 个方面。指标体系层次图如图 8.4 所示，指标体系分类图如图 8.5 所示。

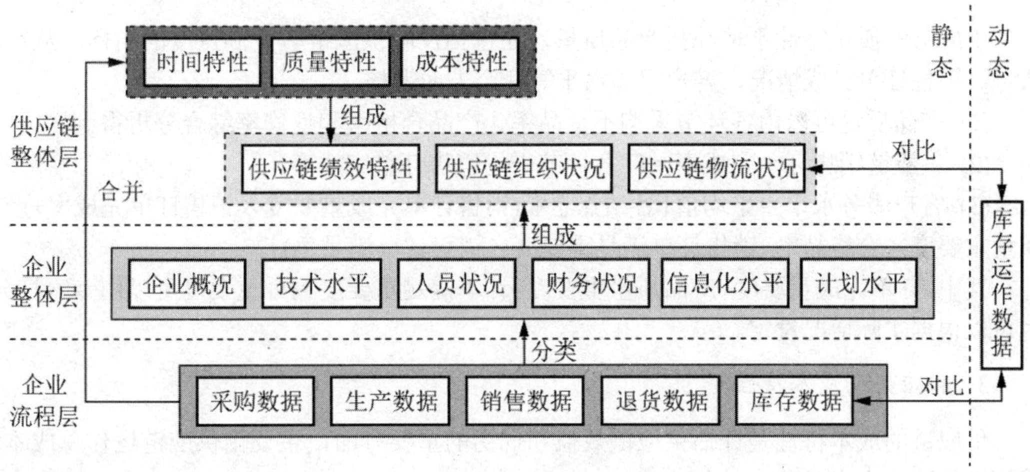

图 8.4　制造业供应链绩效评价指标体系层次

在制造业供应链绩效评价指标体系中，对一级指标“供应链绩效特性”作的具体描述如下。

供应链绩效特性是体现供应链竞争力的核心方面，充分反映供应链运作要以最低成本提供最好服务的要求，可以分为外部特性(时间和质量)和内部特性(成本)两个方面。

1. 供应链的时间特性

供应链的时间特性是体现供应链快速反应市场能力和供应链柔性的重要方面，主要由供应链响应时间和最大订单完成提前期来反映。

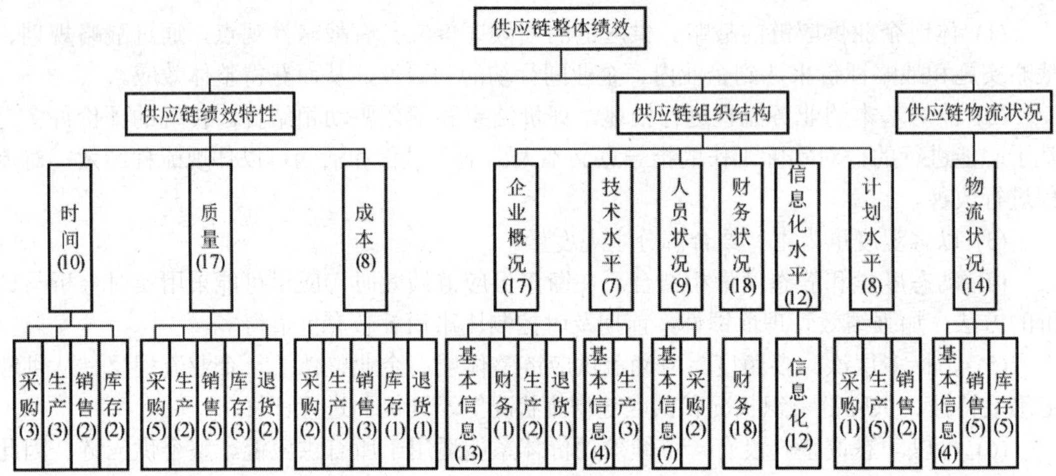

图 8.5　制造业供应链绩效评价指标体系分类(表中数字是第四级指标个数)

(1) 供应链响应时间是供应链整体对最终用户需求的反映时间，为各环节最大响应时间之和。

供应链响应时间=Σ{Max 各环节(计划时间+采购订单生成时间+制造周期+配送周期)}

(2) 订单完成提前期指从客户提出订单需求到实际收货所花费的时间。

订单完成提前期＝供方制造周期+供方配送周期+需方采购订单生成时间

2. 供应链的质量特性

供应链的质量特性不单纯指产品质量，还包括反映供应链客户满意度的指标，从产品质量、销售订单完成情况、客户服务水平等几个方面考核。

(1) 产品质量可以由各环节采购不良品率、产品合格率和返修率综合分析得到。

(2) 供应链销售订单完成率＝Π 各环节平均销售订单完成率。

(3) 客户服务水平＝平均值{各结点企业(销售订单完成重要度×销售订单完成率+产品质量重要度×合格品率+销售订单满足重要度×销售订单满足率)}。

其中，订单完成重要度+产品质量重要度+订单满足重要度＝1，重要度可以由专家打分，也可以根据实际情况设定。

3. 供应链的成本特性

供应链的成本特性是评估供应链效益和优劣的重要方面，主要由供应链运作总成本和供应链物流成本来反映。

(1) 供应链运作总成本=Σ各结点企业(物流成本+生产总成本–原材料成本)。

(2) 供应链物流成本=Σ各结点企业(库存成本+配送总成本＋采购管理费用)。

其中：采购总成本=采购管理费用+实际原材料采购金额；生产总成本=原材料成本+制造费用+管理费用；配送总成本=运输工具成本+人员费用+管理成本；库存成本＝仓库管理费用+储位服务成本+短缺成本。

8.2.4　供应链绩效评价方法

供应链绩效评价方法包括评价指标的合成方法和评价结果的分析方法。评价指标的合成方法目前比较常用的有加权评分法、层次分析法、模糊综合评价法、数据包络分析法等，评价结果的分析方法目前比较常用的有标杆法、关键绩效指标法、财务分析法等。

1. *加权评分法*

加权计分法具体包括以下几个过程。

(1) 确定评价指标。整个设计评价指标体系可视为一个集合，评价指标集合可表示为 $Z=[z_1, z_2, \cdots z_n]$(集合元素为评价指标体系最底层的各个指标)。

(2) 确定各评价指标的加权系数。$g_i \leqslant 1$，$\sum g_i=1$，$i=1, 2, \cdots n$，各评价指标的加权系数矩阵为 $G=[g_1, g_2, \cdots, g_n]$。

(3) 确定评分制式，列出评分标准。对于定性指标，一般采用 5 分量表或 7 分量表，再换算成百分制数据。对于定量指标，一般进行归一化处理，根据评分标准转化为无量纲百分制数据。

(4) 对各评价指标评分(可用集体评分法)，得出评价指标评分矩阵 $W=[w_1, w_2, \cdots, w_n]$。

(5) 供应链的加权总分值为

$$R = WG^{\mathrm{T}} = w_1 g_1 + w_2 g_2 + \cdots + w_n g_n$$

2. *层次分析法*

层次分析法(Analytic Hierarchy Process，AHP)是 20 世纪 70 年代中期由美国运筹学家托马斯·塞蒂(T.L.Saaty)首先提出，它是一种定性和定量相结合的、系统化、层次化的分析方法。这种方法的特点是在对复杂的决策问题的本质、影响因素及其内在关系等进行深入分析的基础上，利用较少的定量信息使决策的思维过程数学化，从而为多目标、多准则或无结构特性的复杂决策问题提供简便的决策方法，尤其适合于对决策结果难以直接准确计量的场合。

层次分析法基本包括以下步骤。

(1) 建立层次结构模型。在深入分析实际问题的基础上，将有关的各个因素按照不同属性自上而下地分解成若干层次，同一层的诸因素从属于上一层的因素或对上层因素有影响，同时又支配下一层的因素或受到下层因素的作用。最上层为目标层，通常只有一个因素，最下层通常为方案或对象层，中间可以有一个或几个层次，通常为准则或指标层。

(2) 构造成对比较矩阵。从层次结构模型的第二层开始，对于从属于(或影响)上一层每个因素的同一层诸因素，用成对比较法和 1～9 比较尺度构造成对比较矩阵，直到最下层为止。

(3) 计算权向量并做一致性检验。对每一个成对比较矩阵计算最大特征根及对应特征向量，利用一致性指标、随机一致性指标和一致性比率做一致性检验。若检验通过，特征向量(归一化后)即为权向量；若不通过，需重新构造成对比较矩阵。

(4) 计算组合权向量并做组合一致性检验。计算最下层对目标的组合权向量，并根据公式做组合一致性检验，若检验通过，则可按照组合权向量表示的结果进行决策，否则需要重新考虑模型或重新构造那些一致性比率较大的成对比较矩阵。

供应链评价绩效是由多层次、多角度绩效组成的复杂系统，每一种绩效又受到多种因素的影响，可以分解成不同的子指标，评价指标之间相互作用、相互制约，从而构成复杂的“树”状体系。这种“树”状体系不仅为层次分析法提供了结构基础，而且也增加了评价体系在实际应用中的灵活性。

供应链绩效评价体系是由定量指标和定性指标、正指标和适度指标(甚至逆指标)组成的复杂的指标系统，每个指标对总目标的贡献率各不相同，即各指标的权重存在差异。运用层次分析法可以较客观、全面地体现各指标权重的不同。

3. 标杆法

标杆法(Benchmarking)由施乐公司在20世纪70年代末首创，经过美国生产力与质量中心进行系统化和规范化，逐渐成为现代西方国家企业管理活动中最重要的管理方式之一，大大地支持了企业不断改进和获得竞争优势的努力。标杆管理的基本环节是以最强的竞争企业或行业中领先和最有名望的企业在产品、服务或业务流程管理方面的绩效及实践措施为基准，树立学习和追赶目标，通过资料收集、考察、调研、比较分析、跟踪学习、重新设计并付诸实施等一系列规范化的程序，企业将自身实际状况与这些基准进行定量化评价和比较，分析这些基准企业达到优秀绩效水平的原因，并在此基础上选取改进本企业绩效的最佳策略和路径，争取赶上和超过对手，进而成为企业强中之强，获得市场竞争能力。

标杆的选择是标杆法应用的关键。标杆一般可分为内部标杆和外部标杆两种，外部标杆是和标杆供应链的对比，内部标杆则是和供应链的历史绩效水平的对比。此外，还可以建立一个供应链的外部评价标杆，也就是供应链的环境适应能力方面的标杆。现实中存在侧重采购、财务、生产、分销、市场等不同类型的供应链，故评价供应链绩效不可能有统一的标杆，要针对不同的供应链的战略目标，合理地侧重考察对企业的成功最为重要的指标来选择合适的标杆。全面采集和分析现有的供应链绩效的特征信息，并确定各供应链成绩突出的方面，为应用标杆法奠定基础。

供应链标杆管理实施过程一般可分为5个阶段，具体内容见表8-2。

表8-2　供应链标杆管理的实施阶段

阶　　段	工作内容
计划	确定任务、产品、职能等 确定实施标杆的目标 确定对数据和信息的要求
分析	怎样使标杆的目标更好 怎样把标杆企业的做法用于供应链企业 确定未来的趋势和绩效水平
整合	主要负责人交换标杆实施中的情况 建立运作层的工作目标和具体的职能目标
行动	确定具体的负责人 制定一套对标杆计划和目标进行评审和修改的程序 建立标杆进程的沟通机制
正常运作	在供应链各企业中继续坚持标杆的活动 坚持绩效的持续改进

4. 财务分析法

财务综合分析通过各种分析方法对企业进行全方位的考察和评判，可把握不同财务指标之间的相互关联，找到企业问题要害，从而正确判断企业财务状况和经营成果。财务综合分析的方法很多，主要有杜邦财务分析体系、沃尔评分法等。

财务分析体系由美国杜邦公司在20世纪20年代首创，经过多次改进，现已把各种财务比率结合成一个体系。权益净利率是整个分析体系的核心比率，它有很好的可比性，可以用于不同企业之间的比较。权益净利率还有很强的综合性，为了提高股东权益净利率，管理者有3个可以使用的杠杆。

权益净利率=(净利润/销售收入)×(销售收入/总资产)×(总资产/股东权益)

= 销售利润率×总资产周转率×权益乘数

无论提高其中的哪一个比率，权益净利率都会提升。其中，销售净利率是利润表的概括，销售收入和净利润可以概括全部经营成果；权益乘数是资产负债表的概括，表明资产、负债和股东权益的比例关系，可以反映最基本的财务状况；总资产周转率把利润表的成果和资产负债的投入联系起来，使权益净利率可以综合整个企业的经营活动和财务活动的业绩。

财务分析体系是一个多层次的财务比率分解体系。各项财务比率在每个层次上与本企业历史或同业的财务比率比较，比较之后向下一级分解，逐步覆盖企业经营活动的每一个环节，可以实现系统、全面评价企业经营成果和财务状况的目的，如图8.6所示。

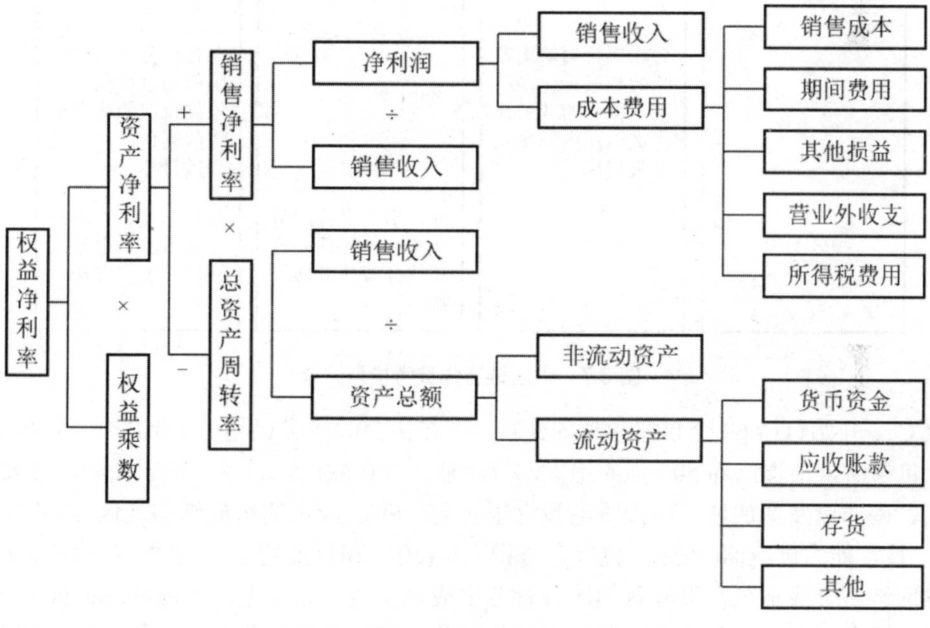

图8.6　杜邦财务分析体系示例

8.3　供应链运作参考模型

在所有供应链绩效评价的模型和方法中，SCOR 是事实上的国际标准。自1991年DEC与PRTM公司签约合作研究一体化供应链绩效评价与管理以来，SCOR的思想与方法在世界范围内获得了企业的认同。

8.3.1　供应链运作参考模型概述

SCOR(Supply-Chain Operations Reference-model)是由国际供应链协会(Supply-Chain

Council，SCC)开发支持，适合于不同工业领域的供应链运作参考模型。1996 年春，两个位于美国波士顿的咨询公司——Pittiglio Rabin Todd & McGrath(PRTM)和 AMR Research(AMR)为了帮助企业更好地实施有效的供应链，实现从基于职能管理到基于流程管理的转变，牵头成立了供应链协会(SCC)，并于当年年底发布了供应链运作参考模型(SCOR)，目前 SCOR 的最新版本是 9.0(2008 年 4 月发布)。

SCOR 是第一个标准的供应链流程参考模型，是供应链的诊断工具，它涵盖了所有行业。SCOR 使企业间能够准确地交流供应链问题，客观地评测其性能，确定性能改进的目标，并影响今后供应链管理软件的开发。流程参考模型通常包括一整套流程定义、测量指标和比较基准，以帮助企业开发流程改进的策略。SCOR 模型主要由 4 个部分组成：供应链管理流程的一般定义、对应于流程性能的指标基准、对供应链“最佳实施”(Best Practices)的描述以及选择供应链软件产品的信息，如图 8.7 所示。

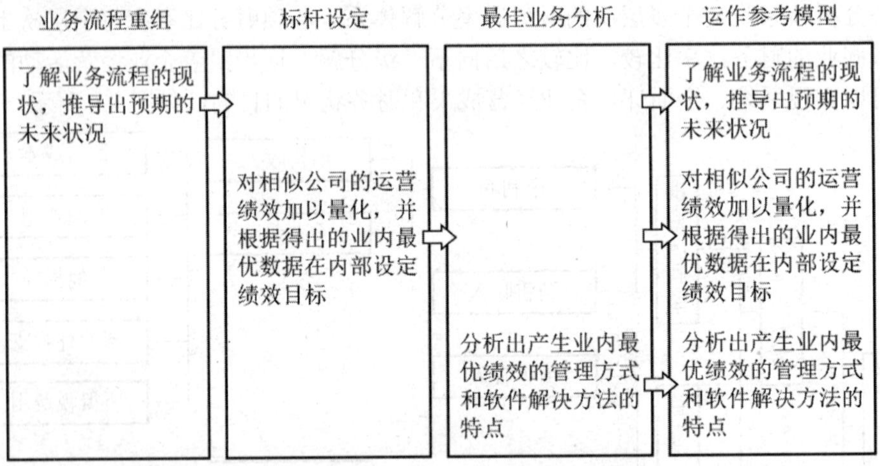

图 8.7　供应链运作参考模型组成

SCC 一开始包括 69 个自愿参加的公司，现在协会的成员已超过 1 000 个，分布于世界各地，包括财富杂志世界 500 强的绝大部分企业，并在欧洲、日本、拉丁美洲、澳大利亚、新西兰、南非以及新加坡、中国香港设立了分会。SCC 成员的组成结构既包含实际从业者(40%)、技术能力供应商(25%)，也包含咨询人员(20%)和行业协会、大学、政府机构(15%)。

供应链协会成员已在世界各地区各行业中成功实践了该模型，如 Intel、Siemens、Xerox 等世界级知名企业。国外许多公司在中国的分公司已经开始依照其在国外应用 SCOR 的经验在中国应用 SCOR，SCOR 也越来越受到中国本土大型企业的关注。

SCOR 所描述的范围包括以下几个方面。

(1) 所有与客户之间的相互往来，从订单输入到货款支付。

(2) 所有产品(物料实体和服务)的传送，从供应商的供应商到客户的客户，包括设备、原材料、配件、大批产品、软件等。

(3) 所有与市场之间的相互影响，从对累计总需求的理解到每项订单的完成，如图 8.8 所示。

SCOR 并不试图描述每一个商业流程或活动，因此像销售和市场(需求的产生)、技术研究开发、产品开发、关于货物运送后技术支持的元素等活动并未包含在 SCOR 中，而对于培训、质量、信息技术管理、行政等活动，SCOR 虽然涉及但并不予以详尽描述。

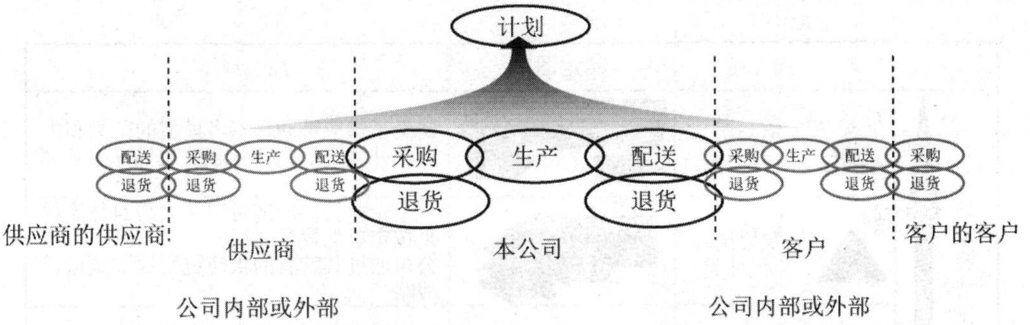

图 8.8　供应链运作参考模型涉及的范围

SCOR 在各个行业的广泛应用取得了巨大的收益，按 1997 年 PRTM 的供应链绩效报告所言，企业通过实施 SCOR 实现供应链一体化，可以提高配送性能 16%～28%，减少存货 25%～60%，订单周期缩短 30%～50%，预测准确度提高 25%～80%，降低供应链成本 25%～50%。SCOR 应用于消费食品行业，一般实施 3 个月，投资额为 50 000 美元，第一年投资回报可达 430 万美元。SCOR 应用于电子行业，一般实施 6 个月，投资额为 300～500 万美元，第一年投资回报可达 23 000 万美元。

SCOR 模型应用于供应链管理，主要有以下 4 个方面。

(1) 分析目前供应链的状况。通过 SCOR 一、二层的实施，可以描述出企业供应链的现状，分析出薄弱环节。

(2) 实施供应链流程再造和取得改进的方法。通过 SCOR 二、三层的实施，可以实现供应链流程再造，参考业务最佳实践进行绩效改进。

(3) 量化同类型企业的运作表现并设置标杆。通过参与 SCC 每年的 SCOR 调查，可获得当年同类型企业的供应链绩效标杆，实施标杆管理。

(4) 总结出最好的供应链管理方法，并尝试将它软件化。供应链管理的可视化是 SCOR 追求绩效卓越的重要原则，利用 SAP APO、ARIS 等软件，可以将供应链流程规范化、图表化，实现业务最佳实践。

8.3.2　供应链运作参考模型的结构

SCOR 模型共分为四大层次，其中前三层详细描述了供应链体系中的流程、子流程和活动。第一层是流程定义层，第二层是流程配置层，第三层是流程元素层，即流程的进一步分解。在第三层以下还可以有第四、五、六等更详细的属于各企业所特有的流程描述层次，属于实施层，即流程元素分解层，这些层次中的流程定义不包括在 SCOR 模型中，如图 8.9 所示。

从第一层到第三层结束，SCOR 的内容可以将企业竞争战略转化为可以实现特定的竞争目标的供应链体系。至于使用 SCOR 的哪几个层次，将取决于企业特定的业务需求和出发点。

1. SCOR 模型的第一层

SCOR 模型的第一层是流程定义层，描述了 5 个基本供应链流程：计划(Plan)、采购(Source)、生产(Make)、交付(Deliver)和退货(Return)。它定义了供应链运作参考模型的范围和内容，并确定了企业竞争绩效目标的基础和战略方向。企业通过对第一层 SCOR 模型的分析，界定供应链战略目标，即供应链必须支持的优先业务，并且确定业务流程如何与高层的业务结构及供应商之间相互合作。

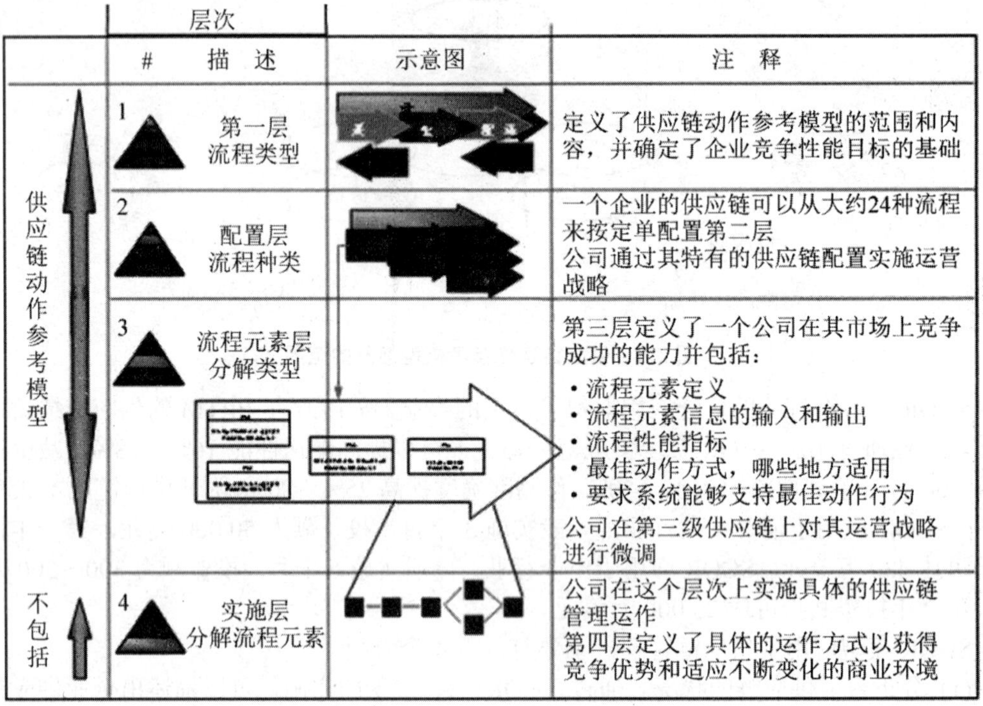

图 8.9　SCOR 的层次结构

1) 计划

即需求/供应计划，包括评估企业整体生产能力、总体需求计划以及针对产品分销渠道进行库存计划、分销计划、生产计划、物料及生产能力的计划。

计划的制订和实施受多种因素影响，如制造或采购决策的制定、供应链结构设计、长期生产能力与资源规划、企业计划、产品生命周期的决定、生产正常运营的过渡期管理、产品衰退期的管理与产品线的管理等。

2) 采购

采购流程包括以下内容：①寻找供应商和物料接收，如供应商评估、采购运输管理、采购品质管理、采购合约管理、进货运费条件管理、采购零部件的规格管理以及获得、接收、检验、拒收与发送物料等；②原材料仓库管理；③原材料运送和安装管理，包括运输管理、付款条件管理以及安装进度管理等；④采购支持业务，如采购业务规则管理、原材料存货管理等。

3) 生产

生产流程包括生产运作流程和生产支持业务流程。

(1) 生产运作流程包括申请及领取物料、产品制造和测试、包装出货、工程变更、生产状况掌握、产品质量管理、现场生产进度制定、短期生产能力计划与现场设备管理、在制品运输等。

(2) 生产支持业务流程包括制造业务规格管理、在制品库存管理等。

4) 交付

交付流程包括订单管理、产品库存管理、产品运输安装管理、配送支持业务等。

(1) 订单管理流程涉及订单输入、报价、客户资料维护、订单分配、产品价格资料维护、应收账款管理、信用管理、收款与开立发票等。

(2) 产品库存管理流程涉及存储、拣货、按包装明细将产品装入箱、制作符合客户特殊要求的包装与标签、整理确认订单、运送货物等。

(3) 产品运输安装管理流程涉及运输方式安排、出货运费调配管理、货品安装进度安排、进行安装与产品试运行等。

(4) 配送支持业务流程涉及配送渠道的决策制定、配送存货管理、配送品质的掌握和产品的进出口业务等。

5) 退货

退货流程包括原料退回和产品退回。

(1) 原料退回指退还原料给供应商，包括与商业伙伴的沟通、同时准备好文件资料以及物料实体的返还及运送。

(2) 产品退回指接受并处理从客户处返回的产品，包括商业伙伴的沟通、同时准备好文件资料以及物料实体的返还及接受和处理。

SCOR 模型的第一层中还规定了供应链绩效评价的战略指标，作为对供应链整体性能特征的描述。在早期的版本中，SCOR 模型规定了 13 个一级指标，在最新的 9.0 版本中，缩减为 9 个，主要是考虑到供应链管理重点的转移和指标采集、实施的困难，具体指标见表 8-3。

表 8-3 SCOR 第一层战略绩效指标

第一层指标	客户方面			供应链内部	
	可靠性	反应能力	柔性	成本	资产
订单完美履行率	√				
订单完成提前期		√			
上游供应链柔性			√		
上游供应链响应能力			√		
下游供应链响应能力			√		
产品销售成本				√	
现金周转周期				√	
供应链固定资产回报率					√
供应链营运资本回报率					√

2. SCOR 模型的第二层

在第二层配置层中，需要描述出供应链流程的基本布局结构，并确定供应链流程与基础设施的协调一致程度。第一层的五大流程将被细分为不同的种类，共由 31 种核心流程种类组成。企业可选用该层中定义的标准流程单元构建他们的供应链，每一种产品或产品型号都可以有它自己的供应链。

公司通过其特有的供应链配置，决定了企业运营战略，因此必须以供应链战略为基础选择相关的子流程(或称为流程种类)。流程种类的选择将影响供应链第三层的设计，因为每个流程种类需要不同的、详细的流程要素。

配置层中每一个结点企业或职能部门从纵向上都可分为 3 种流程元素进行详细描述。

1) 计划元素(Planning)

计划用以调整预期的资源来满足预期需求量，计划流程要达到总需求平衡以及覆盖整个的规划周期，定期编制计划流程能有利于供应链的反应时间。计划流程同时涉及模型其他层次。

2) 执行元素(Execution)

由于计划或实际的需求的变化引起产品形式变化，需要执行的流程包括进度和先后顺序的排定、原材料及服务的转变及产品搬运。

3) 支持元素(Enable)

支持元素也称使能元素，包括计划和执行过程所依赖的信息和内外联系的准备、维护和管理，如图 8.10 所示。

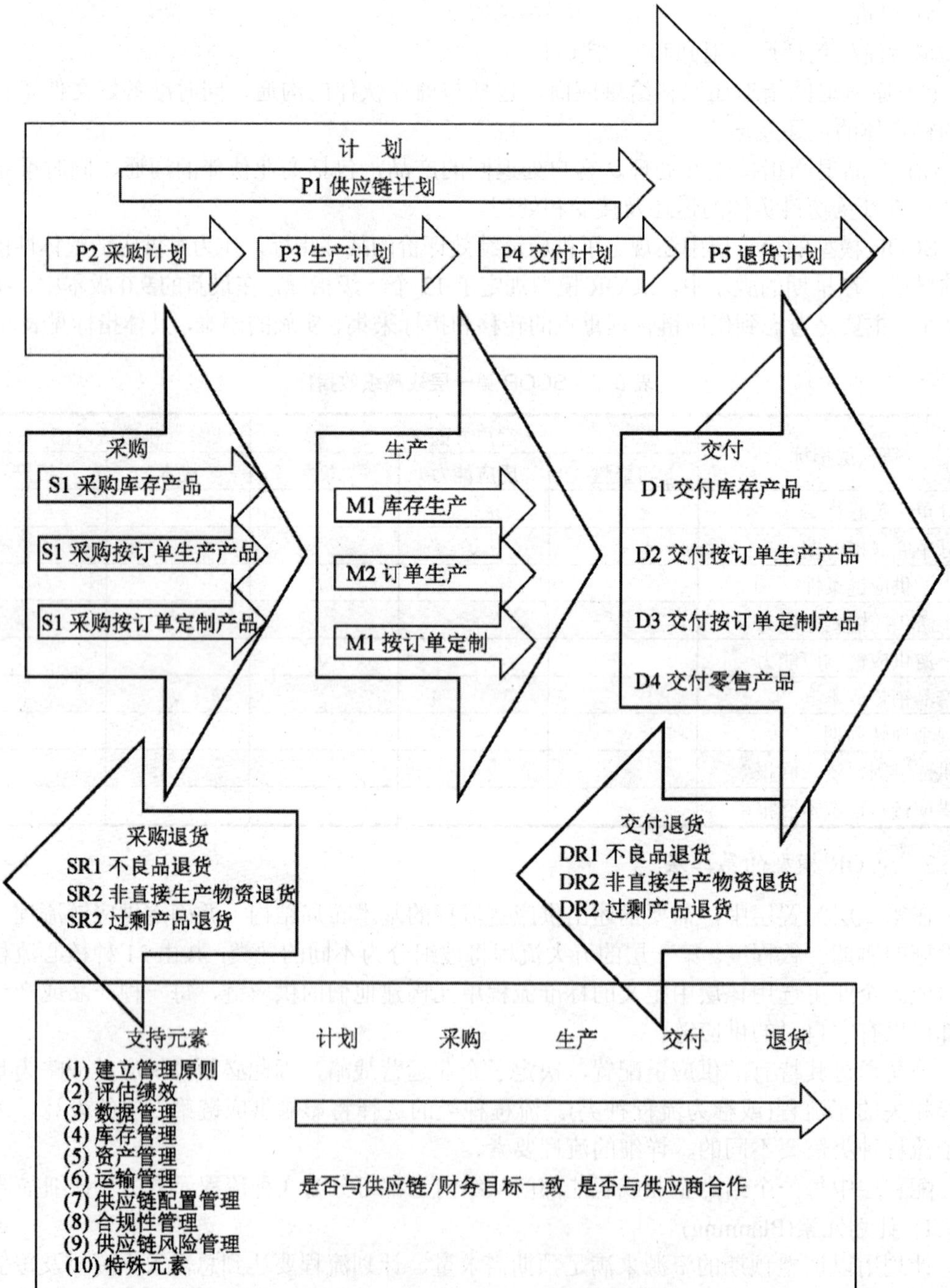

图 8.10　SCOR 9.0 第二层结构(注：译成中文可参照下面的描述)

以采购为例，在进行配置层描述时，需考虑以下内容。

(1) 计划元素。要在供应链计划(P1)的基础上，制订采购计划(P2)，通常采购计划还与生产计划(P3)相关。

(2) 执行元素。包括采购和采购退货两个方向的物流：采购物流根据产品生产特点或供应商采购要求分为采购库存产品(S1)、采购按订单生产产品(S2)和采购按订单定制产品(S3)3 种；采购退货根据退货来源分为不良品退货(SR1)、非直接生产物资退货(SR2)、过剩产品退货(SR3)3 种。以某一产品的采购为例，其 A 供应商采用 VMI 库存管理方式，采购流程描述为 S2，B 供应商为海外供应商，只能采用按期订货方式采购，采购流程描述为 S1。

(3) 支持元素。前 9 种支持元素及与供应商合作都与采购相关，需要考虑。即要考察是否已建立采购管理原则、采购评估绩效，是否已实现采购数据管理、采购库存管理、采购资产管理、采购运输管理、供应链配置管理和采购风险管理，是否与供应链/财务目标一致，是否与供应商合作。

图 8.11 所示是一家 IT 制造企业的供应链流程配置。

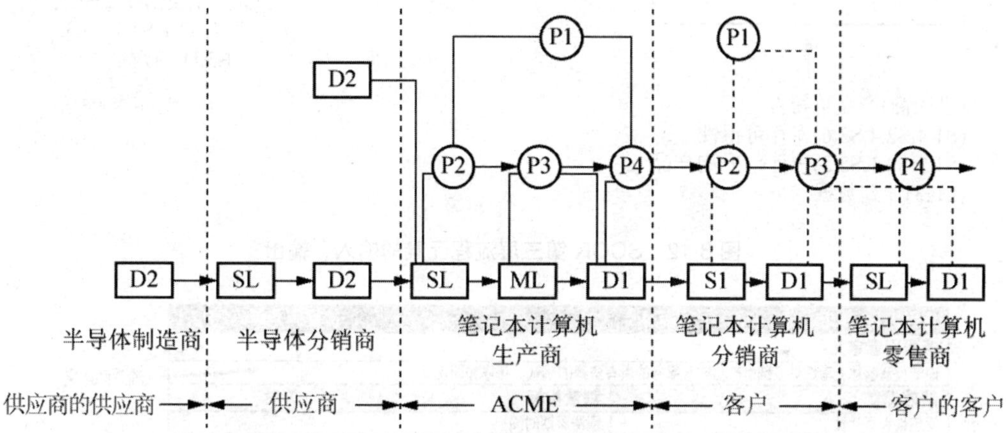

图 8.11 用 SCOR 模型第二层描述的供应链流程

3. SCOR 模型的第三层

SCOR 模型的第三层即流程元素层，通过对流程元素的定义，分解和细化了第二层的设计，完成整个供应链体系。第三层中还包括流程元素信息的输入和输出、流程绩效指标、最佳实践及其适用条件、支持流程所需的信息系统准则。由此可见，第三层定义了一个公司在其市场上竞争成功的能力，公司在第三级供应链上可通过精益原则和流程规划对其运营战略进行微调。

SCOR 模型的第二层主要是进行物流的规划，流程层则主要对供应链信息流进行规划。对于第二层的 31 个核心流程，均给出了流程定义、子流程、流程信息来源和信息输出。图 8.12 所示是示例的采购计划流程。在第三层中还给出了绩效评价指标和最佳业务实践，图 8.13 所示是对流程元素 P2.1 的说明。

4. SCOR 模型的第四层

SCOR 模型的第四层是实施层，参考了 ERP 等软件的标准流程，企业可根据实际情况采纳或修改，实施流程再造。企业也可以利用 SCOR 模型分析出的结论，进行整体计划、开发和架构去支持新的产品流程。

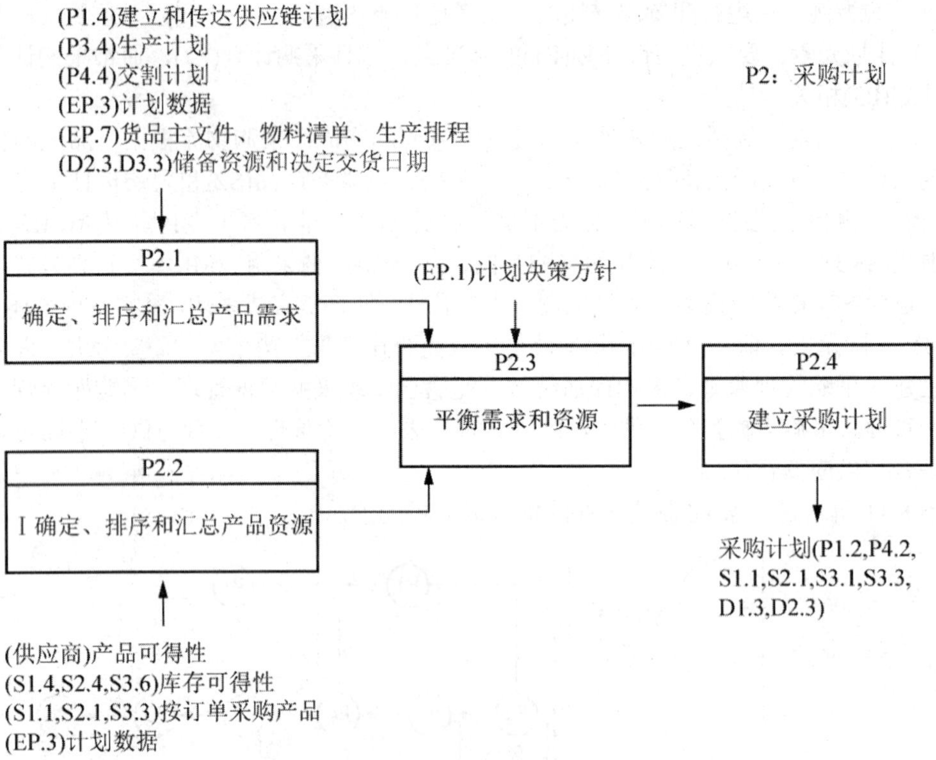

图 8.12　SCOR 第三层流程元素的输入、输出

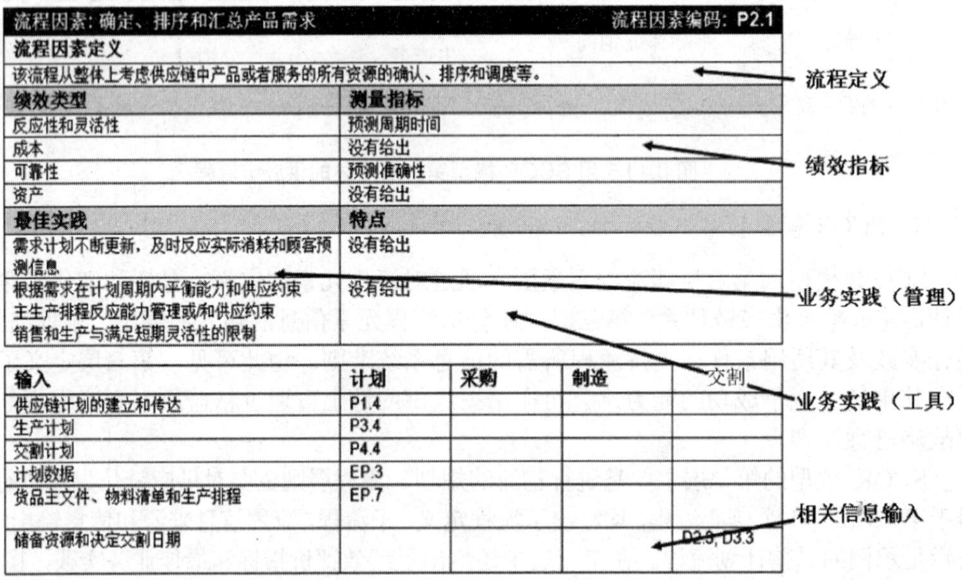

流程因素：确定、排序和汇总产品需求	流程因素编码：P2.1
流程因素定义	
该流程从整体上考虑供应链中产品或者服务的所有资源的确认、排序和调度等。	
绩效类型	测量指标
反应性和灵活性	预测周期时间
成本	没有给出
可靠性	预测准确性
资产	没有给出
最佳实践	特点
需求计划不断更新，及时反应实际消耗和顾客预测信息	没有给出
根据需求在计划周期内平衡能力和供应约束 主生产排程反应能力管理或/和供应约束 销售和生产与满足短期灵活性的限制	没有给出

输入	计划	采购	制造	交割
供应链计划的建立和传达	P1.4			
生产计划	P3.4			
交割计划	P4.4			
计划数据	EP.3			
货品主文件、物料清单和生产排程	EP.7			
储备资源和决定交割日期				D2.3, D3.3

图 8.13　流程 P2.1 的说明

实施层虽然不包含在 SCOR 的体系内，却是以供应链优化和有效整合为基础的，对企业提高竞争力至为关键。图 8.14 所示为流程 D1.2(接收、录入和验证订单)的 4～6 层的分解。

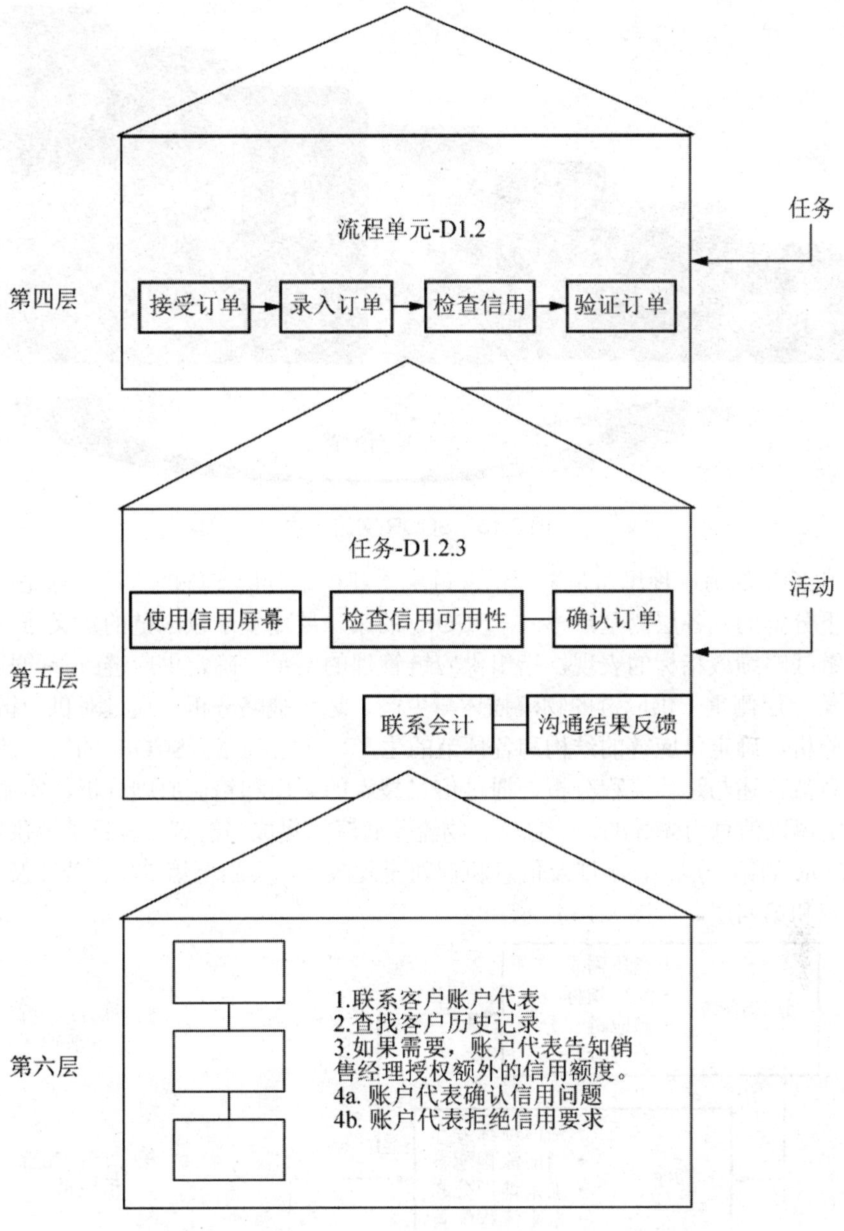

图 8.14 流程 D1.2(接收、录入和验证订单)的下三层分解

8.3.3 供应链运作参考模型的实施

SCOR 是一种结构化的方法，按从上至下、逐层展开的顺序，从宏观到微观、从战略到执行开发供应链体系。SCOR 的分层结构，通过将供应链流程分解为子流程和活动，使企业清晰地掌握流程变革如何影响目前既有的供应链运作，从而有助于企业清楚地了解风险所在，了解整个变革项目所需资源和实施进程。

SCOR 目前尚无统一的实施方法论，这体现了 SCOR 的灵活性，但也增加了企业应用 SCOR 的难度。现一般采用 iCognitive 公司的以项目过程为主的实施方法，如图 8.15 所示。

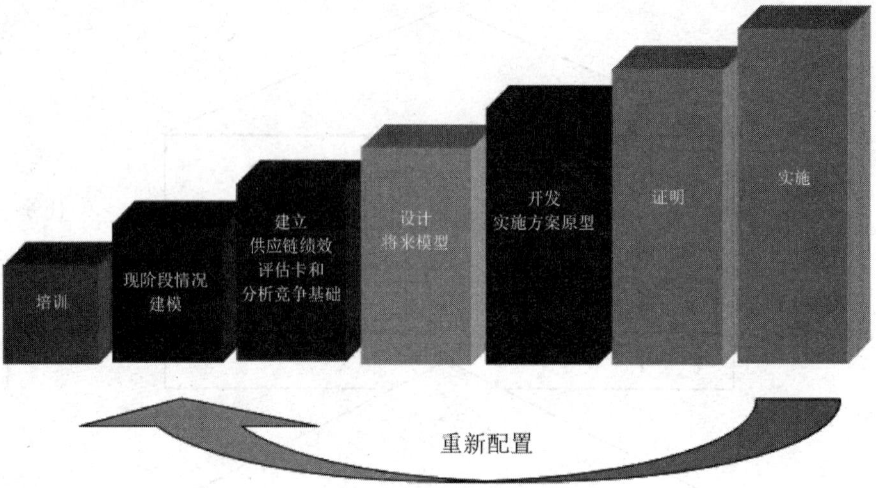

图 8.15　SCOR 实施方法

实施 SCOR 的另一种思路是采用供应链层次建模、分层实施的方法。这是因为 SCOR 是从上而下分解的，各层侧重点不同。SCOR 的第一层侧重于供应链的定义与评价，主要通过供应链战略绩效指标的表现，指出供应链管理的不足，确定供应链改善的战略方向。SCOR 的第二层侧重于供应链的物流描述与生产、运营战略分析，通过对供应链现状的空间和配置分析，确定供应链的结构和各环节的生产、运营战略。SCOR 的第三层侧重于供应链的信息流描述与运作流程分析，通过信息技术的采用和精益原则分析，实施供应链流程再造，实现以信息为先导的，信息流、物流、商流的集成与协调。若只了解供应链概况，则实施 SCOR 的第一层；若不涉及信息和管理流程改变，实施至第二层；若涉及流程重组，实施至第三和第四层，如图 8.16 所示。

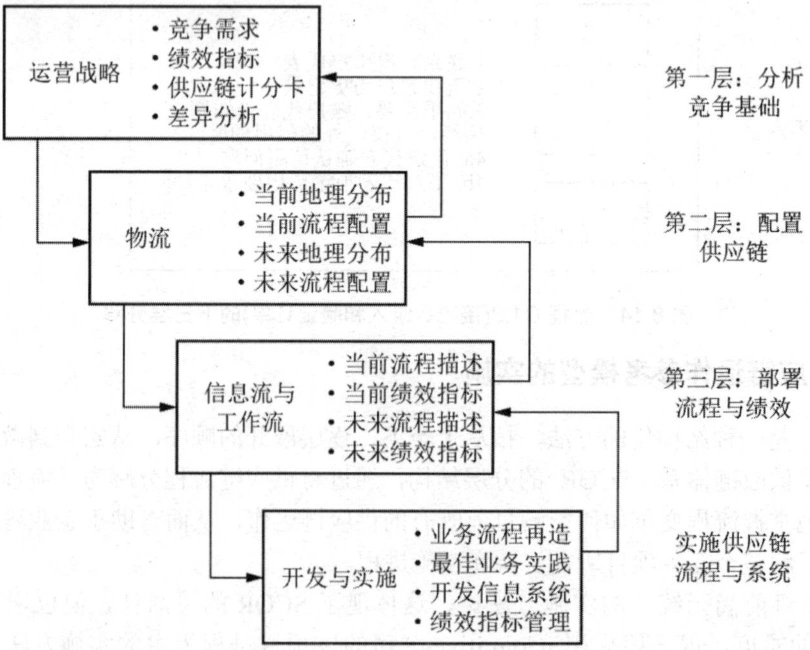

图 8.16　SCOR 的分层实施方法

1. SCOR 第一层的实施

企业可能鉴于投入供应链管理的资金不足或仅想对供应链作出战略评估，则可只实施SCOR 的第一层。实施 SCOR 第一层的重点是对供应链进行定义，并评价其战略绩效指标。

供应链定义包括以下内容。

(1) 确定供应链主线。一般以主要产品为主线，选取价值高的或与客户满意度关系紧密的产品。产品单一时，可以以运营单位(组织机构)为主线。

(2) 确定供应链结点企业范围。只考虑与供应链主线相关的供应商和客户，一般为上下各一级，考虑产品 BOM 和关键零部件，可以再向上扩展一级。

SCOR 第一层的战略绩效指标可分为可靠性、反应能力、柔性、成本、资产 5 个方面。可靠性用来描述供应链输出产品或服务的质量，如订单完美履行率等；反应能力用来描述供应链时间指标，如业务处理时间和平均等待时间等；柔性用来描述供应链流程对变化的适应能力和灵活性，如产品柔性、时间柔性、数量柔性等；成本指标描述流程运作所消耗的成本，如销售成本、供应链管理成本等；资产指标描述供应链利用资本的能力，反映流程是否使资本有效增值，如库存供应天数、资产周转能力等。

对 SCOR 9.0 的 9 个指标的描述、计算方法见表 8-4。SCC 每年会组织会员自愿填报这些指标，各分会据此提供分行业的指标标杆。SCOR 的指标标杆一般分为三类，取绩效样本的前 20%，将其均值称为卓越企业绩效；取绩效样本的后 20%，将其均值称为最差企业绩效；取绩效样本中间的 60%，将其均值称为一般企业绩效。

表 8-4 SCOR 第一层绩效指标

性能特征	第一层衡量指标	指标计算方法
供应链可靠性	完好订单履行率	(及时足额运送的订单-文档资料有错误的订单-有运送损坏的订单)/全部订单
供应链反应性	订单完成提前期	订单运输的实际提前时间/运送订单的总数
供应链柔性	上游供应链响应能力	供应商订单履行提前期
	下游供应链响应能力	客户订单履行提前期
	上游供应链柔性	超出计划但可承受的产量增、减变动 20%，所需时间
供应链成本	产品销售成本	材料成本+直接制造成本+间接人工成本
	现金周转时间	供应库存天数+应收款天数-应付款天数
供应链资产	供应链固定资产回报率	产品销售总额/固定资产总值
	供应链营运资产回报率	产品销售总额/流动资产总值

企业可使用供应链计分卡(Supply Chain Scorecard)来评估供应链绩效并确定改善着眼点。如图 8.17 所示，将本企业的目前绩效水平与 SCOR 的指标标杆相比较，根据战略重要度和差距大小确定亟需改善的绩效(图中圈起的标杆值是绩效目标)。

在进行绩效改进和评价时需注意，在 SCOR 第一层指标中不少指标是相关的，例如如果上游供应链响应能力提高了，那么订单完成提前期一般就会降低。因此，推荐采用订单完美履行率、上游供应链柔性、现金周转时间、固定资产回报率四项指标作为供应链绩效评价的基础项和供应链绩效改进的出发点。

确定了要改进的战略绩效指标，接下来就是怎样将已既定的将来目标层层分解，落实到具体的实施操作流程及其责任人身上，这涉及 SCOR 第二、三层的内容。

	绩效属性	SCOR 第一层衡量指标	目前水平	绩效比较 一般	优势	一流	差距	达到目标所获收益
面向客户	供应链可靠性	配送性能	85%	**85%**	**90%**	**95%**	11%	
		完成率	83%	94%	96%	98%	18%	
		完美订单履行	70%	80%	85%	90%	28%	增加$30M收入
	供应链反应能力	订单完成提前期	37 天	7 天	5 天	3 天	640%	增加$30M收入
	供应连柔性	供应链响应时间	**97 天**	**82 天**	**55 天**	**13 天**	78%	增加客户满意度
		生产柔性	**45 天**	**30 天**	**25 天**	**20 天**	125%	
面向内部	成本	供应链管理总成本	19%	13%	8%	3%	46%	减少$30M 间接成本
		产品销售成本	$120K	**$150K**	**$100K**	**$60K**	100%	
		产品保证成本	NA	**NA**	**NA**	**NA**	NA	NA
		增值生产力	$122K	**$156K**	**$306K**	**$460K**	280%	NA
	资产	供应库存总天数	79 天	**55 天**	**38 天**	**22 天**	108%	减少库存持有成本
		现金周转时间	196 天	80 天	46 天	28 天	145%	减少$7 M/次
		净资产周转次数	4.2 次	**8** 次	**12** 次	**19** 次	360%	NA

图 8.17　某企业的供应链绩效计分卡(图中指标采用的是 SCOR 6.0 版本)

2. SCOR 第二层的实施

SCOR 的第二层侧重于供应链的物流描述与生产、运营战略分析，在第二层的实施中，首先要明确涉及物流的供应链运营环节(物流基本运营单位)，逐个企业标明其所有的运营环节。根据表 8-5 所示的调查表了解供应链运营环节的基本信息。

表 8-5　供应链运营环节调查表

1	单位名称	
2	职能	
	是否有计划职能	
	是否有配送(接单)职能	
	是否有生产职能	
3	业务模式	面向库存/面向订单/面向工程设计
4	与产品 BOM 的关系	原材料、WIP、成品
5	与其他单位的计划和订单交流情况	
	计划时间	中、长、短期，间隔时间
	订单周期和订单完成率	
	发送方、接收方	

然后用 SCOR 第二层 31 种核心流程描述各运营环节的生产、运营方式，应包含计划元素，可不包含支持元素，应分产品绘制此图，如图 8.18 所示。再绘制供应链地理分布图，图 8.19 所示是图 8.18 中的 A 公司的全球地理分布。

根据供应链物流流程和地理分布现状，寻找改善的切入点。一般可从计划周期、计划完成情况、订单履行周期、订单完成率、物流运作成本、客户满意度等方面进行考察，这也是在做供应链运营环节调查时需要了解的。分析出供应链物流不足之处后，可通过本土化、寻找替代供应商、实施 VMI 库存管理、外包物流等物流管理方法寻求解决方案。绘制新的供应链物流流程图和地理分布现状图，确定SCOR的绩效改善指标。图8.20和图8.21所示是A公司的示例。

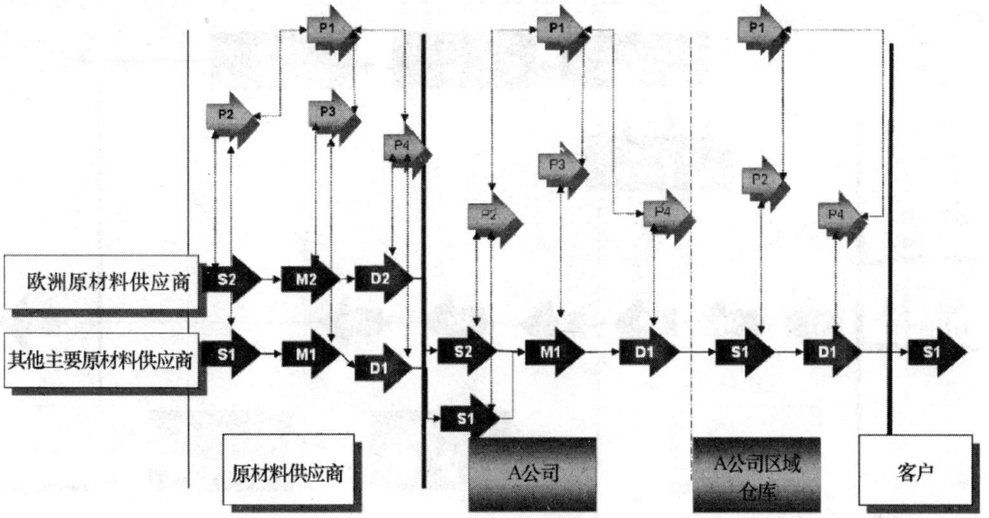

图8.18　A公司的SCOR第二层描述

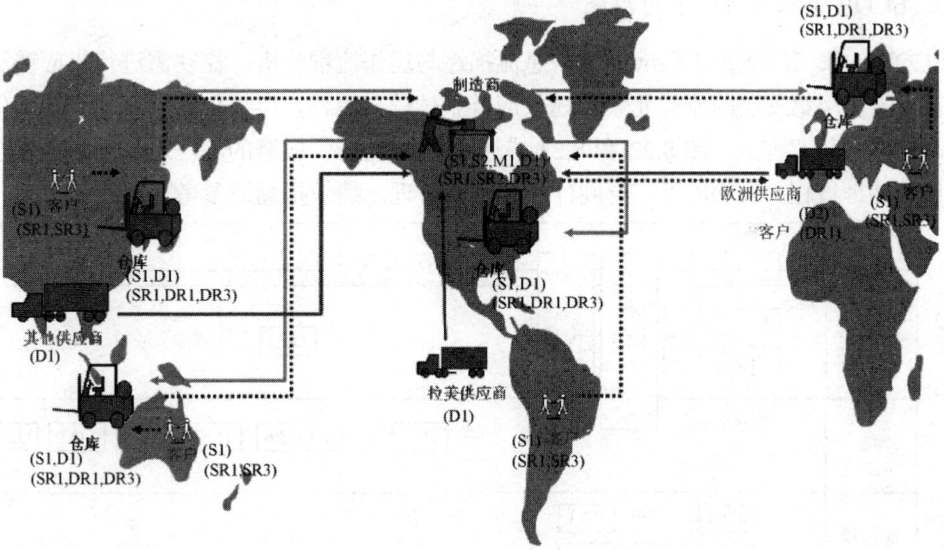

图8.19　A公司的供应链地理分布

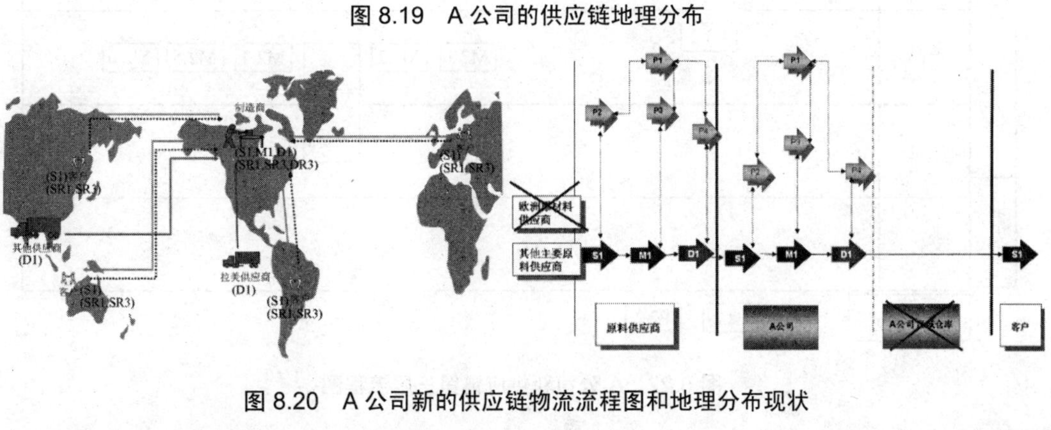

图8.20　A公司新的供应链物流流程图和地理分布现状

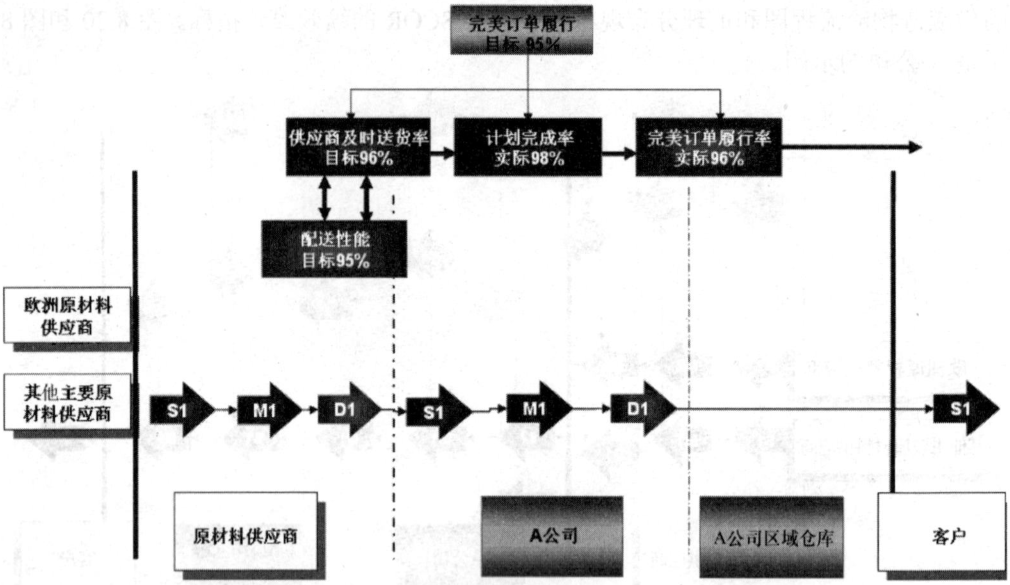

图 8.21 A 公司新的供应链流程计划绩效指标

3. SCOR 第三层及以下的实施

SCOR 的第三层侧重于供应链的信息流描述与运作流程分析，往往需进行供应链流程再造。一般先利用第三层的流程元素描述供应链整体信息流程，再细化每一流程元素的信息流过程，从中寻找改善点。图 8.22 和 8.23 描述了 A 公司新供应链的第三层流程和第四层流程中的订单处理过程。SCOR 第三层同样注重绩效管理，绩效指标请参考 SCOR 标准文件。

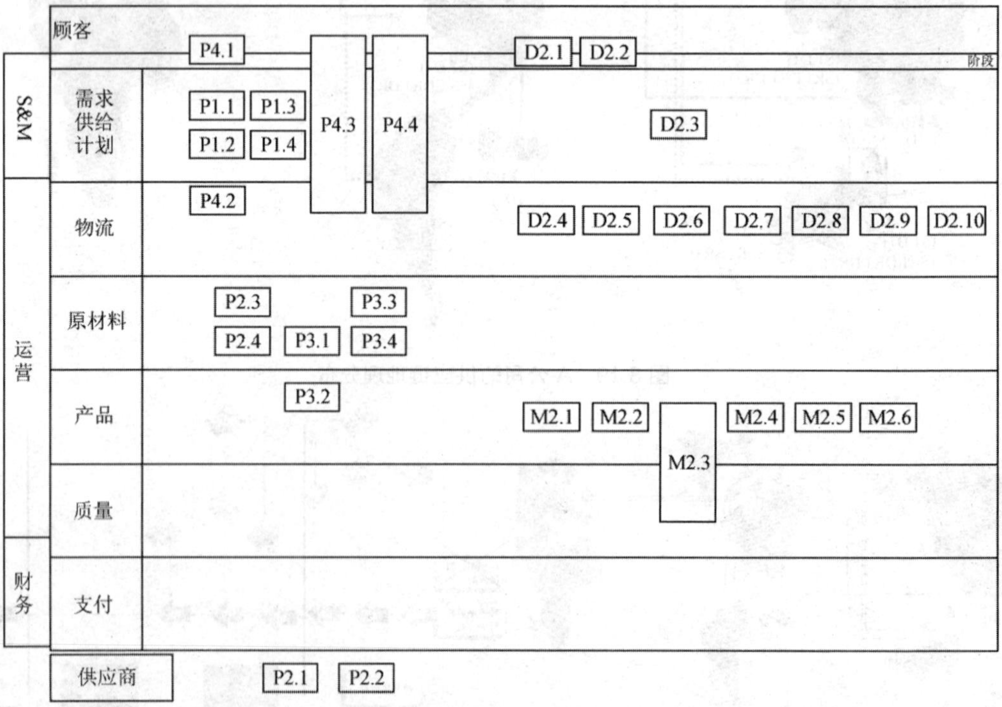

图 8.22 A 公司新供应链第三层流程图

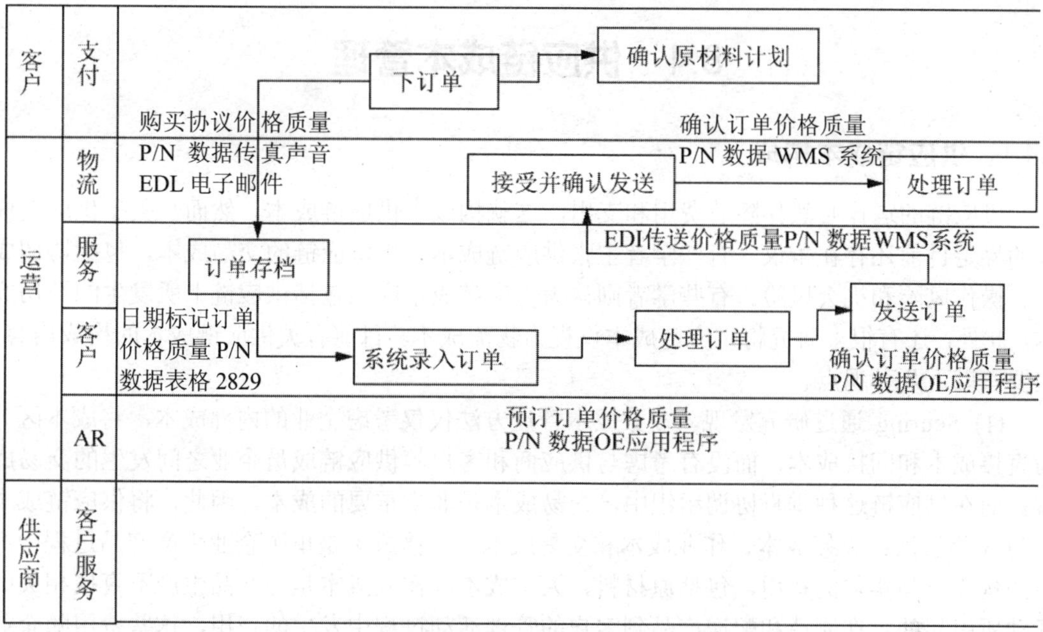

图 8.23　A 公司新供应链第四层订单处理流程图

SCOR 第三层以下涉及具体的管理运作流程，其改善往往要与其他管理软件(如 ERP)配合进行。SCOR 第三层给出了最佳业务实践，可以作为改善的参考。第三层以下主要的运作流程可以利用仿真软件模拟，对备选方案优化。图 8.24 所示是利用 ARIS 进行订单完成率仿真。

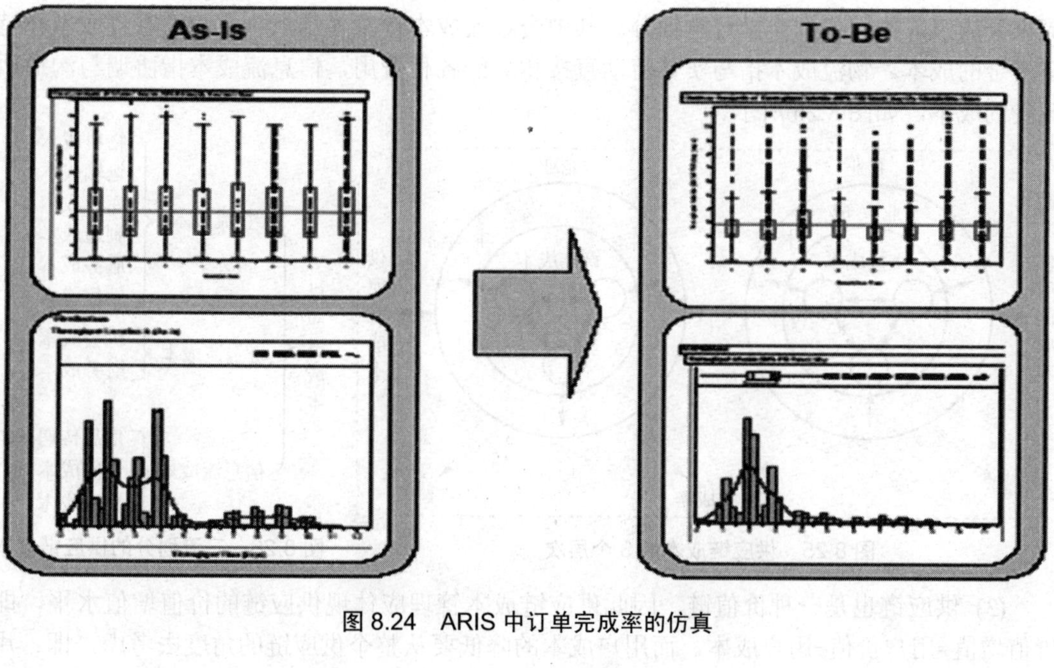

图 8.24　ARIS 中订单完成率的仿真

8.4 供应链成本管理

8.4.1 供应链成本构成

供应链的运作必然伴随着费用和支出，这就构成了供应链成本。然而，关于供应链成本的界定目前还存在争议。有些学者主张供应链成本仅指供应链的交易成本，包括协调成本、操作风险和机会风险。有些学者则认为供应链成本应该包括供应链上所发生的一切成本。此外，还有很多研究将供应链成本仅视为物流成本。目前有关供应链成本的构成内容，主要有以下几种观点。

(1) Seuring 通过研究发现，多数成本管理方法仅仅考虑企业的内部成本，将成本区分为直接成本和间接成本，而没有考虑与供应商和客户等供应链成员企业之间发生的交易成本。而在供应链这种垂直协调组织中，交易成本是非常重要的成本，因此，将供应链成本分为 3 个层次：直接成本、作业成本和交易成本。直接成本是单个企业生产产品过程中产生的构成产品实体的费用，包括原材料、人工成本。作业成本是与产品生产不直接相关的活动所引起的，在制造和配送产品到客户的管理活动过程中发生的费用，这些费用随企业生产活动和组织结构的不同而有很大差异。交易成本为在谈判、控制和调整相互交易关系时发生的信息和协调成本，包括所有与供应商和客户处理信息和通信的所有活动而发生的费用，如图 8.25 所示。

(2) 供应链上存在 3 种流：物流、信息流、资金流。供应链管理就是协调 3 种流的运动使之产生最大效益的。通过有效的供应链管理实现 3 种流的平滑流动，能合理地配置供应链资源，在产生最佳经济效益的同时实现成本最优。因此，供应链上的成本可以按 3 种流来分成三大类，各大类又可再细分。其中资金流成本特指各结点企业各种融资成本和持有资金的成本，物流成本指与实体流动直接相关的各种费用，信息流成本指协调与沟通所花费的成本，如图 8.26 所示。

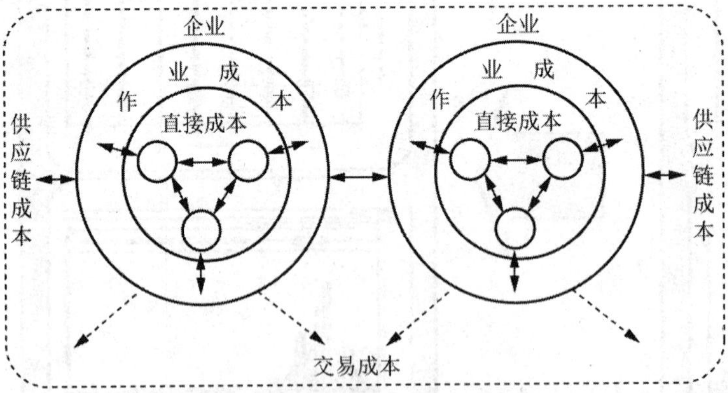

图 8.25 供应链成本的 3 个层次

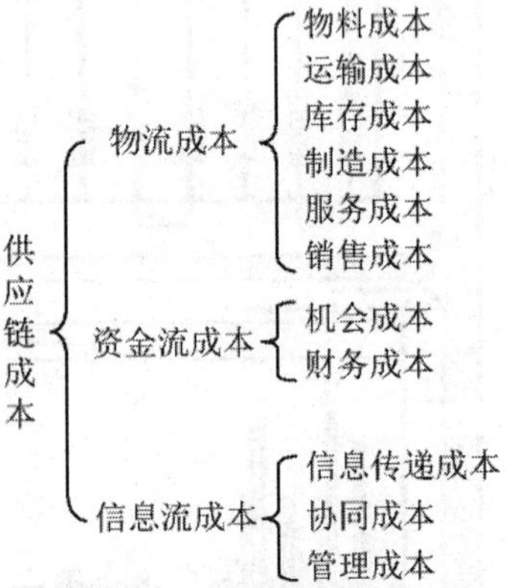

图 8.26 三流划分的供应链成本

(3) 供应链也是一种价值链，因此供应链成本管理应体现供应链的价值增值水平，即价值增值=用户价值-用户成本。而用户成本的降低要从整个供应链的角度去考虑，即：用户成本=供应成本+制造成本+销售成本＋供应链管理成本，前三部分成本分别对应供应商成本、制造商成本和销售商成本，如图 8.27 所示。

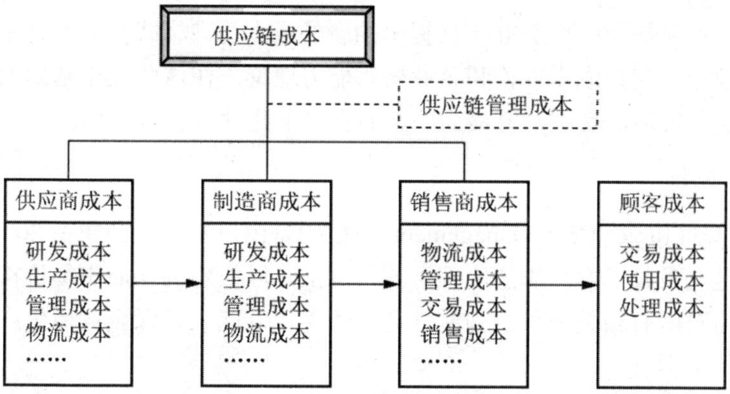

图 8.27　按价值链划分的供应链成本

(4) 从作业成本思想角度出发，可将供应链成本分为供应链总运营成本、供应链管理成本和隐形成本三大类，如图 8.28 所示。

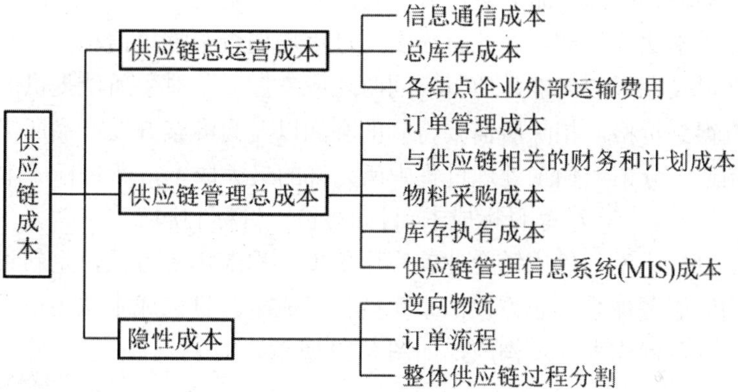

图 8.28　按作业成本划分的供应链成本

8.4.2　供应链成本管理方法

供应链成本管理是指对供应链运作过程中所发生的相关费用进行计划、协调与控制。供应链成本管理将成本管理的方法拓展到组织的界限之外，应用于整个供应链，通过加强与上下游企业的合作，使自身价值链与上下游客户的价值链结合起来，能动地协调和控制供应商、客户及自身的成本。供应链成本管理强调获取战略上的成本优势，在成本管理中注入了全局思想。它具有以下特点。

(1) 目标具有两重性。传统成本管理理论认为，提高客户服务水平必然导致成本上升，因此这种成本管理的目标是单纯地追求企业成本与服务水平之间的平衡。但在供应链系统中，改善服务和降低成本这两个目标可同时实现。

(2) 管理的范围由职能向流程转换，寻求总成本最低。供应链成本不是面向单个企业的经营结果，而是面向一体化流程过程的，所有供应链成本管理都是向整体要效益。

(3) 管理手段多样化。供应链管理的有效实现主要通过利用信息技术以及供求信息在企业间的整合，建立客户关系管理系统、供应链管理系统、全球采购系统和电子商务系统等技术支撑体系，改善企业传统的业务流程，创建学习型组织来降低系统成本。

供应链成本管理是20世纪90年代提出的新的成本管理模式，其理论基础是价值链理论、委托代理理论、交易成本理论和企业核心能力理论。在这些理论基础上所发展的供应链成本管理方法有很多，其中研究最为广泛的有以下几种。

1. 目标成本法

目标成本管理(Target Cost Management，TCM)是由日本丰田公司在20世纪60年代开发出来的，它是在吸收了客户满意度理念的基础上，以假想的产品市场价格为出发点，将客户需求转化为对所有相关流程的强制性竞争约束，以此来确保企业所生产的产品能够创造出利润。

目标成本法由三大环节构成一个紧密联系的闭环成本管理体系：首先确定目标，层层分解；其次实施目标，监控考绩；然后评定目标，兑现奖惩。目标成本法将客户需求置于供应链企业制定和实施产品战略的中心地位，将满足和超越目前品质、功能和价格等方面的客户需求作为实现和保持产品竞争优势的关键。

在运用目标成本法的初期，企业首先要通过市场调查来收集信息，了解客户愿意为产品所支付的价格以及期望的功能、质量，同时还应掌握竞争对手所能提供的产品状况。公司根据市场调查得到价格，扣除所需要得到的利润以及为继续开发产品所需的研究经费，计算出产品在制造、分销和加工处理过程中所允许的最大成本，即目标成本为

产品目标成本=目标售价－目标利润

一旦建立了目标成本，供应链企业就应用价值工程(VE)等方法，重新设计产品及其制造工艺与分销物流服务体系，想方设法来实现目标成本。目标成本法由市场驱动成本、产品目标成本和组件目标成本三步构成，如图8.29所示。

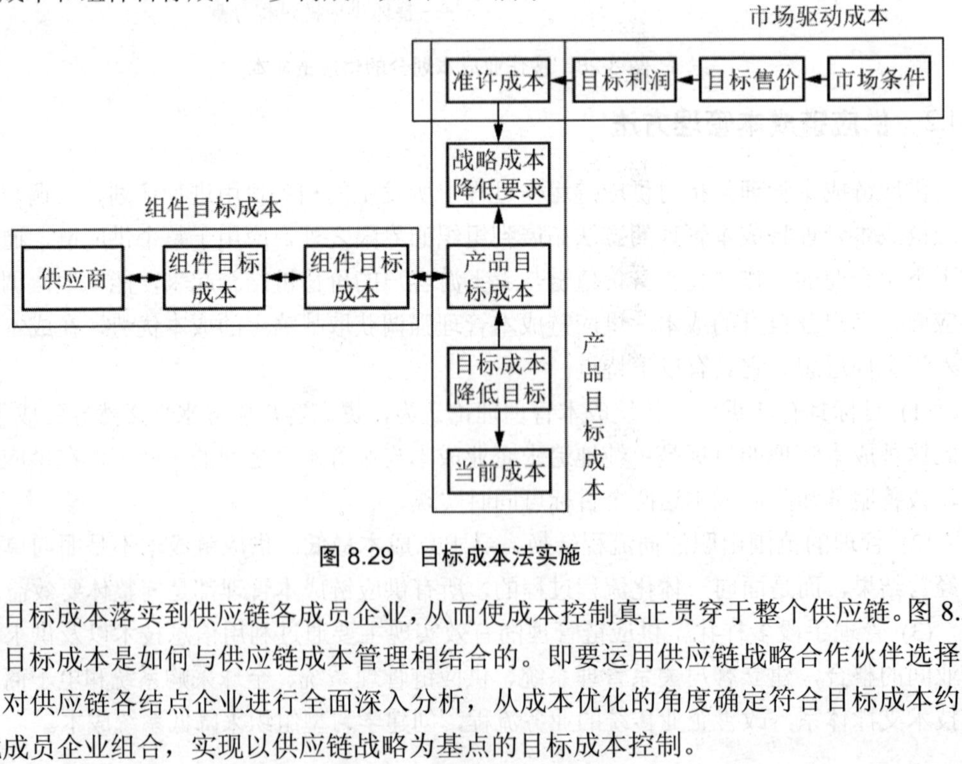

图8.29　目标成本法实施

将目标成本落实到供应链各成员企业，从而使成本控制真正贯穿于整个供应链。图8.30说明了目标成本是如何与供应链成本管理相结合的。即要运用供应链战略合作伙伴选择的思想，对供应链各结点企业进行全面深入分析，从成本优化的角度确定符合目标成本约束的最优成员企业组合，实现以供应链战略为基点的目标成本控制。

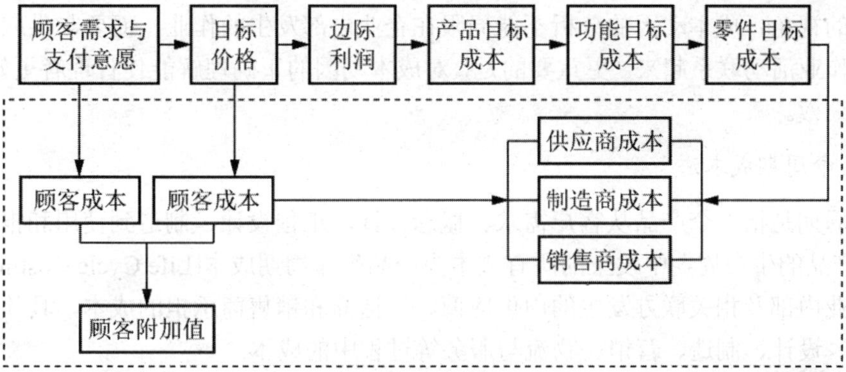

图 8.30　供应链目标成本法实施框架

2. 作业成本法

1984 年，美国的罗宾·库帕和罗伯特·卡普兰提出了作业成本管理(Activity Based Costing，ABC)。作业成本管理的基本理念是“作业消耗资源，产品消耗作业”，其目标在于将成本动因引起的资源耗费以更加合理的方法分摊到产品总成本中。产品消耗作业，作业消耗资源，资源按资源动因把其成本追加到作业中去，从而得到作业成本，作业又按作业动因把其成本追加到产品中去，最终形成产品总成本，具体思想如图 8.31 所示。

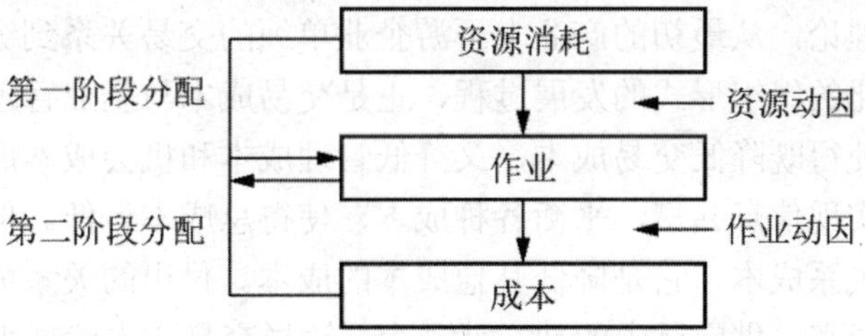

图 8.31　作业成本法的基本思想

根据作业成本模型，可将作业成本管理的计算过程划分为以下 3 步。

(1) 分析确定资源，确认主要作业，划分作业中心。一个作业中心是生产过程的一部分，如材料准备等。

(2) 确定资源动因，建立以作业为中心的成本库汇集费用。成本库是以某一成本动因解释其变动的成本，它按作业中心设置，每一个成本库所代表的是那个作业中心的作业所引发的成本。这一步的计算反映了作业成本法的一项原则：作业量决定资源的消耗量，资源的消耗量与作业直接相关，成本应按作业进行归集。

(3) 选择作业动因，把成本库的总成本按其成本动因费率分配到最终产品中，计算产品总成本。作业动因是将作业成本库成本分配到产品或劳务中去的标准，也是作业耗费与最终产出的沟通中介。这一步反映了作业成本法的另一原则：产品消耗作业，产品产出量的多少决定着作业的耗用量。

供应链作业成本是从供应链的视角，以作业和交易为基础，通过分析间接费用来优化产品的总成本。因此，在供应链作业成本中，需要分析传统企业层的间接费用(作业成本)和供应链层的间接费用(交易成本)，交易成本要根据客户、供应商、合同谈判等交易来分析。在供应链中，所有参与的企业和部门共同确定交易和作业以及相关的成本动因。因此，从供应链的视角，成本动因的分析不能局限在企业内部发生的作业，而要与供应商和客户的合作等作业活动联系起来。更重要的是，对成本动因的正确理解能使管理者更好地决策，提高组织绩效。

3. 生命周期成本法

生命周期是指一个产品从客户需求、概念设计、工程设计、制造到使用和报废的时间过程。在产品的生命周期中发生的所有成本为产品生命周期成本(Life Cycle Costing，LCC)，包括在企业内部及相关联方发生的由供应商、制造商和销售商承担的成本，具体指产品策划、开发、设计、制造、营销、物流与服务等过程中的成本。

在供应链中，产品的设计开发、生产、销售已经不再是由单个企业完成，需要多个企业之间协作，共同控制管理产品的生命周期成本，使各结点企业以及用户早期共同参与进行产品的设计，从而降低产品的生命周期成本。供应链中各个企业之间良好的合作基础为生命周期成本法的实施提供了一定的保障。供应链生命周期成本法关注供应链的总成本，强调供应链企业之间的协同合作，共同进行成本管理。

在供应链成本管理中，要注意成本构成项之间的悖反性，它会导致供应链成本管理复杂化。

1) 交易成本与关系成本、管理成本的悖反

根据交易成本理论，从最初的产业上下游企业单纯的交易关系到纵向一体化，直至供应链这种横向一体化的组织形式的发展过程，正是交易成本与企业管理成本悖反运动的结果。供应链的出现使得既降低交易成本，又降低管理成本和机会成本成为可能。通过企业之间的充分合作，实现信息共享，平衡各种成本，使得总成本最低。但供应链的出现增加了另一项成本——关系成本，它是降低其他成本的成本。付出的关系成本越多，供应链中企业间的关系就越紧密，供应链中的冲突就越少，这样交易成本就越小。

2) 上下游企业成本的悖反

供应链中发生的最多的成本悖反是企业之间的成本悖反。由于有限理性与机会主义的存在，供应链中的企业有时候并不是从供应链总成本最优的角度来考虑问题，这样就会导致供应链中的企业为了自身成本的最优而给其他企业带来大量的成本，进而造成供应链总成本增加的情况。

本章小结

本章介绍了供应链绩效评价和管理的有关内容，在理论上通过供应链绩效评价体系构建了一个宏观的框架。在实际运用方面，重点介绍了 SCOR 模型的结构和实施方法。绩效管理是供应链管理不可或缺的主要组成，各个企业在实践中会使用不同的方法，学习中应注意理论联系实践。

本章介绍供应链绩效评价和绩效管理的有关概念、方法、模型。8.1 节介绍了供应链绩效评价和绩效管理的基本概念，8.2 节阐述了供应链绩效评价体系的内容，8.3 节介绍了 SCOR 模型的结构和实施方法，8.4 节介绍供应链成本绩效构成及其管理方法。

复习思考题

1. 填空题

(1) 给出对应的汉语翻译：AHP_________、LCC________。

(2) SCOR 配置层中从纵向上都可分为计划元素、执行元素和_____3 种流程元素进行详细描述。

(3) SCOR 的第三层侧重于供应链的_________描述与运作流程分析。

(4) Seuring 将供应链成本分为 3 个层次：直接成本、作业成本和_________。

(5) 目标成本法中产品目标成本等于目标售价减去_______。

2. 选择题

(1) 常见的供应链绩效评价模型有(　　)。

A．CPFR　　B．SCPR　　C．SCOR　　D．BSC-SC

(2) 供应链评价内部标杆是和供应链的(　　)绩效水平对比。

A．历史　　B．标杆企业　　C．最优部门　　D．目标

(3) (　　)流程不是 SCOR 定义的基本供应链流程。

A．采购　　B．交付　　C．销售　　D．生产

(4) 下游供应链响应能力反映供应链的(　　)能力。

A．可靠性　　B．反应　　C．成本　　D．柔性

(5) 目标成本法由市场驱动成本、(　　)成本和组件目标成本三步构成。

A．产品目标　　B．生产目标　　C．销售目标　　D．装配目标

3. 判断题

(1) SCOR 是第一个标准的供应链流程参考模型，是供应链的诊断工具。　(　　)

(2) SCOR 第一层的战略绩效指标可分为可靠性、反应能力、柔性、成本、资产 5 个方面。　(　　)

(3) 作业成本管理的基本理念是“作业消耗产品，资源消耗作业”。　(　　)

(4) 客户的客户不属于 SCOR 描述的范围。　(　　)

(5) 供应链管理成熟度用管理回报率量化管理价值。　(　　)

4. 简答题

(1) 供应链绩效评价具体包括哪些内容？

(2) 什么是供应链管理成熟度？

(3) 供应链绩效评价的原则有哪些？

(4) 供应链绩效管理的重点是什么？

(5) 供应链绩效评价的方法有哪些？

5. 论述题

(1) 怎样运用 SCOR 的第一层指标评价供应链？

(2) 目标成本法能与作业成本法结合使用吗？
(3) 试论述 SCOR 的三层结构。
(4) 如何使用标杆法来提高供应链的整体水平？
(5) 试论述供应链平衡计分卡的评价特点。

案例分析

供应链绩效评价技术中一种常用的方法是关键绩效指标法(KPI)，在关键绩效指标法中，建立起功能型的组织和工作组，并跟踪被认为是跟绩效衡量最相关的关键指标。当然，关键指标项目法存在很多缺点，如通过聚焦于功能性关键指标，员工仅仅满足于局部最优的行为，而放弃了组织整体的利益。此外，有经验的管理者还知道怎样操纵或修补关键指标，以使它们看起来更好。

一个杂货食品连锁店就发明了一个个别的、创新性的关键指标修补方法，它是针对分销中心(DC)的超级市场铺货率的。该杂货食品连锁店有多重分销中心，它们都服务于各自的超级市场。这些分销中心的关键绩效衡量指标是铺货率，即在同一天内各个分销中心向超市铺货的订单数。为了突出铺货率这个关键指标，这家杂货食品连锁店单独设立了一个分销中心监测来它们产品的供应情况。当潜在的供应缺货情况即将来临的时候，就提醒超市存在潜在的缺货问题，并要求超市最近不要订购相应种类的商品。通过这种方法，各分销中心的铺货率指标看上去就显得非常激动人心，因为很少有订单没有得到满足。这个方法确实具有一些优点，被告知有缺货情况的超市当然可以重新对缺货情况作出反应，它可以重新组织自己的货架空间，避免为分销中心缺货的商品花费不必要的订货成本。但这个方法同时扭曲了实际的绩效水平，分销中心丧失了真实可见的供应绩效和订单的可获得性。

思考题：

通过案例，分析关键绩效指标法在供应链评价上的利弊，并指出评价指标选择的原则。

第 9 章　供应链决策管理

【学习目标】

➢ 知识点

- 影响供应链决策的财务因素
- 利用决策树评估影响供应链决策的财务因素和弹性
- 供应链决策支持系统的内涵、构架、理论基础及模型

➢ 难点

- 利用决策树评估影响供应链决策的财务因素

➢ 要求

熟练掌握的内容

- 影响供应链决策的财务因素
- 利用决策树评估影响供应链决策的财务因素
- 利用决策树评估弹性

了解理解的内容

- 了解供应链决策支持系统的内涵、构架
- 理解供应链决策支持系统的理论基础、模型

导入案例

利丰集团的供应链管理

利丰集团是以香港为基地的跨国商贸集团，1906年于广州成立，是中国最早的对外贸易公司之一。2009年营业额超过100.5亿欧元，利润攀升39%，达到3.84亿欧元，在40多个地区中建立80多家分公司及办事处，网络遍布全球。但是，该集团没有一个工厂，被称为"平的世界上竞争"的楷模，是一个建立在无边界世界上的企业，称为"全球网络整合者"。其核心能力是供应链管理，其核心业务是贸易出口、经销、零售。

利丰集团的供应链管理包括：①优化供应链；②将正确的产品在最低定价、在最短时间和在正确的地点交付给终端用户；③供应链管理的好处，可以以最大效率减少总成本。利丰集团的供应链管理被哈佛大学收为经典案例。

利丰供应链管理主要包括5个概念：一是以顾客为中心，以市场需求为原动力；二是强调在供应链上的定位是企业的核心业务；三是不同于传统与商务伙伴的恶劣关系，现代SCM强调建立一个紧密合作、共担风险、共享利益的关系；四是利用信息系统优化供应链的运作。在现代市场经济条件下，利用信息系统有利于优化供应链环节，也能使供应链水平提高；五是商流、物流、信息流和资金流的设计、执行、检讨和不断改进，从而达到多重目标，即缩短产品完成时间，使生产贴近实时需求，降低在采购、库存、运输环节之间的成本。

网络整合在供应链中至关重要，在利丰集团网络整合体现了3项功能：一是设计及管理网络。在全球最健全的供货商中抽取出最佳的供应链，网络指挥家创造、开发和扩展网络，从里面得出供应链。二是以授权来做管控，尤其用一套硬性的管控制度，网络指挥家糅合授权、培训及认证制度等技巧来管理一个网络。在供应链中每一份子都可以运作自己的企业。三是透过整合创造价值。运用网络内各公司的专长及特别资源创造新的价值。网络整合——分散生产网络整合，整合网络不单只是采购材料及组合配件，它包括将供应链每项步骤分拆，把它们分配给位于不同地点的各家公司管理，通过优化和管理整个生产过程，重新设计整条供应链，即从这些分散了的工序网络中抽取合适的成员，实现网络整合。

【思考】利丰集团供应链决策管理有何独到之处？

9.1 财务因素对供应链决策的影响

9.1.1 影响供应链决策的财务因素

在供应链设计阶段，决策的制定主要考虑的是如何在供应链内进行投资。公司所作出的决策主要包括建多少家工厂、采购或租用多少辆卡车、建造仓库还是租用仓库等。这些决策一旦作出，在短期内往往不能随便更改，一般要持续几年，并限制供应链的活动范围，所以，对这些决策进行正确的评价非常重要。在制定供应链决策，特别是在设计全球供应链时，管理者除了要考虑供给和需求的不确定性因素之外，还要考虑其他影响上述决策的财务因素。例如，丰田公司的全球组装工厂更具有灵活性，每家工厂能够供应多个市场，这种弹性生产的好处在于，通过改变产量来规避汇率和当地价格的波动，丰田公司从中获取最大利润。如果汇率或价格存在不确定性，即便需求很小或者在供应极不确定的情况下，公司也要选择灵活的全球供应链决策。因此，在供应链决策中，必须既考虑供给和需求的不确定性，同时也要考虑财务因素的不确定性。

9.1.2 供应链中的贴现现金流分析

由于供应链设计决策会执行一段较长时期，因此应该对这一时期的现金流的结果进行评价。所谓现金流的现值是指资金按规定的折现率，折算成现在或指定起始日期的数值。贴现现金流量(DCF)分析用以评价任何未来现金流量的现值，比较两种现金流量的财务价值。贴现现金流量分析的基本前提是今天的货币价值高于未来的货币价值，因为今天的货币可用以投资，在本金之外还获得回报。这一前提为比较未来现金流量的相对价值提供了基本的工具。

引进贴现因子来计算未来现金流的现值。如果今天 1 元用于投资，其下一时期的投资回报率为 k，那么这 1 元在下一时期就变为 $(1+k)$ 元，因此，在下一时期获得 1 元或在本期获得 $1/(1+k)$元对于投资者而言并没有什么区别。所以，计算下一时期 1 元现值的贴现公式为

$$\text{贴现因子}=\frac{1}{1+k} \tag{9-1}$$

回报率 k 也称为贴现率或资本的机会成本。给定下一时期的现金流为 $C_0,C_1,\cdots,C_T$，回报率为 k，则现金流的净现值(NPV)的计算公式为

$$\text{NPV}=C_0+\sum_{t=1}^{T}(\frac{1}{1+k})^t C_T \tag{9-2}$$

在制定供应链决策时，应该比较不同投资方案的 NPV 值。如果 NPV 为负值，说明选择该方案将导致供应链亏损。如果 NPV 最高，说明选择该方案会使供应链获得最高的资本回报。

9.1.3 供应链财务决策的主要不确定性

对全球供应链来说，不同地区的汇率和通货膨胀也很可能随着时间的推移而变动，供应链全球管理者在决策过程中必须考虑这些不确定性。下面一些模型可以用来表述价格和汇率等财务因素的不确定性。

在不确定性的二项式表述中，假定当时间从一个时期推移至下一个时期时，关键性因素(如价格)只有两种可能的结果：上升或下降。

在常用的多重二项式中，假定关键性因素或者上移 $u(u>1)$，概率为 p；或者下移 $d(d<1)$，概率为 $(1-p)$。假定基期的价格为 P，未来时期的可能结果为

1 期：Pu, Pd

2 期：Pu^2, Pud, Pd^2

3 期：Pu^3, Pu^2d, Pud^2, Pd^3

4 期：$Pu^4, Pu^3d, Pu^2d^2, Pud^3, Pd^4$

总之，T 期所有的结果可以表示为：$Pu^t d^{(T-t)}$，其中：$t=0,1,\cdots,T$。价格由 t 期的 $Pu^a d^{(T-a)}$ 调整至 $(t+1)$ 期的 $Pu^{a+1} d^{(T-a)}$，概率为 p；或调整至 $Pu^a d^{(T-a)+1}$，概率为 $(1-p)$。这可以表示为多重二项树，如图 9.1 所示。

在加法二项式中，假定关键性因素在给定时期内增加 u，概率为 p；降低 d，概率为 $(1-p)$。在给定时期的加法二项式可表示为

1 期：$P+u, P+d$

2 期：$P+2u, P+u-d, P-2d$

3 期：$P+3u, P+2u-d, P+u-2d, P+3d$

4 期：$P+4u, P+3u-d, P+2u-2d, P+u-3d, P-4d$

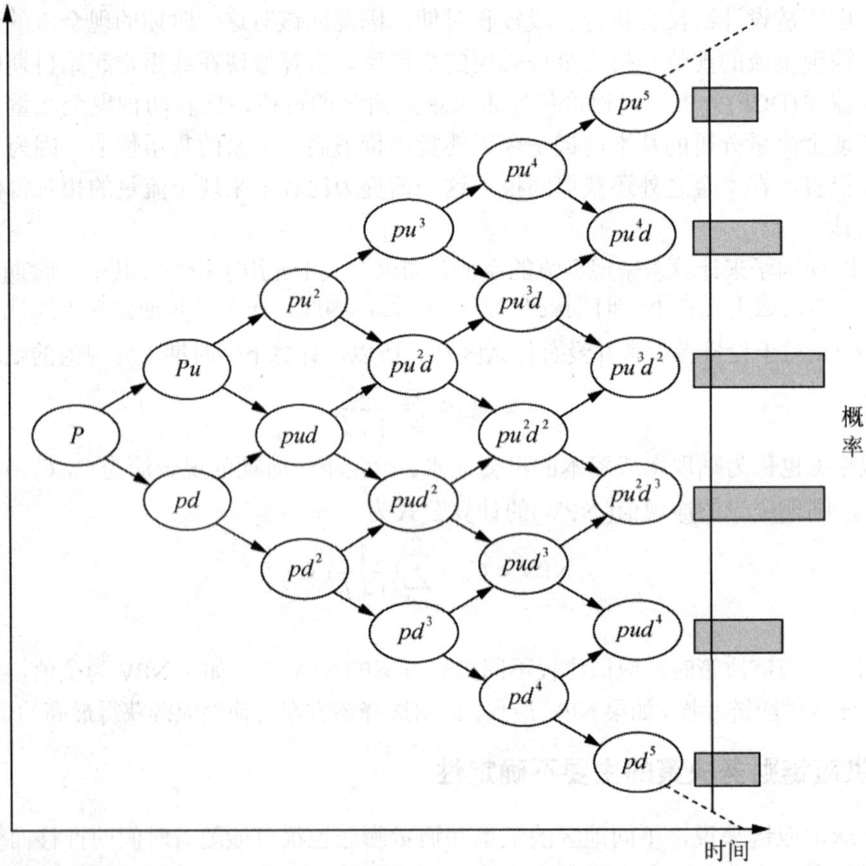

图 9.1　多重二项树

总之，T 期所有的结果可以表示为：$P+tu-(T-t)d$，其中：$t=0,1,\cdots,T$。

多重二项式不能取负值，可用于价格和汇率等非负因素的表述。此外，关键性因素的增长或下降可以表示为其限制的比例，而不是固定的绝对量。例如，单价为 10 美元的产品，其价格波动幅度为 5 美元的可能性要小于单价为 100 美元的产品，这一点在多重二项式中表现尤为明显。

与多重和加法二项式逻辑不符的一种情况是关键性因素在每期期末只能取两种可能数值中的一个。当然，价格变动后的数值不只是两个。但是如果时期足够短的话，这一假定可以成立。时期长短的选择取决于所考虑的因素。对于产品价格而言，一周或一个月很合适；而对于汇率来说，则需要选择更短的时间段才行。

随着时期长度的增加，多重二项式的最终表达式的概率分布逐渐变得平滑，开始类似于正态分布。观察发现，越深入，关键性因素上升的可能性就越大。这是所有二项式分布的共同特征，也是对于大多数财务因素如价格、汇率等的合理假定。

9.1.4　不确定性的变形对数二项式表述

变形对数二项式表述与前述标准加法二项式表述十分类似，但概率 p、增长率 u 或减少量d的数值不同。不确定性的变形对数二项式表述的计算方法如下所示。

假定潜在的因素在具体区间Δt内的变化是可估测的，Δt表示独立的间隔期，$\sigma^2\Delta t$则为此期观测到的该因素的方差。若假定该因素为价格，期限为4个星期，则σ^2表示价格在$\Delta t=4$时期内一个星期的方差。理论上讲，需要σ^2值尽可能小的时间。如果r表示无风险回报，p表示过度概率，u和d分别表示从这一时期到下一时期增长和下降的幅度，他们之间的关系为

$$p=\frac{1}{2}(1+\mu k)/H\text{，}\quad H=u=-d=\sqrt{k+(\mu k)^2}$$

其中，$k=\sigma^2\Delta t$，$\mu=r/\sigma^2-1/2$，则该分布可表述为加法二项式分布。

9.1.5 不确定性的其他表述

在方案评估中，潜在的资产价格往往伴随着时间推移而呈现出连续变动。描述资产价格变动的常用方法是对数正态分布法。这一方法的主要特征是价格恒大于或等于 0。对数正态分布法的另一个特征与二项式分布相似，即资产价格的方差随着时间而变动。实际上，随着时间长度加大，资产及价格的方差也成比例地增大。

财务因素变动的另一种常见的表述形式就是均值回复法。也就是说，该因素沿着平均值上下波动。当它偏离平均值时，随着时间的推进又会重新回到平均值。因素偏离平均值越远，则回复平均值的拉力也越大。

9.2 运用决策树分析供应链财务决策

9.2.1 运用决策树评估决策

决策树是一种图谱，它可用来评估存在不确定因素的情况下所作出的决策。贴现现金流的决策树可以用来评估在价格、需求、汇率以及通货膨胀等因素不确定的情况下所作出的供应链决策。

建立决策树的第一步，确定决策涉及的时期数以及时期的长度，如1天、1个月、1个季度等。时期的长度最好定为影响供应链决策的要素可以大幅度变化的最短时间。大幅度很难定义，在大多数情况下，选择综合规划的执行期作为时期的长度。如果规划在每月都制定一次，则假定1个月作为1个时期。在以下的讨论中，用T代表评价供应链决策的时期数。

第二步，找出影响决策价值的因素，这些因素在时期T内发生波动，包括需求、价格、汇率和通货膨胀。

第三步，确定每一因素从某一时期到下一时期变动的概率。例如，如果需求和价格是影响决策的两个关键因素，则必须定义从某一时期到下一时期需求和价格变动的概率。

第四步，确定计算未来现金流的贴现率k，不同时期的贴现率不同，而且贴现率应该考虑投资的内在风险，这一点至关重要。通常，高贴现率应该用于高风险的投资。

现在，用决策树来评估决策。决策树包括即期和未来T个时期。将每个时期内的一个结点定义为要素价值(如需求和价格)的每一种可能的组合。画一些箭头，让它们由起始点i

期指向终点$(i+1)$期。一个箭头的概率称为过渡概率，即从起点i期到终点$(i+1)$期之间的过渡概率。

决策树的评估从T期的一个结点开始，最后回到基期。对于每个结点来说，通过各种因素的现值和未来值计算，就能得出最优决策。这种分析以贝尔曼原理为基础。贝尔曼原理指对于给定状态下的任何战略选择，如果整个分析从下个时期开始，那么下个时期的最优战略就是所选择的战略。这一原理从最后一个时期开始，以倒推的方式找出最优战略。

决策树的分析方法可归纳为以下几个方面。

(1) 明确每一个时期长度(如周、月)以及决策评估时期T的数值。

(2) 明确在下一个时期T会出现波动的因素，如需求、价格、汇率。

(3) 明确每种因素的不确定性的表述，即用什么分布来描述不确定性。

(4) 明确每一个时期的期间贴现率k。

(5) 用每一时期的给定状态及两个连续时期状态转换的过渡概率来代表决策树。

(6) 从T期开始，再回到基期，明确最优决策以及每一步的预期现金流。当前期包含预期现金流，即给定时期每种状态的预期现金流被包括在即期，则对其进行贴现。

以 TL 公司的租赁决策为例来阐述决策树的分析方法。公司必须决定未来 3 年是否租赁仓库、租赁多少仓储空间。1 000 单位的需求要占用 1 000 平方英尺的仓储空间，而公司现有需求为每年 100 000 单位。公司预期未来 3 年的需求与仓储空间的即期价格是不确定的，并决定采用多重二项式来表示需求和价格的不确定性。在 1 年之内，需求可能上涨 20%的概率为 0.5，下跌的 20%的概率也为 0.5，而且两种结果出现的概率无年际变化。

公司能够以每平方英尺每年 1 美元的价格签订一个 3 年期的租赁合同。即期购买仓储空间的价格为每平方英尺每年 1.20 美元。据预测，在 1 年之内，仓储空间的即期价格上涨 10%的概率为 0.5，下跌 10%的概念也为 0.5，两种结果的概率无年际变化。

公司认为，仓储空间的价格波动和需求变化是相互独立的。公司从每一单位需求上所获得的收入为 1.22 美元，并且公司力求满足所有可能的需求。公司 3 年中每年的贴现率为$k=0.1$。

假定公司所有成本产生于每年的年初，并构建了一个决策树，且$T=2$，如图 9.2 所示。图中的每一个结点代表以千平方英尺为单位的需求(D)以及以美元表示的价格(P)。过渡概率为 0.25，因为价格波动和需求波动是相互独立的。

管理者首先分析了不签订 3 年期租赁合同而是在即期购买仓储空间的方案(以下简称方案 II)。从第 2 期开始，管理者评估了 TL 公司在每一结点的利润。在$D=144$，$P=1.45$美元结点，TL 公司在第 2 期必须满足 144 000 的需求量，仓储空间的即期购买价格为每平方英尺 1.45 美元；在$D=144$，$P=1.45$结点上，TL 公司第 2 期的成本用$C\,(D=144,\ P=1.45)$表示，其计算公式为

$$C\,(D=144,\ P=1.45,\ 2)=144\,000\times1.45=208\,800\ (\text{美元})$$

在$D=144,\ P=1.45$结点上，TL 公司第 2 期的利润用$P\,(D=144,\ P=1.45,\ 2)$表示，其计算公式为

$$\begin{aligned}P\,(D=144,\ P=1.45,\ 2)&=144\,000\times1.22-C\,(D=144,\ P=1.45,\ 2)\\&=175\,680-208\,800=-33\,120\ \ (\text{美元})\end{aligned}$$

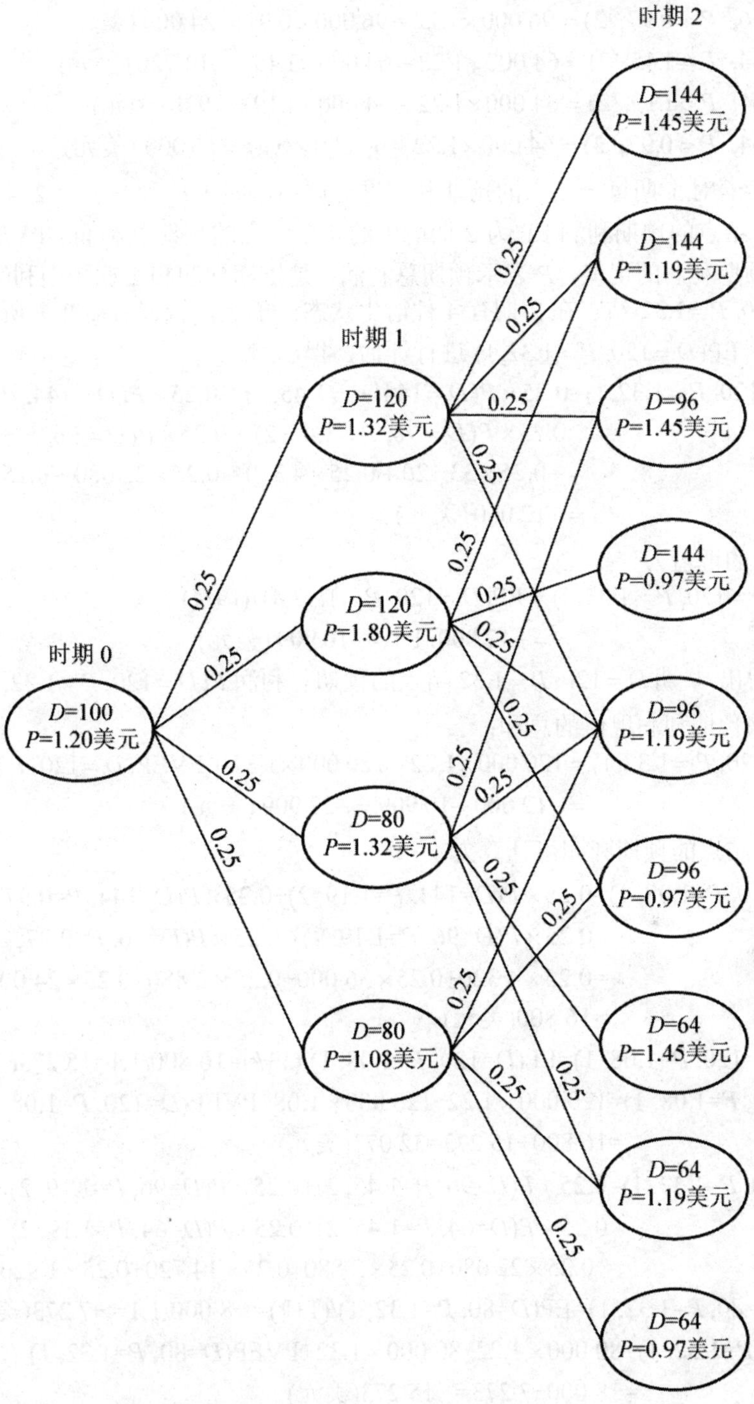

图 9.2 TL 公司考虑需求和价格波动的决策树

TL 公司在第 2 期的其他结点上的利润可计算为

$P(D=144,\ P=1.19,\ 2)=144\ 000\times1.22-144\ 000\times1.19=4\ 320$ (美元)

$P(D=144,\ P=0.97,\ 2)=144\ 000\times1.22-144\ 000\times0.97=36\ 000$ (美元)

$P(D=96,\ P=1.45,\ 2)=96\ 000\times1.22-96\ 000\times1.45=-22\ 080$ (美元)

$P(D=96,\ P=1.19,\ 2)=96\ 000\times1.22-96\ 000\times1.19=2\ 880$ (美元)

$P(D=96,\ P=0.97,\ 2)=96\,000\times1.22-96\,000\times0.97=24\,000$ (美元)

$P(D=64,\ P=1.45,\ 2)=64\,000\times1.22-64\,000\times1.45=-14\,720$ (美元)

$P(D=64,\ P=1.19,\ 2)=64\,000\times1.22-64\,000\times1.19=1\,920$ (美元)

$P(D=64,\ P=0.97,\ 2)=64\,000\times1.22-64\,000\times0.97=16\,000$ (美元)

管理者接着对 1 期每一结点的预期利润进行评估，即 1 期利润加上 2 期未来利润的现值。1 期某一结点的预期利润 EP 为 2 期衍生的 4 个结点的预期总利润。PVEP 表示 1 期某一结点上的预期利润的现值，P 表示预期总利润，是 1 期利润和 2 期预期利润现值的总和。1 期的 $D=120, P=1.32$ 结点在 2 期有 4 种衍生状态。于是，管理者对 2 期所有 4 种衍生状态的预期利润 $\text{EP}(D=120, P=1.32, 1)$ 进行评估，得出

$$\begin{aligned}\text{EP}(D=120, P=1.32, 1)&=0.25\times P(D=144, P=1.45, 2)+0.25\times P(D=144, P=1.19, 2)+\\&\quad 0.25\times P(D=96, P=1.45, 2)+0.25\times P(D=96, P=1.19, 2)\\&=-0.25\times33\,120+0.25\times4\,320-0.25\times22\,080+0.25\times2\,880\\&=-12\,000\ (\text{美元})\end{aligned}$$

1 期利润的现值为

$$\begin{aligned}\text{PVEP}(D=120, P=1.32, 1)&=\text{EP}(D=120, P=1.32, 1)/(1+k)\\&=-12\,000/1.1=-10\,909\ (\text{美元})\end{aligned}$$

管理者得出 1 期 $D=120, P=1.32$ 结点的预期总利润 $P(D=120, P=1.32, 1)$ 为该结点 1 期利润和未来预期利润现值的总和：

$$\begin{aligned}P(D=120, P=1.32, 1)&=120\,000\times1.22-120\,000\times1.32+\text{PVEP}(D=120, P=1.32, 1)\\&=-12\,000-10\,909=-22\,909\ (\text{美元})\end{aligned}$$

1 期其他结点的预期利润可计算为

$$\begin{aligned}\text{EP}(D=120, P=1.08, 1)&=0.25\times P(D=144, P=1.19, 2)+0.25\times P(D=144, P=0.97, 2)+\\&\quad 0.25\times P(D=96, P=1.19, 2)+0.25\times P(D=96, P=0.97, 2)\\&=0.25\times4\,320+0.25\times36\,000+0.25\times2\,880+0.25\times24\,000\\&=16\,800(\text{美元})\end{aligned}$$

$$\text{PVEP}(D=120, P=1.08, 1)=\text{EP}(D=120, P=1.08, 1)/(1+k)=16\,800/1.1=15\,273(\text{美元})$$

$$\begin{aligned}P(D=120, P=1.08, 1)&=120\,000\times1.22-120\,000\times1.08+\text{PVEP}(D=120, P=1.08, 1)\\&=16\,800+15\,273=32\,073(\text{美元})\end{aligned}$$

$$\begin{aligned}\text{EP}(D=80, P=1.32, 1)&=0.25\times P(D=96, P=1.45, 2)+0.25\times P(D=96, P=1.19, 2)+\\&\quad 0.25\times P(D=64, P=1.45, 2)+0.25\times P(D=64, P=1.19, 2)\\&=-0.25\times22\,080+0.25\times2\,880-0.25\times14\,720+0.25\times1\,920=-8\,000(\text{美元})\end{aligned}$$

$$\text{PVEP}(D=80, P=1.32, 1)=\text{EP}(D=80, P=1.32, 1)/(1+\text{k})=-8\,000/1.1=-7\,273(\text{美元})$$

$$\begin{aligned}P(D=80, P=1.32, 1)&=80\,000\times1.22-80\,000\times1.32+\text{PVEP}(D=80, P=1.32, 1)\\&=-8\,000-7\,273=-15\,273(\text{美元})\end{aligned}$$

$$\begin{aligned}\text{EP}(D=80, P=1.08, 1)&=0.25\times P(D=96, P=1.19, 2)+0.25\times P(D=96, P=0.97, 2)+\\&\quad 0.25\times P(D=64, P=1.19, 2)+0.25\times P(D=61, P=0.97, 2)\\&=0.25\times2\,880+0.25\times24\,000+0.25\times1\,920+0.25\times16\,000=11\,200(\text{美元})\end{aligned}$$

$$\text{PVEP}(D=80, P=1.08, 1)=(80\,000\times1.22-80\,000\times1.08)/(1+k)=11\,200/1.1=10\,182(\text{美元})$$

$$\begin{aligned}P(D=80, P=1.08, 1)&=80\,000\times1.22-80\,000\times1.08+\text{PVEP}(D=80, P=1.08, 1)\\&=11\,200+10\,182=21\,382(\text{美元})\end{aligned}$$

对于基期来说，总利润 $P(D=100, P=1.20, 0)$为基期利润与 1 期 4 个衍生结点预期利润现值的和。

$$\begin{aligned}EP(D=100, P=1.20, 0)&=0.25\times P(D=120, P=1.32, 1)+0.25\times P(D=120, P=1.08, 1)+\\&\quad 0.25\times P(D=80, P=1.32, 1)+0.25\times P(D=80, P=1.08, 1)\\&=-0.25\times 22\ 909+0.25\times 32\ 073-0.25\times 15\ 273+0.25\times 21\ 382\\&=3\ 818(\text{美元})\end{aligned}$$

$$PVEP(D=100, P=1.20, 1)=EP(D=100, P=1.20, 0)/(1+k)=3\ 818/1.1=3\ 471(\text{美元})$$

$$\begin{aligned}P(D=100, P=1.20, 0)&=100\ 000\times 1.22-100\ 000\times 1.20+PVEP(D=100, P=1.20, 0)\\&=2\ 000+3\ 471=5\ 471(\text{美元})\end{aligned}$$

因此，不签订 3 年期租赁合同而从即期市场购买所有的仓储面积的预期净现值为

$$NPV(\text{不租赁})=5\ 471(\text{美元})$$

管理者对另一种方案(方案 I)进行评价，即签订 3 年期租赁 100 000 平方英尺仓储空间的合同。评估程序类似于方案 II，但利润变了。例如，在 D=144，P=1.45 结点上，管理者不得不从即期市场以每平方英尺 1.45 美元的价格租赁 44 000 平方英尺的仓储面积，因为只有 100 000 平方英尺的仓储空间以每平方英尺 1 美元的价格租赁。如果需求低于 100 000 单位，TL 公司仍然需支付 100 000 平方英尺租赁面积的费用。对于第 2 期，管理者在 9 个结点上获得的利润如表 9-1 所示。

表 9-1 TL 公司第 2 期利润的计算

结　　点	租赁面积/(sq.ft)	以即期价格租得的仓储空间/(sq.ft)	利润 $P(D=, P=, 2)$/(美元)
D=144,P=1.45	100 000	44 000	144 000×1.22−(100 000×1+44 000×1.45)=11 800
D=144,P=1.19	100 000	44 000	144 000×1.22−(100 000×1+44 000×1.19)=23 320
D=144,P=0.97	100 000	44 000	144 000×1.22−(100 000×1+44 000×0.97)=33 000
D=96,P=1.45	100 000	0	96 000×1.22−100 000×1=17 120
D=96,P=1.19	100 000	0	96 000×1.22−100 000×1=17 120
D=96,P=0.97	100 000	0	96 000×1.22−100 000×1=17 120
D=64,P=1.45	100 000	0	64 000×1.22−100 000×1=−21 920
D=64,P=1.19	100 000	0	64 000×1.22−100 000×1=−21 920
D=64,P=0.97	100 000	0	64 000×1.22−100 000×1=−21 920

管理者对 1 期每一结点的预期总利润进行评估。同样，1 期某一结点的预期利润 $EP(D= , P= ,1)$是 2 期 4 个衍生结点的预期总利润，$PVEP(D= , P= ,1)$是这一预期利润的现值，$P(D= , P= ,1)$是 1 期和 2 期预期总利润的和，计算结果如表 9-2 所示。

对于基期来说，1 期 4 个结点的预期利润 $EP(D=100, P= 1.20, 0)$计算式为

$$\begin{aligned}EP(D=100, P=1.20, 0)&=0.25\times P(D=120, P=1.32,1)+0.25\times P(D=120, P=1.08,1)+\\&\quad 0.25\times P(D=80, P=1.32,1)+0.25\times P(D=80, P=1.08,1)\\&=0.25\times 35\ 782+0.25\times 45\ 382-0.25\times 4\ 582-0.25\times 4\ 582=18\ 000(\text{美元})\end{aligned}$$

基期预期利润的现值计算式为

$$PVEP(D=100, P= 1.20, 0)=EP(D=100, P= 1.20, 0)/(1+k)=18\ 000/1.1=16\ 364(\text{美元})$$

表 9-2 TL 公司第 1 期利润的计算 单位：美元

结 点	EP(D=,P=,1)	PVEP(D=,P=,1)	P(D=,P=,1)
(D=120, P=1.32,1)	0.25×P(D=144,P=1.45,2)+ 0.25×P(D=144,P=1.19,2)+ 0.25×P(D=96,P=1.45,2)+ 0.25×P(D=96,P=1.19,2)= 0.25×11 880+0.25×23 320+ 0.25×17 120+0.25×17 120= 17 360	EP(D=120,P=1.32,1)/(1+k) =17 360/1.1=15 782	120 000×1.22−(100 000×1+20 000×1.32)+PVEP(D=120,P=1.32,1) =20 000+15 782=35 782
(D=120, P=1.08,1)	0.25×23 320+0.25×33 000+ 0.25×17 120+0.25×17 120= 22 640	22 640/1.1=20 582	120 000×1.22− (100 000×1+20 000×1.08)+PVEP(D=120,P=1.08,1) =24 800+20 582 =45 382
(D=80, P=1.32,1)	0.25×17 120+0.25×17 120− 0.25×21 920−0.25×21 920= −2 400	−2 400/1.1=−2 182	80 000×1.22−100 000×1+PVEP(D=80, P=1.32,1)=−2 400−2 182=−4 582
(D=80, P=1.08,1)	0.25×17 120+0.25×17 120− 0.25×21 920−0.25×21 920= −2 400	−2 400/1.1=−2 182	80 000×1.22−100 000×1+PVEP(D=80, P=1.32,1)=−2 400−2 182=−4 582

预期总利润等于基期利润与 1 期 4 个结点预期利润的现值之和，计算式为

$$P(D=100, P=1.20, 0)=100\,000\times 1.22-100\,000\times 1+\text{PVEP}(D=100, P=1.20, 0)$$
$$=22\,000+16\,364=38\,364(\text{美元})$$

签订 3 年期租赁 100 000 平方英尺仓储面积的方案的 NPV 为

$$\text{NPV}(\text{租赁})=38\,364(\text{美元})$$

可见，租赁方案的 NPV 比忽略不确定性时的 NPV (60 182 美元)要少得多。这是因为，租赁方案是一个固定的决策，TL 公司不能在需求下降的条件下租赁更少的仓储面积来对市场条件作出反应。在不确定性存在的前提下，固定合同吸引力不大。

需求和价格不确定性的存在降低了租赁的价值，提高了即期市场选择方案的价值。然而，管理者仍然偏好签订 100 000 平方英尺的租赁合同，因为这一方案有更高的预期价值。

9.2.2 运用决策树评估弹性

在供应链内部评估弹性时，决策树分析方法非常有用。以 TL 公司仓库选择为背景，阐述如何运用决策树评估弹性。

提供给 TL 公司的合同中规定，前期预付为 10 000 美元，但 TL 公司可在租赁 60 000～100 000 平方英尺的仓储空间有一个弹性选择，租赁价格为每平方英尺 1 美元。TL 公司必须为首批 60 000 平方英尺每年支付 60 000 美元，然后才能以每平方英尺 1 美元的价格租用其余 40 000 平方英尺的仓储空间。TL 公司总经理决定运用决策树来评估这种前期支付 10 000 美元的弹性合同是否优于租赁 100 000 平方英尺仓储空间的固定合同。

评估弹性合同的基本决策树类似于前图 9.2 所示。然而，每一结点的利润将由于弹性而发生变化。如果需求大于 100 000 单位，TL 公司即使在弹性合同下也会租用 100 000 平

方英尺的仓储空间。但是，如果需求为 60 000～100 000，TL 公司只需为实际占用的仓储空间支付款项而无须支付弹性合同下的所有 100 000 平方英尺仓储空间的款项。第 2 期每一结点的利润计算式为

$P(D=144, P=1.45, 2)=144\,000\times 1.22-(100\,000\times 1+1.45\times 44\,000)=11\,880$ (美元)

$P(D=144, P=1.19, 2)=144\,000\times 1.22-(100\,000\times 1+1.19\times 44\,000)=23\,320$ (美元)

无论有没有提供弹性合同，前两个结点的利润都相等。而在下一个结点，当即期价格低于租赁价格时，公司能够利用这一弹性优势，只利用最低的 60 000 平方英尺的租赁面积，以较低的价格从即期市场上购买其余的仓储空间。这样，$(D=144, P=0.97)$结点的利润为

$P(D=144, P=0.97, 2)=144\,000\times 1.22-(60\,000\times 1+84\,000\times 0.97)=34\,200$ (美元)

如果需求低于 100 000 单位时，TL 公司也能够利用弹性租赁优势，作出不租赁的决定，从而不必支付 100 000 平方英尺的款项，其余结点的利润计算式为

$P(D=96, P=1.45, 2)=96\,000\times 1.22-96\,000\times 1=21\,120$ (美元)

$P(D=96, P=1.19, 2)=96\,000\times 1.22-96\,000\times 1=21\,120$ (美元)

$P(D=96, P=0.97, 2)=96\,000\times 1.22-(60\,000\times 1+36\,000\times 0.97)=22\,200$ (美元)

$P(D=64, P=1.45, 2)=64\,000\times 1.22-64\,000\times 1=14\,080$ (美元)

$P(D=64, P=1.19, 2)=64\,000\times 1.22-64\,000\times 1=14\,080$ (美元)

$P(D=64, P=0.97, 2)=64\,000\times 1.22-(60\,000\times 1+4\,000\times 0.97)=14\,200$ (美元)

公司评估了 2 期的预期利润 $EP(D=, P=, 1)$，它是 2 期利润的 1 期现值和 1 期每一结点的预期利润之和，计算结果如表 9-3 所示。

表 9-3 TL 公司在弹性合同下 1 期利润的计算 单位：美元

结 点	EP(D=,P=,1)	PVEP(D=,P=,1)	P(D=,P=,1)
(D=120, P=1.32,1)	0.25×11 880+0.25×23 320+0.25×21 120+0.25×21 120=19 360	19 360/1.1=17 600	120 000×1.22– (100 000×1+20 000×1.32)+PVEP(D=120,P=1.32,1)=20 000+17 600=37 600
(D=120, P=1.08,1)	0.25×23 320+0.25×34 200+0.25×21 120+0.25×22 200=25 210	25 210/1.1=22 918	120 000×1.22–(100 000×1+20 000×1.08)+PVEP(D=120,P=1.08,1)=24 800+22 918=47 718
(D=80, P=1.32,1)	0.25×21 120+0.25×21 120+0.25×14 080+0.25×14 080=17 600	17 600/1.1=16 000	80 000×1.22−80 000×1+PVEP(D=80,P=1.32,1)=17 600+16 000=33 600
(D=80, P=1.08,1)	0.25×21 120+0.25×22 200+0.25×14 080+0.25×14 200=17 900	17 900/1.1=16 273	80 000×1.22+80 000×1+PVEP(D=80,P=1.08,1)=17 600+16 273=33 873

1 期的预期总利润为基期利润与 1 期的预期利润现值之和。

$$\begin{aligned}EP(D=100, P=1.20, 0)&=0.25\times P(D=120, P=1.32, 1)+0.25\times P(D=120, P=1.08, 1)+\\&\quad 0.25\times P(D=80, P=1.32, 1)+0.25\times P(D=80, P=1.08, 1)\\&=0.25\times 37\,600+0.25\times 47\,718+0.25\times 33\,600+0.25\times 33\,873=38\,198\text{(美元)}\end{aligned}$$

$PVEP(D=100, P=1.20, 1)=EP(D=100, P=1.20, 0)/(1+k)=38\ 198/1.1=34\ 725$ (美元)

$P(D=100, P=1.20, 0)=100\ 000\times 1.22-100\ 000\times 1+PVEP(D=100, P=1.20, 0)$

$=22\ 000+34\ 725=56\ 725$ (美元)

现在，就可以得出弹性值，即两种合同的预期现值的差值为

弹性合同的预期现值=56 725(美元)

固定合同的预期现值(租赁 100 000 平方英尺)=38 364(美元)

弹性的净现值=56 725−38 364=18 361(美元)

可见，弹性合同对 TL 公司有利，因为只需前期预付 10 000 美元，即便如此，也比固定合同价值高 8 361 美元。

9.3 供应链决策支持系统

9.3.1 供应链决策支持系统的内涵

决策支持系统也称决策系统，它的应用范围极为广泛，可以用于金融、经济、社会、政治、医学等人类活动的一切领域，而供应链决策 SCS (Supply Chain Strategist)则是决策支持系统在供应链管理中的应用。同样，它也是以管理科学、控制论、运筹学和行为科学为基础，以仿真技术、智能技术、计算机技术和其他信息技术为手段，支持各种供应链决策活动的人机系统。

在供应链的运作和管理中，企业常常会遇到从供应链网络的设计到供应链业务处理的各种问题，需要企业的管理者根据企业的实际情况作出合理的决策，以指导和驱动企业与供应链的高效运行。例如，供应链网络设计和构造过程中的一些问题，可能涉及有关工厂、仓库和零售点的布局等。在企业生产作业的调配中可能涉及对工艺路线、生产设备、人员、产能和产量的安排策略等问题；在物流作业中所涉及的车辆与运行路线的排程，货物出入库的调配、分拣策略等问题；在市场营销作业中可能涉及的销售策略、分销方式，开辟新市场的时机、地点与定位等问题，它们自始至终贯穿在整个供应链上的运作过程中并涉及链上的全体成员。因此，在对这些供应链固有的广泛性与复杂性问题进行决策时，一个功能完善的供应链决策系统对企业和供应链的有效决策都是非常重要的。供应链决策系统对供应链管理支持的范围包括不同的层次，从决策者使用的电子数据表格，到利用综合各方面专家知识并提供多种可供选择方案的专家系统。

9.3.2 供应链决策支持系统的构架

决策支持系统是以数学、管理学、信息学、经济学等学科中的理论和模型作为理论基础和运行模型，以现代先进的信息技术为其支撑技术，以实现对现实社会中的复杂问题进行决策。

1. 决策系统的构架

为了更好地进行决策，人们将决策架构分为两种，一种是层次构架，它是根据企业不同层次制定不同决策的三级层次构架，即“战略—战术—运作”构架；另一种是检验决策投入的“数据—模型—知识(DMK)”构架。

在“战略—战术—运作”的构架下，企业被视作金字塔结构，顶部是战略层，中间是战术层，底部是运作层，如图 9.3 所示。这种构架侧重于决策的层次。战略层是企业最高级管理层的决策，它决定和影响了企业的长期生存和发展目标。该层次的决策一旦确定和执行就很难更改，因为，更改必须付出高额的变更成本。如兼并一家企业、推出一种新产品等，就属于战略层次的决策。战术决策发生在企业的中级管理层，决策的效应比战略决策持续时间要短，变更成本也较低。例如，制定企业的经营预算、制订企业的生产计划或营销计划等，就属于战术层次的决策。运作层是企业管理的最底层，运作决策是企业日常业务所要求的决策，它的持续时间最短，变更成本最低，最容易改变。例如，产品出库送货、卡车卸货等。

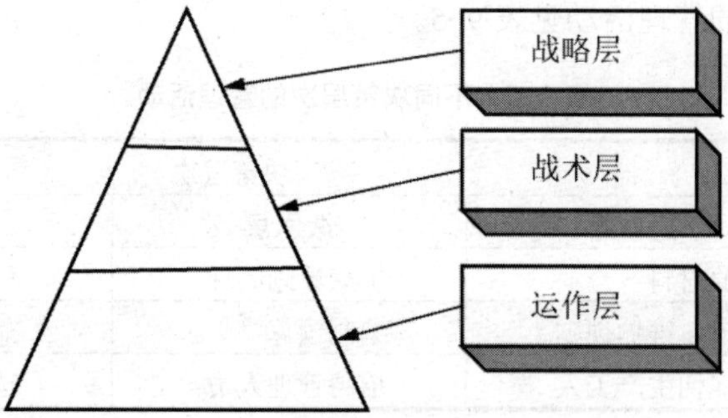

图 9.3　决策层次图

确定某个决策是战略、战术还是运作决策，重点要放在决策制订的过程上。一个运作决策是经常发生的、花费成本低，可以用少量的时间完成；而战略决策由于其出错成本高，则需要花费更多的时间，必须慎重考虑。

“数据—模型—知识”(DMK)构架是侧重于制定决策所需要的投入，把决策投入分为数据、模型和知识三类，如图 9.4 所示。数据对决策来说是重要的前提因素，没有数据作参考，在当今高度利用信息的时代，是无法作出正确决策的。有了数据，还需要对数据进行分类、提炼和处理后方可使用。模型是能给数据赋予价值的结构，能对决策问题作出深入的分析，进行求解。知识是从大量信息中提取和转化出来的，在决策中以结构化的方式被描述，用来支持和判断决策过程和结果。这些知识包括数据、模型与建模等知识。成功的决策需要把准确的数据、有用的模型和相关的知识有效地运用到决策过程中。

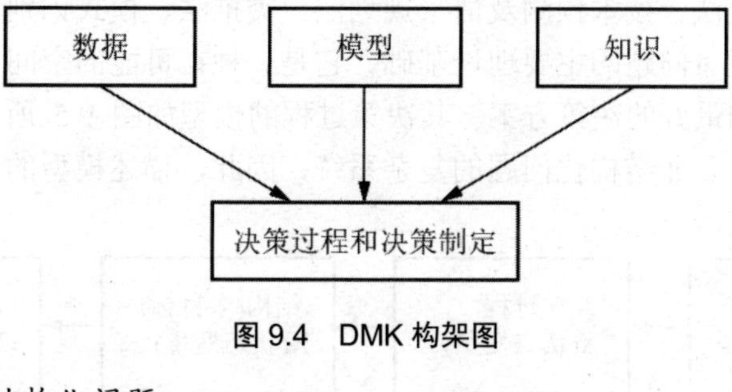

图 9.4　DMK 构架图

2. *决策系统的结构化问题*

结构化问题是决策中的另一个重要问题，也是决策支持系统概念的核心。一般来说，决策的层次不同，结构化程度差异也就不同。常见的决策结构有：结构化问题、半结构化问题和非结构化问题，这 3 种问题在 3 个决策层次中都会出现。总的来说，从战略层到运作层，结构化的程度越来越高。他们之间的关系见表 9-4。

表 9-4　决策层与结构化程度的关系

决策层次	结构化程度
战略层决策	最低，长期战略，最高管理层职责，需要高度的判断力
战术层决策	居中，是中长期决策，通常需要大量的判断
运作层决策	最高，短期决策，决策往往是即时的，不需要太多的判断

一个决策问题可处理的程度既取决于问题的结构化程度，又取决于决策的层次。不同结构化、不同决策层的管理活动见表 9-5。

表 9-5　不同决策层次的管理活动

结构化程度	决策层次		
	运作层	战术层	战略层
结构化	原材料	生产计划制订	租赁或购买办公楼
半结构化	设备维护规则	编制预算	兼并或收购
非结构化	雇佣生产工人	招聘管理人员	选举董事

3. 决策环境

目前，常见的决策环境大致可分为 4 种：第 1 种是确定性决策问题，未来的结果十分明确；第 2 种是不确定性问题，具有有限个未来结果，人们只能掌握它们的概率分布；第 3 种是人们对未来的可能结果和概率不能确切掌握的不确定性决策问题，但可以知道它存在的范围；第 4 种是未来环境一片混沌，即所谓混沌决策问题。决策问题的复杂性一般取决于决策过程所处的环境。

建立在运筹学与经典系统论基础上的传统决策方法、生产计划与调度方法，在理论与应用上都只能解决前两种问题，因为这些方法假定环境变化都是平稳的，只要知道系统的初始条件，即便是初始条件有些误差，只要误差足够小，就可以推算出系统的演化结果，但对后两种问题就无能为力了。而只有具备自学习、自适应、自身动态重组，适应混沌环境等能力的现代决策支持系统，才能较好地解决此类问题。它采用了新一代的理论与技术，如潜在需求调查研究法、技术预测及情景规划法、类推法、模式识别及快速原型法等，非线性动力学是这类决策问题的主要理论基础。它是一种在可能的空间范围，帮助决策者寻找满足其价值取向的最好的决策方案。其决策过程的模型如图 9.5 所示。由于它是一种包括结构化、半结构化和非结构化问题的复杂系统，因此，描述模型的语言既有数学语言，也有图形和自然语言。

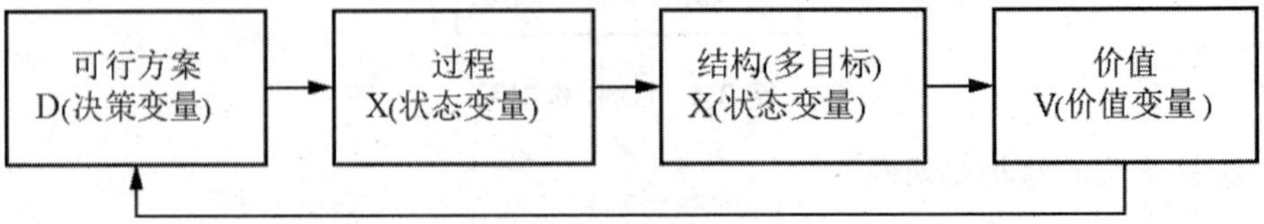

图 9.5　决策过程图

综上所述，决策过程是满足必要的约束条件下的一种复杂的寻优求解过程。成功的决策必须满足两类规律的约束：客观规律和价值规律。在解决企业或供应链的决策问题时，不能简单地采取“拍脑门”的方式，这将给企业和供应链的运营带来风险，用科学的系统论和决策论的语言来说就是没有考虑足够的决策空间，因而失去了机遇，忽视了高阶矩的风险。

9.3.3 供应链决策的理论基础和模型

1. 常用的决策模型和工具

决策模型和工具是用来支持和帮助决策系统完成对问题作出决策。决策系统利用一系列数学模型对有关数据进行处理，通过对数据和影响决策问题的因素进行建模，再对它们进行反复的分析、演绎、求解和判断，最后得出最合适的决策方案。只有遵循一套科学的方法，选择和运用与问题匹配的系统模型与算法，才能成功地进行决策。

在决策过程中，决策系统需要利用许多数学模型和工具，这些模型和工具通常是从运筹学和其他学科中的数学原理演变而来的，因而也是决策系统的理论基础。它们在第二次世界大战中首次被用于军队后勤的决策，后来被用于不同的领域。最主要和常用的管理科学/运筹学模型与工具见表 9-6。

表 9-6 常用的管理科学/运筹学模型

种　类	模　型
程序化决策方法	决策树
优化模型	线性规划模型、整数规划模型和非线性规划模型
仿真模型	随机仿真模型、确定性仿真模型
其他管理科学/运筹学模型	运输模型、网络模型、动态模型、排队论模型、库存模型、目标规划、多目标决策模型、博弈论、马尔科夫链模型等
预测和统计学模型	平均移动、指数平滑、趋势外推等模型
工具	仿真工具、图形工具、人工智能工具等

这些模型都是企业经营运作决策中最常采用的，现代的决策系统还引入了自组织理论中的分形理论(Fractal Theory)和协同论(Synergistic)等理论来解决更为复杂的、传统运筹学与经典系统理论无法解决的决策问题。

2. 常用的决策技术

目前，最常用的决策技术有以下 7 种。

1) 数学最优化技术

这种模拟技术使用了启发式(Heuristics)算法、准确算法和遗传算法。准确算法能保证找出最佳解决方案，最佳解决方案即成本最低的方案。启发式算法可以自动形成不同的方案，但不能保证找出最佳方案，而是可以找出一个相对较好的方案。为了提高决策的优选程度，人们常常采用遗传算法模拟器去模拟所有的细节(这个范畴包括了遗传技术和分发规则技术)，它可以在一定的范围内，优选出一个理想的解决方案。但在使用数学最优化技术进行决策时，常有一些重要的现值条件，这会影响它的应用范围。最优化技术处理的是静态模型，通常考虑的是年需求量或平均需求量，静态模型没有考虑需求随时间的变化问题。

2) 仿真技术

仿真技术提供了一种用来评估具体设计方案的方法。仿真技术考虑了系统的动态性，并能够对给定的设计方案提取出系统活动的特征。决策者可以向仿真模型提供若干个设计方案，这意味着模型允许决策者进行微观分析。一般来说，一个仿真模型可以包括单个的订货方式、具体的库存和生产措施、仓库内部的库存搬移和日配送策略等详细仿真模型，需要大量的计算时间来获取满意的准确度。遗憾的是，仿真模型只能模拟事先指定好的问题。例如，给定一个由仓库、零售商等组成的特定结构，仿真模型可估算进行该网络有关的成本，但若要考虑另一个不同的结构，就必须重新建立仿真模型。

仿真技术并不是一种最优化工具，它在提取特定结构的活动特征时非常有用，但在从许多潜在的结构中确定一个有效的结构时却无能为力。因此，如果系统动态性不是一个关键性问题，采用静态模型和数学最优化技术比较合适，从经验来看，静态模型几乎解释了实践中使用的全部网络结构模型。但当系统动态性是一个重要的问题时，可以分别采用这两种技术：首先，考虑最重要的成本因素，利用最优化模型产生若干个成本最小的方案；然后，再利用仿真模型评估第一阶段产生的方案。这样可综合两种技术的优点。

3) 数学规划技术

数学规划技术极好地满足了约束/收入/成本的维数问题。但遗憾的是，人们不能为编制具体计划提供有用的和足够的信息资料，例如，难以提供独立工序的情况、生产方式/装备等完全改变的情况、相关的和个别的客户订单情况等。因而它们大多数只应用在战略和战术层次上的计划制订，这样做是侧重于成本。在这两个计划中相对而言需要较少的细节和信息。例如，物流网络的结构模型是一个整数规划模型，用途也极为广泛。

4) 基于约束的技术

基于约束的技术使用了久经考验的约束遗传方法，并成功地采用了比数学规划技术更具体、更有效的模型，但在寻找解决方案时此方法有一定的局限性。为此，人们采用了更加有效的基于约束的自组织方法来解决这类问题，自组织在系统中被定义为：一个系统不依靠任何外来的干预而获得的一种空间、时间或功能(空间与时间)的结构。一个复杂的非线性动态系统的演变过程具有多峰、分岔与突变的特性，这表明了信息时代是多机遇与多风险的，企业经常处于有序、无序、又有序的变化之中。传统的集中直接控制方法是无法满足企业的这种管理决策需求的，必须采用分散的系统，每一局部的子系统都具有自治的能力，不需要集中控制器来控制。而子系统间的协调是通过一组协议与规则，以自组织的方式来实现。这种基于规则与约束的自组织方式是对复杂系统进行决策的好方法。

5) 基于结构的方法

基于结构的方法是一种新技术，具有基于约束技术的建模和遗传性能，提供了非常强大的、通用的和自配置的解决问题的方法，但是它也需要较高的费用去支持，包括优先权和参数选择。系统无须配置就能有效地解决问题，具有一种真正的“按按钮”(push one button)解决问题的能力。

6) 人工智能 AI(Artificial Intelligence)

AI 技术也普遍应用于决策支持系统之中，特别是用于实时决策。例如，决定怎样在最短的时间内向顾客供货，与顾客沟通并获知为其送货的提前期。AI 常常被用于智能代理以辅助决策。例如，以确定合适的提前期来解决顾客服务的不稳定性，能够同生产计划的智能代理相作用从而确保提前期，等等。

7) 专家系统 ES(Expert System)

ES 的功能是运用已定义的经验性规则，对实际的数据进行推理，以发现一些值得注意的问题。专家系统依赖于一个表述一定规律的庞大数据库，在解决问题时利用知识库中的规律，产生能够解释来龙去脉的结论。例如，根据随机性市场分析的特点，推理机制采用确定性的正、逆向混合推理方法，发现市场上可能会出现的突发事件和得出某项结论的推理。ES 常常可以为那些既无时间又不具备足够知识的决策者们提供可供选择的解决方案。尽管 ES 在供应链实践中还没有得到广泛的应用，但是由于它能够获取并解释专家的推理，在未来肯定会扮演重要的角色。

目前，决策过程融入了越来越多的先进技术来加强决策处理能力和改善结果。例如，一些数值分析工具被用来调整参数，它通常包含有决策问题需要的固有知识，因而决策者常常使用它的分析工具，包括运筹学、基于运算法则的人工智能、成本计算、模拟、流程分析以及固化的逻辑程序来处理决策过程中的一些棘手问题。一些特殊的求解方法，如拉格兰齐松弛法、因子化法、分支定界法和本德分解法等，常被用于求解决策值的过程中，以提高决策准确度和加快求解过程。近年来，数据挖掘技术也越来越多地用于决策分析、对数据进行搜索和提取以找出它们更细微的规律和差异，如营销关系、运输和库存之间的关系等。这些都为决策的准确制定作了很大的贡献。

本章小结

本章论述了影响供应链业绩的财务因素，在计算现金流量时，必须考虑不确定性和弹性这两个影响因素。阐述了供应链决策评估所使用的财务工具，并进行了供应链决策的详细财务分析，同时介绍了供应链决策支持系统的构架和决策技术，常用的决策技术有：数学最优化技术、仿真技术、数学规划技术、基于约束的技术、基于结构的方法、人工智能AI、专家系统 ES。

复习思考题

1. 填空题

(1) 在制订供应链决策，特别是在设计全球供应链时，管理者除了要考虑供给和需求的不确定性因素之外，还要考虑其他影响上述决策的__________。

(2) __________是指资金按规定的折现率，折算成现在或指定起始日期的数值。

(3) 贴现现金流量分析的前提是____________________。

(4) 回报率 k 也称为__________或资本的__________。

(5) 贴现现金流的决策树可以用来评估在__________、__________、__________以及__________等因素不确定的情况下所作出的供应链决策。

(6)“数据—模型—知识”(DMK)构架是侧重于制定决策所需要的投入，它把决策投入分为__________、__________和__________三类。

(7) 常用的决策技术有：__________、__________、__________、基于约束的技术、基于结构的方法、__________、__________。

2. 简答题

(1) 简述运用决策树评估供应链财务决策的步骤。

(2) 简述供应链决策系统的结构化问题。

3. 计算题

(1) 月微(Moon Micro)是一家小型的服务器制造商，所有产品均产自位于加州圣科拉拉的工厂。由于市场对服务器的需求急剧攀升，圣科拉拉厂服务器的年产量已达 10 000 个。公司正在考虑两种选择方案，以扩大生产能力。第一种方案是以每年 1 亿美元的固定成本和每台服务器 500 美元的劳务成本，将圣科拉拉工厂的生产能力扩大 10 000 单位。第二种方案是成立墨雷克瑞公司——独立的组装厂，以每台服务器 2 000 美元的成本(扣除原材料成本)转包给墨雷克瑞公司生产。月微公司每台服务器售价为 150 000 美元，原材料成本为 8 000 美元。

月微公司的决策有效期为两年，其中每年对服务器的需求较上一年上升 50%的概率为 0.8，保持不变的概率为 0.2。墨雷克瑞厂的价格也会改变，第一年固定不变，但是第二年价格上升 20%的概率为 0.5。

用决策树来分析，月微公司应该提高圣科拉拉厂的生产能力，还是应该转包给墨雷克瑞厂生产。除上述提及的因素外，还有哪些其他因素影响这一决策？

(2) 尤尼帕特(Unipart)——一家汽车零部件制造商正考虑从两个不同的 B2B 市场购买维护、修理、经营产品。两个市场都以同等价格提供全套产品和运输服务，服务水平和供货期也几乎相同。然而，它们的费用结构却相差甚远。第一个市场在所有产品售价(不包括运输费用)之外收取 5%的佣金；而另一个市场的定价以 1 亿美元的订购费为基础，提前两年支付，按每笔交易产品价格的 1%收取佣金。

尤尼帕特每年花在维护、修理、经营产品上的预算为 15 亿美元，尽管这笔预算会随其产品效用水平的变化而变化。明年很可能为一个丰年，高的效用水平将维护、修理、经营产品的开销维持在 15 亿美元上，但是开销下降 10%的概率为 0.25。第二年，开销保持不变的概率为 0.50，再下降 10%的概率为 0.5。Unipart 公司计算所用的贴现率为 20%，假设所有成本在每年年底发生(因此，第一年的成本在第一年的年底发生，第二年的成本在第二年的年底发生)。试分析 Unipart 公司应该从哪个 B2B 市场购买其维护、修理、经营产品？

(3) 艾尔福盖普(Alphacap)——一家电子元件制造商正试图选择唯一的一家原材料供应商，以购入生产“双帽”用的原材料(“双帽”是一种新型容量器，“蜂窝”电话制造商用以保护微处理器免受电击)。多茄(Multichem)和米克斯麦特(Mixemat)两家公司都能提供必需的原材料。

多茄公司以其产品质量著称，由于其供应和送货的可靠性而向客户收取较高的价格。多茄工厂的生产能力细分到每位客户，因此供应得以保证。因此，多茄对每个“双帽”使用的原材料收取 1.20 美元。

米克斯麦特是一家小型原材料供应商，生产能力有限，每单位原材料只收取 0.90 美元，但是其供应的可靠性差，没有充足的生产能力同时向所有的客户供货，这也就意味着发给米克斯麦特的订单没有保证。在原材料需求旺年，米克斯麦特可向艾尔福盖普公司提供90 000单位的原材料；在原材料需求淡年，可提供艾尔福盖普公司生产用的所有原材料。

如果艾尔福盖普不从供应商处订购原材料，那么，它需要在即期市场购买以供应其顾客。艾尔福盖普的大多数业务依赖一家主要的“蜂窝”电话制造商，如果不能向其输送产品，可能会导致双方合同终止，给公司造成重大损失。所以艾尔福盖普公司将在即期市场购买部分原材料弥补短缺。在即期市场上，当原材料需求量较小的时候，单价为2.00美元；当需求量大时，单价为4.00美元。

艾尔福盖普公司去年销售100 000个“双帽”；今年销量为110 000个的概率为0.75，销量为100 000的概率为0.25；明年销量较今年上升20%的概率为0.75，下降10%的概率为0.25。艾尔福盖普公司计算所用的贴现率为20%。假定成本在每年年底发生(因此，第一年的成本在第一年的年底发生，第二年的成本在第二年的年底发生)，并且艾尔福盖普公司的决策有效期为两年。只有一家供应商可供选择，因为这两家供应商拒绝为其竞争对手的合作伙伴供应原材料。

试分析艾尔福盖普公司应该选择哪家供应商？在作出决策前还应该考虑哪些其他信息？

案例分析

贝尔计算机公司的供应链决策

贝尔计算机制造公司正处于一个十字路口。这是一家正在迅速发展的个人计算机制造商，由于其想尽力跟上飙升的需求，从而使公司的运营出现了问题。由于贝尔公司的执行官只能清楚地预测下半年的市场走势，而不能把握其将来的市场容量，用以协调这条供应链的系统面临着即将分裂的危险。

为了解决这一问题，贝尔公司引进两家供应链软件公司，两家公司都对系统提出了建议，能够解决贝尔公司对未来市场容量的把握等棘手问题。但是这两家公司提供的产品类型完全不同。

第一家软件公司是SC(SCSoftware)软件公司，他提出了一个方案，贝尔公司必须首先购买许可证，这样公司只要需要随时可以使用其软件。但是，贝尔公司将负责对软件进行维护，这需要占用大量的资源。

第二家公司是艾思阿斯普公司，它也提出了一个方案，贝尔公司要按月向艾思阿斯普预付定金，将供应链申请设施与艾思阿斯普机器连接。贝尔公司的雇员就可以通过网络浏览器获取信息并进行分析。一旦需要，信息就可以自动地从艾思阿斯普的服务器传递到贝尔公司的服务器上。贝尔公司每月继续支付软件订金，但是所有软件维护费用有艾思阿斯普公司支付。

思考题：

1. 贝尔公司将与哪家软件公司合作？
2. 贝尔公司需要了解哪些特殊信息(有关软件和贝尔公司未来所处环境)以便作出决策？
3. 除了成本之外，贝尔公司还需要考虑哪些定性问题？

第10章 供应链风险管理

【学习目标】

➢ 知识点

● 供应链风险的定义、来源和分类
● 供应链风险管理的定义、内容和过程
● 供应链风险管理的现状和趋势

➢ 难点

● 供应链风险管理的内容和过程

➢ 要求

熟练掌握的内容

● 供应链风险的来源
● 供应链风险管理的内容
● 供应链风险管理的过程

了解理解的内容

● 了解供应链风险的定义、分类
● 理解供应链风险管理的定义、现状和趋势

导入案例

震伤中的汽车供应链

2008年5月12日，中国四川汶川发生8级大地震。地震发生后，灾区的交通设施损毁严重，很多道路都出现中断现象，而且在抢通之后，为了便于受伤灾民的转移和救灾物资的输送，川渝地区大部分的公路实施了交通管制，这给汽车行业的供应链造成了很大的压力。

据了解，组装一辆汽车需要成千上百个零部件，这也就意味着围绕一个主机厂就会有成百上千个零配件供应商来为它配套。而一旦其中任何一家供应商的生产或物流出现中断现象，主机厂的生产都会受影响。

由于川渝地区汇聚了一批零部件制造企业，它们作为配套企业与其他地区的主机厂关系密切。而此次川渝零部件物流体系的中断，使得一些远离灾区的汽车企业的供应链因此而吃紧。

据了解，在此次地震中，作为比亚迪零部件供应商的绵阳发动机厂受损严重。为了应对这一突发情况，比亚迪方面只能被迫紧急寻找新的零部件替代品；而神龙汽车位于绵阳的一家配套企业在地震中厂房整体垮塌，短时间内难以迅速恢复，这让神龙汽车不得不尽快寻找新的供应商，甚至不排除从法国直接采购相关零部件的可能。

同样因为位于成都的零部件厂商中断了零部件供货，本田公司位于武汉和广州的合资工厂在2008年5月14日也停止了部分生产。虽然这些工厂的生产在第二天得以恢复，但是来自物流方面的不确定因素还是让企业很担心零部件是否能够按时到货。

【思考】什么是供应链风险？它的来源是什么？供应链风险管理的内容是什么？如何进行供应链风险的管理？

10.1　供应链风险

10.1.1　供应链风险的定义

供应链是由多个企业构成的，从原材料的供应开始，经过链中各企业的加工制造、组装、分销等过程直至最终用户，不仅是一条连接供应商到用户的物资链、信息链、资金链，还是一条增值链。供应链系统的庞杂和复杂性使供应链上风险的界定变得相当困难。

综合众多专家学者的观点可知，供应链风险是由供应链内外的不确定因素带来的，包括供应链上成员、市场环境、政策环境以及自然条件等不确定性的存在而带来的威胁甚至是破坏。

供应链的风险可理解为：由于不确定性的存在而引发的供应链运行的实际结果偏离预期目标而产生的损失。供应链风险的存在增加了企业供应链管理的难度，对供应链的正常运作产生威胁，有必要对供应链风险的来源进行梳理。

10.1.2　供应链风险的来源

对供应链风险来源的分析，由于角度的不同而有所不同。本书将供应链风险的来源分为内部因素和外部因素。内部因素即供应链系统内部的不确定因素，如供应链结点企业自身的经营活动以及企业间的合作等。外部因素则指供应链系统外部环境的不确定因素，如政治、经济、自然环境等方面的因素。

1. 供应链内部因素

供应链系统本身不确定性的存在，会引发供应链风险的产生，具体来源有以下几个方面。

(1) 供应链企业间合作引发的风险。在供应链合作伙伴中存在着委托代理的问题，具体包括企业的道德风险和逆向选择问题。道德风险是由于信息的不对称，供应链合作的一方从另一方得到剩余的利益，使合作破裂，导致供应链的解体。逆向选择风险产生于信息的不对称，代理人拥有委托人所不掌握的且对委托人不利的信息，从事损害委托人利益的行为风险。

(2) 信息传递风险。由于供应链上各个企业都是独立经营和管理的经济体，其实质是一种松散的企业联盟。当供应链的规模日益扩大，结构日趋复杂时，供应链上发生信息错误的机会也随之增多。信息传递延迟将导致上下游企业之间沟通不充分，对产品的生产以及客户的需求在理解上产生分歧，不能真正满足市场的需求，同时也会产生“牛鞭效应”，导致过量的库存。

(3) 生产组织与采购风险。现代企业生产组织过分强调集成、效率而导致生产过程刚性太强，缺乏柔性。若在生产或采购过程的某个环节出现问题，极易导致整个生产过程的停顿。

(4) 分销商的选择风险。分销商是市场的直接面对者，要实施有效的供应链管理就必须做好分销商的选择工作。如果分销商选择不当，将直接导致核心企业市场竞争的失败，也会导致供应链凝聚力的涣散，进而导致供应链的解体。

(5) 物流运作风险。物流活动是供应链管理的纽带，供应链要加快资金流转速度，实现及时化生产和柔性化制造就离不开物流系统的高效运作，而这需要供应链各成员之间的联合行动，实施信息共享与存货统一管理。而在实际运行中做到这一点是很难的，往往会在原材料供应、运输、产品生产、缓存和销售过程中出现衔接失误，而衔接失误又会导致供应链物流不畅通，从而产生物流运作风险。

(6) 企业文化差异风险。供应链上的多个成员往往在经营理念、文化制度、员工素质和核心价值观等方面存在差异，往往会对同一问题的解决方式产生不同的理解，这可能造成供应链的混乱。

2. 供应链外部因素

供应链外部环境的不确定性给供应链带来了风险。风险的外部因素主要有经济、政治、自然环境等，如 2011 年日本大地震和海啸，使日本本土和海外许多关联性较强的供应链受到严重冲击。

(1) 市场需求不确定性风险。供应链的运作是以市场需求为导向的。供应链中的生产、运输、供给和销售等都建立在对需求准确预测的基础上。市场竞争的激化大大增强了消费者需求偏好的不确定性，使准确预测的难度加大，增加供应链的经营风险。如果不能获得正确的市场信息，供应链就无法反映出不断变化的市场趋势和顾客偏好。由于不能根据新的需求改变产品而不能进入一个新的细分市场，最终市场机会也会由于不能满足顾客快速交货的需要而丧失。

(2) 经济周期风险。市场经济的运行具有明显的周期性，宏观经济的周期性变化使供应链的经营风险加大。在经济繁荣时期，供应链在市场需求不断升温的刺激下会增加固定资产的投资，进行扩大再生产，增加存货、补充人力，相应地增加了现金流出量。而在经济衰退时期，供应链销售额下降，现金流入量减少，未完成的固定资产投资仍需大量资金的投入，由于此时融资环境的不理想，造成融资成本加大。这种资金流动性差的状况增大了供应链的经营风险。

(3) 政策风险。当国家的宏观经济政策发生变化时，往往会对供应链的资金筹集、投资及其他经营管理活动产生极大的影响，使供应链的经营风险增加。

(4) 法律风险。供应链面临的法律环境的变化也会诱发供应链经营风险。每个国家的法律都有一个逐渐完善的过程。法律法规的调整、修订等不确定性很可能对供应链的运作产生不利的影响。

(5) 意外灾祸风险。地震、火灾、政治动荡、战争、自然环境的巨变等意外灾祸，都会引起非常规性的破坏，影响供应链的某个结点企业，使供应链中企业资金或物资流动过程受阻或中断，使生产经营过程遭受损失。如日本的大地震给许多企业的供应链造成严重的破坏，大量企业被迫停产，从而使某些产品的全球供应链受到严重影响甚至中断。

10.1.3 供应链风险的类型

从不同的角度分析，供应链风险有不同的分类，具体有以下几个方面。

1. 按供应链管理的层次划分

整个供应链网络的运作管理分为 3 个层次：战略层、战术层和操作层。相应地，供应链中的风险可分为 3 个层次：战略层风险、战术层风险及操作层风险。

(1) 战略层风险。战略层是供应链管理中的最高层，因此战略层风险也是供应链风险中最高层次的风险，也是最具危害性的风险，对全局产生重大影响。战略层风险主要是指供应链管理人员在制定全局战略规划，如采购战略、营销战略、物流战略时由于决策失误而导致的风险，如对产品定位、市场预测不准或错误、产品设计不完善、采购计划不当等。

(2) 战术层风险。战术层风险是指供应链管理人员在战术选择上不当而造成的风险，如文化差异风险、利润分配差异风险、合作信任风险。

(3) 操作层风险。操作层风险指在供应链运作过程中一些实际作业，如运输、配送、包装、装卸、搬运等作业发生的局部风险，与战略层风险和战术层风险相比，操作层风险影响面最小，一般只涉及相关的环节，且能及时挽救，对供应链运作的影响不大。

2. 按供应链管理的目标划分

供应链管理的主要目标包括成本目标、时间目标和质量目标，相应的供应链风险可分为以下几个方面。

(1) 成本风险。供应链成本风险是指供应链中各环节、各主体在成本控制上处理不好，导致成本过高，从而使供应链运作困难或受损的风险。此处的成本是广泛意义上的成本，不仅包括原材料供应成本、制造成本、销售成本和物流成本，还包括供应链的运作成本，如合作伙伴的进入成本和退出成本、企业间的协调管理成本、信息传递成本等。

(2) 时间风险。供应链管理要实现在恰当的时间，将恰当数量的恰当商品送达恰当的地点，交给恰当的客户。可以理解为时间目标包含了数量和地点等，涉及此方面的风险即为时间风险。时间风险一般来说都是由于获取信息的不及时、不完整或得到错误信息引起的。供应链时间风险主要是指链上各环节或各主体在时间上把握不准而导致整个供应链受损的可能性，如发现机遇的时间较晚、研发时间紧迫、原料供应和配送延迟、生产不及时等导致最终产品上市时间延迟或销售时机错失等。

(3) 质量风险。质量风险是指供应链网络中各主体、各环节在质量上没有严格把关而使供应链的运作受到影响的风险。此处的质量包括实物质量和服务质量两个方面。实物质量指供应链供应环节的原材料、零部件质量，制造环节生产的半成品、产成品质量，分销环节产品的完好状况，产品的实物质量是供应链生存之本。服务质量则包括中间各环节的供货服务质量，相关的指标有供货的及时性、准确性、完好性、售货服务质量。

3. 按供应链系统的构成划分

按供应链系统的构成划分，供应链中的风险可分为系统环境风险、系统结构风险、行为主体风险以及主体间的协作风险。

(1) 系统环境风险。系统环境风险是指由环境因素导致的风险，具体包括自然灾害风险、政治风险、经济风险、技术风险、社会文化风险等。

(2) 系统结构风险。系统结构风险是指供应链的结构设计不合理可能导致的供应链风险。如因供应链网络配送设计的不合理而导致部分地区商品缺货、商品积压等。

(3) 行为主体风险。行为主体风险指供应链的参与行为主体造成的风险。供应链上的原材料供应商、生产商、批发商、零售商以及物流服务商等主体由于利益与目标的差异，对任务的理解和选择的行为方式都会不同，另外各主体的管理水平、人员素质、企业信誉也会有差异，这些都可能造成供应链行为主体风险。

(4) 协作风险。协作风险指由于供应链不同参与主体间的协作关系而造成的风险。供应链作为由多个参与主体组成的复杂系统，其参与主体间若不能进行良好的沟通则必然会产生风险，具体表现形式有：合作伙伴的流动性改变、伙伴的投入、承担的风险与所得收益不一致、伙伴间信息共享机制的不畅等造成的信息传递失真、信用风险违约等问题。

4. 按供应链的过程划分

供应链全过程可以分为采购、生产、配送、退货(包括原材料退货和产品退货)几个阶段，相应的供应链风险可以划分为采购风险、生产风险、配送风险、退货风险。

5. 按供应链的风险来源划分

形成风险的因素有人的原因、管理的原因、设备的原因、产品本身的原因、环境的原因，相应地可把供应链风险划分为人为原因的风险、管理不当的风险、设备造成的风险、产品本身原因的风险、外部环境形成的风险。

(1) 人为原因的风险。由于参与供应链相关活动的人素质不高、经验不足、能力不够、行为不当或协调不好造成的供应链风险。这里的人可以是企业内部的，也可以是供应商、批发商或零售商的。人的因素是供应链风险管理中最关键、最活跃、最主动的因素。

(2) 管理不当的风险。由于供应链管理方法不当、措施不力以及决策失误、规划错误造成的供应链风险。管理是供应链风险控制的精髓，是实现供应链高效率和高效益的根本手段。

(3) 设备造成的风险。由于设备的低效率或故障造成的供应链风险。供应链相关的设备包括供应链支持系统的设备(如供应链信息管理系统)，运输、仓储、搬运甚至生产设备。设备的性能和运行表现直接影响供应链管理目标的实现。

(4) 产品的风险。由于产品本身的特殊性造成的可能的供应链风险。供应链中不同类型的产品对供应链性能的要求是不同的，如冷冻制品必须使用冷藏运输并使用冷库保存，除质量风险较大外，供应链成本也较高。

(5) 外部环境造成的风险，即由于外部环境不正常变化造成的风险。对于一般外部环境风险，前面已经分析，这里要说明的是企业的物流环境。物流环境包括交通运输基础设施、通信系统、物流信息平台、物流中心等综合物流设施、物流产业和专业物流企业、物流管理水平、物流政策法规和社会环境等方面。物流环境好的地区，总体物流费用比较低，物流服务水平比较高，供应链物流风险就比较低。

6. 其他划分方式

(1) 按照风险造成的后果，可以将风险划分为纯粹风险和投机风险。纯粹风险是没有利益可能的供应链风险，如地震造成的设备毁坏、台风造成的运输货物灭失等。投机风险是利益与损失并存的供应链风险，如趁原材料价格较低时大量采购，如果原材料价格回涨，企业就节约了成本，但如果价格继续下降，企业就不仅蒙受损失，还会增加库存费用。

(2) 按照风险是否可管理，可以将风险划分为可管理风险和不可管理风险。可管理风险是指可以预测并采取相应措施加以控制的风险。不可管理风险在一定条件下可以转化为可管理风险。风险能否管理，取决于风险的不确定性是否可以消除，以及供应链管理团队的管理水平。通过信息系统和其他渠道掌握供应链相关的数据信息，可以在一定程度上减少不确定性。

(3) 按风险的影响范围，可以将风险划分为局部风险和总体风险。局部风险只影响供应链的某一环节，而总体风险则影响整个供应链，甚至可能形成多米诺效应。局部风险和总体风险是相对的，是可以相互转化的，可能造成总体风险的风险事件一形成，如果采取紧急应对措施得当，则可以转化为局部风险。

供应链风险的来源与分类可总结如图 10.1 所示。

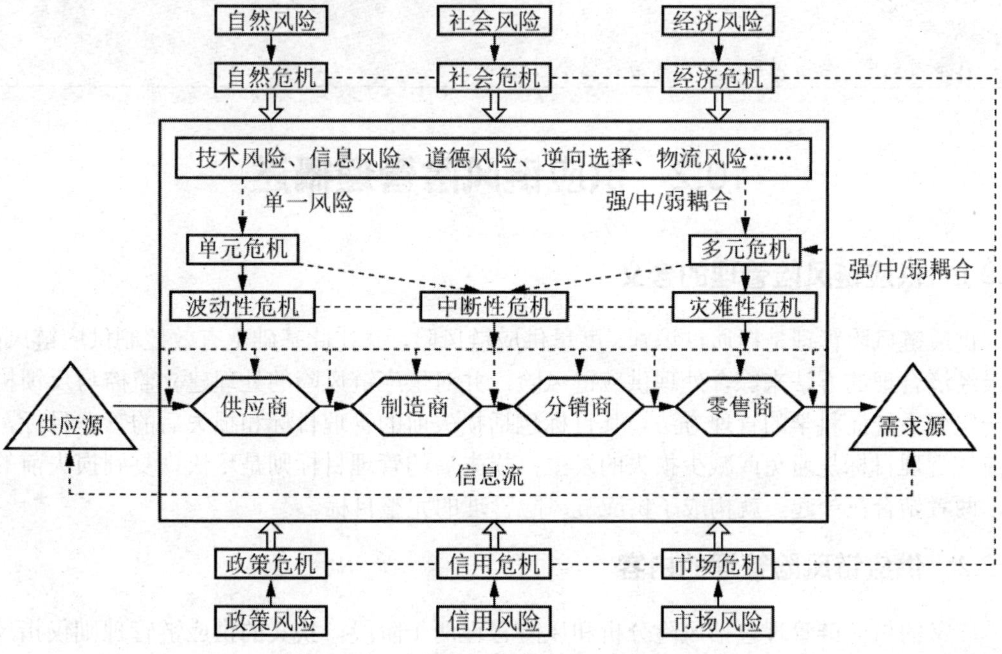

图 10.1 供应链风险的来源与分类

阅读案例

大火中毁灭的供应链

2001 年 1 月 26 日，爱立信公司宣布对其产品结构进行重大的战略调整，将手机生产外包。而西门子和诺基亚等公司在 2000 年手机业取得的骄人业绩表明，手机制造是一块“香饽饽”，作为手机市场“三国演义”中的重要角色——爱立信，为什么偏在这时将手机生产外包呢？一些手机生产商和业内专家认为爱立信撤离手机领域是积弊所致，如业务方向判断失准，产品上市缓慢、供应品种单一、成本长期居高不下等，而最主要的是飞利浦芯片厂发生的一场大火，促使爱立信下决心实施这次变革。

2000 年 3 月 17 日晚上 8 点，在美国新墨西哥州，飞利浦第 22 芯片厂的车间发生了一起火灾，火灾持续了 10 分钟，破坏了正在准备生产的数百万个芯片，更严重的是飞利浦公司需要几个星期才能使工厂恢复生产。

该工厂原为诺基亚(Nokia)和爱立信(Ericsson)两大手机巨头提供无线射频芯片(RFC)，两家公司的应对方式已经成为突发事件应急管理的经典案例，告诫人们只要采取正确的方法，灾难也能变成竞争优势。

工厂被大伙吞噬后，两家公司立即丧失了供应链中的一个关键环节。当时诺基亚的反应有两方面。首先公司立即创建了一个由经理领导的“突击小组”，向飞利浦施压，要求该公司把其他工厂的生产能力全部投入生产其需要的无线射频芯片。同时诺基亚的工程师迅速对无线射频芯片进行重新设计，使公司在日本和美国的供应商也能生产这种芯片。该计划的效果立竿见影，由于行动迅速，诺基亚得以实现其生产目标，甚至将市场份额从 27%提高到 30%，是其最大竞争对手的两倍多。

爱立信的反应就慢多了。该公司在几周后才意识到供应链上的问题，但那时它满足顾客需求的能力已经大打折扣。而且由于阿尔伯克基的工厂是爱立信唯一的无线射频芯片供应商，导致爱立信根本无法获得芯片，公司当年的损失额高达 17 亿美元，并最终将其手机制造业务外包给另一家公司。

【思考】

在本案例中，供应链风险的来源与类型分别有哪些？

10.2 供应链风险管理概述

10.2.1 供应链风险管理的含义

供应链风险管理是指通过识别、度量供应链风险，并在此基础上有效控制供应链风险，用最经济合理的方法来综合处理供应链风险，并对供应链风险的处理建立监控与反馈机制的一整套系统而科学的管理方法。其目标包括损失前的管理目标和损失后的管理目标，损失前的管理目标是避免或减少损失的发生；损失后的管理目标则是尽快恢复到损失前的状态，两者结合在一起，就构成了供应链风险管理的完整目标。

10.2.2 供应链风险管理的内容

广义的供应链管理包括风险分析和风险管理两个阶段，狭义的供应链管理则仅指风险管理阶段。

风险管理包括风险规划、风险控制、风险监视。风险规划的任务是确定风险管理的目标，制定供应链风险规避策略以及实施措施和手段。风险控制指风险规划的实施过程，关键是采取果断措施，尽量消除风险造成的影响，恢复供应链的正常状态。风险监视是风险控制的事中控制环节，实时监视供应链运行状态，捕捉对供应链有影响的突发事件，及时发现供应链运行偏离预定计划目标的程度，以便采取控制措施，监控评价风险控制策略的执行效果。

1. 供应链风险规划

供应链风险规划的核心是制定风险规避策略。从减小风险发生的概率、改变风险后果的性质、减少风险后果的影响等多方面入手提出全面的风险规避策略，概括起来有风险预防、减轻、转移、规避、自留以及后备措施等几种类型。

1) 风险预防

风险预防的实质是防患于未然，从可能造成风险发生的风险因素入手，减少风险发生的概率。回顾可能造成供应链风险的各种因素，有来自外部环境的，有供应链结构不合理造成的，有供应链参与主体行为不当造成的，有各主体之间协调失误造成的，也有产品本身特性造成的等。由供应链参与主体原因造成的风险，可能是因为伙伴恶意违约造成的，也可能是因为参与主体企业内部员工素质不高、管理措施不完善、操作处理方法不当、设备运行失常和故障等原因造成的。针对各种可能造成风险的因素，扎实地做好供应链管理的基础工作，利用一切可以利用的手段，充分减小风险因素发生的概率，是供应链风险控制优先考虑的策略。建立完善的规章制度和科学的绩效评价体系并认真执行，完善供应链管理信息系统与数据管理，优化供应链的结构，保证供应链各部分资源和能力与需求的均衡，选择优质的合作伙伴，寻求有效降低库存的策略，保证设备可靠运行，提高人员的素质，改进业务流程，严格监督对国家法律法规的执行，注意当地的物流环境等，这些都是防范供应链风险的基础措施。

2) 风险减轻

风险减轻策略是指风险已经发生，为了减缓风险传递的速度、缩小影响面从而最大限度地减少风险导致的损失而采取的措施。

从本质上说，这是一种事后行为，但是这种行为也是非常重要的。因为供应链风险的性质差别很大，有的风险是可以规避或防范的，有的则很难或者即使可以规避或防范，但可能会导致重大机会的丧失，或需要花很大的代价。并且规避属于防范措施的一种，但“处处设防”，必然“处处无防”，而且“百密”还难免“一疏”。以极少发生的地震等自然灾害或战争为例，简单意义上的规避或防范就不是什么好的策略。对于这类发生概率极小但影响很大的风险，作为企业的风险管理者或供应链经理，更多的应考虑风险发生后，如何才能最大程度地减少损失，如果供应链发生中断，如何才能尽快将供应链恢复到原状。因此需要一套行之有效的应急处理机制，并且平时就需要建立一定的“缓冲”或“冗余”。如启用后备供应商，使用后备运输方式或运力。

风险减轻的一个经典例子是前面提到的诺基亚。在其供应商飞利浦公司发生火灾后，公司反应迅速。公司的事件管理系统提示出了问题后不久，就有一位零部件采购经理打电话向对方咨询原因，并派出工程师实地考察情况。但是飞利浦拒绝来访者看损坏的设施，于是诺基亚的员工们加强了对进货的监控，由原来的每周核查改为每天核查。不久，双方最高层进行了沟通，要求飞利浦授权所有其他工厂动用任何可动用的额外生产能力，以保证诺基亚的供应。另外，诺基亚还派出代表到美国和日本的供应商那里，以保证优先获得所有芯片的供应，并且劝说其尽快加大生产量。诺基亚还对产品进行了重新调整，以便采用从其他供应源采购来的稍微不同的芯片。所有这一切似乎都进行得有条不紊，而爱立信则反应迟缓，处置不当，导致损失严重，以致后来不得不退出手机业务。

3) 风险转移

风险转移是指企业通过契约将本应由自己承担的供应链风险转移给其他企业承担的行为。就供应链的风险而言，转移既可以是全部的，也可以是部分的。通过风险转移，有时可大大降低一个企业的风险程度。当潜在的风险是物质上的，而且不会影响企业的持续经营，那么风险转移策略是可取的。不过需要注意的是，转移的是风险，不是风险管理的责任，因为供应链是你自己的供应链。例如你给你的车上了保险，你仍然需要设法降低风险，如果发生事故，最终受伤害的不是保险公司，而是你自己。风险转移的形式主要分为两类：合同转移(或非保险转移)和保险转移。

(1) 合同转移。合同转移是指通过签订合同，将风险转移给一个或多个参与者。具体包括以下几种方式。

① 外包(或转包)，即将全部或部分非核心业务通过外包的方式将风险转移至其他企业。有些全球企业外包全部生产流程给外部，这意味着这些公司不需要处理劳工和生产设施问题。但是外包本身会带来失去控制、泄露公司秘密的风险。

② 供应商管理库存(VMI)。这是一种以客户和供应商双方都获得最低成本为目的、在一个共同的协议下由供应商管理库存并不断监督协议执行情况和修正协议内容、使库存管理得到持续改进的合作性策略。通过这种策略，客户将库存的风险转移给了供应商，而供应商因为在管理库存方面非常专业并且具有规模效益，因此能够提高库存周转率，将转移过来的风险化解。

③ 与专业风险管理公司合作，及时充分地了解供应链的信息。

④ 担保。在与信用状况不明的供应链成员企业签约时，为了防止对方企业不能履行承诺而导致损失，而与对方企业的担保方签订担保合同，一旦对方企业违约，则将违约风险转移给担保方。

(2) 保险转移。保险转移是指通过订立保险合同，将风险转移给保险公司，这是使用最为广泛的风险转移方式。需要指出的是，并不是所有的风险都能够通过保险来转移。因为保险是以保险费换取风险发生后导致财务损失的补偿的，所以当保险费很高而企业难以承受时，企业往往不愿意投保。而且，购买保险只能是当风险发生后能得到一定程度的补偿，但并不能阻止风险的发生。正如Rice和Caniato(2003)指出，在企业层次上，很少有企业依靠保险来保护供应链的安全。原因有以下两个方面。

① 重大的供应链中断的保险费用非常昂贵。如美国达美航空公司(Delta AirLines)的恐怖袭击保险费由2001年的200万美元增加到2002年的1.52亿美元。

② 即使保险能够帮助企业在供应链发生大规模中断后财务不受损失，但是它不能防止企业丧失客户。在选择保险转移风险时，企业要深入分析投保的利弊得失，选择合适的险种，综合考虑保险费率与风险发生概率与损失的高低，了解保险公司的规模、实力和信誉，决定投保的范围和理赔要求，然后签订保险合同。

4) 风险规避

风险规避指企业有意识地放弃风险行为、完全避免特定风险发生的管理策略。风险规避策略包括以下3类策略。

第一类策略是放弃。在特定产品或地理市场中经营或与特定供应商、客户合作时发生的风险被认为不能接受，企业就可能放弃某些产品、供应商或地理市场，从而规避风险。如进入低成本国家市场，虽然可以获得低廉的原材料和劳动力成本，但是面临的质量风险、政治风险等供应链风险也是最大的。规避的方式包括剥离专用资产来退出市场，推迟市场或细分市场的进入，或只是进入不确定性低的市场。

第二类策略是在不利事件发生之前抢先行动。如对于海外采购产品的质量问题，可以采取产地检查和核准、产品检查和核准的办法。管理者确保所有的参与者都符合质量要求，以避免质量问题。在这类策略中，降低风险事件发生的频率和概率是关注的重点。当管理者没有其他选择而只能进入不确定性高的供需市场时尤应如此。

第三类策略是双向采购。这是规避供应风险的有效办法，也就是说，做到“你中有我，我中有你”，相互依赖，相互制衡。当然，要做到双向采购且达到规避风险的目的并不容易，这需要具备以下几个条件。

(1) 要有对方需要采购的产品，也就是说彼此提供的产品具有互补性。

(2) 对方向本企业采购的产品对其而言是重要的。

(3) 对方向本企业采购产品的数量或采购额占其该类产品的总采购量相当比例。这样，对方在采取任何不利本企业的行为时，都会有所顾忌。

规避风险是一种最消极的风险处理办法，因为企业在放弃风险行为的同时，往往也放弃了更大的目标收益。所有供应链都不同程度地采用规避策略，这要取决于有多少可供选择的方案。

供应链的许多风险可以规避，但有的风险则是无法规避或不能完全规避的，发生之后必须勇于面对，如地震等自然灾害和政治风险。对于这类风险，无法规避是因为其极难预测，不能完全规避则意味着可在一定程度上规避，也就是说不进入或撤离风险高发国家或地区。

5) 风险自担

风险自担是指企业承担风险所造成的损失。风险自担又可分为非计划性承担和计划性承担两大类。

非计划性承担是指企业为某些风险所致的损失或因为疏忽或无法通过其他方式转移而事先无计划地承担风险。

计划性承担是指当事人经过合理的判断和谨慎的研究分析，以提取准备金/基金的方式有计划地主动担风险。

风险自担中的一种策略是投机，即有选择地承担风险，这是一种需方风险管理策略。投机的原则是：为了降低营销成本，应尽可能早地使产品发生形态变化并将其运到前方库存。具体措施包括在某地理市场的前沿放置库存、提前购买最终产品或原材料进行库存、提前改变产品的形态。所有这一切，均是以对需求的预测为依据的。最终产品尽早成形，可能在生产、采购和运输方面获得规模经济效益，并且降低分拣成本。

然而，在低需求风险环境中，确定最终产品的形态更有价值。也就是说，投机要求有高质量的需求预测，这在需求不确定性低的情况下是可能的。例如，通过投机的办法服务文化相似、人口相似的国家，而不是开发定制化产品服务于新的市场。

6) 后备措施

事先制定规避风险的后备措施，一旦风险因素出现或风险事件发生，即将风险后备措施投入使用。后备措施与减轻风险策略的不同之处在于，减轻风险的策略在制定时是有针对性的，后备措施并不针对具体的可能风险，只是为风险控制预留必要的资源、能力和措施。为了应付可能出现的风险事件，适当准备一定数量的人力资源、物质储备、资金设备等，增加供应链系统的柔性和能力容量，以备不时之需。虚拟库存也是一种很有效而且成本低的后备措施，企业除保持一定水平的实体库存外，通过信息网络还可掌握其他企业拥有的可以利用的库存信息，平常不因虚拟库存发生费用，供应紧张时紧急调用，只是可能支付的价格高一些。企业除与选定的合作伙伴签约外，还与没有签约的合作伙伴保持良好的关系作为替补。一旦发生严重风险事件，需要及时与替补伙伴联系，让替补投入供应链运行。

逆向物流是逐渐受到重视的后备措施，把销售渠道中多余的商品、有质量缺陷的产品通过逆向物流及时收回，平抑风险的影响，减少供应链的浪费，提高客户服务水平。

2. 供应链风险控制

在供应链风险控制阶段要监视供应链的运行，实施风险规划阶段制定的风险规避策略和对风险的识别、评估和规划，虽然已经对供应链风险有了系统和深入的认识，但由于供应链风险固有的不确定性和供应链本身的复杂性，供应链运行过程中必定会遇到现实未曾预料到的风险，或与事先估计不同的风险，需要重新进行风险分析并制定新的风险规避措施。因此除了风险管理计划中预定的风险控制手段之外，还要根据实际情况确定行之有效的应变措施，维护供应链的正常运行，努力实现供应链风险管理的目标。

供应链风险控制过程与一般目标管理的控制过程不同。目标管理控制的依据是实现计划所给定的目标，监视被控对象实际运行的效果与控制目标的差距，采取措施消除偏差。供应链风险控制监视的是来自外部环境与供应链系统内部的风险因素和风险事件，设法减少风险发生的可能，减轻风险后果的影响，恢复供应链运行的正常状态。

根据实际控制措施相对于风险事件的时间先后，把风险事件分为事先控制、事中控制和事后控制。

事先控制也称主动控制、前馈控制，是指根据风险分析的结果和风险规划，事先采取措施防止发生风险事件，并准备风险应对手段。事先控制采取的措施称为预防措施。在风险规避策略中，预防风险效率、减轻风险的影响部分、转移风险的合同、回避风险的决策都属于事先控制的策略。

事中控制也称被动控制、保护性控制，是指密切监视供应链系统的运行，风险事件发生以后，及时通知可能受到影响的各方面立即采取措施，努力减轻风险造成的影响。事中控制采取的措施称为应急措施。根据风险的成因、性质、分布、影响等特征，启动备用方案，调用备用资源，综合采用行政组织措施、经济措施、技术措施、合同法律措施，与合作伙伴及相关各方密切协作，采取协商、督促、监控等紧急手段，减轻风险造成的影响，尽力恢复供应链的正常运行。如果发生事先未预料到的风险，风险管理人员需要紧急识别风险的特征，评估风险进一步发生的可能和可能的后果，确定风险应对措施并投入实施。如果风险的后果非常严重，则要修改供应链的计划目标。

事后控制指的是风险过后的善后工作，采取的措施称为改进措施。首先根据合同约定、法律规定和企业内部的管理规章制度，向有关责任方或责任人追究责任。如果是由合作伙伴违约造成的供应链风险(如质量问题、交货延期等)，则按照合同追究合作伙伴的合同责任；如果是由自然灾害造成的风险，则按照保险合同请求保险公司按约定条款赔偿；如果是因内部员工玩忽职守造成的人为风险，则追究当事人责任。其次，通过分析风险事件，如果发现供应链配置有问题或供应链管理存在薄弱环节，应当有针对性地改进供应链管理。再次，整理风险处理过程中积累的资料，将其作为以后制定风险管理的预案和风险分析的积累。

3. 供应链风险监视

1) 供应链风险监视的目的

供应链风险监视的目的主要是及时甚至实时掌握已识别风险的变化，在可承受的范围内，可以不采取措施或只采取一般的管理措施。但是当风险超越可承受范围时，就需要采取有力的必要措施，如启动应急机制。

风险监视的另一目的是了解已实施的风险管理措施和已投入的风险管理资金的有效性。如果发现这些措施或投资与预期效果有偏差，就要采取纠正行动。从这点来看，风险监视与风险审计是有关系的。

2) 供应链风险监视的内容

风险监视的内容包括供应链外部环境和供应链运作。前者主要通过了解各种政治法律、经济、社会、技术、自然等新变化可能对供应链带来的风险，改变现行供应链风险状态；后者包括对供应商和供应商的供应商、客户和客户的客户、产品质量以及对订货提前期、服务可靠性、库存水平和库存周转率等供应链绩效的监视。如对供应商的监视，不仅要监视重要的一级供应商，还要监视二级甚至三级、四级供应商。当然，随着供应商离企业越远，就越难掌握供应商的信息，因此，提高供应链的可视性对于监视来说非常重要。最理想情况是全时段从多个渠道获得信息，持续监视所有供应商，并考虑财务与运营绩效。此外，这种实时监视必须考虑内部输入(如生产设施、仓库等)和来自其他企业的外部输入。财务信息可以提供预警，使公司能够及时开发后备供应源。

3) 供应链风险监视的手段

风险监视手段有被动和主动之分，前者如事件管理系统，当风险事件出现时，系统会报警，后者是通过技术，如 RFID、GPS 等，可以提供更具动态性的监视。如果面临的风险概率大，那么在 RFID 上投资是值得的。RFID、GPS 尤其可用来监视物流风险，这两种技术手段可使供应链的可视性最大化，为跟踪和实时监视奠定了技术基础。

风险核对表或检查表是常用的监视方法，即建立一个可能中断或损害任何供应链绩效的潜在风险事件的一个清单，连续或定期检查表中所列风险的变化情况。某些监视只需每年做一次，如地理位置因素，而有些则需要每周监视，如交货和质量性能。

4) 供应链事件管理

若要对供应链进行实时监控就必须解决以下问题：供应链管理部门如何察觉可能对供应链有影响的非常事件的发生？如何指导非常事件是否会形成供应链风险？如果已经形成供应链风险事件，如何知晓风险的后果和影响程度？要控制事件造成的影响，应采取什么样的行动？事件发生后，如何确定相关的责任人和联系人？如何能及时通知有关人员？如何直观描述风险事件的有关信息？

AMR 咨询公司定义的供应链事件管理方式可以用于供应链监视以解决上述问题。以一个简单案例说明供应链风险事件管理的过程，如图 10.2 所示。一家商品批发公司通过集成的信息监视供应链运行，得知供应商的发货日期向后延迟，因此导致到货时间比合同约定的时间向后推迟。管理部门立刻行动，识别因采购货物延误向零售商发货受到影响的订单。管理人员启动“警示”程序通知内部人员和零售商。在客户服务人员和仓库管理人员的工作站上优先出现“警示”信息，CEO 的调度与控制工作站也收到“警示”信息，通过收集自动声讯或短消息自动告诉销售员。相关部门和人员收到信息后，立即核实细节，预计新的到货和发货时间，作出相应的后续安排。事件管理可以有效提高供应链的管理效率，提高对风险事件的反应速度，改善与合作伙伴的协作关系。

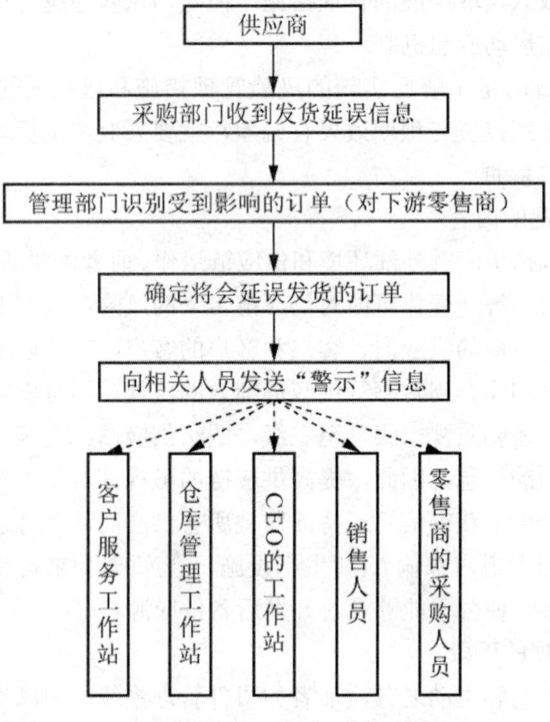

图 10.2　供应链事件管理的处理过程(片段)

10.2.3　供应链风险管理的流程

供应链风险管理就是管理人员通过风险识别、风险估计和风险评价，合理地使用多种管理方法、技术和手段，对可能影响供应链的各种风险因素实行有效控制，妥善处理风险事件造成的不利后果，保证供应链管理目标的实现。

供应链风险管理的全过程如图 10.3 所示，这个过程也称为广义的供应链风险管理，参照一般工程项目风险管理的习惯做法，又可以划分为风险分析和风险管理两个阶段。其中，风险分析包括风险识别、风险估计和风险评价，风险管理包括风险规划、风险控制和风险监视。

风险识别就是要分析供应链的各个过程环节、每一个参与主体及其所处的环境，找出可能影响供应链的风险因素，掌握每个风险事件的特征，确定风险来源及相互关联。供应链风险识别要考虑供应链管理的计划目标，需要足够的信息和经验，需要使用一定的工具和方法。

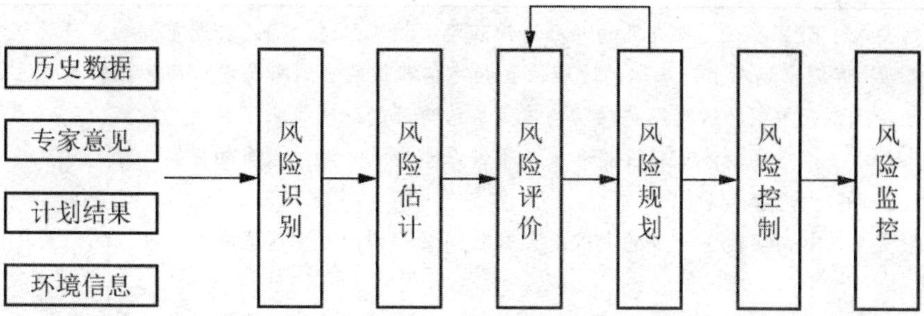

图 10.3 供应链风险管理过程

风险估计阶段估计单个风险的性质，确定风险事件发生的概率及其后果的大小。风险估计有主观估计和客观估计两种。客观风险估计以历史数据和资料为依据，一般利用概率论与数理统计学的方法计算。主观风险估计靠的是人的经验和判断，在没有历史数据资料可参照的情况下也可以使用。一般情况下，因两种估计各有其优势和长处，两种估计都要做。客观估计基于历史资料，定量而精确，对于循环的供应链管理过程尤其适用，不足之处是对于现实生产活动中可能出现的新的风险事件影响的反应不够，并且并不是对于所有的供应链管理过程都有历史数据可供利用，投入市场的新产品、引进新的原材料常常是这样，而此时使用有经验的供应链管理人员的主观估计结果是可行的方法。

风险评价是指对供应链各个环节的风险、各个风险之间的相互联系、相互作用，对供应链的总体影响，企业对风险的承受能力进行研究评价。

风险规划、风险控制、风险监视可参考 10.2.2 节的内容。

总之，风险管理过程不是一成不变的既定顺序，其组成部分也不是各自独立的。事实上，在任何时刻供应链上的各个环节可能同时在运行，不同类型的供应链活动同时进行，供应链风险管理过程的各个阶段也同时进行着。风险管理是一个循环反复的过程，其最明显的特征是要时刻准备处理预料之外的事件发生。

企业的供应链发生突变的时期是供应链风险管理的关键时期，如开发新产品、使用新的原材料、引入新的供应链合作伙伴、采用新的供应链信息管理系统、外部环境急剧动荡等。

阅读案例

供应链成本过大的青岛啤酒

1. 不堪重负的物流成本

青岛啤酒所面临的难题是供应链成本大于生产制造成本，这不只是青岛啤酒一家企业的问题。中国的啤酒市场有以下特点。

(1) 进口品牌如喜力、百威和嘉士伯占领高端市场，国内的大型啤酒企业如青岛、华润和燕京主要覆盖中低端市场。在这样的市场细分下，国内啤酒品牌利润值普遍偏低，主营收入的来源依靠着庞大的啤酒消费群体所带来的市场占有率。日益严峻的竞争而带来的价格战对已经薄弱的利润来说更是雪上加霜，即使对于青岛啤酒这样的国内第一啤酒企业，如此的利润体系也无法承受高昂的生产制造和物流成本。

(2) 中国的主流消费群体对新鲜度的要求很高，这样一来，啤酒的配送体系必须满足消费者对物流提前期的要求。而且，在夏日炎炎的啤酒消费旺季，物流配送的滞后会严重影响当月的销售总额。

(3) 中国的啤酒市场在生产基地的地理位置和终端零售网络的布局方面都存在着高度区域性和高度离散性的特点，而中国的道路设施以及物流装备给啤酒的配送带来了巨大的挑战。

总体来讲，低水平的物流基础设施和装备条件严重影响着物流效率的提高。

2. 经典的解决方案

在此形势下，如何实现下一步的突破是大家共同关心的问题。这里以可口可乐的经典扩张模式来分析问题。

在 21 世纪早期，可口可乐公司通过向一些地方性企业授予装瓶和销售的独家经营权，以及按照固定价格供应浓缩液的承诺，建立了一个全国性的装瓶商网络。每一家装瓶商都与可口可乐签订一份“永久合同”，合同中规定浓缩液的价格，以及授予装瓶商地区独家经营权。这种早期的特许装瓶商模式取得了巨大成功。

当然，这也导致 20 世纪 80 年代初，可口可乐随着市场的竞争成为一家无力控制其自身赢利能力的饮料公司。其后，在 Roberto Goizueta 接管可口可乐之后，将可口可乐重新定位成一个浓缩液制造商，同时拥有对销售渠道的战略控制能力。他创立了可口可乐装瓶商控股公司 CCE Coca-Cola Enterprise，对可口可乐收购的大型装瓶商进行控股。装瓶商控股公司创立之后，可口可乐立即将其 51%的股份公开上市。由于持有 49%的股权，可口可乐对装瓶商控股公司仍然拥有控股权，但在财务上不实行合并报表。这样，虽然可口可乐控制了装瓶商，但其资产负债表上并不包含装瓶商的资产，可口可乐的损益报告也不用反映装瓶商的业绩。剥离出装瓶商控股公司之后，降低了可口可乐的资产密集度，同时保持了对装瓶商的控制，上市得到的 11 亿美元资金可以用来继续收购新的装瓶商。

可口可乐公司的案例为青岛啤酒在品牌、合作建厂模式、利润分配模式、资本运作上提供了很好的参考。

3. 青岛啤酒的供应链风险管理之路

回到物流和供应链管理本身，青岛啤酒迈出了成功的一步。但应该看到“做水的不愿意运水”，这同时也为一些“做水的”提供了千载难逢的好机会，当你解决了全行业的包袱，并且将包袱转变为核心竞争力后，它的行业地位还有谁能撼动呢？就像戴尔公司，在整个 PC 行业被低利润、高库存困扰时，直销和供应链管理成就了时代的奇迹。

市场销售计划要与生产能力相匹配，整个公司供应链要协调在一起。市场有这样的需求，生产和物流都要跟随市场而变化，制定敏捷的应变措施。这是供应链成就成功企业的根本。青岛啤酒物流外包解决了物流环节本身的问题后，下一步应该着手解决整个公司供应链协调的问题，市场销售计划要与生产能力、运输配送能力相匹配。“应需而动”是青岛啤酒下一步可以考虑的。

【思考】

青岛啤酒的供应链风险管理流程是怎样的？在供应链风险规划中，采用了哪些方式？可以运用风险监视的手段有哪些？

10.3 供应链风险管理的实践

10.3.1 供应链风险管理的现状

尽管供应链风险管理在理论上已经有很多的研究，而且持续被关注，然而许多企业还没有做，有的企业还做得很不够，还不能有效管理供应链风险，并且供应链风险管理主要是大型企业在应用。

Mitroff 和 Alpaslan(2003)报告，财富 500 强中只有 5%～25%的企业准备应对供应链中断风险或危机。

在 Aberdeen Group 调查的企业中，55%没有正式的度量指标和程序管理来评估供应链风险。Aberdeen Group 的副总裁兼常务董事 Tim Minahan 说：“结果是令人担忧的，尤其是这些企业是在供应链中没有冗余或备用品的情况下运营”。

由 Mckinsey Quarterly(2006)实施的对跨国公司(MNC)执行官进行的一项全球性调查报告表明，约 67%的受访者说他们的企业面临的全球供应链风险在过去 5 年中增加了；67%的执行官反映他们在有效满足客户对商品和服务需求的能力方面面临增加的风险，很多执行官没有花费足够的时间或资源去管理和化解风险；约 25%的企业没有进行正式的风险评估；50%的企业缺乏管理和化解风险的企业标准，很少有执行官对其成功管理各类风险表现出信心，对著名管理工具的使用目前很有限(Enyinda，Chris I.等，2008)。

Jutter(2006)运用探索性定量调查和与供应链管理高级专业人员进行定性小组讨论作为收集数据的主要方法，提出以下问题：一是对网络中供应链风险的认识程度如何？二是供应链风险管理实践状况如何？三是供应链风险管理实施的关键问题是什么？然后，从英国特许物流与运输学会(UK-Based Chartered Institute for Logistics and Transportation)的成员中选择了 1 700 家对供应链管理有着特别兴趣的企业作为调查样本，其中只有 137 家做了回应，涉及多种类型的企业，主要包括消费品快递业和第三方物流、咨询业，以及非消费品快递业、公共部门(包括武装部队)，其中近40%的人来自生产原材料、部件或组件的制造商，也有最终产品制造商、批发商、零售商以及服务提供商。这些组织有的是英国国内的，有的是国际性的，有的是全球性的。调查表明：供应链风险管理这一概念还处于启蒙阶段，无论在关键问题上还是在实施上，对该概念的理解都还有限。调查者最后得出结论，“虽然在一个越来越不确定的环境中面临新挑战，但从业人员几乎不知道用什么办法实施供应链风险管理”。

10.3.2 供应链风险管理的趋势

近年来，供应链风险管理虽然还处于启蒙时期，但已经成为一个快速发展的领域，业界对它提出了更高的需求。有了实践需求的拉动，这个领域将继续成为未来研究的一个前沿。

1. 行业趋势

在国外，电子、航空航天工业以及汽车工业对供应链风险管理比较重视，而其他行业对这个新兴领域的重视还很不够。在未来，供应链风险管理的理论与方法将更多的应用到各行业的典型风险上。在我国，石油安全、粮食安全、食品药品安全以及农产品安全等，均已成为关系国家经济安全的重要问题，已经得到国家的高度重视。这些关系国计民生的安全问题，有许多可以纳入也应该纳入到供应链风险管理的范畴，这些行业理应成为供应链风险管理理论与实践的主战场。

针对特定的行业或供应链，发展风险管理的方法是一个重要趋势。为此，首先必须弄清这些行业或供应链中存在的主要风险类型。一般来说，供应链不同或行业不同，风险类型或相应的风险化解措施也不同。如电子行业，由于竞争者多，技术发展快，使得产品的生命周期短，从而导致被迫降价和库存过时等供应链风险；而在军工行业中，武器装备系统的产品开发时间长、风险大、产品使用寿命长、性能先进、武器禁运等对供应链风险管理来说可能是一个大问题。

2. 技术趋势

应用无线射频识别技术(RFID)和企业资源管理(ERP)等信息技术将成为供应链风险管理的重要趋势。一般来说，信息技术的应用可以提高供应链的可视性或透明度，帮助供应链管理者看到全部的情况。如果能够更清晰地看到供应链上下游各层次、各环节中发生的事情，供应链上的每个成员就能预测物料的延迟、需求的波动、竞争者的行为甚至是中断风险。因此，在现有基础上，应在如何将这些技术用于管理供应链风险方面作进一步的研究。技术对供应链风险管理的贡献、技术的应用又带来哪些新的风险、如何应用技术来监控供应链风险，都是将来需要研究的问题。

3. 理解趋势

Zsidisin(2003b)认为，从不同视角对供应链风险管理的理解是未来研究的一个领域。了解一个企业或供应链内不同企业中的不同人对供应链风险的理解的确很重要。从营销和运作角度对供应链风险的不同理解可能会导致企业内部风险化解决策的冲突。同样，在供应链关系方面，如果销售代表对风险的理解与采购专员相似，那么在这个环节上，风险管理策略就较易实施。要使供应链风险得到更有效地管理，企业内部必须对供应链风险及其管理有一致的理解，并协调相关部门的风险管理策略和目标，避免策略和目标的冲突。

4. 合作趋势

供应链风险管理的重要性近年来才被一些企业认识到。对于这些企业，更多的还是将供应链风险管理和应急规划看成是单个企业的活动。这种思想在实践中的表现是将已识别风险的管理职责推卸给供应链的上游——供应商。似乎很少有企业深入考虑该如何化解风险。在理论研究方面，还没有发现有专门的文章对合作性的供应链风险管理进行研究。没有合作，就没有供应链管理，也就没有真正意义的供应链风险管理。供应链上下游企业加强风险管理的合作是一种必然趋势。

本章小结

本章详细论述了供应链风险的定义、来源和类型，阐述了供应链风险管理的含义和流程，最后对供应链风险管理的现状和趋势作了分析。

复习思考题

1. 填空题

(1) 供应链风险是由于供应链内外的＿＿＿＿＿＿，包括供应链成员、市场环境、政策环境以及自然条件等不确定性的存在带来的威胁，可能会给供应链带来影响甚至破坏。

(2) 供应链风险的来源划分为＿＿＿＿＿＿和＿＿＿＿＿＿。＿＿＿＿＿＿即供应链系统内部的不确定因素，如供应链结点企业自身的经营活动以及企业间的合作等。＿＿＿＿＿＿则指供应链系统外部环境的不确定因素，包括了政治、经济、自然环境等。

(3) 按供应链管理层次，供应链风险可划分为________、________和________。

(4) 供应链内生风险包括________、________、________、________、________、________等。

(5) 供应链外生风险包括________、________、________、________、________等。

(6) ________是风险管理的第一步。

(7) 风险规划包括________、________、________、________、________和后备措施等。

(8) 根据实行控制措施相对于风险事件的时间先后，把供应链风险控制分为________、________和________。

(9) 供应链风险管理的流程包括________、________、________、________、________和________。

(10) 供应链风险管理趋势包括________、________、________和________。

2. 名词解释

(1) 供应链风险。

(2) 供应链风险管理。

(3) 供应链风险转移。

3. 简答题

(1) 简述供应链风险的来源。

(2) 按照供应链系统的构成划分，供应链风险包括哪些类型？

(3) 简述供应链风险规划包括哪些内容。

(4) 简述风险监视的内容。

4. 思考讨论题

(1) 供应链风险管理与一般的风险管理有什么不同？

(2) 供应链风险的管理和防范应如何进行？

案例分析

渣打中国：供应链融资的运作之道

渣打银行的贸易融资业务一直保持了高于市场5倍的增长速度，其贸易融资特色在于供应链融资中的经销商融资，为国际大品牌的经销商提供金融服务，采用三方协议来控制相关风险等，渣打银行因此获得2007年中国最佳贸易融资银行的称号。

本报围绕渣打银行的贸易融资业务，对渣打银行中国现金管理及企业贸易结算部总监沈汉良进行了专访。

1. 供应链融资：多方共赢

经济观察报：能否介绍渣打贸易融资业务的团队和内容？

沈汉良：现金管理和贸易结算部一共分3个部门：销售部门、产品部门、电子银行交易部门。首先，渣打中国提供全面的国际贸易融资服务，包括传统的跟单贸易，如开立信用证、单据处理和保函等业务；

其次，在越来越多的国内和国际贸易转向赊账结算方式的情况下，渣打提供应收账款买断服务帮助管理赊账贸易的风险，包括预付、信用保护、出口账款回收和应收账款管理等；再次，我们做了一个创新，为企业及其供货商和经销商等提供降低成本、改善流动性的供应链融资，供应链融资帮助企业提前付款贴现、从供应商那里获得更好的付款条件、降低付款相关成本，降低对供应商的预付款、降低采购成本从而巩固了整条供应链上下游企业间的战略合作关系。

经济观察报：目前国内的中外资银行都在大规模拓展贸易融资业务，渣打在产品和服务上有哪些区别于其他银行的独到之处？

沈汉良：每个银行都有自己独特的定位。我想从两个方面来阐述我们的优势。首先在传统的跟单贸易方面，我们主要侧重于服务的水准，以及我们的综合解决方案，在渣打广泛的国际网络支持下，我们能更加符合客户的需求，中国企业的很多贸易合作伙伴都分布在东南亚、中东、非洲等地，我们在这些市场上的优势和专业能为他们提供更好的服务，如提供包括金融、法律、市场信息在内的多方面咨询和服务。另外，在供应链融资方面，对于国内大多数银行来说，供应链融资，特别是经销商融资项目尚停留在理论阶段，但是渣打银行自 2005 年就成功地为多家大型企业量身定制并成功实施了供应链融资项目。另外，我们拥有具有突破性功能的电子银行系统，渣打银行在其名为 Straight2Bank 的电子银行平台上为贸易客户提供了具有突破性意义的 InfoManager 功能，客户可以通过我们的电子银行平台在全球各地实现发送交易指令、查询交易、定制报告等功能，最大限度上实现了交易的自动化。

经济观察报：供应链融资除了帮助中小企业融资之外，对核心企业有何重要意义？同时，对渣打拓展大企业客户资源有何意义？

沈汉良：供应链融资是银行基于供应链中的核心企业，针对其供应商的采购行为和经销商的销售行为开展的融资服务，这使得银行、小企业和大企业共赢。核心企业(也就是大企业)的优质信誉能够使得银行在一定程度上降低信贷风险系数，而核心企业也通过银行的帮助，能够做到信息流、物流、资金流的充分整合。我们的供应链融资在市场上有独特的定位，涉及的很多供货商和经销商都是中小企业，凭借和大企业紧密的贸易关系，这些中小企业能够从渣打直接获得融资，有效地降低了他们的资金成本。此外，供应链融资对那些核心企业好处也很多，比如它还能够帮助大企业巩固并优化与上游供应商、下游经销商之间的战略关系，帮助他们规避资金风险，有利于他们进一步拓展中国市场。当然，供应链融资也加强了核心企业对渣打的忠诚度，同时开拓了为中小企业提供融资的渠道。

2. 贸易融资中的风险防范

经济观察报：在宏观调控的背景下，进出口企业尤其是中小企业银行赢利能力下降，导致贷款偿还困难，渣打如何防范出现不良贷款的风险？

沈汉良：我们有非常完善的运作体系，有风险监控部门、贸易运作部门、销售部门，每一个部门都有细致的分工和紧密的合作。同时，我们建立了预警机制，出现预警后，每一个部门都知道自己的职责所在。

在推出新产品之前，产品研发部必须取得法律部、合规部、信贷审批部、操作部等各方的同意和批准，保证所有产品均符合国家法律法规及信贷政策，实现了对信贷风险、合规风险和操作风险的有效控制。在贸易融资额度的审批流程中，由客户经理在进行深入客户调查后提出申请，根据客户信贷级别及信贷额度的不同被授予不同权限的信贷审批官进行审批。在额度批准后，客户经理和信贷监控部门负责对客户的额度使用进行风险监控。

渣打银行还有完善的管理信息报告体系，主要贸易融资业务风险控制报告包括逾期报告、额度使用报告、早期风险预警报告、特别关注账户报告等。这些报告帮助客户经理和信贷监控部门对融资产品和信贷额度进行风险监控。

经济观察报：在贸易融资业务中，银行外汇贷款的存贷比也会对贸易融资业务产生双向的影响。按照规定，外币存贷比不能超过 85%的标准值，但是在人民币升值的背景下，增加外汇存款的可能性很小，只能通过压缩外币贷款来实现，这会不会影响贸易融资业务量？

沈汉良：这是一个很好的问题，也是中国目前很多银行所面临的问题，需要用独特的解决方案去解决。

我们利用全球整个的贸易资产网络，寻求一些方式将中国的贸易融资资产卖到海外。在我们传统的跟单贸易项目中，大多数的资产都是用美元来计价的，由于人民币升值的原因，我们会将这些贸易资产卖到海外其他的分行去。

思考题：

1. 在渣打银行“供应链融资”业务中，供应链风险的来源有哪些？
2. 结合案例分析在“供应链融资”业务中，如何进行供应链风险管理？

参 考 文 献

[1] [美]苏尼尔·乔普拉. 供应链管理(第3版)[M]. 陈荣秋，译. 北京：中国人民大学出版社，2008.

[2] [美]大卫·辛奇-利维，菲利普·卡明斯基，伊迪斯·辛奇-利维. 供应链设计与管理：概念、战略与案例研究(第3版)[M]. 李建华，译. 北京：中国人民大学出版社，2010.

[3] [加]唐纳德·沃特斯. 供应链管理概论(第2版)[M]. 高咏玲，译. 北京：电子工业出版社，2010.

[4] [加]托马斯·L·弗里德曼. 世界是平的：21世纪简史(第2版)[M]. 何帆，郝正非，肖莹莹，译. 长沙：湖南科学技术出版社，2010.

[5] 赵海男. 碾平世界的十种动力[M]. 北京：中国铁道出版社，2010.

[6] 王耀球，施先亮. 供应链管理[M]. 北京：机械工业出版社，2005.

[7] 齐二石. 物流与供应链管理[M]. 北京：电子工业出版社，2007.

[8] 马士华. 供应链管理[M]. 武汉：华中科技大学出版社，2010.

[9] [美]华莱士·J·霍普. 供应链管理：获取竞争优势的科学方法[M]. 徐捷，译. 北京：机械工业出版社，2009.

[10] 姜方桃，张敏. 供应链管理[M]. 北京：科学出版社，2009.

[11] 汪旭晖. 面向大规模定制的供应链管理：基于“戴尔”的案例分析[J]. 经济与管理，2007(7)：42-46.

[12] 中国电子商务协会供应链管理委员会(CSCC).中国企业供应链管理绩效水平评价参考模型(SCPR 1.0). 2003.

[13] 吴志华. 供应链管理：战略、策略与实施[M]. 重庆：重庆大学出版社，2009.

[14] 何发智. 物流管理信息系统[M]，北京：人民交通出版社，2003.

[15] 白丽君，彭扬. 物流信息系统分析与设计[M]. 北京：中国物资出版社，2009.

[16] 李刚，汪寿阳. 供应链中牛鞭效应与信息共享的研究[M]. 长沙：湖南大学出版社，2006.

[17] 鲍新中. 物流成本管理与控制[M]. 北京：电子工业出版社，2006.

[18] 郭晓飞. 供应链成本管理[M]. 北京：清华大学出版社，2004.

[19] 霍佳震. 集成化供应链绩效评价体系及应用[M]. 北京：清华大学出版社，2004.

[20] 王莹. 电子商务模式下供应链信息系统体系结构[J]. 计算机与信息工程，2010， 27(05).

[21] 张晴，刘志学. 供应链信息协调框架及要素研究[J]. 情报杂志，2009，28(05).

[22] 商晓艳. 基于信息共享角度的供应链牛鞭效应研究[J]. 现代商贸工业，2009，21(04).

[23] 尤恩思物流公司网站：http://info.uns56.com/zh/knowledge/kowledgeIndex.do.

[24] 李广明. 供应链信息系统柔性研究[J]. 现代管理科学，2007，12.

[25] 王金婷. 基于物流信息技术的供应链管理[J]. 物流工程与管理，2010，32(08).

[26] 张笑. 供应链成本核算方法之比较[J]. 管理观察，2010，07.

[27] 吴菁. 供应链绩效评价研究现状与发展趋势[J]. 商场现代化，2010，09.

[28] 陈科. 制造型供应链绩效建模分析研究与实践[D]. 天津：天津大学，2009，05.

[29] 杨才第. 论中小企业客户关系管理的完善对策[J]. 商场现代化，2008，22.

[30] 刘凤琴，方羽. 中小企业客户关系管理的系统分析[J]. 经济问题，2002，11.

[31] 邱琳. 中小企业客户关系管理实施策略[J]. 民营科技，2009，02.

[32] [美]唐纳德·J·鲍尔索克斯，戴维·J·克劳斯. 物流管理：供应链过程的一体化[M]. 林国龙，等译. 北京：机械工业出版社，1999.

[33] 顾国祥. 现代工业企业物资管理[M]. 上海：复旦大学出版社，1992.

[34] 陈子侠，蒋长兵，胡军. 供应链管理[M]. 北京：高等教育出版社，2005.

[35] 陈兵兵. SCM 供应链管理：策略、技术与实务[M]. 北京：电子工业出版社，2004.
[36] 施先亮，李伊松. 供应链管理概论[M]. 北京：首都经济贸易大学出版社，2006.
[37] 邵晓峰，张存禄，李美燕. 供应链管理[M]. 北京：机械工业出版社，2006.
[38] 曹翠珍. 供应链管理[M]. 北京：北京大学出版社，2010.
[39] 王燕，刘永胜. 供应链风险管理概述[J]. 物流技术，2008，27(8)：138-141.
[40] 宁钟，孙薇. 供应链风险管理研究评述[J]. 管理学家：学术版，2009，(2)：54-64.
[41] 刘浩华. 供应链风险管理[M]. 北京：中国物资出版社，2009.
[42] 蒋长兵，吴承建. 现代物流理论与供应链管理实践[M]. 杭州：浙江大学出版社，2006.
[43] 傅培华. 供应链管理[M]. 杭州：浙江大学出版社，2009.
[44] 施先亮，李伊松. 供应链管理概论[M]. 北京：首都经济贸易大学出版社，2006.
[45] 任继如，张世新. 浅析顾客价值导向的供应链协同[J]. 商业时代，2009，06.
[46] 吴先金，梁培植. 供应链协同机制设计探讨[J]. 中国市场，2008，06.
[47] 陈培烈. 华凌空调公司的供应商管理库存模式研究[D]. 华南理工大学，2005.
[48] 赵启兰，刘宏志. 生产计划与供应链中的库存管理[M]. 北京：电子工业出版社，2003.
[49] 刘永胜，李敏强. 供应链库存协调策略研究[J]. 中国管理科学，2004，012(002)：49-54.
[50] 邵晓峰，黄培清，季建华. 供应链中供需双方合作批量模型的研究[J]. 管理工程学报，2001，015(002)：33-38.
[51] 王夏阳. 供应链库存管理[M]，北京：经济管理出版社，2010.
[52] 那福忠. “尿布”供应链传奇[J]. 新电子：IT 经理人商业周刊，2003(4).
[53] 供应链协会(SCC)网站：http://supply-chain.org.
[54] 安库格咨询公司网站：http://www.icognitive.com.
[55] http://zhidao.baidu.com/question/2328746.html.
[56] 国公网：http://www.21gwy.com/wz/2191/a/1995/501995.html.

高等院校物流专业创新规划教材

序号	书　名	书　号	编著者	定价	序号	书　名	书　号	编著者	定价
1	物流工程	7-301-15045-0	林丽华	30.00	41	物流系统优化建模与求解	7-301-22115-0	李向文	32.00
2	物流管理信息系统	7-301-16564-5	杜彦华	33.00	42	物流管理	7-301-22161-7	张佺举	49.00
3	现代物流学	7-301-16662-8	吴　健	42.00	43	运输组织学	7-301-22744-2	王小霞	30.00
4	物流英语	7-301-16807-3	阚功俭	28.00	44	物流金融	7-301-22699-5	李蔚田	39.00
5	采购管理与库存控制	7-301-16921-6	张　浩	30.00	45	物流系统集成技术	7-301-22800-5	杜彦华	40.00
6	物料学	7-301-17476-0	肖生苓	44.00	46	商品学	7-301-23067-1	王海刚	30.00
7	物流项目招投标管理	7-301-17615-3	孟祥茹	30.00	47	项目采购管理	7-301-23100-5	杨　丽	38.00
8	物流运筹学实用教程	7-301-17610-8	赵丽君	33.00	48	电子商务与现代物流	7-301-23356-6	吴　健	48.00
9	现代物流基础	7-301-17611-5	王　侃	37.00	49	国际海上运输	7-301-23486-0	张良卫	45.00
10	现代物流管理学	7-301-17672-6	丁小龙	42.00	50	物流配送中心规划与设计	7-301-23847-9	孔继利	49.00
11	供应链库存管理与控制	7-301-17929-1	王道平	28.00	51	运输组织学	7-301-23885-1	孟祥茹	48.00
12	物流信息系统	7-301-18500-1	修桂华	32.00	52	物流案例分析	7-301-24757-0	吴　群	29.00
13	城市物流	7-301-18523-0	张　潜	24.00	53	现代物流管理	7-301-24627-6	王道平	36.00
14	营销物流管理	7-301-18658-9	李学工	45.00	54	配送管理	7-301-24848-5	傅莉萍	48.00
15	物流信息技术概论	7-301-18670-1	张　磊	28.00	55	物流管理信息系统	7-301-24940-6	傅莉萍	40.00
16	物流配送中心运作管理	7-301-18671-8	陈　虎	40.00	56	采购管理	7-301-25207-9	傅莉萍	46.00
17	物流工程与管理	7-301-18960-3	高举红	39.00	57	现代物流管理概论	7-301-25364-9	赵跃华	43.00
18	商品检验与质量认证	7-301-10563-4	陈红丽	32.00	58	物联网基础与应用	7-301-25395-3	杨　扬	36.00
19	供应链管理	7-301-19734-9	刘永胜	49.00	59	仓储管理	7-301-25760-9	赵小柠	40.00
20	逆向物流	7-301-19809-4	甘卫华	33.00	60	采购供应管理	7-301-26924-4	沈小静	35.00
21	集装箱运输实务	7-301-16644-4	孙家庆	34.00	61	供应链管理	7-301-27144-5	陈建岭	45.00
22	供应链设计理论与方法	7-301-20018-6	王道平	32.00	62	物流质量管理	7-301-27068-4	钮建伟	42.00
23	物流管理概论	7-301-20095-7	李传荣	44.00	63	物流成本管理	7-301-28606-7	张　远	36.00
24	供应链管理	7-301-20094-0	高举红	38.00	64	供应链管理(第2版)	7-301-27313-5	曹翠珍	49.00
25	企业物流管理	7-301-20818-2	孔继利	45.00	65	现代物流信息技术(第2版)	7-301-23848-6	王道平	35.00
26	物流项目管理	7-301-20851-9	王道平	30.00	66	物流信息管理(第2版)	7-301-25632-9	王汉新	49.00
27	供应链管理	7-301-20901-1	王道平	35.00	67	物流项目管理(第2版)	7-301-26219-1	周晓晔	40.00
28	物流学概论	7-301-21098-7	李　创	44.00	68	物流运作管理(第2版)	7-301-26271-9	董千里	38.00
29	航空物流管理	7-301-21118-2	刘元洪	32.00	69	物流技术装备(第2版)	7-301-27423-1	于　英	49.00
30	物流管理实验教程	7-301-21094-9	李晓龙	25.00	70	物流运筹学(第2版)	7-301-28110-9	郝　海	45.00
31	物流系统仿真案例	7-301-21072-7	赵　宁	25.00	71	交通运输工程学(第2版)	7-301-28602-9	于　英	48.00
32	物流与供应链金融	7-301-21135-9	李向文	30.00	72	第三方物流(第2版)	7-301-28811-5	张旭辉	38.00
33	物流信息系统	7-301-20989-9	王道平	28.00	73	国际物流管理(第2版)	7-301-28927-3	柴庆春	49.00
34	现代企业物流管理实用教程	7-301-17612-2	乔志强	40.00	74	现代仓储管理与实务(第2版)	7-301-28709-5	周兴建	48.00
35	出入境商品质量检验与管理	7-301-28653-1	陈　静	32.00	75	物流配送路径优化与物流跟踪实训	7-301-28763-7	周晓光	42.00
36	物流项目管理	7-301-21676-7	张旭辉	38.00	76	智能快递柜管理系统实训	7-301-28815-3	杨萌柯	39.00
37	智能物流	7-301-22036-8	李蔚田	45.00	77	物流信息技术实训	7-301-28807-8	周晓光	38.00
38	物流决策技术	7-301-21965-2	王道平	38.00	78	电子商务网站实训	7-301-28831-3	邢　颖	45.00
39	新物流概论	7-301-22114-3	李向文	34.00	79	电子商务与快递物流	7-301-28980-8	杨萌柯	49.00
40	库存管理	7-301-22389-5	张旭凤	25.00					

如您需要浏览更多专业教材，请扫下面的二维码，关注北京大学出版社第六事业部官方微信(微信号：pup6book)，随时查询专业教材、浏览教材目录、内容简介等信息，并可在线申请纸质样书用于教学。

感谢您使用我们的教材，欢迎您随时与我们联系，我们将及时做好全方位的服务。联系方式：010-62750667，329056787@qq.com，pup_6@163.com，lihu80@163.com，欢迎来电来信。客户服务QQ号：1292552107，欢迎随时咨询。